编 委 会

丛书总主编：汪燕宏

本册主编：汪燕宏　许志娟

本册副主编：王嘉毅　余　捷　张底亚

本册编写人员（按姓氏笔画排列）：

王卓茜　王嘉毅　令狐江鹏　许志娟　张一含
吴永仕　陈林玉　张底亚　陈晓红　余　捷
陈　群　郑春霞　骆可青　韩梅波　谢婷婷
蔡茜茜　蔡红燕

小学语文学习任务群详解与案例丛书 \ 总主编 汪燕宏

配套义务教育课程标准
2022版

小学语文学习任务的设计与教学

六年级

主编 汪燕宏 许志娟

海峡出版发行集团｜福建教育出版社

图书在版编目（CIP）数据

小学语文学习任务的设计与教学. 六年级/汪燕宏，许志娟主编. —福州：福建教育出版社，2023.11
（小学语文学习任务群详解与案例丛书/汪燕宏总主编）
ISBN 978-7-5334-9754-5

Ⅰ.①小… Ⅱ.①汪… ②许… Ⅲ.①小学语文课—教学研究 Ⅳ.①G623.202

中国国家版本馆 CIP 数据核字（2023）第 183849 号

小学语文学习任务群详解与案例丛书
总主编　汪燕宏
Xiaoxue Yuwen Xuexi Renwu De Sheji Yu Jiaoxue
小学语文学习任务的设计与教学
六年级
主编　汪燕宏　许志娟

出版发行	福建教育出版社
	（福州市梦山路 27 号　邮编：350025　网址：www.fep.com.cn）
	编辑部电话：0591-83726971
	发行部电话：0591-83721876　87115073　010-62024258）
出 版 人	江金辉
印　　刷	福州德安彩色印刷有限公司
	（福州市金山工业区浦上标准厂房 B 区 42 栋）
开　　本	787 毫米×1092 毫米　1/16
印　　张	22.25
字　　数	412 千字
插　　页	2
版　　次	2023 年 11 月第 1 版　2023 年 11 月第 1 次印刷
书　　号	ISBN 978-7-5334-9754-5
定　　价	60.00 元

如发现本书印装质量问题，请向本社出版科（电话：0591-83726019）调换。

写在前面的话

"当遇到问题时,不能总是思考,而应该去做些什么。"写这套书就是因为心里总有这个声音在催促。

自教育部颁布《义务教育语文课程标准(2022年版)》以来,"语文学习任务群"成了热词,各路专家解读忙,一线教师却很迷茫。学习、思考了一阵子,纷乱的问题渐渐沉淀,最后——汇聚,回归到了本质——如何依托教材实施学习任务群,从而更好地落实国家语文课程?这时,对于"应该去做些什么"的回应越来越清晰:编写一套基于教材的学习任务设计与教学的书,用一个个真切的课例告诉老师们应该怎样实施"语文学习任务群"。

果真,在我们整理、编写这些案例的过程中,很多郁结都散开了。我们或许解释不了"大观念""大概念""大单元",但案例的主题蕴含着"大概念",案例中的"大情境"一以贯之,案例中的一系列任务串起了某个或某几个学习任务群。我们发现,教学内容没怎么变,但因为有了"任务"的加入,教学内容的结构发生了变化,教学方式也随之发生了质的变化。

我再次确认,践行新课标,无需我们去注解什么,而需要我们解放思想,去创造,去探索。我的团队成员一直以来也坚信此道,如此才有了编写这套丛书的积极储备。

2011年,《义务教育语文课程标准(修订稿)》颁布,我从瞩目于"语文综合性学习",开始转向关注"项目学习"在学科领域的运用。2016年底,我主持浙江省教师发展规划课题《基于项目学习(PBL)的语文教学实践与探索》,带领团队进行一系列研究,看到了引入"项目学习"后语文课堂的喜人变化。2021年,我主持浙江省教研规划课题《融语文:基于项目的小学语文单元学习设计与实施》。我们依托教材,设计基于项目的单元整体学习,创造性地构架起了基于项目的小学语文单元学习新范式,为广大教师依托教材、落实语文课程核心素养提供了参考。该课题的相关研究成果至今已公开发表 38 篇。其中，我的核心观点《促进学生在语文学习中融会贯通——基于教材单元的项目化学习实践探索》被中国人民大学主办的《复印报刊资料·小学语文教与学》2023 年 1 月转载。

剑指"语文综合"，融合"项目"与"语文"，十年锻造，渐生了"融语文"这一综合性的语文学习设计理念和实践模式。"融语文"基于中国学生发展核心素养框架，依据教材体系，构建跨领域的学习内容，采用多元化的学习方法，实施综合性的评价方式，促进学生语文学习的融会贯通。

"融语文"主要探讨语文课程如何依托教材，让学生在解决复杂的现实问题过程中发展核心素养。这与义务教育语文课程标准中的"语文学习任务群"有着共同的价值追求和意义导向。"融语文"理念指导下的教学实践，恰好为新课标"语文学习任务群"的教学实践提供了可迁移和可操作的现实路径和行动策略。这也正是这套丛书三个最为显著的特点。

第一，设计的原创性。本套丛书的所有案例都是"融语文"理念指导下的原创设计，且所有案例都已实施过，经得起教学实践的检验。所以，每个案例都配有"教学现场""学生作业示例""教学反思"等教学反馈栏目，供广大读者参照。书中有近三分之一的案例作为团队研修成果均已公开发表。例如，单元学习案例《走近鲁迅：六年级上册第八单元项目化学习设计与实施》发表在《教学月刊·小学版（语文）》2022 年 7-8 月，《重构·嫁接·进阶："小百科"直播》发表在《语文教学通讯》2022 年 12 月 C 刊；《"西湖一日游"定制师——四年级下册第五单元学习任务教学》发表在《小学教学设计》2023 年 5 月。还有部分单课案例《在"探秘"中促思维拔节生长——五年级下册〈金字塔〉任务群教学设计与点评》；整本书阅读案例《插上想象翅膀，畅游科幻世界——〈地心游记〉导读课实录及评析》在《小学教学》等期刊发表。这些凸显学习任务群要求的学习方案设计，每一例都是新鲜的，独一无二的，值得细细品味，深刻剖析，能使教师学过即会。

第二，教学的实操性。本套丛书各分册第二章分年级讨论了语文学习任务群的教学实施。通过梳理课标和教材，我们分年级撰写了语文学习任务群的目标与内容、实施建议和评价建议，为不同年级教师实施任务群提供了细致而精准的课程内容、教学方法及评价策略上的指导。本套丛书各分册第三章到第八章，分别以六大语文学习任务群为主题，按照从上册到下册，从单课到单元的顺序编排案例。需要明确的是，每种任务群下所提供的相应案例，并不是只归属于这一任务群，而是主要以这一任务群的面貌呈现，还辅之以其他类别的任务群。另外，本套丛书的案例呈现体现了新课标理念下清晰而完整的任务群教学设计链："任务分析""实施框架""任务实施""教学现场""评价设计""教学反思"等，代替了传统备课"教材解读""教学目标""教学过程"等固化格式，而"任务框架""学习要求""学生作品"等图像化方式会让教师更直观地了解学习进程和学习结果，带给读者耳目一新的阅读体验。

从各章的内容编排和案例呈现方式看，无论是新手教师还是有经验的教师，本套丛书都会是一位成熟的实践导师，手把手指导广大教师向着任务群教学的正轨再出发，实现即学即会。

第三，教学评的一致性。这套丛书以逆向设计理论为指导，着力设计整体学习方案。"评价设计"这一栏堪称亮色。评价目标与学习目标同时产生，评价任务与学习任务同步实施。每一个评价任务均设计评价量表，重要评价任务均提供学生作业示例，并有相应的评价说明。在设计评价量表时，依据任务特点，呈现了构思表现、作品表现和综合行为表现等多元角度，拓宽了学生发展的空间。富有挑战的评价任务，不断循环往复地激励学生的好奇心和求知欲，也使任务群贯穿下的学、教、评，空前地达到了一致，使教学更高效，让学习更自主。对于只会"教"而不善"评"的教师而言，每一份案例的"评价设计"无疑都是教科书级别的，让教师一学即会。

"当遇到问题时，不能总是思考，而应该去做些什么。"

亲爱的老师，新课标下，您一定会做些什么。希望这套书能成为您任务群教学的新助手。相信，无论教材怎样更替，您都会对任务群教学信手拈来，且充满期待。

可爱的同学，何其幸运啊，在这一个最好的时代，你可以与你的老师同时拥有这套书。希望它们能成为你自学的好帮手。伴随书中的课堂情境和学习任务，无论教师的教与不教，相信你都会对语文学习产生好奇，且充满自信。

汪燕宏

2023 年 8 月 7 日

目 录

小学语文学习任务群的理解与实施 ·················· 1
 一、小学语文学习任务群的实施理念/1
 二、小学语文学习任务群的实施要素/2
 三、小学语文学习任务群的实施过程/3

六年级语文学习任务群的教学实施 ·················· 10
 一、六年级语文学习任务群的目标与内容/10
 二、六年级语文学习任务群的实施建议/17
 三、六年级语文学习任务群的评价建议/21

"语言文字积累与梳理"学习任务群 ·················· 24
 案例1 习俗里的美好寓意——六年级下册第一单元语文园地"词句段运用"教学/24
 案例2 校园人物速写——六年级上册"词句段运用"复习教学/37

"实用性阅读与交流"学习任务群 ·················· 52
 案例1 认识"藏戏"——《藏戏》教学/52
 案例2 好书速递——习作《写作品梗概》教学/65
 案例3 探馆日记——六年级上册第三单元教学/79
 案例4 参观革命英雄纪念馆——六年级下册第四单元教学/109

"文学阅读与创意表达"学习任务群 ………………………………… 142

案例1 读懂"花语"——《丁香结》教学/142

案例2 解密文物——《金色的鱼钩》教学/154

案例3 为家乡春节代言——《北京的春节》教学/165

案例4 抒写真情时光——《匆匆》教学/179

案例5 制作《鲁迅宣传册》——六年级上册第八单元教学/192

"思辨性阅读与表达"学习任务群 ………………………………… 222

案例1 名画里的学问——《书戴嵩画牛》教学/222

案例2 学会表达观点——《真理诞生于一百个问号之后》教学/235

案例3 "辩手"成长营——六年级下册第五单元教学/246

"整本书阅读"学习任务群 ………………………………………… 270

案例1 与名著人物共赴探险之旅——《汤姆·索亚历险记》整本书教学/270

案例2 从"童年"看成长——《童年》整本书教学/285

"跨学科学习"学习任务群 ………………………………………… 304

案例1 跟着诗词品美食——六年级下册"古诗词诵读"教学/304

案例2 选编《中华经典古诗词读本》——六年级下册"古诗词诵读"教学/320

小学语文学习任务群的理解与实施

《义务教育语文课程标准（2022年版）》（以下简称"课程标准"）提出了"义务教育语文课程内容主要以学习任务群组织与呈现"，并设置了三个层次六大语文学习任务群。显然，基于学习任务群的课程内容呈立体结构，与现行教材所编排的课程内容的线性结构完全不同，而广大教师早已习惯了根据教材编排逻辑，以教材单元为单位来教学，这与基于学习任务群的教学逻辑产生了矛盾。

然而，我们可以尝试把"学习任务群"切入到当下的语文教学中，努力把以学习任务为单位的立体教学和以教材单元为单位的线性教学统整起来，以解决摆在当下所有语文教师面前的共同难题。

一、小学语文学习任务群的实施理念

（一）建构学习内容，以资源整合为中心

课程标准指出："语文学习任务群由相互关联的系列学习任务组成，共同指向学生的核心素养发展。"而语文课程培育的核心素养是"学生在积极的语文实践活动中积累、建构并在真实的语言运用情境中表现出来的，是文化自信和语言运用、思维能力、审美创造的综合体现"。

可见，语文学习任务群重点指向学生运用语言文字解决现实问题所表现出来的综合素养。因此，教师应该将完成真实复杂的现实情境中有意义的任务作为发展核心素养的重要途径和主要手段。根据《义务教育课程方案》在"课程实施"中所提出的"加强知识学习与学生经验、现实生活、社会实践之间的联系，注重真实情境的创设"，把"学习任务群"切入到当下的语文教学中，教师首先要立足教材，以单元语文要素为核心，整合教材内外的语文学习资源，建构基于单元核心问题情境的学习内容体系，引导学

生广泛、深度地参与学习，为完成一系列任务而积极、有效地获取、整理、分析和运用这些资源。

（二）变革学习方式，以语文实践为中心

《义务教育课程方案》在"课程实施"中提出"强化学科实践"，即"引导学生参与学科探究活动，经历发现问题、解决问题、建构知识、运用知识的过程"，由此培养和提升解决真实问题的能力，而语文课程核心素养恰恰是学生在积极的语文实践活动中积累、建构，并在真实的语言运用情境中表现出来的。

语文学习任务群，作为核心素养形成与发展的内容载体，即由一系列"具有内在逻辑关联的语文实践活动"构成，这种新的课程内容的组织形态，使教材学习内容从静态变为动态，从僵硬变为灵动，且赋予了一定程度的挑战性，提升了吸引力。这倒逼着课堂学习方式也发生了根本的改变，必须由学生自主且作为真正主体参与学习，探究、发现、解决问题、合作等成为主要的学习方式，即"语文实践"成为了学生学习的中心。这就要求教师要围绕特定学习主题，"依托学习任务整合学习情境、学习内容、学习方法和学习资源，安排连贯的语文实践活动"，才能在任务解决中获得原理性知识与关键能力，发展核心素养。

（三）设计学习评价，以学生参与为中心

《义务教育课程方案》在"课程实施"中提出"强化过程评价，探索增值评价，健全综合评价"，倡导"评价促进学习的理念，注重提高学生自我评价、自我反思的能力，引导学生合理运用评价结果改进学习"。

语文学习任务群的实施，应以任务目标为导向，发挥评价的激励、反馈和促进作用，而对于语文实践活动的评价会逐步走向表现性评价，即注重动手操作、作品展示、口头报告等任务完成过程中的表现，以此考察学生掌握知识的程度，以及解决问题、交流合作等多种复杂能力的发展状态。因此，评价设计需强化学生主体的参与度，使学生拥有更多机会展示、反思和获得提升，以重构与完善自身的认知。

二、小学语文学习任务群的实施要素

语文学习任务群的实施所要具备的要素接近于格兰特·威金斯等人指出的"真实性问题"六元素，即目标（具体的目标或任务以及可能的困难）、角色（担任的角色以及职责）、对象（你的委托方、客户或服务对象）、场景（面对的具体情境）、产品（需

要交付的产品）、标准（检测产品是否有效的指标）。据此，我们提出基于任务群的小学语文学习的设计应包含以下四组要素。

目标和成果。目标是语文学习任务群实施的出发点和归属点。成果是目标达成的外显标志。在确定任务群目标的同时，成果形态也初步勾勒。

情境和任务。基于任务群的学习指向问题解决，要求创设具有开放性、复杂性、多元性的真实性情境。围绕核心问题，厘清各任务之间的关系，构成基于主题情境的系列任务。

活动和支架。基于任务群的学习凸显学生自主实践。教师应注重方法、策略、资料等学习支架的提供，以帮助和促进学生主动思考，积极参与语文实践活动。

表现与评价。基于任务群的学习关注典型行为表现，主要采用表现性评价，通过学生的作品、行为等更具真实性的表现，评估学生多种复杂能力的发展状况。

三、小学语文学习任务群的实施过程

（一）任务统领，内容重构

基于任务，需联系现实世界，重组学习内容，化静止的内容系统为灵动的实践板块，促使所学知识结构化。通过实践，我们提炼出以下三种典型的组合结构，能普遍适用于单篇课文、多篇组合或单元整组的内容重组。

1. 基于主题角度关联的"聚合结构"。

从学习内容的人文主题出发，结合语文要素，确定任务的主题，逆向思考各项任务的角度和要求。学习内容围绕任务主题呈向心聚合状。（图1）

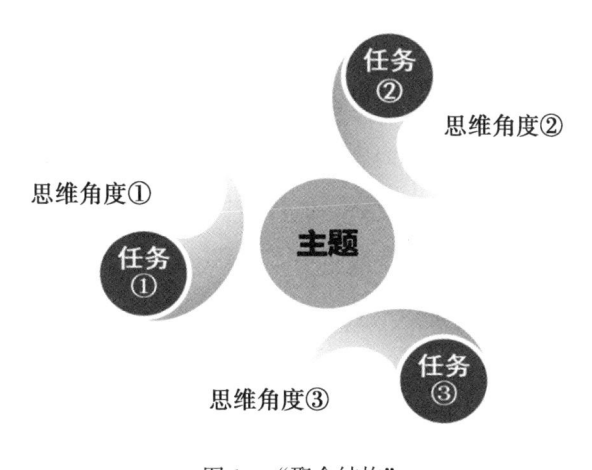

图1 "聚合结构"

例如，六年级上册第八单元"走进鲁迅"，聚焦人文主题，结合语文要素"借助资料理解文章内容；结合事例写清楚一个人物"，实施"我眼中的鲁迅——制作鲁迅宣传册"主题学习，通过"身为作家的鲁迅""身为长辈的鲁迅""他人眼中的鲁迅"这三个任务，引导学生从不同角度感受"鲁迅"，课文、课内拓展素材和自读材料等内容的重组呈聚合结构。

人文主题鲜明的学习内容，都可运用"聚合结构"来重组。

2. 基于目标层次关联的"螺旋结构"。

从语文要素中提炼核心知识，以知识的运用为目标，寻找不同学习内容间的共性，发掘相同内容在不同任务中的作用，形成"学习—理解—应用"螺旋递进的内容关联。（图2）

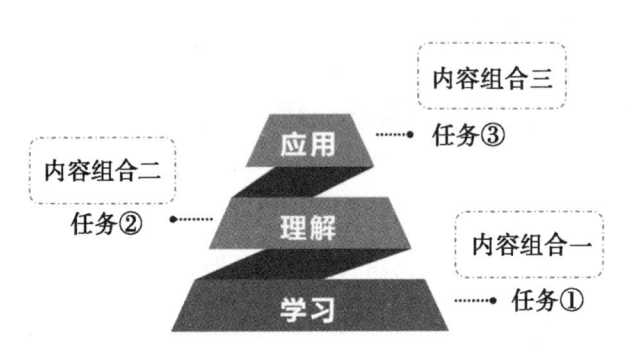

图2 "螺旋结构"

例如，五年级下册第七单元，聚焦单元语文要素"体会静态描写和动态描写；学习描写景物的表达效果；搜集资料，介绍一个地方"，实施"云课堂：亚运吉祥物带你游'世遗'"的主题学习，以"亚运吉祥物的身份"介绍杭州一处世界文化遗产。课文和"交流平台""习作""阅读链接"以及课外资源等，被多次整合应用，在各阶段发挥不同的功能，内容关联呈螺旋递进结构。

以习得方法和策略为主的学习内容，都可运用"螺旋结构"重组。

3. 基于任务类别关联的"组块结构"。

以语言的综合运用为目标，各个任务并驾齐驱，但任务要求、活动内容和实践方式都不同。应根据任务的类别来关联课内外资源，学习内容的重组呈组块并进结构。（图3）

综合运用

类别一　　类别二　　类别三

任务01　　任务02　　任务03

图3　"组块结构"

例如，五年级下册第八单元"幽默风趣的语言"，聚焦"感受风趣的语言；看漫画写启示"这一语文要素，以"体会并学习风趣表达的方式"为核心知识，实施"《幽默诺贝尔》专栏编撰"任务学习，学生化身为杂志"编辑"，通过编撰"幽默大观园""漫画集市""爆笑剧场"这三个专栏，学习风趣表达的方法。依据不同类别的任务，学习内容分组块呈现。

以综合运用为主的学习内容，都可运用"组块结构"来重组。

（二）目标导向，课堂重建

通过实践，我们梳理出三种重要的课堂学习模式："研中学""品中学""做中学"。格兰特·威金斯等人指出了情境下的表现性任务中对核心概念理解的六个侧面：解释、阐明、应用、洞察、神入、自知。我们把这六个侧面与三种学习模式对应起来，可以明确各模式所指示的理解水平。（图4）

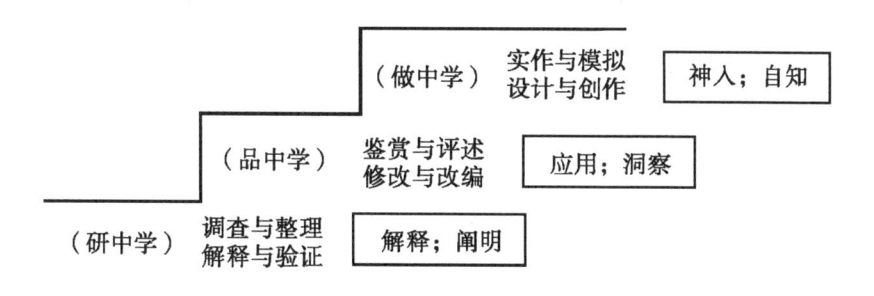

（做中学）　实作与模拟　　神入；自知
　　　　　　设计与创作

（品中学）　鉴赏与评述　　应用；洞察
　　　　　　修改与改编

（研中学）　调查与整理　　解释；阐明
　　　　　　解释与验证

图4　三种课堂学习模式

我们以此为操作构架及依据，实施这三种课堂学习模式。

1. 研中学，指向"解释"和"阐明"。

研中学，即语文研究性学习，主体是"实用性阅读与交流"学习任务群，通过研读课内外学习内容，走进经验世界，获取解决现实问题的有效信息，丰富言语表现的知识与经验，获得思维发展、综合学习力的增长。

"研中学"包含四大环节：提出问题—搜集、整理和分析资料—运用资料，解决问题—分享观点。例如，五年级上册第四单元的语文要素是"结合资料，体会课文表达的思想感情"和"学习列提纲，分段叙述"，联系单元人文主题，实施以"穿越时空的爱国情怀"为主题的班级文化小讲堂任务群。其中，"建立授课素材库"的任务就是"研中学"，呈现四步学习路径。

第一步，根据所要授课的对象，阅读课内材料，讨论并确定查找资料的范畴、途径和方式。

第二步，实地考察纪念馆、故居，上网搜集资料，去图书馆查阅资料等，建立人物资料包，并对资料做整理和分析。

第三步，将课内外资料运用到备课模板中，初拟授课提纲。

第四步，分享授课框架，听取意见和建议。

"研中学"的实施策略主要有：①赋予角色，赋予学生与项目相匹配的"专家"角色，能促使其积极与资料互动，促进系统思考，全面而深入地理解核心知识；②探寻载体，教师应提供合适的载体，包括文献类、图像类、实物类等资料，以满足学生从事"解释与验证""调查与整理"等研究性活动的需要；③搭建支架，教师还要提供范式、方法等支架，帮助学生在探究中理解、内化抽象的单元核心知识。

"研中学"适用于"梳理和探究"的学习，学生通过主动梳理语言材料，积累语言经验，发展思维，锻炼表达，体现出"解释"和"阐明"的理解水平，也发展了交流、合作、探究等实践能力。

2. 品中学，达成"应用"和"洞察"。

品中学，即语言文字的体验性学习，主体是"文学阅读与创意表达"学习任务群，学生通过整体感知、联想想象，感受、品析和评价语言文字作品，在获得个性化言语经验的同时，增进审美体验，增强情感认同。

"品中学"包含四个环节：实际体验—观察与思考—分析与归纳—形成意义。例如，五年级上册第五单元"学习介绍一种事物"，依据语文要素和现实需求，实施"小百科"直播任务群。其中一项任务"撰写直播讲解稿"就是"品中学"，包含以下四个学习活动。

活动一，即"实际体验"：在"说明方法大探讨"任务情境中，学生品读课文，体会基本的说明方法及其效果。

活动二，即"观察与思考"：在"小小科普角"任务情境中，学生完成"初试身手"第一题，尝试补充讲解"太阳"或"鲸"的某方面知识。

活动三，即"分析与归纳"：讨论"更喜欢哪种介绍风格"，再完成"初试身手"第二题，把《白鹭》第2～5自然段改写成说明性文章，把握说明性文章实用和文艺这两大类别。

活动四，即"形成意义"：学生自主撰写直播稿。

"品中学"的实施策略主要有：①创设真实的情境，情境创设应从虚拟走向接近真实或真实，只有在解决真实问题的过程中，学生才会真正获得对语言的深刻体验；②呈现实际的对象，听说读写的实践一旦有了具体的对象，学生的思考会比其内部言语活动更深入，有利于提出富有洞见的观点；③鼓励积极的试验，学生在新的、不同的情境中，主动实践、积极试验的过程，能加速促进"阅读—理解—转换—表达"循序提升。

"品中学"适用于"阅读与鉴赏"学习，在深刻体验、丰富品鉴、积极尝试中，学生经历了对核心知识的理解、迁移和转换，达成了"应用"和"洞察"的水平，走向知识的重建。

3. 做中学，抵达"神入"和"自知"。

做中学，即言语创造式参与，主体是"跨学科学习"。学生综合运用已有的知识与经验，通过合作探究，参与学习成果的设计、开发、尝试运用等创造性活动，激发求知欲，开发创造潜能，提高语文综合应用能力。

"做中学"包含四个基本环节：问题驱动—合作探究—形成成果—展示评价。"小百科直播"任务群中，"直播讲解小百科"的任务就是"做中学"。

问题驱动：由"怎样介绍更吸引人"的问题引出"制作短视频分享知识"的任务；合作探究、形成成果：以推选"金牌主播"为目标，开展"书面介绍、口头介绍、合作介绍、实地演示介绍"等多形式的讲解活动，并产生了一系列过程性成果；展示评价：最终，学生用作品或综合表现来展示学习成果。

"做中学"的实施策略大致有：①任务"成果化"，这是突出成果的激励作用。在制定目标和确定任务时，也预期学习的成果，能提高"做"的效率；②成果"产品化"，这是强调核心知识的现实运用，即学生最终要用可视化的"产品"来表现自己的认知建构能力形成水平；③产品"公开化"，这是凸显评价激励的作用，学习成果的口头分享、作品张贴、公众号展示，公开化程度越高，越能激励学生持续探究。

"做中学"适用于"表达与交流"和"梳理与探究"的学习，包括"设计与制作""实作与模拟"等言语创造性活动，学生不仅透彻了解语言文字的表达规范和应用意义，能灵活运用其"认知支架"，还自觉运用多种方法综合展示学习所得，体现出"神入"和"自知"的水平。

（三）表现驱动，评价重生

根据任务学习成果的表现特点，我们梳理出"构思表现""作品表现""综合表现"这三类成果表现，分类设计与实施评价，重构语文单元学习评价，促进学生素养的多维立体生长。

1. 评估构思表现，铺设"思维生长"基石。

构思表现，即学生通过绘制各类图表呈现出的思维状态。这能帮助教师更直接地发现学生对问题的理解。例如，四年级下册第五单元的语文要素"学习按游览的顺序写景物"，实施定制"西湖一日游"方案任务学习。其中，绘制"西湖一日游路线图"的任务成果就属于"构思表现"。我们可以从信息组织（整理重要景点）、图表绘制（表现各景点之间的关联）、语言表达（表述绘制思路）三个维度将学生的思维过程外显化，以考量他们对于"有顺序"这一核心知识的把握。

评估"构思表现"是任务型学习评价的基本方式，能检测对于核心知识理解的思维水平，常用于任务学习的过程性评价，为指向素养生长的评价打好思维基础。

2. 评析作品表现，搭设"语用生长"支架。

作品表现，即主要以文字作为载体所表现出来的成果集合。在实施前，教师应让学生参与到对作品成果的预期中来，围绕作品的制作过程或作品的构成，确定具体的评估维度。例如，六年级"制作鲁迅宣传册"的任务成果是"鲁迅宣传册"。我们可以从制作宣传册的一般流程出发，以信息整合（选素材）、逻辑组织（定框架）、书面表达（撰文稿）、综合表现（成作品）四个维度去评价。每个维度都聚焦单元语文要素"借助资料理解文章内容"展开，以促进语用发展为核心。（表1）

表1 作品表现·"鲁迅宣传册"评价目标及评价维度

评价目标	评价维度
自主搜集并整理相关资料，借助资料展开自学与合作学习。	信息整合（选素材）
主动借助资料，理解文章内容，体会不同视角下的鲁迅的人物特点、内心世界、精神品质。	
结合资料和事例，小组合作探讨"鲁迅宣传册"的内容安排，与文字内容相符的版面、图案，布局合理，图文并茂，突出人物特点或精神品质。	逻辑组织（定框架）
选择一个或多个事例，结合一部或多部作品，融入自己的理解，分工撰写宣传册的文字内容，表现不同身份的鲁迅形象。	书面表达（撰文稿）
能积极参与宣传册的编辑、绘制；能有条理地介绍宣传册的内容及设计意图，介绍时声音响亮、自信大方，表达对鲁迅的喜爱与崇敬之情。	综合表现（成作品）

评析"作品表现"是任务型学习评价的重要方式,能较全面地判断和检测学生对于核心知识的掌握和运用水平,为指向素养生长的评价搭建好语用支架。

3. 考量综合表现,架设"素养生长"整构。

综合表现,即学生以一种最直接、最外显的行为或活动来综合呈现学习成果,可以是任务进程中的综合表现,也可以是任务完结时的综合展示。

四年级定制"西湖一日游"方案的任务,对于终结性成果方案的综合表现,可以从综合表现方式的多样性、操作方式的具体化程度、参与情境再现的深度等方面设计评价维度,引导学生一步步掌握核心要领。(表2)

表2 综合表现·定制"西湖一日游"方案的评价维度

综合表现	评价维度
1. 在杭州西湖博物馆展览"西湖一日游"方案。 2. 在合适的场合介绍"西湖一日游"方案。 3. 录制"西湖一日游"方案小视频,利用网络发布。	综合表现方式的多样性
操作步骤包括:计划—准备—实施—反思等,其中,"实施"要体现个人分工及细化步骤。	操作方式的具体化程度
能引起观众兴趣,并具有让人持续观赏的特点,如创新、有趣、体现专业性等。	参与情境再现的深度

考量"综合表现"是任务型学习评价的独特方式,能评估学生的语言运用、高阶思维发展、审美创造、合作沟通、主动探究等综合能力,由此架设好"素养生长"整构。

以现行统编版教材为依托,设计和实施基于任务群的语文学习,我们探索三种内容组合结构、实施三种课堂学习方式和呈现三类成果表现评价,创造性地构架起了"三构活用·三式推进·三维生长"这一小学语文课堂学习新范式,帮助学生实现自主而完整的知识建构,促进学生在语文学习中融会贯通,从而获得语文关键能力的增长和语文核心素养的发展,为广大教师依托教材落实语文课程核心素养要求,提供了参考。

可以看到,当我们重新考虑和设计知识、学生与世界之间的联系时,在语文课堂上就能看到郭思乐教授所描绘的图景:"当儿童接触整体的知识,比如,由一个游戏、一个情境、一个任务或一个课题荷载的知识,他就可以感受到知识的生命。"

六年级语文学习任务群的教学实施

一、六年级语文学习任务群的目标与内容

（一）六年级语文学习任务群的学习目标

课程标准按"识字与写字""阅读与鉴赏""表达与交流""梳理与探究"这四个实践活动提出语文课程的学段要求。课程标准还根据学段特点安排了六个学习任务群的学习内容。六年级语文学习任务群的学习目标，要依据课程第三学段目标，整合各学习任务群第三学段的学习内容和六年级教科书的实际内容来制定。

1."语言文字积累与梳理"学习任务群。

（1）有较强的独立识字能力。会写常用汉字300个（累计认识常用汉字3000个左右，其中2500个会写）。写字姿势正确，有良好书写习惯。能用硬笔书写楷书，行款整齐，力求美观，有一定的速度。能用毛笔书写楷书，在书写中体会汉字优美。

（2）熟练地用普通话正确、流利、有感情地朗读课文。默读有一定的速度，默读一般读物每分钟不少于300字。学习浏览，扩大知识面，根据需要搜集信息。背诵优秀诗文32篇（段）。

（3）分主题梳理自己积累的成语典故、格言警句、对联等语言材料，并尝试运用到日常读写活动中，增强表达效果。开展关于普通话、正确使用标点符号的调查活动，整理、分享自己的发现。

2."实用性阅读与交流"学习任务群。

（1）阅读说明性文章，能抓住要点，了解文章的基本说明方法。阅读简单的非连续性文本，能从图文等组合材料中找出有价值的信息。

（2）留心观察周围事物，丰富见闻，积累习作素材。学写读书笔记，学写作品梗

概、策划书和活动总结，写简单的研究报告。

（3）初步了解查找资料、呈现资料和运用资料的基本方法。利用多种渠道获取资料，解决实际问题。

（4）运用口头交流和多种方式的书面表达，分享感受，与人交流，在交流中能抓住要点，有条理。

3."文学阅读与创意表达"学习任务群。

（1）阅读记人叙事的作品，了解事件梗概和文章表达顺序，体会作者思想感情，初步领悟文章的基本表达方法。

（2）阅读诗歌，大体把握诗意，想象情境，体会作品的情感，受到感染和激励。

（3）运用讲述、评析等方式，简单描述印象最深的场景、人物、细节，交流阅读感受。

（4）能写简单的记实作文和想象作文，内容具体，感情真实。能根据表达的需要，分段表述。习作有一定速度，能修改习作。完成课内习作16次左右。

4."思辨性阅读与表达"学习任务群。

（1）在日常生活和学习中发现并思考多种语言现象的特点，体会其不同的表达效果。

（2）在阅读中学习体会猜想、验证、推理等思维方法，感受其中的智慧。

（3）在交流讨论中，敢于提出看法，作出自己的判断，并有理有据地表达自己的观点。能根据对象和场合，稍作准备，作简单的发言。

5."整本书阅读"学习任务群。

（1）阅读"成长"主题的小说、文学名著，把握文本主要内容，就感兴趣的话题展开讨论，积极向同学推荐并说明理由。

（2）梳理、反思小学阶段的阅读生活，运用多种方式，分享阅读的经历、体会和阅读方法。

（3）扩展阅读面，第三学段结束时课外阅读总量不少于100万字。

6."跨学科学习"学习任务群。

（1）感受不同媒介的表达效果，学习跨媒介阅读与运用，初步运用多种方法整理和呈现信息。

（2）综合运用多方面的知识和技能，对身边的热点问题或影视作品中的话题，通过调查访问、讨论演讲等方法，开展专题探究活动，并运用多种媒介形式分享研学成果。

（3）策划简单的校园（社会）活动，对主题进行讨论，积极参与过程，活动后进行回顾和总结，以多种形式呈现与分享活动的收获。

（二）六年级语文学习任务群的学习内容

参照课程标准六个学习任务群第三学段的学习内容，梳理六年级教科书的实际内容，建构了六年级各学习任务群的学习内容（表1~6）。

表1 六年级"语言文字积累与梳理"学习任务群学习内容

学习内容	内容模块	
	主题	要素
主动通过多种方式独立识字，按照汉字字形结构等规律梳理学过的汉字。丰富自己的词语积累，注意词语的感情色彩。	字词运用	1. 会写常用汉字300个。 2. 了解日常生活中与戏曲有关的词语，并结合生活说说句子。 3. 对"结构相似"的词语展开想象写话，深刻理解词语并准确运用。
开展校园内外讲普通话、写规范字、正确使用标点符号情况的调查，整理分享自己的发现。	标点使用	认识分号，并能说出分号的用法。
	书写提示	1. 能做到规范书写，养成自我检视的习惯。 2. 欣赏柳公权、赵孟頫书法作品，了解其楷书的特点。 3. 认识并临摹行书，逐渐提高书写速度。
诵读优秀诗文，分主题梳理自己积累的成语典故、格言警句等语言材料，并尝试运用到日常读写活动中，增强表达效果。	名言（警句）积累	朗读并背诵关于热爱祖国、为国献身的名人名言，鲁迅名言，关于发展和创新的名言；能背诵一组出自《增广贤文》的格言和谚语，一组有劝勉意义的俗语。
	古诗词积累	1. 朗读并背诵《寒食》等32篇古诗词。 2. 联系古诗，梳理被赋予人的品格和志向的事物。 3. 结合阅读体验，梳理归纳学习古诗词的方法。
	传统文化	了解并积累与艺术有关的成语、传统文化常识，了解不同习俗的寓意。

表2 六年级"实用性阅读与交流"学习任务群学习内容

学习内容	内容模块	
	主题	要素
走进大自然,走进科学世界,走进社会,阅读参观访问记、考察报告、科技说明文、科学家小传等文本;学习记笔记、列大纲、写脚本、画思维导图等整理和呈现信息的方法;学习通过口头表述和多种形式的书面表达,分享观察自然、探索科学世界的所见所闻、所思所感。	保护环境	抓住关键句,把握文章的主要观点;学写倡议书。(六年级上册第六单元)
	艺术之美	链接生活,学习修改说明书,使说明书更清楚明白。(六年级上册第七单元"词句段运用")
	外国名著	能选择自己读过的一本书,写作品梗概;能与同学分享自己写的梗概,并根据反馈进行修改。(六年级下册第二单元习作)
观察、思考日常生活,阅读记人叙事的优秀文本,学习通过口头表达、书面叙写,与他人交流身边令人感动、难忘的人和事;能关注家庭、学校、社区生活中发生的新鲜事。	有目的地阅读	根据阅读目的,选择恰当的阅读方法;写生活体验,试着表达自己的看法。(六年级上册第三单元)
学习革命英雄和劳动模范的事迹,尝试用多种媒介方式记录、展示、讲述他们的故事,表达自己的崇敬之情。	革命理想	阅读革命题材类课文,搜集、整合有价值的信息,查阅相关资料,加深对课文的理解。(六年级下册第四单元)

表3 六年级"文学阅读与创意表达"学习任务群学习内容

学习内容	内容模块	
	主题	要素
阅读、欣赏革命领袖、革命先烈创作的文学作品,以及表现他们事迹的作品等,感受革命领袖、革命先烈伟大的人格力量,认识生命的价值;运用讲述、评析等方式,交流感受。	革命岁月	了解文章是怎样点面结合地写场面的;尝试运用点面结合的写法记一次活动。(六年级上册第二单元)
	美好品质	1. 读小说,关注情节、环境,感受人物形象;习作时,能发挥想象,创编生活故事。 2. 交流时,能先说想法,再把具体的理由讲清楚。(六年级上册第四单元)

续表

学习内容	内容模块	
	主题	要素
	革命理想	关注外貌、神态、言行的描写，体会人物品质；习作时选择适合的方式进行表达。（六年级下册第四单元）
	走近鲁迅	借助相关资料，理解课文主要内容；通过事情写一个人，表达出自己的情感。（六年级上册第八单元）
阅读表现人与自然的诗歌、散文等优秀文学作品，感受大自然的奇妙，体会人与自然和谐相处的意义；用口头或者书面的方式表达对自然的观察与体验，抒发自己的情感。	走进自然	阅读时能从所读的内容展开思考与想象；习作时发挥想象，把重点部分写得详细一些。（六年级上册第一单元）
阅读表现人与社会的优秀文学作品，走进广阔的文学艺术世界，学习品味作品语言、欣赏艺术形象，复述印象深刻的故事情节，积累多样的情感体验，学习联想与想象，尝试富有创意地表达。	艺术之美	借助语言文字展开想象，体会艺术之美；写自己的拿手好戏，把重点部分写具体。（六年级上册第七单元）
	民风民俗	分清内容的主次，体会作者是如何详写主要部分的；习作时注意抓住重点，写出特点。（六年级下册第一单元）
	立意为宗	体会文章是怎样围绕中心意思来写的；从不同方面或选取不同事例，表达中心意思。（六年级上册第五单元）
阅读反映少年成长的故事、小说、传记等，交流自己获得的启示；学习运用细节描写等文学表现手法，描述自己成长的故事。	让真情在笔尖流露	体会文章是怎样表达情感的；选择合适的内容写出真情实感。（六年级下册第三单元）

表4 六年级"思辨性阅读与表达"学习任务群学习内容

学习内容	内容模块	
	主题	要素
阅读关于中华传统美德、社会公德等方面的短论、简评，结合校园或社会生活中的实际事例，学习有理有据地口头或书面表达自己的观点；在日常生活和学习中，发现并思考成语、对联、谚语、绕口令等多种语言现象的特点，体会不同的表达效果。	革命岁月	描写人物说话时，学习用多种形式来替代"说"。（六年级上册第二单元"词句段运用"）
	保护环境	意见不同时，能准确把握别人的观点；尊重不同意见，讨论问题时，态度平和，以理服人。（六年级上册第六单元口语交际）
	艺术之美	通过朗读、质疑、比较、推断等方式，学习辩证看待问题的思维方法，并有理有据地口头表达自己的观点。（六年级上册第七单元《文言文二则》）
	民风民俗	1. 能根据场合、对象等，稍作准备，作即兴发言。（六年级下册第一单元口语交际） 2. 同一个意思可以有多种不同的表达方式，体会语言表达的丰富性和多样性，并运用于平时的写作中。（六年级下册第一单元"词句段运用"）
阅读有关科学发现、技术发明的故事，用画思维导图等方式辅助，简洁清楚地表述科学家发现、发明的过程，学习科学家的创造精神，体会猜想、验证、推理等思维方法；阅读哲人故事、寓言故事、成语故事等，感受其中的智慧，学习其中的思维方法。	科学精神	1. 体会文章是怎样用具体事例说明观点的；展开想象，写科幻故事。 2. 辩论时，能听出别人话中的矛盾或漏洞；抓住漏洞进行反驳，注意用语文明。（六年级下册第五单元）

表5 六年级"整本书阅读"学习任务群学习内容

学习内容	内容模块	
	主题	要素
阅读反映革命传统的作品,讲述自己感受到的家国情怀和爱国精神。	成长小说	阅读小说《童年》《小英雄雨来》《爱的教育》,理清人物关系,了解小说内容。通过人物描写,小说情节,以及环境描写等感受人物形象。与同学交流阅读心得,体会成长的快乐。(六年级上册第四单元快乐读书吧)
阅读文学、科普、科幻等方面的优秀作品,学习梳理作品的基本内容,针对作品中感兴趣的话题展开交流。	外国名著	阅读名著《鲁滨逊漂流记》《骑鹅旅行记》《汤姆·索亚历险记》《爱丽丝漫游奇境》,了解故事内容。了解作品写作背景,体会作者通过文字传达的情感和思想内涵。能做读书笔记,与同学交流阅读收获。(六年级下册第二单元快乐读书吧)
梳理、反思小学阶段的阅读生活,运用口头或书面方式,与同学分享自己"整本书阅读"的经历、体会和阅读方法。	同读一本书	同读一本书,围绕大家感兴趣的、值得讨论的话题,交流读书心得,分享读书收获。能引用原文说明观点,使观点更有说服力。能分辨别人的观点是否有道理,理由是否充分。(六年级下册第二单元口语交际)

表6 六年级"跨学科学习"学习任务群学习内容

学习内容	内容模块	
	主题	要素
积极参加校园文化社团,参与学校和社区举办的戏曲、书法、篆刻、绘画、刺绣、泥塑、民乐等相关文化活动,体验、感知、传承中华优秀传统文化,运用多种形式分享自己的经验与感受。	艺术之美	通过各种方式了解中国书法文化,在聊书法、探书法、展书法等一系列学习活动中,感受中华传统文化魅力,丰富审美体验。(六年级上册第七单元口语交际)
	民风民俗	设计传统节日博览会,多形式分享自己的收获与感受。(六年级下册第一单元《北京的春节》阅读链接)

续表

学习内容	内容模块	
	主题	要素
综合运用语文、道德与法治、科学、劳动等多方面的知识和技能，通过小组研讨、集体策划、设计参观考察活动方案，运用跨媒介形式分享研学成果。	难忘小学生活	1. 与同学交流、协商，制订阶段活动计划；收集和筛选反映小学生活的资料，设计制作成长纪念册；策划、筹备并举办毕业联欢会。 2. 用书信等形式表达情感，与人交流。 （六年级下册第六单元综合性学习）
	古诗词诵读	学习古诗词，运用跨媒介形式分享研学成果，多角度展现诗词之美。（六年级下册古诗词诵读）
综合运用学过的方法阅读"革命文化材料"，分享自己阅读收获，加深对党的奋斗历程的情感体验。	革命岁月	开展伟人诗词专题阅读活动，了解时代背景，体会诗人的革命豪情。（六年级上册第二单元《七律·长征》阅读链接）
	奋斗的历程	分享阅读收获；搜集、研读红色诗词，和同学合作制作一本诗集；选择适合的材料和方式表达自己的心愿，能用修改符号自主修改习作。（六年级下册第四单元综合性学习）

二、六年级语文学习任务群的实施建议

（一）"语言文字积累与梳理"学习任务群实施建议

1. 关注兴趣与情感激发。

根据六年级学生年龄特点和认知规律，紧密联系学生生活实际，创设情境，将语言积累同梳理与体认革命文化、中华优秀传统文化相结合，引导学生在识字、写字、语言积累中感受中华文化魅力，增强热爱中华文化的情感。例如，创设"习俗里的美好寓意""校园人物速写"等情境，学生积累相关词语、人物描写技巧等，激发对祖国语言文字的热爱。

2. 重视识字与写字技能。

六年级已累计认识常用汉字 3000 个，重在引导学生综合运用多种识字方法，按照

汉字字形结构等规律梳理学过的汉字，发展独立识字写字的能力。关注学生写字姿势，培养良好的书写习惯。例如，在"制作习俗卡片"中，学生比较楷书与行楷的异同，在学写行楷中体会汉字的优美，并提升了一定的书写速度。

3. 教给积累与梳理的方法。

引导学生增强语言积累和梳理的意识，教会其语言积累和梳理的方法。同时引导学生借助信息技术等多种方法汇总、梳理积累的语言材料，建立自己的创意语言资源库，并能学以致用。例如，在六年级上册"词句段运用"复习中，学生借助表格、思维导图整理人物描写技巧，丰富人物描写的语言素材，在培养良好语感的同时逐步养成积累与梳理的意识。

（二）"实用性阅读与交流"学习任务群实施建议

1. 凸显语文实践"实用性"。

第三学段应强化任务群间的关联性，形成体验式学习活动链，拓展实用的空间，指向语言的发展。例如，《写作品梗概》一课任务设计，学生在"读赏梗概""学写梗概""编辑《好书速递》"中发现梗概特点，习得写作品梗概的方法并尝试迁移运用。如此，才算是综合运用所学知识解决实际问题。

2. 提升学习资源"开放性"。

任务群需要开放，向同单元的课文开放，向跨单元、跨年级的课文开放，向课文之外的高关联资料开放。例如，学习《故宫博物院》，首先找到相关文章，拓展学生的阅读视野。在此基础上，从网络上获取全息化的资源，比如故宫博物院专题片，或是"云游览"App等软件，为学生提供动态、实时、全面的学习资源，拓展阅读界面，推动深度学习。

3. 力求学习活动"多样化"。

学习活动可以采用情境对话、现场报道、调查报告等学生喜闻乐见的形式，将识字、写字、阅读、写作、口语交际、搜集处理信息等融为一体；充分利用数字资源和信息化平台，引导学生提高语言理解与运用能力，逐步增强语言表达的准确性、规范性。如"理想与信念"单元中，学生能根据具体情境和交流对象查阅相关资料，合作制作红色诗词集，独立完成习作"我的心愿"，尝试对英雄进行文创设计等，在多种方式中记录、分享英雄故事。

（三）"文学阅读与创意表达"学习任务群实施建议

1. 激活生活体验。

具有审美属性的文学阅读应调动学生的审美需要，为文学审美的逻辑起点注入动力。调动学生的审美需要创设不同的文学阅读情境，以激活学生生活体验。如围绕"我眼中的春节"这一话题，鼓励学生借助图文等形式分享春节期间了解到的民俗；在展示、对话的过程中，引导学生描述民风民俗，说出自己的感受；在分享与倾听中，感受"十里不同风，百里不同俗"带给人的精神体验，产生阅读作品的兴趣，进而融入"民风民俗·大美中华"的阅读情境之中。

2. 整合学习方式。

引导学生综合运用朗读、默读、诵读、复述、评述等方法学习作品。重视古代诗文的诵读积累，感受文学作品语言、形象、情感等方面的独特魅力和思想内涵，提升审美能力和审美品位；鼓励学生在口头交流和书面创作中，运用多样的形式呈现作品，发挥自己的创造性。如"走近鲁迅"单元学习中，在"我眼中的作家鲁迅""我眼中的长者鲁迅""别人眼中的鲁迅"等学习任务中，提供多种学习方式让学生讲述、评析、交流自己的情感体验，开拓了学习空间，促进学生进行创意表达。

3. 丰富审美体验。

六年级学生已经具备一定的文学阅读经验，教师要设计有效、连贯且具有内在联系的语文实践活动，使学生在阅读、探究、表达等语文实践活动中，品味、赏析、评判语言文字，领悟作品意蕴，从而培养学生的审美理解能力。如《丁香结》一课，在"多角度欣赏丁香花"学习活动中，学生从文字入手，借助批注阅读法记录语言现象；在合作探究中，学生借助字词想象画面，学会解读和品析语言的方法，获得丰富的审美体验。

（四）"思辨性阅读与表达"学习任务群实施建议

1. 遵循思维发展规律。

学生的思维发展是有其内在逻辑的，第三学段的重点是能综合运用文字、表格、思维导图等形式提取和整理文本关键信息，理解文本中的观点和思维方法；把阅读思辨性文本与探究自己发现的真实问题联系起来，并能有理有据地表达。如"科学精神"单元，学生在"辩手成长营"主题任务中学习表达，从有序表达、多角度表达、围绕中心表达到有逻辑地表达，符合学生思维发展的规律。

2. 激发思维表达愿望。

根据六年级学生思维发展的特点和生活经验，将文本阅读与自主探究结合，创设学习主题和学习情境，激发学生思维表达的愿望。如学习《书戴嵩画牛》，以"名画里的学问"为任务驱动，让学生自主完成"欣赏古代名画""读懂名画故事""讲好名画故事""领悟名画学问"等学习活动，为学生提供广阔的思考、表达和交流空间。

3. 梳理思维表达思路。

常用的思辨性学习工具有三类。一是各类表格，将观点、事例、现象、问题、推测及发现等分类填写；二是思维导图，将文本结构、事物异同、思考路径等呈现出来；三是学习任务单，以图文结合的方式，呈现学习任务，也可以作为学习结果的记录单。借助学习工具，可以培养学生思维的发散性、系统性，能让孩子进行深度思考，帮助孩子简化学习过程，优化学习效果。如《书戴嵩画牛》一课中，学生借助"人物特点图"，从文中找到依据并梳理杜处士和小牧童的特点，为"创造性讲故事"学习活动奠定了基础。

（五）"整本书阅读"学习任务群实施建议

1. 统筹规划，确定阅读方案。

利用导读课组织整本书导读活动，了解整本书框架，指导学生制订整本书阅读计划；利用推进课检查阅读计划的执行情况，通过做阅读记录、分享阅读收获等形式，激励学生持续阅读；利用交流课分享整本书阅读成果，如交流作品梗概，汇报阅读收获，展示图文笔记等。例如，《童年》整本书教学，学生通过"拟'人物圈'"，初步梳理小说中的人物关系，借助这一阅读支架，按阅读计划不断完善"人物圈"，关注小说中的情节发展，从中品味性格各异的人物形象。

2. 鼓励自读，促进主动阅读。

第三学段关注阅读速度的进一步提升，鼓励学生自主阅读，并综合运用精读、略读、浏览等策略，进一步提升整体阅读能力。在主动阅读中，学生反观、梳理、监控自己整本书阅读的经历、体会和阅读方法，并能运用口头或书面方式，分享、交流自己的阅读生活。如在《童年》整本书教学中，学生在阅读中运用多种阅读方法，梳理、反思阅读生活，联系自己的生活经验思辨主人公的成长历程。这一系列的任务旨在引导学生借助梳理人物关系、品味人物形象、思辨成长历程等多种方法促进自主阅读。

3. 整合资源，拓展阅读视野。

根据开展读书活动的实际需要，合理推荐和利用适宜的学习资源，如拓展阅读的书目、参考资料，以及相关音频、视频作品等。在拓展阅读中，教师既可以推荐"群文"书单，也可以推荐同作者的作品，甚至可以借助相关的影视等多媒体资源，引导学生与原著进行互文性比照阅读。如在《汤姆·索亚历险记》整本书教学中，学生结合名著的内容，分享探险地图，发布探险"朋友圈"及互动留言。在学习资源的有效整合中，学生体会到阅读经典名著的乐趣。

（六）"跨学科学习"学习任务群实施建议

1. 精心选择学习主题和学习内容。

充分发挥跨学科的整体育人优势，增强跨学科学习的计划性和目标意识。根据六年级学生生活的范围、学习兴趣和能力，精心选择学习主题和内容，组织、策划多样的学习活动。六年级以"校园现象、生活现象、文化现象"为主题设计活动，活动以观察、记录、参观、体验为主。

2. 引导在生活情境中开展语文学习。

引导学生在广阔的学习和生活情境中学语文、用语文，提高交流沟通、团结协作和实践创新能力。注意引导学生掌握问题探究的基本步骤和方法，学会提炼、表达、呈现学习成果，着重培养学生综合运用多学科知识解决实际问题的能力。如学生在创作"古诗词美食拼盘"时，将语文与美术、劳动学科结合，在实践中发现古诗词之美，学会用双手创造美好生活。

3. 提供多样多维的学习资源支持。

教师要充分利用图书馆、互联网、社区生活场景、文化场馆等场域资源，为学生开展跨学科学习提供必要的支持；也可以结合学校和社区开展的文化活动进行语文跨学科学习。从学习内容、思维方法等维度，可设计方案表、项目书等流程管理支架，帮助学生最终达成学习成果的可视化。如学生在选编和讲解《中华经典古诗词读本》的语文实践活动中，联结课堂内外、学校内外，并运用跨媒介形式分享研学成果，拓宽了语文学习和运用领域。

三、六年级语文学习任务群的评价建议

教师要全面把握每个学习任务群的特点，从整体上综合统筹评价过程。在评价学生学习任务群的过程性表现时，既要突出每个学习任务群的重点，关注六年级的年段要求，又要兼顾不同任务群之间的联系，体现学习目标、学习内容与学业评价的一致性。同时，教师要根据评价结果及时反馈，基于评价结果为学生提供富有针对性的学

习指导，在评价和指导中引导学生学会学习语文，在语文实践活动中自主发展核心素养。

（一）"语言文字积累与梳理"学习任务群评价建议

评价考察学生独立识字的能力，在具体语言环境中运用汉字的能力。写字评价考察学生对要求"会写"的字的掌握情况，重视书写的正确、端正、整洁，在此基础上力求美观，有一定的速度。评价词句段及古诗词的积累，以及在表达交流中的运用能力。如，六年级下册第一单元语文园地"词句段运用"的学习，从"习俗卡片内容""习俗卡片书写"等维度进行评价，考察学生的积累与书写能力，感受汉字文化的深厚内涵。

（二）"实用性阅读与交流"学习任务群评价建议

注重评价学生对信息真伪与合理的判断能力，运用文本信息解决现实生活问题的能力。引导学生从多个角度观察社会生活和日常生活，通过倾听、阅读、观察，获取、整合有价值的信息，了解常见的实用文体，并用多种方式记录学习过程，表达参与活动的感受。如，六年级上册第三单元，通过"竹节人制作与玩法指南""辩论火星移居""故宫景点讲解""编写探馆日记"一系列学习评价，学生在真实情境中进行实用性表达，在学练评结合的进阶式阅读中习得方法。

（三）"文学阅读与创意表达"学习任务群评价建议

注重评价学生在文学体验活动中涵养的审美情趣。侧重考察学生对文学作品内容的理解，对感人情境和形象的理解与审美体验，能提出自己的观点或看法，并积极向他人推荐。在分享阅读作品获得的启示中，能有意识地运用积累的语言进行口头或书面表达。如，《丁香结》的学习评价，紧扣"体会由具体事物引发联想的方法，领悟作者的人生思考"这一核心目标，以清单的形式进行评价，引领学生深入阅读与品鉴散文。

（四）"思辨性阅读与表达"学习任务群评价建议

关注学生的思考过程和思维方法。评价应关注学生在问题研究过程中的交流、研讨、分享、演讲等现场表现，以及活动过程中生成的文字、表格、统计图、思维导图等学习成果。如，六年级下册第五单元安排三次"辩论"。辩论过程中，从辩手到点评专家均由学生组成，充分发挥学生的主体性。辩论结束时，借助评价单，以具体的数据、现场的表现，运用点评的方式促进学生交际能力的提升。这一学习过程，不仅锻炼了学生"辩证地思考、抓重点地倾听、理性地表达"等交际习惯，也以评价促进了学生逻辑、推理、辨析等思维能力的提升。

（五）"整本书阅读"学习任务群评价建议

重点考察学生对作品内涵的理解。可围绕读书的主要环节编制评价量表，制作阅读反思单，引导学生从阅读方法、阅读习惯等方面进行自我反思、自我改进。如，在《汤姆·索亚历险记》整本书教学中，评价结合两次学习任务进行（发布朋友圈"探险时刻"；选其他角色发表朋友圈留言）。学生两次阅读动笔，均有评价表为指引，学生有清晰的写作方向和明确的评价标准。在交流和修改完善中，学生不断反思、提升对整本书的理解。

（六）"跨学科学习"学习任务群评价方式

评价主要以学生在各类探究活动中的表现，以及活动过程中完成的方案、海报、调研报告、视频资料等学习成果为依据。可邀请相关学科教师、家长、社会人士参与评价，重点关注学生综合运用多学科知识思考问题、解决问题的态度和能力。如在"古诗词诵读"教学中，融合语文与美术等学科知识与技能，设计编撰《中华经典古诗词读本》，以纸张、模板、美化三个设计要素作为表现性评价指标，一以贯之，与学习过程融为一体，旨在以评促学，拓宽语文学习与运用领域，促进学生核心素养发展。

"语言文字积累与梳理"学习任务群

案例1　习俗里的美好寓意
——六年级下册第一单元语文园地"词句段运用"教学

【任务分析】

习俗寓意和行楷书写是义务教育教科书六年级下册第一单元语文园地"词句段运用"中的第二题和书写提示里的内容。本单元人文主题是"百里不同风，千里不同俗"。通过对习俗里的美好寓意的感受和积累，学生充分体会传统习俗中所蕴含的人情美和文化美，感受中华优秀传统文化的博大精深，激发对祖国传统文化的热爱。

本单元的表达要素是"习作时注意抓住重点，写出特点"。学生已掌握"把握文章主要内容""围绕中心意思来写"等语言表达方法。本课立足习俗中的美好寓意，重点通过有条理、抓重点地表达习俗特点，积累与习俗有关的传统文化内容。

本课属于"语言文字积累与梳理"学习任务群。民俗中的美好寓意有很多，学生通过阅读、梳理相关素材，逐步积累与民风民俗相关的词语、诗歌等语言材料，并尝试运用。这与学习任务群第三学段"分主题梳理自己积累的成语典故、格言警句、对联等语言材料，并尝试运用到日常读写活动中，增强表达效果"的目标一致，写好行楷也与"写规范字"要求一致。

【学习资源】

（一）文本

1.《童年的春节》《腊八粥》。（冰心：《冰心散文》，山西人民出版社，2022年）

2.《粥》。（梁实秋：《雅舍谈吃》，北方文艺出版社，2023年）

3.《给孩子的传统文化课》。（田玉彬：《给孩子的传统文化课》，上海社会科学院出版社，2021年）

（二）网络

中国传统文化网。

（三）图片

楷书和行书书法作品。（教师作品）

【实施框架】

（一）学习目标

1. 能在自主学习的情境中，阅读相关资料，梳理和积累与民俗有关的语言资料，感受民俗中的美好寓意，体会中华传统文化的博大精深。

2. 能在具体的任务情境中，借助课外书籍、网络资料等，开展习俗卡片制作活动，以提高"抓住重点、写出特点"的语言表达能力，并能在日常生活中，运用此类语言材料，提升文化自信。

3. 通过比较，发现楷书和行楷的区别，并尝试用行楷书写习俗卡片。

（二）学习情境

"百里不同风，千里不同俗"，中国的传统习俗丰富多彩。作为中华民族的传人，我们要了解各地的传统民俗，知晓传统习俗背后的美好寓意。让我们一起制作习俗名片，努力成为一名传统文化的优秀传播者。

（三）任务框架

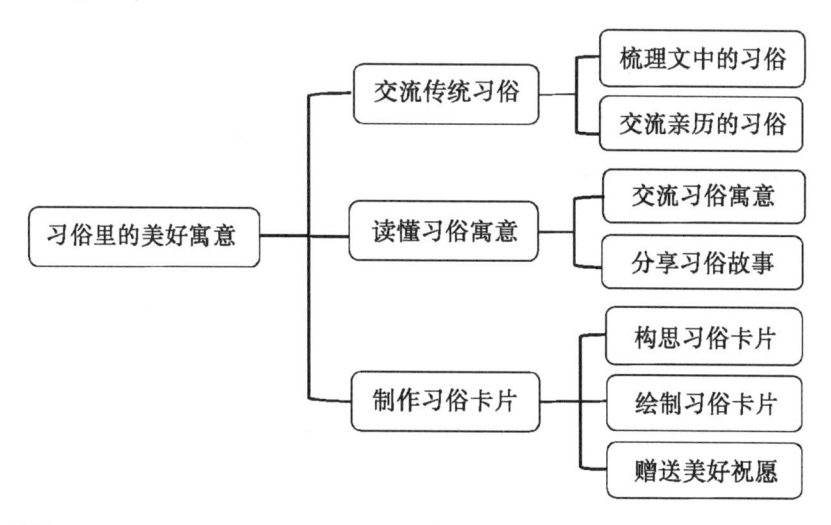

```
                          ┌── 梳理文中的习俗
              ┌─ 交流传统习俗 ─┤
              │            └── 交流亲历的习俗
              │
              │            ┌── 交流习俗寓意
习俗里的美好寓意 ─┼─ 读懂习俗寓意 ─┤
              │            └── 分享习俗故事
              │
              │            ┌── 构思习俗卡片
              └─ 制作习俗卡片 ─┼── 绘制习俗卡片
                           └── 赠送美好祝愿
```

【任务实施】

任务一：交流传统习俗

（一）学习活动一：梳理文中的习俗

1. 明确任务：俗话说，"百里不同风，千里不同俗"。每一个习俗背后都有着美好的寓意，那代表着人们对美好生活的憧憬。这节课，我们要来了解传统习俗，了解传统习俗的美好寓意，让我们做一个传统文化的小使者，把优秀的中华传统文化传播给更多的人。

2. 回顾课文，梳理习俗。

（1）独立学习：快速浏览本单元课文，画出文中提及的习俗。

（2）组内交流：借助表格，梳理习俗，合作完成作业单。

课文	习俗名称
《北京的春节》	
《腊八粥》	
《寒食》	
《迢迢牵牛星》	
《十五夜望月》	

（3）交流并明确课文中的习俗。

预设：

①《北京的春节》中的习俗——喝腊八粥、泡腊八蒜、祭灶王、贴春联、贴福字、吃团圆饭、放鞭炮、守岁、拜年、赏灯、吃元宵。

②《腊八粥》中的习俗——腊八节喝腊八粥。

③《寒食》中的习俗——寒食节忌生火。

④《迢迢牵牛星》中的习俗——七夕节乞巧。

⑤《十五夜望月》中的习俗——中秋节赏月。

（二）学习活动二：交流亲历的习俗

1. 分享过节的习俗。

（1）同桌交流：分享家乡过节的习俗。

预设：过年吃糖年糕、端午吃粽子、中秋吃月饼……

（2）组内交流：补充中华传统文化网站上搜到的习俗。

预设：翻九楼、赛龙舟、点茶、生日吃长寿面、新房墙上刻蝙蝠纹样……

2. 合作学习：梳理习俗，按要求分类，至少两个。

预设：按照传统节日的顺序，梳理出与节日有关的习俗；按照事物的类别，梳理出如食物、建筑、仪式、图案等角度的习俗。

3. 交流展示习俗卡。

作业单

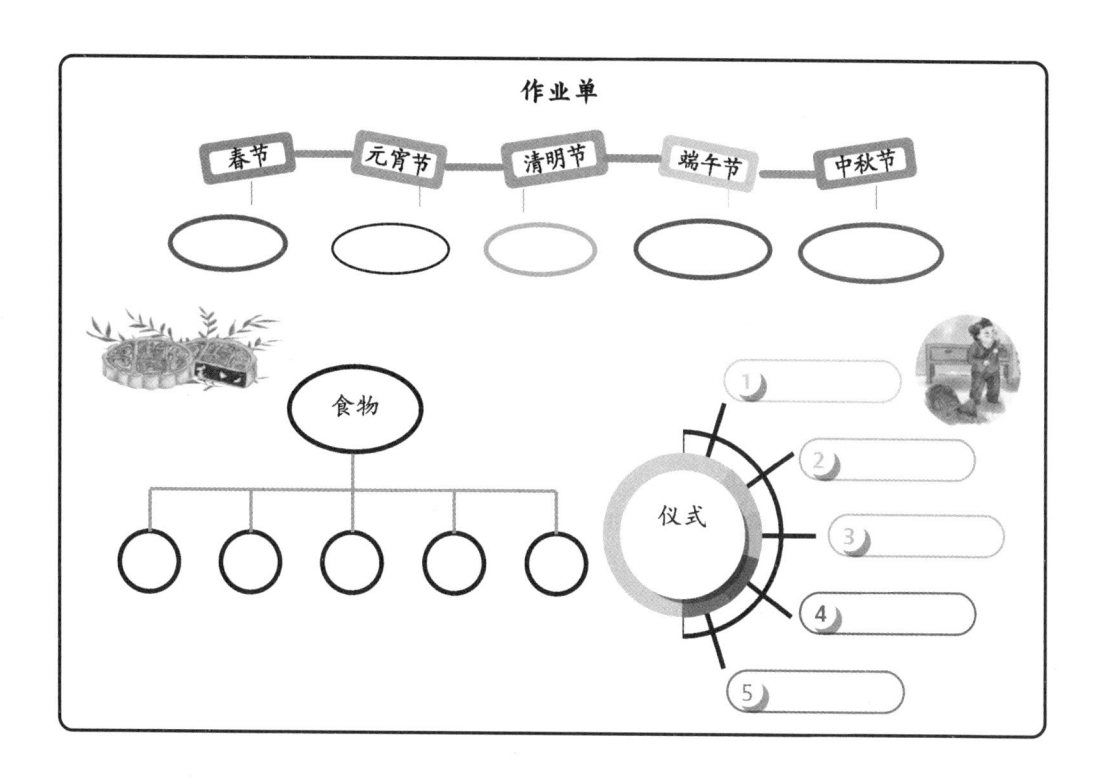

春节　元宵节　清明节　端午节　中秋节

食物

仪式

① ② ③ ④ ⑤

任务二：读懂习俗寓意

（一）学习活动一：交流习俗寓意

1. 选择自己感兴趣的习俗内容，和相同兴趣的同学组成研究小组。
2. 根据学习要求，合作探究习俗寓意。

（1）呈现学习要求。

学习要求

①组内交流：说说预习时搜集到的习俗寓意。

②完善记录：补充新的习俗寓意。

（2）学生组内交流，全班交流。

预设：

①借助学习单，学生梳理出以节日为主题的习俗和寓意。

过年——吃年糕——年年高；过年——吃鱼——年年有余；

元宵——汤圆——团团圆圆；中秋节——吃月饼——阖家团圆。

②借助学习单再梳理出以特定的事物为主题的习俗和美好寓意。

五只蝙蝠——五福临门；梅花喜鹊——喜上眉梢；

"语言文字积累与梳理"学习任务群

竹子——高风亮节；兰花——高洁清雅。

（二）学习活动二：分享习俗故事

1. 阅读资料，了解腊八粥的故事。

（1）自主阅读课外资料，对腊八粥的寓意做好批注。

阅读冰心《腊八粥》、梁实秋《粥》的相关节选片段。

腊八粥（节选）

冰　心

从我记事起，我就记得每年的腊月初八，妈妈都会为我们煮腊八粥。腊八粥是用糯米、红糖和十八种干果做成的。有红枣、龙眼、核桃、银杏、杏仁、栗子、花生、葡萄干等。干果里有各种各样的豆类和芝麻，吃起来非常香甜可口。每年，我妈妈都会煮一个大锅，这不仅是整个家庭的大小，还分发给邻居和亲戚朋友。母亲说：这腊八粥最初是佛教寺院用来供奉佛的——十八种干果象征着十八罗汉，后来这种习俗在民间流行起来。这也是一个省钱的好方法，借此机会清洁厨房橱柜，为孩子们烹制这些多余的水果。最后，她叹了口气，说："我的母亲是腊八这一天逝世的，那时我只有14岁。我扑到她身上痛哭之后，就赶紧去厨房给爸爸和哥哥做早餐。昨天我还看到她在炉子上煮了一小锅腊八粥。现在我每年都煮腊八粥，不是为了拜佛，而是为了纪念我的母亲。"

粥（节选）

梁实秋

腊八粥是粥类中的综艺节目。北京雍和宫煮腊八粥，据《旧京风俗志》，是由内务府主办，惊师动众，这一顿粥要耗十万两银子！煮好先恭呈御用，然后分别赏赐王公大臣，这不是喝粥，这是招摇。然而煮腊八粥的风俗深入民间至今弗辍。我小时候喝腊八粥是一件大事。午夜才过，我的二舅爹爹（我父亲的二舅父）就开始作业，搬出擦得锃光大亮的大小铜锅两个，大的高一尺开外，口径约一尺。然后把预先分别泡过的五谷杂粮如小米、红豆、老鸡头、薏仁米，以及粥果如白果、栗子、胡桃、红枣、桂圆肉之类，开始熬煮，不住地用长柄大勺搅动，防粘锅底。两锅内容不太一样。大的粗糙些，小的细致些，以粥果多少为别。此外尚有额外精致粥果另装一盘，如瓜子仁、杏仁、葡萄干、红丝青丝、松子、蜜饯之类，准备临时放在粥面上的。等到腊八早晨，每人一大碗，尽量加红糖，稀里呼噜地喝个尽兴。家家熬粥，家家送粥给亲友，东一碗来，西一碗去，真是多此一举。剩下的粥，倒在大绿釉瓦盆里，自然凝冻，留到年底也不会坏。自从丧乱，年年过腊八，年年有粥喝，兴致未减，材料难求，因陋就简，虚应故事而已。

（2）交流文中有关腊八粥的历史故事和寓意。

预设：读冰心的《腊八粥》，了解到腊八粥源自佛粥；读梁实秋的《粥》，了解到腊八粥从佛粥逐渐发展为家家熬粥，家家送粥，寓意祛疫迎福。

2. 分享交流，拓展习俗内涵。

预设：

（1）过年放鞭炮，源自于驱赶年兽的传说。现在过年放鞭炮能够增强节日氛围，代表着除旧迎新。放完鞭炮满地的红色代表喜庆、幸福、吉祥。

（2）过年贴春联，是由古人挂桃符这个传统习俗演变而来的。贴春联可以驱邪保平安，将自己的美好愿望寄托在春联上面，可以保佑一家人在新的一年平平安安，阖家幸福。红底黑字或者红底金字的春联，加之各种纹饰，突出了新春的喜庆和欢乐，为春节增添了喜庆的气氛。

3. 借助评价表，对搜集的习俗进行自评和同伴评价。

4. 梳理习俗，探究寓意规律。

讨论交流风俗故事和寓意，发现风俗和寓意在表达上的规律。

预设：这些习俗中有的是借助谐音表达祝愿，如吃年糕、刻蝙蝠；这些习俗中有的是用比喻表达祝福，如吃月饼、吃长寿面。

小结：民间习俗的寓意用谐音、比喻等修辞手法，来表达人们对美好生活的企盼。

任务三：制作习俗卡片

（一）学习活动一：构思习俗卡片

1. 确定习俗卡主题。

根据自己感兴趣的习俗内容，确定一个习俗卡主题。

2. 讨论习俗卡板块。

预设：文字部分呈现习俗名称、习俗发展历史、习俗寓意；版面设计有特色，上下分割、左右交错、图文交融。

3. 搜集相关资料。

（1）借助《给孩子的传统文化课》和中国传统文化网站，查找所需图文资料。

（2）整理习俗资料，确定习俗卡上要介绍的图文内容。

（二）学习活动二：绘制习俗卡片

1. 学习行楷书法。

> **作业单**
>
> 比较由行楷与楷书撰写的书法作品，发现行楷书法的奥妙。
>
> > 我就生长在这样一个小城里，将近十五岁时方离开。出门两年半回过那小城一次以后，直到现在为止，那城门我还没再进去过。但那地方我是熟悉的。现在还有许多人生活在那个城市里，我却常常生活在那个小城过去给我的印象里。
> > ——沈从文
>
> > 我就生长在这样一个小城里，将近十五岁时方离开。出门两年半回过那小城一次以后，知道现在为止，那城门我还没再进去过。但那地方我是熟悉的。现在还有许多人生活在那个城市里，我却常常生活在那个小城过去给我的印象里。
> > ——沈从文

预设：楷书结构严谨，行楷行笔巧妙；楷书笔顺较固定，行楷笔顺大多有序，但部分有连结、省略等改变；行楷书写速度更快。

2. 呈现绘制要求。

制作要求

(1) 内容。

确定一个习俗卡主题。

呈现三个部分：习俗名称、习俗发展历史、习俗寓意。

(2) 版面。

行楷书写，行笔轻盈，有美感。

图文交融，色彩雅致。

3. 独立绘制评价卡；并组内交流，结合评价表完成自评和同伴评价。

4. 全班交流，修改完善评价卡。

（三）学习活动三：赠送美好祝愿

1. 召开习俗分享会。

(1) 组内交流习俗卡，说说习俗卡片上介绍的习俗。

(2) 根据不同的习俗内容，梳理习俗卡使用的场景，并做卡片展示。

预设：中秋节用中秋习俗卡，介绍吃月饼、赏月等习俗，共话团圆；生日用生日习俗卡，介绍吃长寿面的习俗，送生日祝福。

2. 评一评各组的习俗卡片。

全班同学结合制作习俗卡片的评价表，从内容、书写和设计三个维度进行同伴评价。

【教学现场】

任务二：读懂习俗寓意

师：中华习俗博大精深，通过大家的努力，我们已经梳理出了以节日为主题的习俗，以特定事物为主题的习俗。这些习俗中，你最感兴趣的是哪一类习俗呢？

生：我想要研究与节日有关的习俗。

生：我想要研究与特定事物有关的习俗。

师：与有相同兴趣的同学组成一组，一起研究习俗中的美好寓意吧。

（生自由分组，组成新的学习小组）

师：接下来，我们将进行合作探究，分两个步骤进行。谁来读一读？

生：组内交流，说说预习时搜集到的习俗寓意。补充新的习俗寓意。

（组内交流，完善记录）

师：请不同研究主题的小组来分享本组的讨论结果。哪个小组讨论了以节日为主题的习俗？

生：我们小组研究了以节日为主题的习俗。

生：我们重点讨论了过年的习俗。

生：通过询问长辈，我知道过年的时候要吃年糕。年糕与"年年高"谐音。过年吃年糕寓意着人们来年的工作和生活水平也会一年比一年高，一年比一年好。黏黏的年糕，也代表着一家人的关系能够越来越融洽。

生：我通过查找资料知道过年要吃鱼，而且还不能全部吃完，要剩下一条鱼尾巴。这寓意着来年全家的日子能够"年年有余"。

生：以我自己的生活经验，我知道过年要放鞭炮。放鞭炮是庆祝新年来临，祈求丰收、幸福和安康。放鞭炮还有祛邪和辟邪的寓意，鞭炮的响声能够驱赶邪祟，让家里免受邪祟的侵扰。

师：你们根据询问、查找来的资料和自己的亲身经历，为我们呈现了丰富多彩的过年习俗与寓意，让我们增长了见识。哪个组讨论与特定事物有关的习俗及其寓意？

生：我们组研究了与特定事物有关的习俗。

生：我在老家的房梁上发现了雕刻出来的蝙蝠图案，爷爷告诉我那寓意着"五福临门"，是在盖新房子时，对全家人美好的祝愿。

生：我发现每当家里有喜事，每扇窗户上都会贴上红色的窗花。其中有两只喜鹊停在一枝梅花枝头的图案。我查阅了相关网站，知道了这个图案寓意着"喜上眉梢"。

生：有一次我去大伯的办公室，发现他的办公室里挂着一幅水墨画，上面画的是一片竹林。问了大伯我知道，这是他希望自己能像竹子一样，做到高风亮节。

师：你们真是一群会观察的孩子，在日常生活中发现了那么多具有深刻寓意的特定事物，并用上了各种办法了解到了它们的寓意。你们很会学习。

师：其实，中华传统文化中的各个习俗都有着各自的发展历史。如果了解了这段历史故事，我们会对这些习俗文化和寓意有更加深入的认识。例如腊八粥就有着悠长的历史。老师给大家带来了两位作家的文章节选，同学们读一读，找找文章中谈到的腊八粥发展的历史吧。

（阅读资料，做好批注）

生：我从冰心的《腊八粥》里知道，腊八粥最初源自佛粥，是寺庙用来供奉佛的。十八种干果，象征着十八罗汉。

生：我从梁实秋的《粥》中读到，据《旧京风俗志》，北京雍和宫煮腊八粥是由内务府主办，惊师动众，这一顿粥要耗十万两银子！煮好先恭呈御用，然后分别赏赐王公大臣，这不是喝粥，这是铺张浪费。而在民间，则是形成了家家熬粥，家家送粥的习俗。

师：是的，结合两则资料，我们将腊八粥的发展历史串联起来了，进而也对腊八粥驱病迎福的寓意有了更为深入的认识。

师：除了老师给的资料，你们还知道哪些习俗的历史故事呢？

生：我知道有关年糕的传说。在春秋战国时，吴王夫差建都苏州以后，整日沉湎于酒色之中，大将伍子胥预感到必有后患。因此伍子胥在兴建苏州城墙时，以糯米制砖，埋在地下。当吴王赐剑逼其自刎前，他吩咐亲人说："吾死后，如遇饥荒，可在城下掘地三尺觅食。"

伍子胥死后，吴越战火又起，城内断粮，此时又值新年来临，乡亲们想起伍子胥的话，争相掘地三尺，果然得到糯米砖充饥。从那以后，苏州百姓为纪念伍子胥，每逢过年，都做年糕，渐渐地，过年吃年糕的习俗逐渐风行全国各地。

师：这样的习俗故事还有许多许多，同学们可以在课后继续探究。接下来，请大家借助评价表，对按主题搜集的习俗、习俗数量、习俗寓意及其内涵进行自评和同伴评价。

（生完成自评和同伴评价）

师：听着同学们聊的习俗故事和它们的美好寓意，你发现习俗与其寓意在表达上有怎样的联系吗？

生：我发现有些习俗的寓意与谐音有关，比如蝙蝠的图案，就是借"福"和"蝠"的读音相同而来。

生：我发现还有的是将事物的特点与美好的祝愿相联系的。比如生日吃长寿面，长长的面条就寓意着寿星的寿命能够像面条一样，长长久久。

师：是的，民间习俗的寓意用谐音、比喻等修辞手法，来表达人们对美好生活的企盼。但这里的方法不止这两种，同学们课后还可以继续探索。

任务三之学习活动二：绘制习俗卡片

师：饱含美好寓意的传统习俗需要我们去传承，让我们动手制作习俗卡片，宣传中华民族的传统文化，送上美好的祝福吧。

师：（呈现两份作品）这是从沈从文先生作品中摘抄下来的一段文字，分别用行楷和楷书进行书写。同学们发现它们有什么不同吗？

生：两份书写作品的字体有所不同。

师：你很善于发现。这是老师尝试用楷体和行楷书写的。大家能仔细比较两种字体，说说它们的不同吗？

生：楷书的字体很端正，笔画平直、结构严谨。行楷形态起承转合，顺势而出，一笔带过。例如"个"字，楷书中，它的撇和捺写得很舒展，一笔一画。而在行楷中，撇和捺已经连在了一起，感觉是一笔带过的。

生：楷书起笔、行笔、收笔等过程要求严格，书写平稳。行楷的用笔只要求笔道流畅，行笔巧妙。

生：楷书的笔顺比较固定。行楷的笔顺中大多是按序来写的。但是有时个别部件的笔画也可以连结、省略，相应的笔顺也随之改变了。例如"出"字，楷书的上下分层，端端正正，而行楷中的"出"上面一横与下面一横连在了一起，两笔短竖已经省略了。

生：我感觉行楷的书写速度会比楷书的速度更快些。

师：你们真是火眼金睛啊！通过仔细比对，马上发现了两种字体之间的区别。相信你们能把行楷写好，为我们制作的习俗卡片增添一份书法文化之美。

师：谁来读读绘制习俗卡片的要求？

生：内容的绘制要求："首先确定习俗卡片主题，其次是呈现习俗名称、习俗发展历史、习俗寓意等内容。"

生：版面要求："首先用行楷书写，行笔轻盈，有美感；其次是图文交融，色彩雅致。"

师：明确了要求，那让我们开始动手制作吧。

（生独立完成习俗卡制作）

师：大家都已经完成习俗卡片了吧。下面请大家在组内进行交流，并根据评价表格对习俗卡片进行自我评价和同伴评价。

（生根据评价表，进行自评和互评）

师：哪位同学愿意来展示一下学习成果？

生：我制作的是西坑舞草龙的习俗卡，我给自己评了七颗星。习俗卡片上介绍的习俗寓意丰富，能简述相关故事，内容呈现有详有略，内容上可以得三颗星；能够用行楷书写，书写正确，但是行楷书写还不够流畅，书写上得两颗星；文字、图片相匹配，页面版块设计合理，但是还是显得有点单调，设计上得两颗星。

师：借助评价表，大家一定对自己的作品有了更全面的了解，根据自己的不足，再对习俗卡进行一次补充和完善吧。

任务三之学习活动三：赠送美好祝愿

师：我们尝试用行楷完成了习俗卡片的制作，完成的同学可以在组内进行交流展示。

（生进行组内交流）

师：这些习俗卡片都蕴含着我们最美好的祝福。哪些场合我们可以用上这些习俗，或送出这些美好的祝愿呢？请同学们看看课件上的这些场景，哪些习俗适用呢？

生：我制作的是中秋习俗卡，上面介绍了两个习俗：赏月和吃月饼。八月十五，我想邀请家人一起赏月，一起享用月饼，共话团圆。

生：为别人庆祝生日时，我们可以用生日习俗卡，为寿星送上一碗长寿面，祝愿寿星长命百岁。

师：除了老师出示的场景，你还想到了哪些场景适用哪些习俗卡呢？

生：家里的小姨快要出嫁了，我打算送上"喜上眉梢"习俗卡，这张习俗卡上贴了我剪的小喜鹊站在梅花枝头的剪纸作品，希望能为她送上美好祝福。

生：妈妈生日的时候，我想送给妈妈"事事如意"习俗卡，卡片上我画了一对黄灿灿的柿子，祝愿妈妈事事如意。

师：看来，同学们已经将这些传统习俗牢牢地记在心里，也能够灵活地运用到自己的生活中去。相信大家都有了自己的收获。

师：最后，我们来根据这份评价表给同伴进行评价吧。

（生进行同伴评价）

师：通过这节课的学习，我们了解了中华传统文化中的习俗，感受了习俗的魅力。同学们也尝试了不同情境下的习俗卡运用。让我们作为传统文化的传播使者，将中华民族的优秀传统文化传播给更多的人，传播到更远的地方吧！

【评价设计】

任务二：能够围绕一个主题，从习俗、数量、寓意和习俗内涵等角度丰富习俗知识。

表1 习俗介绍评价表

评价标准	星级	自评	互评
罗列一至两个习俗，简单介绍习俗寓意。	★		
有序罗列三至四个习俗，介绍的习俗寓意正确，并能介绍相关的故事。	★★		
习俗的选取有主题，有序罗列三个以上；介绍的习俗寓意丰富，能联系相关故事；内容呈现有详有略。	★★★		

任务三：尝试用行楷书写介绍习俗、习俗寓意、习俗故事等内容。同时，根据已有的素材设计制作习俗卡片。

表2 制作习俗卡片评价表

评价内容	评价标准	星级	自评	互评
习俗卡片内容	简单介绍习俗寓意。	★		
	介绍的习俗寓意正确，能简述相关的故事。	★★		
	介绍的习俗寓意丰富，能简述相关故事；内容呈现有详有略。	★★★		
习俗卡片书写	尝试行楷书写。	★		
	能够用行楷书写，书写正确。	★★		
	书写美观，能够流畅地书写行楷字体。	★★★		
习俗卡片设计	有图有文。	★		
	文字、图片相匹配，页面版块设计合理。	★★		
	图文匹配，版块构图精美，呈现形式多样。	★★★		

学生作业示例

习俗卡
习俗：蝙蝠图案　　　　　　　　　　寓意：五福临门
习俗缘起："五福"的说法出自《尚书·洪范》，说五福，一曰寿，二曰富，三曰康宁，四曰攸好德，五曰考终命。意思是老百姓祈求一要长寿，二要富贵，三要身体健康，四要生性仁善，五要善终。
图案寓意：各种图案也有讲究。比如，蝙蝠习惯倒挂，就有"福到"（蝠倒）的意思，门槛上装饰有铜蝙蝠，代表了"脚踏福地"，门把手做成蝙蝠的样子，则象征"伸手有福"，蝙蝠进家门则是"福临门"的征兆。

评价说明：结合评价表，这份作业得七颗星。这份习俗卡有序罗列了习俗，介绍了习俗寓意，内容得两星；书写规范，能够尝试行楷书写，书写可以得三颗星；图文匹配，板块构图精美，呈现形式多样，得两颗星。

【教学反思】

本课属于"语言文字积累与梳理"学习任务群。此学习任务群要求第三学段的学生能够在语言实践中，学会有目的地分主题梳理文字，通过分析、整理，积累语言材料和语言经验，感受汉字文化的深厚内涵。

（一）拓展阅读，积累语言

在"语言文字积累与梳理"的一系列学习任务中，教师通过引导学生在课前、课中和课后，多途径、多形式地搜集资料，并以此为基础，进行拓展阅读、归纳整理，最终丰富习俗类语言材料的积累。

（二）有序呈现，学会梳理

学生对搜集资料有一定的经验，本课重点训练梳理资料，多形式地呈现资料的能力。通过对资料的梳理，学生能够更好地了解习俗，习俗背后的寓意，及其语言材料背后的意义，并由此感知语言文字的多样性与丰富性。

（三）语言实践，内化素养

本课的学习注重通过语言的实践落实语文核心素养。在学习任务的推进过程中，教师设计了与生活实际关系紧密且层层深入的学习任务，从探寻习俗到了解内涵，再到制作习俗卡片。让学生在真实的情境中一步步实践，不仅梳理了习俗内容，而且传承了优秀的传统文化。

在教学实践的过程中，也存在些许不足。班级学生来自全国各地，涉及的习俗内容广泛，差异较大。对此，教师要开拓视野，将习俗的分类做得更加丰富，让学生真切地感受中华传统文化的魅力。

（案例撰写者　余　捷）

案例2　校园人物速写
——六年级上册"词句段运用"复习教学

【任务分析】

六年级上册的园地二、园地三和园地四中的"词句段运用"，以人物刻画为中心提供了不同表达方法的范式。学生通过主动梳理表达技巧，丰富人物描写方面的语言积累，感受语言文字的魅力，增进对中华汉语言文化的认同与热爱。

本课所涉及的语文要素有"用不同的方法表达'说'""从动作、神态、细节描写表现人物""从情节感受人物形象"以及"学习表现人物复杂的心理活动"。教学过程中引导学生借助表格、思维导图整理人物描写技巧，注重积累、梳理与运用相结合。

本课属于"语言文字积累与梳理"学习任务群，学生搜索课内人物刻画的方法，梳理表达技巧。这与学习任务群第三学段"丰富自己的词语积累""分主题梳理积累的语言材料，并尝试运用到日常读写活动中，增强表达效果"相一致。在积累与梳理表达技巧、撰写并修改片段的过程中，学生体会语言文字的表现力和创造力，提升了自身文化修养。

【学习资源】

1. 语文园地二"词句段运用"、语文园地三"词句段运用"、语文园地四"词句段运用"。（语文教科书六年级上册）

2. 《狼牙山五壮士》《开国大典》《灯光》《我的战友邱少云》《桥》《穷人》《金色的鱼钩》《盼》《我的伯父鲁迅先生》。（语文教科书六年级上册）

【实施框架】

（一）学习目标

1. 能借助表格、思维导图等形式，分类整理词句段运用中的表达方法，增强语言积累与梳理的意识。

2. 能在具体的任务情境中，运用表现人物形象的语言技巧，完善人物速写片段，有意识地丰富自己的表达。

3. 深入了解语言表达的特点和规律，感受语言文字丰富的内涵，认识中华语言文化的博大精深。

（二）学习情境

我们每天都能在校园里接触到形形色色的人，寻找一个特点最鲜明的人物，为他写一个片段吧！写完后我们可以合作编写一本《校园人物速写集》。

（三）任务框架

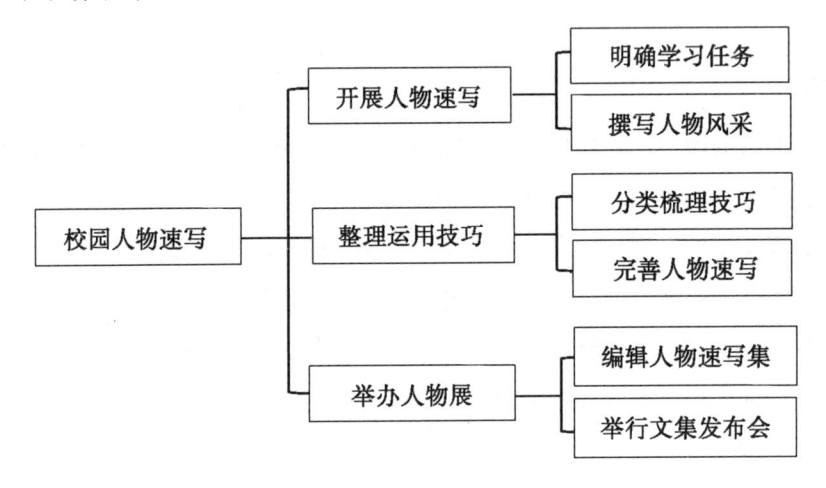

```
                    ┌── 开展人物速写 ──┬── 明确学习任务
                    │                  └── 撰写人物风采
                    │
   校园人物速写 ────┼── 整理运用技巧 ──┬── 分类梳理技巧
                    │                  └── 完善人物速写
                    │
                    └── 举办人物展 ────┬── 编辑人物速写集
                                       └── 举行文集发布会
```

【任务实施】

任务一：开展人物速写

（一）学习活动一：明确学习任务

1. 阅读经典片段。

（1）引导：本学期的课文里有很多个性鲜明的人物。品读片段中人物的语言、心理以及动作，猜一猜他们是谁。

她忐忑不安地想："他会说什么呢？这是闹着玩的吗？自己的五个孩子已经够他受的了……是他来啦？……不，还没来！……为什么把他们抱过来啊？……他会揍我的！那也活该，我自作自受……嗯，揍我一顿也好！"

（人物：桑娜）

他坐在那里捧着搪瓷碗，嚼着几根草根和我们吃剩下的鱼骨头，嚼了一会儿，就皱紧眉头硬咽下去。

（人物：老班长）

"不是。走路的人口渴了摘一个瓜吃，我们这里是不算偷的。要管的是獾猪，刺猬，猹。月亮地下，你听，啦啦的响了，猹在咬瓜了。你便捏了胡叉，轻轻地走去……"

（人物：闰土）

（2）学生猜人物，说依据。

2. 明确学习任务。

今天这节课我们要在校园中寻找各具特色的人物，通过梳理词句段运用中学过的表现人物形象的方法，试着为人物写一个片段，编写一本《校园人物速写集》。

（二）学习活动二：撰写人物风采

1. 筛选典型人物。

回顾校园生活，确定要速写的人物，和同桌交流理由。

预设：风趣幽默的音乐老师；爱看书的同学；尽职尽责的保安叔叔……

小结：可以从"同学""老师""校园管理人员""后勤工作人员"四种类型确定要写的人物。

2. 尝试撰写人物风采。

（1）交流描写方法。

回顾五年级下册第五单元习得的人物描写方法：动作、外貌、典型事例、侧面描写等。

（2）独立撰写片段。

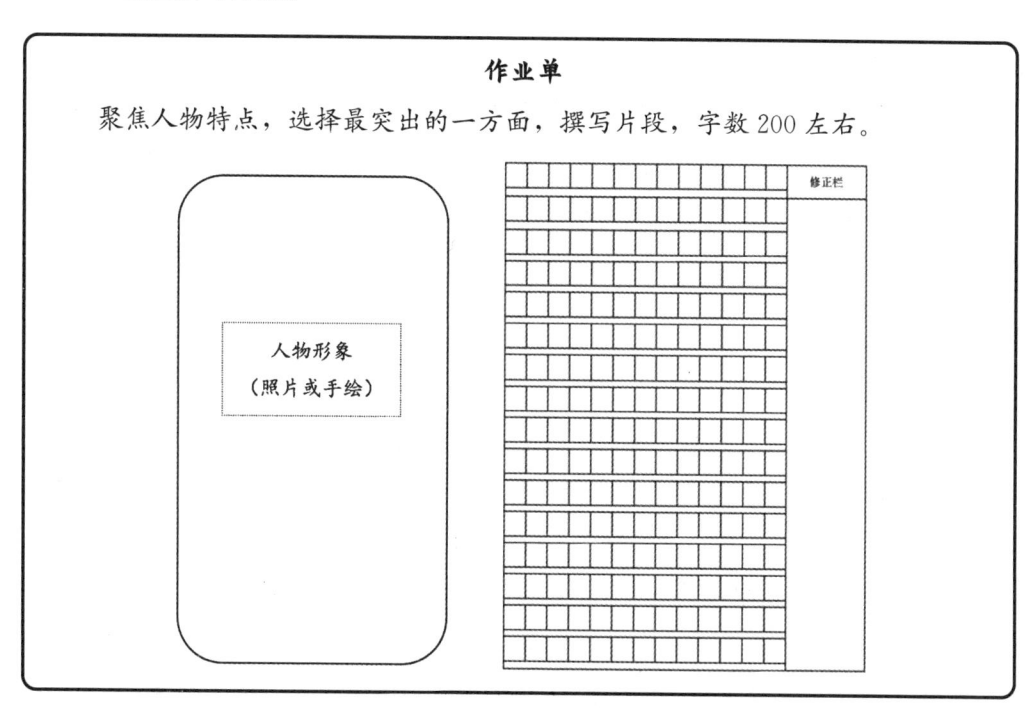

作业单

聚焦人物特点，选择最突出的一方面，撰写片段，字数200左右。

人物形象（照片或手绘）		修正栏

"语言文字积累与梳理"学习任务群 39

（3）组内交流片段，评价。

（4）全班交流。

任务二：整理运用技巧

（一）学习活动一：分类梳理技巧

1. 搜索速写方法。

（1）引导：这一学期的词句段运用的学习中，我们掌握了许多小妙招，能让人物的描写更生动，表达更丰富。请打开课本，按照学习要求，找出有助于你提升人物速写能力的语言表达。

（2）呈现学习要求。

> 学习要求

①梳理：浏览整册语文园地的词句段运用，找出有助于人物刻画的内容。

②交流：选择一处说说学到的人物刻画的方法。

（3）学生根据要求自主学习。

2. 全班交流。

预设：语文园地二——用不同的形式写"说"；语文园地三——用动作、神态描写表现人物入迷；语文园地四——用典型的情节突显人物形象；语文园地四——写出人物复杂的心理活动。

小结：丰富人物对话的提示语，写好典型的情节或画面，写出一波三折的心理，这些都能让你的人物速写片段更加生动。

（二）学习活动二：完善人物速写

1. 丰富人物提示语。

（1）呈现学生撰写片段，交流评价。

> 习作片段

铃声还没响，老师就已端坐在讲桌边，只听她说道："中午自习请大家完成作业本，我先计时15分钟。"话音刚落，计时器的数字便已开始跳动。安静的教室里只能听到老师的脚步声。"哇！小马同学今天很认真，书写有很大的进步！"她一边走一边说着。五分钟后，老师站在了小沈边上，说："只剩下十分钟了，注意力集中，加快速度！"可小沈呢？依旧不紧不慢地写几个字，发一会儿呆。老师见状，不由得眉头一紧，说道："小沈！怎么又开小差了？"小沈这才回过神来，不好意思地挠了挠头，继续写起作业来。

预设：神态、动作描写传神；人物的提示语可以更丰富。

（2）梳理相应的提升方法。

引导：写好人物是怎么说的，是咱们要复习的第一块内容，浏览语文园地二的词句段运用，回顾思考：我们可以用哪些方法来表达"说"？请根据学习要求，小组合作梳理不同的提示语。

学习要求

①自主学习。

组内分单元浏览课文，找出文中不同形式表达"说"的句子。

②合作整理。

梳理：分类整理提示语的表达方式。

交流：说出提示语的表达效果，如表中"（ ）"内容所示。

拓展：从课外积累的语言中搜索相应的提示语，填入"课外拓展"一栏。

（3）学生自主学习，合作整理，完成作业单。

提示语梳理		
提示语类型		课内	课外拓展
用表示"说"的词语代替	一字词		
^	二字词	高呼（游行群众对新中国成立的激动）	
^	三字词		
^	四字词		
不用表示"说"的词语	动作		
^	心理		
^	神态		
其他			

（4）全班交流，完善作业单。

（5）尝试用所学的方法修改片段中的提示语，根据学习评价表进行自评。

2. 合作梳理表达方法。

引导：同学们，刚刚跟着老师梳理了不同形式的提示语，接下来请在语文园地三和语文园地四的"词句段运用"中选择自己感兴趣的研究内容，和相同选择的同学再次组成四人小组，小组合作梳理。

(1) 呈现学习要求：选择自己感兴趣的"词句段运用"内容，回顾整理，小组合作完成作业单。

(2) 学生根据要求合作梳理，完成作业单。

作业单1

回顾语文园地三"词句段运用"部分，想一想可以用哪些方法表现人物入迷的状态。

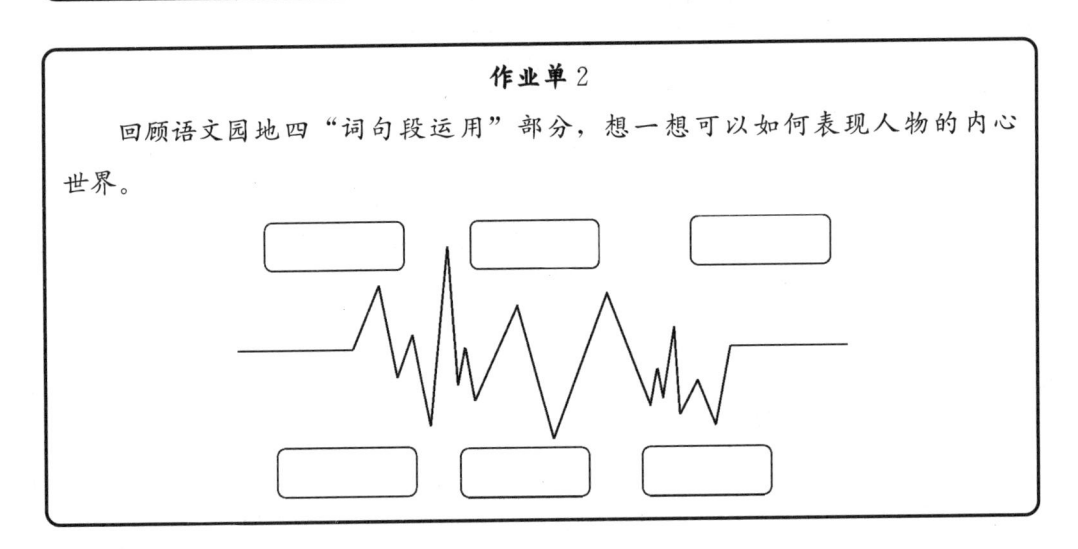

作业单2

回顾语文园地四"词句段运用"部分，想一想可以如何表现人物的内心世界。

(3) 小组汇报，讲述梳理成果。

预设：

①语文园地三"词句段运用"的交流。

交流：用动作、神态可以表现人物的入迷；联想和想象也能突出入迷的样子。

②语文园地四"词句段运用"的交流。

交流：退曹军的情节表现了张飞的神勇；密集地使用省略号、问号表现桑娜的心理变化；两个片段都突出了人物复杂内心世界的变化。

小结：通过梳理，我们了解到可以用和"说"有关的词语或人物的神态、动作等代替提示语；刻画人物的神态、动作能让人物的形象更生动；在写人物心理活动时可以运用一系列标点及心理变化。

3. 完善人物速写。

（1）选择梳理所得的方法，自主修改人物速写片段。

（2）结合学习评价表进行评价。

任务三：举办人物展

（一）学习活动一：编辑人物速写集

1. 编写目录。

（1）讨论：把班级同学写的人物速写片段变成文集，需要哪些步骤。

预设：分类、做目录、做封面、封底、配插画等。

（2）看同学书写的片段，根据四种类型进行分类。

（3）完成目录编排、抄写。

2. 美化文集。

（1）根据设计要求，选择自己擅长的方面，与相同设计内容的同学重新组队。

封面	根据"人物速写集"这一主题设计封面，手绘、打印剪贴均可。
目录	根据内容梳理编排。
美化	对人物速写内容进行美化，注意插图符合内容主题，体现与主题相匹配的设计元素。
版面设计范例	

（2）小组合作进行《校园人物速写集》设计排版、美化制作。

（二）学习活动二：举行文集发布会

1. 读片段，做推荐。

读同学的人物速写片段，选择自己最喜欢的一个片段，向大家做分享和推荐。

2. 写推荐词。

（1）回顾写推荐词的方法。

预设：结合相关情节、人物、对话或插图做推荐；可以转述或摘录书中的精彩片段；可以引用别人对这本书的评价。

小结：写推荐词时，推荐理由可以只写一点，也可以写几点，注意分段写。选择自己喜欢的方式把重要的理由写具体。

（2）小组内交流推荐词，根据同学们的意见进行修改。

3. 为《校园人物速写集》录制推荐视频，在校园内进行推荐。

【教学现场】

任务一：开展人物速写

师：阅读本学期的课文，我们认识了很多个性鲜明的人物。老师找出了令我印象最深刻的三个人物，请同学们品读片段中人物的语言、心理以及动作，猜一猜他们是谁。

(生读片段)

师：谁来猜一猜第一个人物？

生：这是《穷人》一文中的桑娜。

师：你是怎么判断出来的？

生：我从这一段心理活动的描写中感受到了人物忐忑不安的内心，一下子就让我联想到桑娜这个人物。再细读一遍，这段话中的她宁可受苦也要收留孤儿的决心和《穷人》这一课相符。

师：第二个谁猜到了？

生：这是《金色的鱼钩》中的老班长。这一段动作描写表现了人物只吃草根和鱼骨头，即便难以下咽也要硬吃下去的情境。这与《金色的鱼钩》中老班长的形象是相符的。

师：最后一个人物，谁来判断一下？

生：最后一个是闰土。从人物的语言中我了解到他很擅长看瓜捉猹，这与《少年闰土》中的人物形象是一致的。

师：是啊，品读人物的语言、动作、心理，可以体会人物的具体形象。今天这节课我们要在校园中寻找各具特色的人物，试着为这些人物写一个片段，通过梳理词句段运用中学过的表现人物形象的方法，尝试着修改人物速写片段，编写一本《校园人物速写集》。

师：回想一下我们的校园生活，你的脑海中浮现出哪一个最有特点的人物形象？你打算为谁进行"人物速写"？

生：我想为教体育的王老师写一个速写片段。因为王老师声音特别洪亮，大课间做操时，他一声吼，整个操场都能听到他的声音。

生：我想写的是保安叔叔。他每天都兢兢业业地站在校门口，无论刮风下雨，我每天进校第一个看到的就是他。

生：我想写我们班的一个小书虫。他的阅读量很大，下课时常常能看到他坐在座位上专注地阅读。有一次，他看书看得入了迷，竟然在自习课上笑出声来，自己还没有意识到。

师：你们很善于观察，在我们身边的同学、老师、校园管理人员、后勤工作人员中，发现了那么多特点鲜明的人物。在五年级下册的时候，我们已经学过了如何描写人物，回忆一下，你能说出哪些刻画人物形象的方法？

生：写人一定要注重人物的语言、神态和动作的描写。

生：还可以像《刷子李》一样用上侧面描写来突出主要人物的特点。

生：人物的心理活动也是可以刻画的。

师：这些都是我们已经掌握的人物描写方法。现在就请你聚焦人物特点，选择最突出的一方面，为你所选的人物撰写一个片段，字数二百字左右。

（生独立撰写）

师：写好的同学可以在小组内互相交换，简单评价一下。

师：老师也挑选来两份作业，请相应的组员来说一说你刚刚是如何评价的。

（展示学生作业）

生：这个同学写的人物个性很鲜明，不过我认为她的动作刻画可以更丰富一些，踢球的过程中不只是有踢、跑，也有很多别的动作可以写。

生：第二位同学写了看书入迷的场景，我觉得神态的刻画很生动，但是感觉可以再夸张一点，表现出人物的痴迷。

师：刚刚那么短的时间内，大家基本上都能抓住人物的特点展开速写，很了不起。不过，正如两位同学评价的，片段中还存在着一些问题。接下来，就请跟着老师再次回顾"语文园地中词句段运用"部分的内容，尝试着运用梳理所得的方法来修改人物速写的片段。

任务二之学习活动二：完善人物速写

师：请同学们来看这个片段，谁来说说你发现的优点？

生：这个片段中的神态、动作描写得很传神。比如"眉头一紧"，让人一下子就回想起老师看到同学走神时的表情。

师：那有没有可以修改提升的内容？

生：我认为人物的提示语可以有一些变化，不要全部都用"说"来表示。

师：写好人物是怎么说的，是咱们要复习的第一块内容，浏览语文园地二的词句段运用，回顾思考：我们可以用哪些方法来表达"说"？请根据学习要求，小组合作梳理不同的提示语。

（生自主学习，合作整理，完成作业单）

师：哪一组来分享一下你们梳理的成果？

生：我们小组四人是分单元梳理的，一人看两个单元的课文，把自己找到的页码先记下来，然后汇总。这是我们组梳理出来用表示"说"的词语代替提示语的类型，课文中涉及的有四种。一个字的词有"问""吼"；两个字的词有"宣布""高呼"；四字词有"自言自语""失声叫道"。

生：第八课《灯光》中的第5自然段，轻轻地"问"，这一处表现了郝副营长因好奇而询问记者。第十三课《桥》中，老汉吼道："你还算是个党员吗？排到后面去！"一个"吼"表现出了老汉当时的愤怒。

生：第七课《开国大典》中，"宣布"一词突出了毛主席在天安门城楼讲话时的严肃郑重，但也能感受到主席内心的激动兴奋。群众的"高呼"更表现出游行队伍难以抑制的激动。

生：第八课《灯光》中第5自然段的"自言自语"表现了郝副营长对美好生活的向往。第十五课中看到老班长慢慢闭上了眼睛，我们"失声叫着"，这一处提示语充分表达了战士们的悲痛、不舍。

生：文中也有不少不用表示"说"的词语代替提示语的，比如，不敢抬起眼睛看他、沸腾着激动人心的口号等。

生：第十四课《穷人》一文，桑娜看到丈夫回来，起身说话时"不敢抬起眼睛看他"，这里用神态描写作为提示语，表现了人物内心的忐忑、紧张。第九课的倒数第3自然段中"沸腾着激动人心的口号"，可以读出战士们目睹邱少云的牺牲，冲锋时内心交织着的愤慨与悲痛。

生：我们小组讨论之后也写了不少课文以外的提示语。像"呵斥"一般能表现人的愤怒，"谈论"很生动地写出了大家你一言我一语的交谈场面，"窃窃私语"又能让人联想到大家议论纷纷的样子。这些都是与"说"有关的词语。

生：也可以不用与"说"有关的词语，如"挠挠头"能突显人物的尴尬，"后悔万分"点明了人物内心的懊悔，"回荡着话语"还能让人联想到说话的声音传得很远。

师：同学们的梳理很细致，请大家对照这一份作业单，完善自己小组梳理的内容。

（生修改完善）

师：那么，你能不能用上刚刚所学的方法来修改这片段的人物速写呢？

（生修改片段）

师：谁来说说你是怎么改的？

生：我认为"只听她说道"这里可以改为"她清了清嗓子"，更能表现老师的严肃。

师：这样一改，特点更鲜明了。

生："一边走一边说着"这一处，其实是要表扬同学，可以用"一边走一边赞叹"代替。

师：你们能联系语言情境进行修改，真了不起！

生：我修改的是"老师站在了小沈边上，说"。这一处老师虽然有点生气但还是比较耐心的，再用"说"不能表现人物的心理状态，所以我改成了"耐着性子提醒"。

师：你的想法很有道理，还有其他的吗？

生：我把"不由得眉头一紧"后面的一处"说"改成了"脸上也有了一丝怒色"。

师：用神态代替说，也是一种修改的好方法！你又是如何修改这一片段的，请大家根据学习评价表进行评价。

（生根据评价表自评）

师：同学们，刚刚我们回顾了语文园地二"词句段运用"部分的内容，梳理不同形式的提示语，接下来我们要回顾、梳理语文园地三和语文园地四中的"词句段运用"内容，请你选择自己感兴趣的研究内容，和相同选择的同学再次组成四人学习小组。

（生合作梳理）

师：哪一组来分享语文园地三"词句段运用"的梳理成果。

生：我们组讨论出两个方面来表现人物入迷的状态。比如，第一句和第二句话中的"攒着观战""跺脚拍手""咋咋呼呼""伸长脖子"这些动作让人联想到观看竹节人打斗时的那种画面。

生：第三个例子中"眼睛闪着异样的光""情绪激动""痴痴地笑"等神态表现了罗丹在创作时的痴迷。

师：哪一小组有补充？

生：我们组认为还可以通过自己的联想和想象突出人物入迷的样子。第三个例子中有很多这样的表达，"好像……""似乎……""像……"这些其实都是作者的联想，用上这一类想象可以让人物沉浸于工作的特点更为鲜明。

师：语文园地四"词句段运用"的梳理成果由哪一组来分享？

生：我们组重点关注了词句段运用中第一个板块的内容。退曹军的情节表现了张飞的神勇。联系到我们学过的课文，我们认为情节、事例的选择对人物形象的塑造很重要。比如《两茎灯草》中严监生临死前还伸出两个指头让家人挑去一根灯草，非常形象地表现了人物的吝啬。

生：我们组重点关注了"词句段运用"中第一个板块的内容。从表达方式上来看，我们认为密集地使用省略号、问号表现人物矛盾的心理变化。

生：从内容上看，两个片段都突出了人物内心世界的变化。

师：同学们真了不起，通过梳理我们了解到可以用和"说"有关的词语，如人物的神态、动作等代替提示语；刻画人物的神态、动作能让人物的形象更生动；在写人物心理活动时可以运用一系列标点，写出心理变化。现在就请你运用梳理所得的方法修改自己的片段。

（生自主修改片段；交流，评议）

【评价设计】

任务二：小组合作梳理不同的提示语。

表1 提示语梳理评价表

指标	评价标准 ★★★	评价标准 ★★	评价标准 ★	评价 自评	评价 互评
课内梳理	能找到课文中的句子，正确梳理出7～8种不同类型的提示语，能说清楚表达效果。	能找到课文中的句子，正确梳理出5～6种不同类型的提示语，基本能说清表达效果。	能找到课文中的句子，正确梳理出3～4种不同类型的提示语。		
拓展积累	课外积累5种及以上不同类型的提示语，并说清楚表达效果。	课外积累3～4种不同类型的提示语，基本能说清表达效果。	课外积累1～2种不同类型的提示语。		

任务二：选择梳理所得的方法，自主修改人物速写片段。

表2 人物速写评价表

评价内容	评价标准	星级	自评	互评
运用	能运用1～2种方法修改片段，人物有一定的特点。	★		
运用	能合理运用1～2种方法修改片段，人物特点更鲜明。	★★		
运用	能合理运用2种及以上方法修改片段，人物特点鲜明。	★★★		
效果	能正确使用丰富鲜明的提示语，表现人物特点。	★		
效果	能选择典型事例表现人物特点。	★		
效果	能通过人物动作、神态，或加入联想，表现人物特点。	★		
效果	能通过标点表现复杂的心理活动，或能写出人物的心理变化过程。	★		

学生作业范例

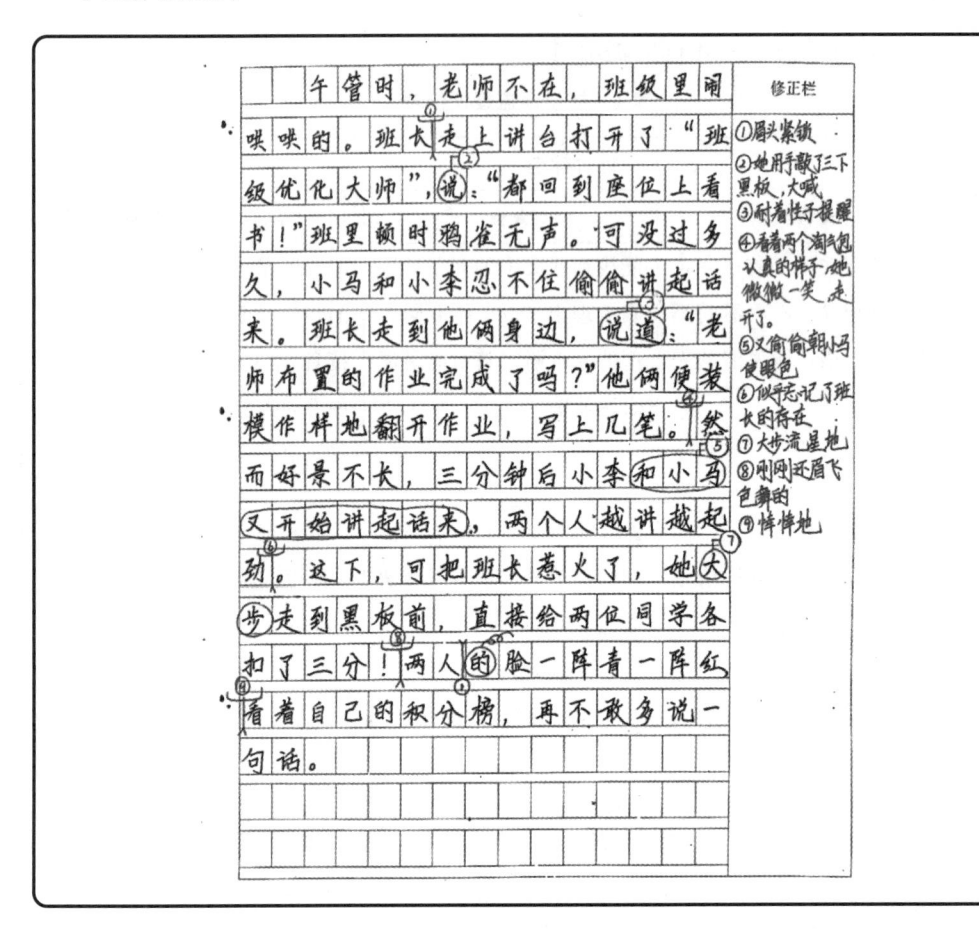

		午	管	时	，	老	师	不	在	，	班	级	里	闹	修正栏
哄	哄	的	。	班	长	走	上	讲	台	打	开	了	"	班	①眉头紧锁
级	优	化	大	师	"	，	说	：	"	都	回	到	座	位	上	看	②她用手敲了三下黑板，大喊
书	！	"	班	里	顿	时	鸦	雀	无	声	。	可	没	过	多	③耐着性子提醒
久	，	小	马	和	小	李	忍	不	住	偷	偷	讲	起	话	④看着两个淘包认真的样子，她微微一笑，走开了。
来	。	班	长	走	到	他	俩	身	边	，	说	道	：	"	老	⑤又偷偷朝马使眼色
师	布	置	的	作	业	完	成	了	吗	？	"	他	俩	便	装	⑥似乎忘记了班长的存在
模	作	样	地	翻	开	作	业	，	写	上	几	笔	。	然	⑦大步流星地
而	好	景	不	长	，	三	分	钟	后	小	李	和	小	马	⑧刚刚还眉飞色舞的
又	开	始	讲	起	话	来	，	两	个	人	越	讲	越	起	⑨悻悻地
劲	。	这	下	，	可	把	班	长	惹	火	了	，	她	大
步	走	到	黑	板	前	，	直	接	给	两	位	同	学	各
扣	了	三	分	！	两	人	的	脸	一	阵	青	一	阵	红
看	着	自	己	的	积	分	榜	，	再	不	敢	多	说	一
句	话	。

评价说明：这份作业可以得七颗星。学生运用两种方法修改了片段，文中的班长显得更加有魄力，得三颗星；修改前已能选择典型的事例表现人物特点，得一颗星；修改后的提示语很丰富，如"敲了三下黑板，大喊"表现了人物的严肃，"耐着性子提醒"显示出班长对同学有耐心，懂得管理，得一颗星；同时加入了神态、动作和自己的联想，既表现了说空话的同学忘乎所以，也突出了班长的心理活动，得一颗星；"眉头紧锁""微微一笑""大步流星"这些词表现了班长管纪律时复杂的心理活动，得一颗星。

任务三：为《校园人物速写集》写推荐词。

表3 推荐词评价表

评价标准	星级	自评	互评
能简单推介《校园人物速写集》。	★		
能结合相关内容或插图等来说明推荐理由，引起读者的阅读兴趣。	★★		
能结合相关内容或插图等来说明推荐理由，有感染力，能引起读者的强烈的阅读兴趣。	★★★		

【教学反思】

六年级上册"词句段运用"内容的复习，通过"校园人物速写"这一情境，将三个园地的内容前后勾联。学生在写片段、梳理方法、运用方法提升语言的过程中对词句段运用部分内容完成了系统的梳理和回顾。

（一）整组观照，提高复习效率

立足整册词句段运用，将"词句段运用"内容和语文要素进行对接，发现不同单元之间词句段板块之间的要素联系，加强此板块单元之间的整合复习。如本案例中园地二、三、四中的词句段运用内容都与人物形象刻画有关，利用此要素关联进行内容整组，设计合理情境整组复习，有助于提升复习效率。

（二）任务驱动，激活言语思维

通过编制《校园人物速写集》这一贴近学生生活的情境，激发了学生梳理、积累与运用的兴趣。学生在完善人物速写片段的过程中主动探究、梳理词句段运用中的语言表达方式，发展言语逻辑思维，在运用多种方法修改片段的过程中，提升创意表达思维。

（三）迁移运用，增强梳理意识

本案例中教师引导孩子进行"提示语的梳理与运用"后，学生以小组合作的方式梳理其余两个板块的内容，相似的学习活动中有助于学生迁移梳理方法。复习课中，引导学生借助思维导图、表格等多种方式汇总、梳理自己积累的语言材料，增强了学生语言积累和梳理意识。

（案例撰写者　王嘉毅）

"实用性阅读与交流"学习任务群

案例1 认识"藏戏"
——《藏戏》教学

【任务分析】

《藏戏》是小学语文六年级下册第一单元的略读课文。本单元的人文主题为"民风民俗"。本课充满了浓郁的民俗风情,能让学生充分感受藏戏独特的人文内涵和艺术魅力,感悟和弘扬优秀传统文化。

本单元的语文要素是"分清内容的主次,体会作者是如何详写主要部分的"。通过前面两篇课文的学习,学生在知识和能力上有了一定储备。通过自主阅读,学生掌握文中以藏戏"特色"为主、"由来"为次的内容安排,并了解作者从三个方面详写"特色"这个主要部分,进一步落实单元语文要素。

课文属于"实用性阅读与交流"学习任务群。学生通过"说藏戏由来""写藏戏推介语",关注地域文化特色,在分享中增强语言表达的准确性与规范性。这与这一学习任务群第三学段"学习通过口头表述和多种形式的书面表达,分享观察自然、探索科学世界的所见所闻、所思所感"学习内容一致。

【学习资源】

(一)文本

《藏文化——藏戏——欧洲人看藏戏》。(族谱网)

(二)图片

1. 唐东杰布的藏戏演出图片。(新华网·图行天下素材网)

2. 戏剧名片。(教师自制)

(三)影音

越剧《梁山伯与祝英台》选段、京剧《铡美案》、豫剧《花木兰》选段、《藏戏:

雪域高原上的文化活化石》。(腾讯视频)

【实施框架】

(一)学习目标

1. 通过自主阅读,掌握作者从"由来"和"特色"两个方面安排材料,了解藏戏"戴面具演出""没有舞台"和"演出时间长"三个特色,感受藏戏独特的魅力和丰富的文化内涵。

2. 能借助提示介绍藏戏的由来,在想象、朗读、辨析中体会作者详写"戴面具"这一特色的方法,并能分清主次,尝试撰写藏戏推介语。

3. 在质疑、释疑、朗读中发现课文写作奥妙,习得表达方法。

(二)学习情境

藏戏具有独特的魅力和丰富的文化内涵,为了让更多的人认识并了解藏戏,这节课我们来制作一张藏戏名片,为宣传藏文化尽一份小小的力量。

(三)任务框架

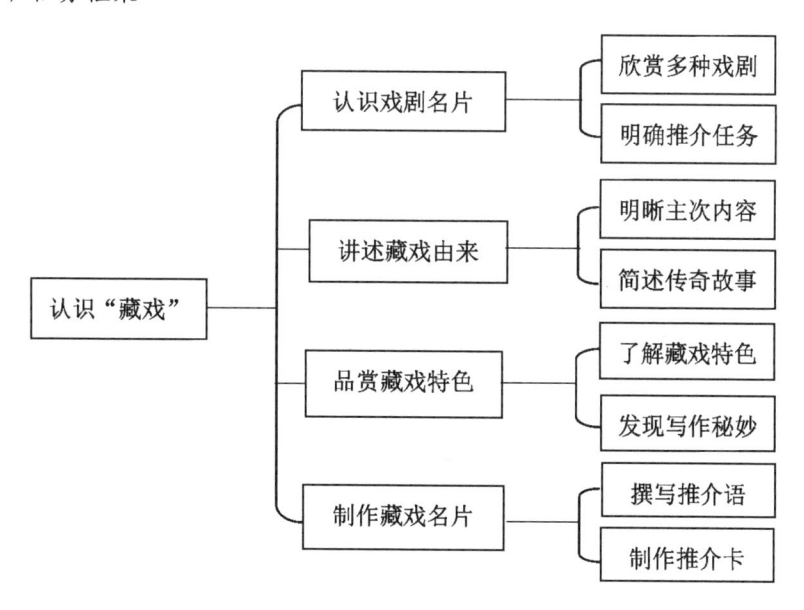

认识"藏戏"
- 认识戏剧名片
  - 欣赏多种戏剧
  - 明确推介任务
- 讲述藏戏由来
  - 明晰主次内容
  - 简述传奇故事
- 品赏藏戏特色
  - 了解藏戏特色
  - 发现写作秘妙
- 制作藏戏名片
  - 撰写推介语
  - 制作推介卡

【任务实施】

任务一:认识戏剧名片

(一)学习活动一:欣赏多种戏剧

1. 认识戏剧名片。

欣赏越剧、京剧、豫剧三张戏剧名片,了解不同的地方有不同的节日风俗,还有各具特色的艺术样式。

越剧	京剧	豫剧
越剧有中国第二国剧之称，发源于浙江。越剧长于抒情，以唱为主，声音优美动听，表演真切动人，唯美典雅，极具江南灵秀之气。	京剧是中国最大的戏曲剧种，表演的手法为唱、念、做、打。"唱"指歌唱，"念"指具有音乐性的念白，"做"指舞蹈化的形体动作，"打"指武打和翻跌的技艺。京剧是一种高度综合性的艺术。	豫剧也叫河南梆子、河南高调。豫剧以唱见长，唱腔铿锵有力，大气磅礴，富有热情奔放的阳刚之气，具有强大的情感力。

2. 欣赏地方戏剧。

（1）欣赏越剧《梁山伯与祝英台》、京剧《铡美案》和豫剧《花木兰》选段。

（2）交流这些地方剧的特点。

预设：越剧唱腔柔美，具有江南的灵秀之气；京剧脸谱特征非常明显；豫剧激情奔放，充满了阳刚之气。

（二）学习活动二：明确推介任务

1. 初识藏戏。

（1）思考：你听说过藏戏吗？请谈谈自己对藏戏的认识。

（2）交流分享。

预设：从名字看，藏戏应该是西藏地区的戏剧；藏戏比国粹京剧还早400年，在藏文化中有很高的地位。

2. 拓展了解。

（1）阅读资料，自主思考。

欧洲人看藏戏

2005年，藏戏艺术团在西南欧三国巡回演出，逗留了71天，行程3万公里，演出近50场，10万多观众欣赏了艺术团的藏戏和歌舞节目，领略了世界屋脊的民俗风情。每一个藏戏和歌舞节目都如同磁石般地吸引广大欧洲居民，使他们看到了一种迥然不同的具有粗犷美和神秘美的西藏高原艺术。

欧洲人民感谢艺术团从遥远的东方给他们带来如此神奇美丽的艺术。他们纷纷赞叹："这是真正的民间传统艺术！实在太美了！"

（2）交流感受。

预设：藏戏将中国民间传统艺术播撒到西南欧三国，受到了欧洲人民的欢迎，真是太了不起了！

3. 明确任务。

为了让更多的人认识并了解藏戏，这节课我们来制作一张藏戏名片，为宣传藏文化尽一份小小的力量。

任务二：讲述藏戏由来

（一）学习活动一：明晰主次内容

1. 默读课文，思考：作者围绕藏戏写了哪两方面的内容？哪个内容详写哪个略写？

2. 交流分享。

预设：课文写了藏戏"由来"和"特色"两大内容；作者详写藏戏"特色"，略写藏戏"由来"。

（二）学习活动二：简述传奇故事

1. 了解戏神唐东杰布。

（1）看图思考：下图藏戏演出图中的背景人物是谁？请从课文中找找依据。

藏戏演出图

（2）交流分享。

预设：

①他是藏戏的开山鼻祖唐东杰布。我从文中"还是从西藏僧人唐东杰布的传奇故

事讲起吧"这个句子找到依据。

②他是唐东杰布。从"身无分文的唐东杰布就这样在雅鲁藏布江上留下了58座铁索桥,同时,成为藏戏的开山鼻祖"可以看出。

(3)了解戏神:唐东杰布是藏族人民的骄傲,被称为藏戏的"戏神",更是成为藏民们心中正义、勇敢、智慧的化身,所以每场藏戏的开场部分,都会绘声绘色地讲述他的传奇故事。

2. 讲述藏戏传奇故事。

(1)自由试讲:借助课文内容,简要说说唐东杰布的传奇故事。

(2)交流分享。

预设:那时候,雅鲁藏布江上没有桥,老百姓常被江水吞噬。年轻的僧人唐东杰布发誓架桥,为民造福。于是他和能歌善舞的七兄妹组成了一个藏戏班子,用歌舞说唱的形式进行表演。人们出钱的出钱,出力的出力,就这样架起了58座铁索桥,唐东杰布也成为了藏戏的开山鼻祖。

(3)发现秘诀。

①阅读思考:加点词对于讲述这个传奇故事有什么帮助?

◇那时候,雅鲁藏布江上没有一座桥,数不清的牛皮船被掀翻在野马脱缰般的激流中……

◇于是就有了这样一段传奇。唐东杰布在山南琼结认识了能歌善舞的七兄妹……

◇身无分文的唐东杰布就这样在雅鲁藏布江上留下了58座铁索桥,同时,成为藏戏的开山鼻祖。

②交流秘诀:"那时候"为故事的起因,"于是"为故事的经过,"就这样"是故事的结果,抓住这三部分就可以完整并连贯地讲述这个传奇故事。

(4)同桌讲述,相互评价。

结合学习评价表,从"故事内容"和"语言表达"两方面进行同桌讲述和综合评价。

任务三:品赏藏戏特色

(一)学习活动一:了解藏戏特色

1. 寻找藏戏特色。

(1)根据学习要求自学。

学习要求

①快速阅读第 8~17 自然段，思考：藏戏有哪些特色？并在书上作批注。

②作者写哪个特色写得具体？在相应段落前做记号。

（2）全班交流。

预设：藏戏有三个特色，分别是戴着面具表演、没有舞台和演出时间长；"戴面具表演"为藏戏的主要特色，作者花的笔墨最多。

（3）结合评价表，对批注藏戏特色进行自我评价。

2. 探究藏戏特色。

（1）自主学习第 8~14 自然段，探究主要特色"戴着面具演出"。

①思考：作者写白色面具和其他面具有什么不同？

画出语句：藏戏面具颜色（样子），代表的人物，面具代表的意义。

用"_____的面具是白色的，白色代表_____"的句式说说白色面具的人物身份和性格，并从文中找到依据。

②交流分享。

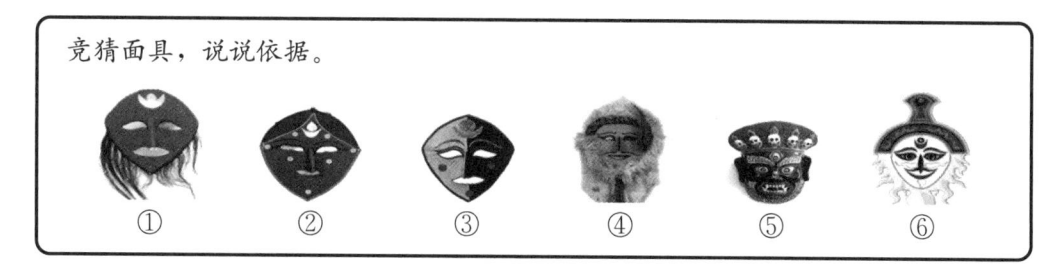

竞猜面具，说说依据。

① ② ③ ④ ⑤ ⑥

预设：根据颜色猜测国王、王妃和巫女的面具；根据样子猜测妖魔面具；根据布料和样子猜测村民的面具；根据图案猜测唐东杰布的面具。

③结合评价表，对猜测面具人物和性格进行自我评价。

——聊聊白色面具人物身份和性格。

——说说白色面具和其他面具的不同。

预设：其他面具都只写了一句话，白色面具写了一段话，比较详细。

小结：作者非常清晰地介绍了藏戏"戴面具""没有舞台""演出时间长"三个特色，对"戴面具"的特色以及"白色面具"进行详细描写，主次分明，重点突出。

（2）默读第 15、第 17 自然段，了解次要特色："没有舞台"和"演出时间长"。

①自主完成填空。

"实用性阅读与交流"学习任务群　57

> **作业单**
>
> 　　雪山江河作背景，草原大地作背景。表演藏戏的艺人们席地而唱，不要（　　），不要（　　），不要（　　），只要（　　　）为其伴奏。他们别无所求，只要有（　　）就行。
>
> 　　藏戏的情节可以（　　　），艺人的唱腔、舞蹈动作可以（　　　），一段戏可以（　　　　）地重复，观众也在吃喝玩耍中看戏，双方（　　　），优哉游哉，一出戏演他个三五天毫不稀奇。

②朗读填写的段落，交流感受。

预设：表演场地宽广辽阔；表演时间毫无限制；给人自由豪放之感。

(3) 观看视频，直观感受藏戏特色。

欣赏《藏戏：雪域高原上的文化活化石》；交流观看感受。

（二）学习活动二：发现写作秘妙

1. 研读段落，发现写作秘妙。

(1) 自由朗读第1~3自然段，思考：这三个句子在写什么？

(2) 质疑：这三段也在写藏戏的三个特色，是否与第8~17自然段的内容重复？

(3) 交流写作秘妙。

预设：强调藏戏的三个特色；激发读者的阅读兴趣；一详一略，使特色更鲜明。

小结：这样无疑而问，是一种独特的写法，更是一种强烈的情感表达，下文的介绍也是对这三个问题的回答，自然呼应。

2. 感情朗读，体会写法。

任务四：制作藏戏名片

（一）学习活动一：撰写推介语

1. 明确推介要求。

(1) 阅读学习评价单，明确推介要求。

(2) 再次欣赏三张戏剧名片，分清主次并写清楚。

2. 交流推介内容。

(1) 同桌交流：说说自己怎样有详有略地推介内容，表达自己的感受。

(2) 全班交流。

预设：介绍藏戏由来和特色两个方面，主要介绍特色；介绍藏戏三个特色，主要介绍"没有舞台"的特色；简要介绍藏戏由来，主要介绍藏戏"戴面具演出"的特色。

3. 撰写推介语。

（1）独立撰写。

（2）交流分享。

（3）评价修改。

对照评价表自评修改；同桌互评，再次修改。

（二）学习活动二：制作推介卡

1. 誊抄推介语。

将修改后的藏戏推介语工工整整地誊抄在藏戏名片上。

2. 美化推介卡。

课后在推介卡上粘贴或画上关于藏戏的图片，做到图文并茂，整洁美观。

3. 自评互评。

结合评价表，从整齐和美观两个维度评价。

【教学现场】

任务三：品赏藏戏特色

师：藏戏有哪些特色呢？请大家根据学习要求快速阅读第8～17自然段。

（呈现学习要求，生自学）

师：谁来说一说你批注的藏戏特色？

生：藏戏有三个特色，分别是戴着面具演出、没有舞台和演出时间长。

师：你也批注了这三个特色吗？请大家依据评价表给自己评星。

（生自评）

师：藏戏的三个特色非常鲜明，哪个特色写得具体？你找到哪些段落？

生：戴面具演出写得具体，第8～14自然段都在写这个特色。

师：是的，戴面具演出是藏戏表演中最鲜明的一个特色。请大家按要求学习这个部分。

（呈现学习要求，生自学）

师：我们来看一看这些面具，猜一猜他们都是谁？说说你的依据。

（欣赏面具图片）

生：红色的面具是国王的，绿色的面具是王妃的。我到文中找到了依据：国王的面具是红色的，红色代表威严。王妃的面具是绿色的，绿色代表柔顺。

生：半黑半白的面具是巫女的。依据是：巫女的面具半黑半白，代表其两面三刀。

生：第四个面具是村民的，依据是：村民的面具则用白布或黄布缝制，眼睛和嘴唇处挖出窟窿，以示朴实敦厚。

生：这个青面獠牙的面具是妖魔的。依据是：妖魔的面具青面獠牙，以示压抑和恐怖。

师：那第六个面具呢？

生：是唐东杰布，书上这样写着：他的面具是白色的，前额饰有日月，两颊贴着短发，眉眼嘴角永远带着神秘的笑。

师：看来只要到文中找到相关的语句，这些面具难不倒大家。这六个面具你猜对了几个？请根据评价表给自己评星。

（生自评）

师：谁能结合句式来说一说白色面具，并说说找到的依据？

生：唐东杰布的面具是白色的，白色代表神秘。第8自然段就是这样写的。

生：唐东杰布的面具是白色的，白色代表善良。因为唐东杰布是为百姓架桥而开创藏戏，他是善良的人。

师：这位同学读书真仔细，课文的确写了唐东杰布的面具。比较一下，作者写唐东杰布的面具和写其他面具有什么不同？

生：其他面具只写了颜色和象征意义，唐东杰布的面具写了怎么来的，什么样子，还有面具的神态。

生：其他面具各写了一句话，很简单；唐东杰布的面具写了一段话，比较详细。

师：对啊，这么多面具中，作者对唐东杰布面具的由来和样子作了比较详细的介绍，才让我们印象深刻。可见，第8~14自然段都在写面具，但也有主次之分。

师："戴面具"这个特色很有代表性，另外两个特点也同样令人着迷，让人回味，请你读一读相关段落，完成填空后，谈谈感受。

（生自主完成填空；齐读段落）

师：谁能来谈谈自己的感受？

生：藏戏表演居然不要幕布，不要灯光，不要道具，只要"一鼓""一钹"伴奏，这样的演出实在太朴实了。

生："任意延长""随意发挥""一而再，再而三地重复"这些词语让我感受到藏戏演出太随性了，时间太长了！我们一般看戏最多也只有几个小时。

师：是啊，雪山江河作背景，草原大地作背景，让我们感受到了藏戏艺人们的自由豪放；不管是表演者还是观众，双方都是随心所欲，优哉游哉，没有时间的限制，只有尽情的享受。让我们带着这样的感受一起读一读。

师：了解了藏戏的特色，我们一起来欣赏一段藏戏表演吧。

（生观看视频）

师：通过这段表演你是不是对藏戏的特色了解得更深刻了？

生：演员戴着面具边唱边跳，给人神秘的感觉。

生：艺人们在辽阔的大地上表演，看上去很粗犷，很奔放。

师：这就是我们自由豪放、充满想象力和创造力的藏民族！我们藏族同胞，六百多年来就这样以自己最朴实又古老的方式，激情地演绎着藏戏，同时也演绎着自己民族的精神与文化。

师：同学们，课文第8~17自然段具体介绍了藏戏的三个特色，那么开头这三句话写了什么呢？

（生默读句子，思考）

生：这三个句子以问句的形式，介绍了藏戏的三个特色。

师：这三句话概括写藏戏的特色，而课文后面又具体写了藏戏的特色，对于作者这样的安排，你有什么疑问吗？

生：前后都写到藏戏的特色，那不是重复了吗？

师：真的是作者重复写了吗？你觉得作者这样安排的用意是什么呢？

生：我觉得这样写是为了强调藏戏的这三个特色。

生：开头连续三个问句，先声夺人，既强调藏戏的特色，还能激发读者的阅读兴趣。

生：这三个问题与后面第8~17自然段自然呼应，一略一详地介绍了藏戏的主要特征，使藏戏的特点更加明显，魅力更足。

师：这样无疑而问，是一种独特的写法，更是一种强烈的情感表达，下文的介绍也是对这三个问题的回答，自然呼应。让我们一起有感情地读这三段话。

（生齐读句子）

任务四之学习活动一：撰写推介语

师：我们已经了解了藏戏的由来和特色，就可以结合自己的学习感受写一段推介语，让更多的人来了解藏戏，我们先一起来看一下评价表。

师：谁来说说自己的理解？

生：我要提醒大家的是至少选择两方面的内容，分清主次，在详细介绍的基础上能写出自己的感受或表达情感就更好了。

师：我们再来看一看越剧、京剧、豫剧的名片，看看它们是不是分清主次写清楚的。

（再次呈现三张戏剧名片）

生：越剧介绍了概况和特色，详写了特色。

生：京剧重点介绍了表演手法，简单介绍了价值和地位。

生：豫剧也介绍了概况和特色，详写了特色。

师：你想推荐哪些内容？重点推荐哪一方面？表达自己怎样的感受？

（同桌交流；全班交流）

生：我想介绍藏戏由来和藏戏特色两个方面，主要介绍藏戏特色。藏戏非常有特色，我要表达对中华民族文化的赞美。

生：我对藏戏"没有舞台"这个特色印象深刻，这种自由豪放的感觉太吸引人了，让我震撼。其他两个特色我准备简单介绍。

师：两位同学都能分清主次安排内容，并有详细介绍的一个方面，表达了自己的感受，完全符合推荐要求。那么就把自己的思考写下来吧！

（生写推介语）

师：下面请几位同学来分享一下自己写的推介语。请大家进行点评。

生：我的推介语是这样的——藏戏是来自雪域高原上的一个剧种，它有三大特点：戴面具演出、没有舞台和演出时间长。最鲜明也最与众不同的是"没有舞台"这个特点，它以雪山江河作背景，以草原大地作背景，艺人们席地而唱，无拘无束，自由自在。

生：这位同学的推荐既有三大特点的简要介绍，又有对"没有舞台"这一特点的详细介绍，主次清晰，很会安排材料。

生：下面由我为大家分享推介语——藏戏是西藏高僧唐东杰布创造的。它最鲜明的特色就是戴着面具表演，面具有各种色彩，每种色彩都代表不同的身份，表示不同的意思。面具运用象征和夸张的手法，使人物形象突出，性格鲜明，和京剧的脸谱有些相似，但它却比京剧早了四百多年。

生：这位同学重点介绍藏戏最大的特色——戴面具，还将藏戏面具和京剧脸谱进行比较，给我们留下了深刻的印象。

生：我与大家分享的推介语是——世界上有哪个剧种是戴着面具演出的呢？世界

上哪个剧种是没有舞台演员可以无拘无束表演的呢？世界上有哪个剧种演出时观众可以吃喝玩乐、随心所欲的呢？那就是藏戏，来自西藏的神秘的高原艺术。

生：这位同学运用排比式反问的手法介绍藏戏，值得我们学习。

师：各位推介人融入了课文的表达方式，对藏戏的某一方面做了详细的介绍，这样的推介定能让更多人了解藏戏，让藏戏走遍中国，走向世界。

师：下面请同学们对自己的推介语进行修改，并结合评价表进行自评，同伴评后再修改。

（生修改自评、互评再修改）

【评价设计】

任务二：借助提示，简述藏戏传奇故事。

表1　讲述藏戏由来评价表

评价项目	评价标准	星级	自评	互评
故事内容	1. 借助提示，故事完整。	★		
	2. 衔接自然，具有传奇色彩。	★		
语言表达	1. 声音响亮，口齿清晰。	★		
	2. 脱稿讲述，富有感染力。	★		

任务三：研读品赏，了解藏戏特色。

表2　品赏藏戏特色评价表

评价项目	评价标准	星级	自评	互评
批注藏戏特色	1. 能用简练的词正确批注藏戏的一个特色得一星。	★		
	2. 能用简练的词正确批注藏戏的两个特色得两星。	★★		
	3. 能用简练的词正确批注藏戏的三个特色得三星。	★★★		
猜测面具人物及性格	1. 根据面具图片正确猜测一至二个得一星。	★		
	2. 根据面具图片正确猜测三至四个得两星。	★★		
	3. 根据面具图片正确猜测五个及以上得三星。	★★★		
三星达标，四星良好，五星及以上为优秀。				

任务四：撰写藏戏推介语，制作藏戏名片。

表3 制作藏戏名片评价表

评价内容	评价标准	星级	自评	互评
撰写推介语	1. 选择藏戏两个方面的内容进行介绍。	★		
	2. 有主次地介绍两方面内容。	★		
	3. 在详细介绍的基础上，写出自己的感受或表达情感。	★		
制作名片	1. 标题醒目，行款整齐。	★		
	2. 图文并茂，美观整洁。	★		
三星作品达标，四星作品良好，五星作品为优秀。				

学生作业示例

> **藏戏**
> 藏戏是西藏高僧唐东杰布创造的。它最鲜明的特色就是戴着面具表演，面具有各种色彩，每种色彩代表不同的身份，表示不同的意思。面具运用象征和夸张的手法，使人物形象突出，性格鲜明，和京剧的脸谱有些相似，但它却比京剧早了400多年。

评价说明：这份作品可以获得五颗星。首先推介语内容安排恰当，主次清晰，先是概述藏戏的由来，然后详细介绍"戴面具"这一特色，还将藏戏面具和京剧脸谱进行比较，表达自己的感受。其次以唐东杰布的白色面具及巫女的半黑半白面具做配图，图文并茂，整洁美观。

【教学反思】

根据"实用性阅读与交流"学习任务群的要求，立足本单元语文要素，《藏戏》一课从读写一体的角度，创设"撰写推介语"这一学习任务，指导学生在丰富的语言实践中积累、感悟、运用语言。

（一）紧扣语文要素，掌握表达要义

本课教学紧扣单元语文要素——分清内容的主次，体会作者是如何详写主要部分的。在学生初读课文，明确文章写了藏戏"由来"和"特色"两大内容后，通过篇幅长短明晰主次安排；在学习藏戏三个特色时，通过朗读、想象、竞猜等方式，感受作者对"戴面具"这个特色的重点描述，并通过比较阅读再一次感受"唐东杰布面具"较为详细的介绍。学生在阅读中掌握了"分清主次，抓住重点"这一表达要义，最后"撰写推介语"这个任务水到渠成，实现略读课文从吸收到表达的有序过渡。

（二）多种形式展现，熏陶民俗文化

立足"实用性阅读与交流"学习任务群"实用性"的特点，结合真实情境进行教学。观看表演，直观感受各种戏剧不同的特色；与同桌互述藏戏由来，感受其传奇的历史；制作藏戏名片，体会其独特的魅力和丰富的文化内涵。通过多种形式的展现，给学生更为广博的人文熏陶和精神影响，藏戏独特的艺术魅力、异域文化、人文之美才会渐渐走近学生生活，徐徐拉开神秘的面纱。

（三）发现写作秘妙，感悟语言之美

开头三段排比式的反问，是文本最独特的结构，是作者独具匠心的言语方式。在学生朗读后引导质疑：前后内容是否重复？通过交流，感悟到这样的表达既强调藏戏特色，又抒发作者情感，还能激发阅读兴趣。这是本文的写作秘妙，教师引导学生在反复诵读中浸润精粹的语言，慢慢习得语言和言语方式。在撰写推介语时，有学生就尝试运用这样的方式表达，把语言精华吸收为己用。

把握以上三点，将"实用性阅读与交流"任务群的理念落实于民风民俗单元的教学中时，还必须考虑到藏戏、藏文化离学生生活较远，在撰写藏戏推介语的学习任务中注意加强跨媒介阅读，充分利用数字资源和信息化平台，引导学生将课文及多媒体阅读的语言转化为可供自己运用的语言。

（案例撰写者　陈　群）

案例2　好书速递
——习作《写作品梗概》教学

【任务分析】

《写作品梗概》是六年级下册第二单元的单元习作，本单元的人文主题是"走进外国文学名著"。写作品梗概就是概括作品的简要内容，这种方法的习得有助于学生更好地了解名著的主要内容,从而开阔文化视野、增强文化底蕴。

"借助作品梗概,了解名著的主要内容"和"学习写作品梗概"是本单元的语文要素。写作品梗概是阅读和习作的有效融合,既可以进一步培养学生的概括能力,也可以引导学生在习作中提高表达能力。

本次习作属于"实用性阅读与交流"学习任务群。梗概,属于读书笔记的一种,具有很明显的实用性。写作品梗概重在训练学生学会"内容明确、条理清晰、语言简洁明了"的语言表达。在"好书速递"的情境中学写作品梗概,这与该学习任务群第三学段"学习记笔记、列大纲、写脚本、画思维导图等整理和呈现信息的方法"的学习内容一致。

【学习资源】

(一)文本

小说《鲁滨逊漂流记》(丹尼尔·笛福:《鲁滨逊漂流记》,梁遇春译,长江少年儿童出版社,2020年)

(二)图片

1.《小王子》好书推荐。(当当网)

2.《城南旧事》电影海报。(搜狐网)

【实施框架】

(一)学习目标

1. 能借助目录,理清作品的基本脉络,初步感受经典名著的艺术魅力。

2. 借助课文范例的探究,了解"把握要点"和"简明概括"的方法并能迁移运用,提高辨析能力。

3. 通过关注范文情节的串联,了解"连贯表达"的方法并能迁移运用,逐步提高语言表达的准确性、规范性。

(二)学习情境

"胸藏文墨虚若谷,腹有诗书气自华"。学校读书节要开展"好书速递"活动,让我们通过"读赏梗概""学写梗概""编辑《好书速递》"三个学习活动,写一写好书梗概,为大家推荐好书吧!

（三）任务框架

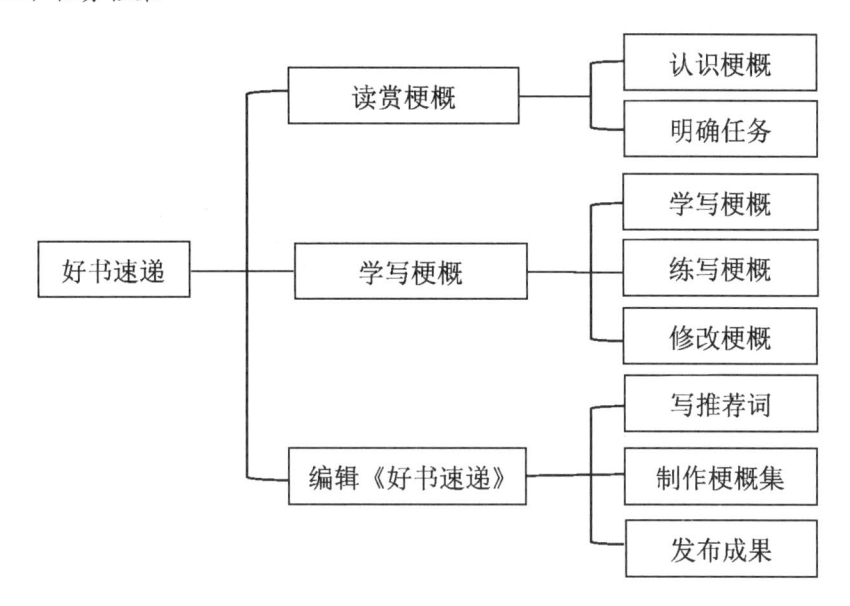

```
好书速递 ─┬─ 读赏梗概 ─┬─ 认识梗概
          │             └─ 明确任务
          │
          ├─ 学写梗概 ─┬─ 学写梗概
          │             ├─ 练写梗概
          │             └─ 修改梗概
          │
          └─ 编辑《好书速递》─┬─ 写推荐词
                              ├─ 制作梗概集
                              └─ 发布成果
```

【任务实施】

任务一：读赏梗概

（一）学习活动一：认识梗概

1. 读赏电影海报中的内容介绍。

（1）欣赏《城南旧事》电影海报，思考：从海报的内容介绍中发现了什么？

图1 《城南旧事》电影海报

内容介绍

五十年前，林英子住在北京南城。在他们家院子附近住着一个疯女人秀珍，秀珍

"实用性阅读与交流"学习任务群　67

的丈夫因参与学生运动被杀，孩子也不知所踪，因此落下了疯病，时常把英子当做自己的孩子"小桂子"看待，英子也喜欢秀珍，答应帮她找回小桂子。

英子有个苦命的小伙伴妞儿，学戏时常遭干爹打骂。英子偶然发现妞儿有小桂子的胎记，帮助她们母女相认。

英子上小学后，一家人搬到了厂甸。在家门口荒废的院落里，英子发现了一个小偷藏赃的草堆，小偷为了供弟弟读书只得干不光彩的勾当，英子却不把他看作是坏人。不久，女佣宋妈返乡，父亲去世，英子的童年，彷佛一下结束了……

（2）全班交流。

预设：海报中的内容介绍很简洁；能从中了解《城南旧事》的主要内容。

小结：文学名著作品为电影提供了重要的文本资源，让我们一起亲近名家名作，热爱读书吧！

2. 读赏《小王子》的内容介绍。

（1）读读《小王子》的内容介绍，思考：看了内容介绍有什么想法。

图2 《小王子》内容介绍

内容简介

遥远星球上的小王子，与美丽而骄傲的玫瑰吵架负气出走，在各星球漫游中，小王子遇到了傲慢的国王、酒鬼、唯利是图的商人、死守教条的地理学家。小王子来到地球上，试图找到治愈孤独和痛苦的良方。这时，他遇到了一只渴望被驯养的狐狸，于是奇妙而令人惊叹的事情发生了……

（2）全班交流。

预设：看了介绍，引起我的阅读兴趣；我以后也可以用这样的方式向同学推荐好书。

3. 交流了解到的梗概特点。

（1）回顾：电影海报、好书推荐中的内容简介就是梗概。在课文《鲁滨逊漂流记（节选）》中已出现过梗概。

（2）再读思考：梗概有什么特点？

（3）全班交流。

预设：梗概就是对书的内容进行概括，用简练的语言介绍这本书；梗概虽然文字不多，但已包括了主要人物和主要事件这样的关键内容。

小结：梗概可以让读者在短时间内了解作品的精彩内容，具有以下特点——语言简练，篇幅短小，包含故事发生的时间、地点、人物、起因、经过、结局等关键内容。今天我们就来试着写写梗概。

（二）学习活动二：明确任务

1. 阅读学校读书节"好书速递"活动要求。

活动要求

"好书速递"

同学们：

在学校读书节来临之际，我们六年级将开展"好书速递"活动。请每位同学推荐一本适合五、六年级同学阅读的书，通过写作品梗概（必选）和拍摄"推荐好书小视频"的方式（自选）进行推荐。

每位同学的作品梗概和视频（转成二维码）将由班级集结成册并互相交流。年级组将投票评选出本届"好书速递"活动"伯乐奖"获得者。

愿你成为好书的伯乐！

交流明确要求：推荐一本适合五、六年级同学阅读的书（必选：写作品梗概；自选：拍摄"推荐好书小视频"的方式）；班级集结成册并互相交流；投票评选"伯乐奖"。

2. 交流并确定推荐书目。

（1）展览同学们自带的一本好书。

（2）推荐人说说自己喜欢的理由。

小组交流；全班交流。

预设：推荐萧红的《小城三月》，能感悟幸福的真谛；推荐英国作家亚历克斯·希勒的《天蓝色的彼岸》，能引起人们对生命的思考。

(3) 全班投票确定书目。

任务二：学写梗概

(一) 学习活动一：学写梗概

1. 学习把握整本书脉络。

(1) 了解把握脉络的方法。

了解《鲁滨逊漂流记》目录上的划分，同桌交流划分的依据。

预设：根据《鲁滨逊漂流记》的目录可知这本书共有三章，其中第二章特别长。遇到这样的情况，可以先大致地把这个特别长的章节按照事情发展的顺序分成几个部分，这样有助于更好地把握脉络。

(2) 练习把握脉络。

自主学习：选择一本书，借助目录将书的内容分成几个部分。

同桌交流：说说自己划分的理由及每部分的大意。

(3) 结合"练习把握脉络"评价表进行反馈。

2. 学习把握要点。

(1) 探究把握要点的方法。

①自主阅读《鲁滨逊漂流记》原著的目录，对比书上《鲁滨逊漂流记》的梗概，思考：课本中的梗概是怎么把握要点的？

②全班交流。

预设：原著第一至四节的内容在梗概中合成了一个自然段，主要讲鲁滨逊喜欢航海和冒险；原著第五节的内容对应的是梗概第二自然段，主要讲鲁滨逊遇到风暴，流落到了荒岛上，这是整个故事的起因。

小结：把握要点就是在梳理内容时要抓主要人物和主要事件。

（2）练习把握要点。

①梳理文章脉络。

快速浏览《鲁滨逊漂流记》第二章的内容，试着分成四个部分。说一说每个部分的主要人物和主要事件。

②全班交流。

预设：这些部分的主要人物都是鲁滨逊；讲了他做的各种事情；无关的内容没有出现在梗概中。

（3）巩固练习把握要点。

①自主学习：根据主要人物和主要事件，在《汤姆索亚历险记》目录中标注出想忽略的内容。

②同桌交流：与同桌说说为什么忽略这些内容。

③全班交流。

预设：围绕汤姆历险的故事，可以把整本书的内容分成了八个部分；与主要事件无关或关联不大的内容忽略。这样，梗概的要点就很清楚了。

3. 学习简明概括。

（1）探究简明概括的方法。

作业单

①比较两段话，思考：第二处是如何做到简明概括的？

我们的船上有一些备用的横杆、两三根圆木和一两根备用的中桅。我决定着手利用这些东西，只要是我挪得动的，就一根系上一条绳索，免得它们漂掉，然后扔下海去。干完以后，我从船的一侧下船去，把它们一一拉到我身前。我把四根木头的两头扎在一起，尽可能地扎紧，扎成一个木筏。我试着在板上走走，发现走起来挺方便，但是承受不了分量重的东西，因为木板太轻了。于是，我又去干活儿，花了很大的力气用船上那个木匠的锯子把一根中桅截成三段，放在我的木筏上。

鲁滨逊找了一些材料，做了一个木筏。他又想办法让木筏可以承受分量重的东西。

---

②全班交流。

预设：删去了一些形容词；删去对"我"的行动的具体描写。

（2）练习简明概括。

根据自己梳理的目录，选择一个部分，尝试写梗概片段。表述时要将具体的描述性语言转化成简洁的叙述性语言。写完后交流评改。

4. 探究连贯表达的方法。

（1）呈现学习要求。

学习要求

①自主学习：请读读课文《鲁滨逊漂流记》的梗概，思考：作者是怎么把这些情节串起来的？

②小组交流：互相交流自己的发现，确定一人进行分享。

（2）自主学习；小组交流。

（3）全班交流。

预设：

①在串联情节的时候，我们发现用上了表示时间推移的词，如"第一次""到了第四天""很多年过去了""又过了几年""在荒岛上度过了二十八年后"。

②我们发现用上了合适的关联词，如"等到潮退了""原来"。

③我们还发现用上了有过渡作用的句子，如"鲁滨逊在岛上定居下来，过着寂寞的生活，船上搬下来的食物越来越少，要想活下去，就得想办法"。

小结：在写梗概时，我们可以用上表示时间推移的词，加上合适的关联词，在内容之间，用上过渡句，可以让梗概更加清楚、有序。

（二）学习活动二：练写梗概

1. 用学到的方法写梗概。

自主选择一本书，运用"把握脉络—把握要点—简明概括—连贯表达"的方法完成一篇完整的梗概。

2. 结合评价表完成评价。

（1）轻声读一读自己的梗概。

（2）对照评价表完成自评。

3. 小组内交流各自的习作过程。

预设：按照"把握脉络—把握要点—简明概括—连贯表达"的方法来习作。

4. 交流梗概及撰写的过程。

选择小组推荐的梗概中的两篇，请作者分享习作过程。

（三）学习活动三：修改梗概

1. 结合交流评议中的思考及体会对作品进行修改。

（1）自我修改。

（2）同伴互助进行修改。

预设：

①我修改时将"劫匪来到第二诊室门口，把门打开，一起跳了下去，拉着桑薇跑"这句话中较为细节的描写删除了，改成了"劫匪拉着桑薇跑"，这样语言就精炼了。

②关于"那是一个初春正月的早晨，乡村里的土场上，小孩子们群集着，天空飘起颜色鲜明的风筝来"。我第一次概括为"初春正月的早晨，天空飘起了风筝"。经过思考，我最后概括为"初春，孩子们在放风筝"。这样，明确了主要人物和事件，要点就明确了。

2. 结合评价表对作品梗概进行评价。

（1）作出评价。

（2）说明理由。

任务三：编辑《好书速递》

（1）学习活动一：写推荐词

1. 和同学交流回顾五年级上册单元习作《推荐一本书》的写法，给自己选定的书籍写推荐词。

怎样写推荐词

推荐的时候，要介绍这本书的书名、作者出版社等基本信息。重点写推荐这本书的理由，如内容新奇有趣，语言优美生动，情节曲折离奇，人物个性鲜明，思想给人启迪。

写的时候注意以下几点：

◇推荐理由可以只写一点，也可以写几点。注意分段写。

◇把重要的理由写具体。如果你推荐的是一本小说，可以结合书中的相关情节、人物、对话或插图等来说明你的理由；如果你推荐的是一本科普读物，可以说说你获取到哪些有趣的知识或独特的想法。另外，你还可以转述或摘录书中的精彩片段，引用别人对这本书的评价。

（选自小学语文五年级上册第八单元习作《推荐一本书》）

2. 小组内交流推荐词，根据同学们的意见进行修改。

预设：可从基本信息、主要内容等多个方面介绍；可用上有感染力的词句。

3. 熟记推荐词进行口头推荐。老师为同学们拍摄视频。

（二）学习活动二：制作梗概集

1. 以班级为单位收集整理每位同学的梗概。
2. 以班级为单位收集整理同学们的推荐视频，并用二维码生成器转化成二维码。
3. 将梗概和视频二维码集结成册，完成《好书速递》。

（三）学习活动三：发布成果

1. 在学校读书节上发布《好书速递》，并发至各班阅读交流。
2. 全年级同学根据受欢迎程度投票评出《好书速递》中最受欢迎的十本书。
3. 为十本书的推荐者颁发"伯乐奖"。

【教学现场】

任务二之学习活动一：学写梗概（简明概括）

师：刚才我们学习了把握脉络和把握要点，接下来我们来学习简明概括。

师：比较这两段话，想一想：第二段话是如何做到简明概括的？

（呈现两段话）

生：第一段中"我们的船上有一些备用的横杆、两三根圆木和一两根备用的中桅。我决定着手利用这些东西，只要是我挪得动的，就一根系上一条绳索，免得它们漂掉，然后扔下海去。干完以后，我从船的一侧下船去，把它们一一拉到我身前。我把四根木头的两头扎在一起，尽可能地扎紧，扎成一个木筏"。这几句话具体描述了鲁滨逊是如何找材料做木筏的，在第二段中概括为"鲁滨逊找了一些材料，做了一个木筏"。

生：第一段中"我试着在板上走走，发现走起来挺方便，但是承受不了分量重的东西，因为木板太轻了。于是，我又去干活儿，花了很大的力气用船上那个木匠的锯子把一根中桅截成三段，放在我的木筏上"。这几句话具体描述了鲁滨逊是如何想办法的，在第二段中概括为"他又想办法让木筏可以承受分量重的东西"。

生：第二段的写法就是把第一段中具体的描述性语言转化成了简洁的叙述性语言，这样就做到了"简明概括"。

师：接下来就请大家看《汤姆索亚历险记》这本书，根据自己梳理的目录，选择一个部分，尝试写梗概片段。表述时要注意将具体的描述性语言转化成简洁的叙述性语言。

(生练写梗概片段)

师：这是小陈同学的《汤姆索亚历险记》梗概片段，他选择的是"山洞迷路"这部分内容。他有没有做到"简明概括"？如果存在概括不够简明的地方，你能不能帮他改一改？

(呈现学生作业)

过了一段时间，汤姆、贝奇和其他朋友去野餐会。野餐会期间，他们来到一个迷宫般的岩洞里玩。汤姆和贝奇玩得不亦乐乎，先是掉队，然后就迷路了。他们在洞里历经艰辛和恐惧，找了好几天依然没有找到出路。他们还在洞里再次发现了罪犯乔。

镇上的人们找他们快找疯了。正当人们以为他们死在洞里悲痛欲绝的时候，汤姆和贝奇突然在半夜里回来了！原来汤姆沿着绑在石头上的一根风筝线探路，最后硬是找到了岩洞的一个出口。

生："汤姆和贝奇玩得不亦乐乎，先是掉队，然后就迷路了。他们在洞里历经艰辛和恐惧，找了好几天依然没有找到出路。"这句话是在具体描述汤姆和贝奇是如何迷路的，以及迷路后发生了什么事。我觉得可以改成"汤姆和贝奇迷路了，找了好几天都没有找到出路"，这样更简洁一些。

生："镇上的人们找他们快找疯了。正当人们以为他们死在洞里悲痛欲绝的时候，汤姆和贝奇突然在半夜里回来了！"这两句话具体描写了人们的表现，可以修改为"正当人们绝望时，汤姆和贝奇在半夜里回来了"。

生：最后一句具体讲述了汤姆是如何找到出口的，可以进一步概括为"汤姆是在一根风筝线的帮助下找到出口的"。

师：请每位同学把自己写好的梗概片段读给小组里的同学听，根据同学们的建议，概括不够简明的地方可再作修改。

任务二之学习活动二：练写梗概

(生写梗概；完成自我评价)

师：同学们已经结合作品梗概评价表完成了自评，还在小组内交流了梗概的内容和自己的习作过程。

师：有两位同学的作品梗概和习作过程的分享得到了整个小组成员的一致推荐。我们全班一起来看一看这两篇习作，并请这两位同学来交流他们的习作过程。

(呈现《童年河》梗概)

生：我写的是《童年河》这本书的梗概。首先用到的是目录。我看着目录上的小标题回忆每一章节的具体内容，如果忘记了，就再次翻阅。如果这个章节的内容重要，就将它重点概括；如果重要程度一般，就简略概括；如果这个章节不怎么重要，就不写进梗概中。接着是简明概括，就是将具体的描述性语言变为简明的叙述性语言。举个例子，我把"别了，老家"中大量描述风景的语句概括成"美丽的景色"，这样就简明利落了。最后是连贯表达，我加上了"后来""有一次""这天"等表示时间推移的词，这样读起来就更流畅了。

（呈现《天蓝色的彼岸》梗概）

生：我写的是《天蓝色的彼岸》这本书的梗概。写梗概首先要找到主人公，如果书中人物较多，就要找最主要的人物，内容要根据主要人物和主要事件进行概括。一件事中，不是很要紧的内容要删去，与主人公无关的内容也尽量删去。比如"重返人间"与主要内容没有太大关系，但"看到了很多不同时代的人"和"飞向地球"比较重要，因此保留了这两句。"回程"十分有意义，寓意深刻，"玩老虎机"可以看出生活的影子，因此保留较完整的部分。为了更好的概括，要将具体的外貌、神态、语言等描写删去，或改为简洁的叙述性语言。例如"阿蛋"中哈利说的话直接概括为"哈利尝试与姐姐对话"，心理描写直接删去。最后，可以通过加一些场合变化、时间变化和先后顺序的词句，使表达更连贯。如"挂衣钩"和"教室"这两部分内容中的地点是从室外走廊转换到教室的，就加上"哈里来到教室"一句即可。

【评价设计】

任务二：通过"借助目录将书内容分成几个部分"练习把握整本书脉络，根据评价表对目录的划分作出评价。

表1 把握整本书脉络评价表

评价标准	星级	自评	互评
能借助目录将书的内容分成几个部分。	★		
能清楚说明划分的理由。	★★		
能明确表述每部分的大意。	★★		

任务二：自主选择一本书写作品梗概，根据评价表对完成的作品梗概进行评价。

表2 写作品梗概评价表

评价标准			评价
★★★	★★	★	
能通过抓主要人物和主要事件把握要点，表达连贯。	能抓作品中的主要人物及其事件把握要点，表达比较连贯。	能找到作品中的主要人物和事件，基本把握要点。	
能将描述性语言转化成简明的叙述性语言。	能将描述性语言转化成叙述性语言，语言可以再简明些。	能尝试将描述性语言转化成叙述性语言。	
能借助三处及以上过渡性的词句使表达更连贯。	能借助两处及以上过渡性的词句使表达更连贯。	能借助一处及以上过渡性的词句使表达更连贯。	

学生作业示例

《非法智慧》书影

目录	
第一章 瓢虫	1
第二章 梦九中学	9
第三章 青蛙	23
第四章 无人应答	40
第五章 天才与白痴	54
第六章 奇怪的徽记	67
第七章 梦呓教室	80
第八章 午夜地跌	98
第九章 兔子定理	109
第十章 郭周	119
第十一章 第二大脑	132
第十二章 异梦	152
第十三章 "老鼠屎"	167
第十四章 父亲	181
第十五章 黑客	196
第十六章 鸽子	208
第十七章 结局	224

> **《非法智慧》梗概**
>
> 　　桑薇回忆起她骑车经过梦九中学被车撞倒的事。那次，陆羽救下了她，并送她去了医院。过了一年，桑薇考入了梦九中学。桑薇想查一查陆羽还在不在学校，结果查不到。
> 　　郭周是桑薇的同班同学。桑薇认为他是个电脑高手，把郭周称为"黑客"。
> 　　陆羽父亲曾把芯片植入陆羽身体内。本想让陆羽变得更聪明，没想到陆羽的性格变得粗暴了，以前生活的记忆全被抹掉，连自己的爸爸都不认识了！
> 　　一次，正当桑薇和郭周走在马路上时，桑薇发现正在走路的班主任被汽车撞倒了。班主任做手术前，告诉了桑薇和郭周一件事：五年前，陆羽的爸爸死于煤气爆炸。
> 　　桑薇对此十分好奇，准备去问一问陆羽的伯父。桑薇在去陆羽伯父家的路上，遇见了数学老师，数学老师告诉桑薇：自己就是陆羽的爸爸。桑薇从陆羽爸爸口中得知：他的助手姜地想要利用芯片谋害陆羽。陆羽爸爸后悔当初不该将芯片植入陆羽体内。桑薇想到了一个办法：让郭周当电脑"黑客"，让陆羽身体里的芯片死机。
> 　　陆羽的芯片成功死机了。不久，陆羽也就恢复了正常。梦九中学又变回生机勃勃的样子了。

　　评价说明：结合作品梗概评价表，此作业可以得八颗星。叙述时始终能抓住主要人物桑薇，写了桑薇看到的、听到的以及经历的事，很好地抓住了要点，可得三颗星。文末最后一句"梦九中学又变回生机勃勃的样子了"可以更简明，可修改为"梦九中学恢复了原样"，可得两颗星；文中"桑薇对此十分好奇，准备去问一问陆羽的伯父""不久"这三处地方运用了过渡句或表示时间推移的词，使表达更连贯，可得三颗星。

【教学反思】

　　当作品梗概与具体真实的情境结合时，写作品梗概便具有了明显的"实用性阅读与交流"的特性。写作品梗概的过程就是获取、整合有价值信息并有效传递信息的过程。本课的教学正是基于这样的理解加以设计与实施的。

　　（一）结合真实情境

　　本次习作是结合"学校读书节"进行的，"好书速递"是读书节中的一项重要活动，"写梗概"是"好书速递"的核心内容。习作的价值与意义在真实的情境中得到了彰显。

（二）教给具体方法

教材呈现了写作品梗概的流程，但要让学生真正掌握写梗概的方法，需要教师提供更为细致的程序性知识，如利用书的目录、通过抓主要人物和主要事件来把握要点。教学过程始终讲练结合，及时迁移运用，将具体的方法运用到实践中。

（三）深化表达效能

本次习作将"推荐"作为表达的内驱，将阅读、写作与口语交际融为一体，口头表达和书面表达双轨并行，使信息传递更全面清晰。

在教学过程中，要注意提醒学生梗概作为应用文的基本格式与行文规范，如题目有固定的写法，表述要客观等。

（案例撰写者　韩梅波）

案例3　探馆日记
——六年级上册第三单元教学

【任务分析】

"读书好比串门儿——隐身的串门儿"是六年级上册第三单元的人文主题。学生通过阅读三篇内容不同、形式各异的文本，了解传统游戏、故宫历史文化，增进对中华优秀传统文化的理解。在阅读中学生还了解到宇宙生命之谜，激发其关注和参与当代文化生活的兴趣，拓展了文化视野。

本单元是阅读策略单元，语文要素是"有目的地阅读"。在"探馆"这一任务情境中，学生根据阅读目的选择恰当的材料，调取抓关键词句、连词成句读等快速阅读的经验，尝试运用提取关键信息、圈画关键词、查阅资料等适宜的方法，完成不同的阅读任务。

从课程内容来看，本单元属于"实用性阅读与表达"学习任务群，学生以记录探馆日记的形式，开展编写竹节人指南、辩论火星移居、旅游路线设计、故宫景点讲解等活动。这与该学习任务群第三学段中"学习记笔记、画思维导图等整理和呈现信息的方法""学习通过口头表述和多种形式的书面表达，分享探索科学世界的所见所闻、所思所感"的学习内容一致。

【学习资源】

（一）教材内容

《竹节人》《宇宙生命之谜》《故宫博物院》《语文园地三》之"交流平台"。

（二）课外资源

1. 文本。

（1）《火星——生锈的星球》。［曼福雷德·鲍尔：《太空之旅·深入宇宙的探险》（珍藏版），林碧清译，少年儿童出版社，2017年］

（2）《儿童太空百科全书》。（刘宝江：《儿童太空百科全书》，北京工艺美术出版社，2022年）

2. 影音。

（1）纪录片《好奇号之旅》片段。（爱奇艺视频）

（2）纪录片《The Planets》第二集。（腾讯视频）

【实施框架】

（一）学习目标

1. 通过本单元的阅读学习，感受传统玩具乐趣和故宫历史文化，增进对中华优秀传统文化的理解与认可；学习科学家的探索创造精神，培养关注和参与当代文化生活的兴趣，拓展文化视野。

2. 能根据不同的阅读任务，筛选阅读材料，运用分析、比较、推理等合适的阅读方法整理和呈现信息，达到阅读目的，提高理性思维能力。

3. 阅读中能抓住要点，从阅读材料中找出有价值的信息，有条理地发表自己的观点；能根据需要，文从字顺地表达所思所想，形成个体语言经验。

4. 能够在探馆日记的设计、制作、评价中，提升感受美、表现美和创造美的能力，培养健康向上的审美观念。

（二）学习情境

人们常说，博物馆记录着悠久的历史，诉说着灿烂的文化。跟随书本的脚步去文中的博物馆串串门，体验旧时玩具的乐趣，探索浩瀚宇宙的奥秘，欣赏故宫宏伟的宫殿建筑，来编写一本精彩纷呈的探馆日记吧！

（三）内容建构

任务	学习内容
一 启动编写任务	梳理并明确三篇课文的阅读任务；明确《探馆日记》的编写要求，讨论设计要点。
二 逛逛民俗博物馆	阅读《竹节人》，在阅读实践中感受什么是有目的地阅读。带着三个阅读目的，选取相应内容，运用不同阅读方法完成阅读任务，习得阅读策略。
三 探索天文博物馆	阅读《宇宙生命之谜》，借助旁批，梳理阅读方法。通过课后练习，运用巩固阅读方法，尝试独立解决问题。
四 探访故宫博物院	自主阅读《故宫博物院》，综合运用习得的阅读策略，订制游览路线，讲解故宫景点。
五 推广探馆日记	编写探馆日记，将内容集结成册，进行美化。根据推荐群体的喜好有重点地进行推广宣讲。

（四）任务框架

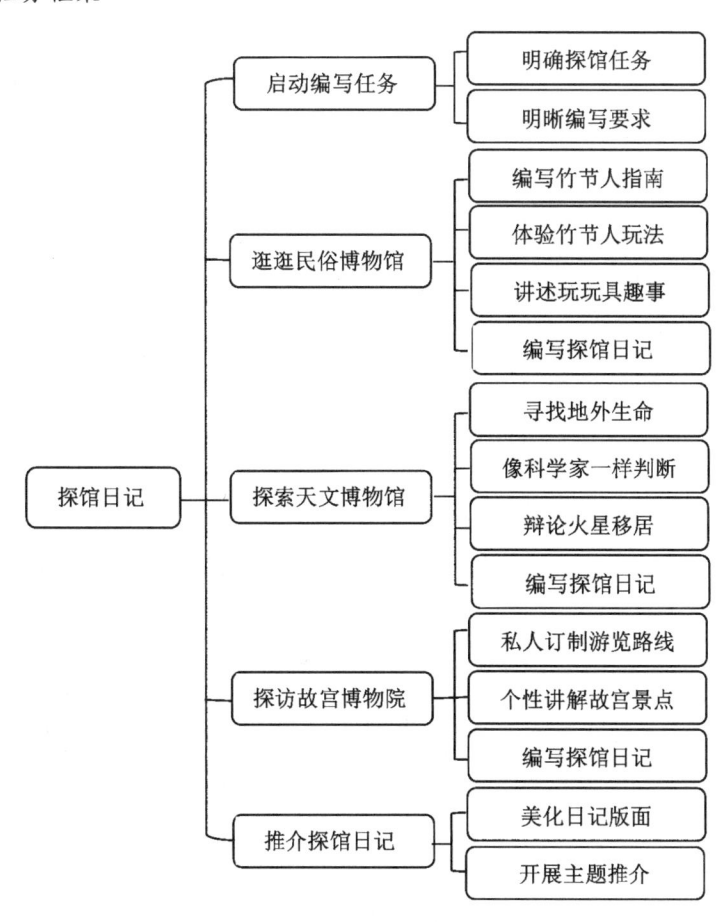

探馆日记
- 启动编写任务
  - 明确探馆任务
  - 明晰编写要求
- 逛逛民俗博物馆
  - 编写竹节人指南
  - 体验竹节人玩法
  - 讲述玩玩具趣事
  - 编写探馆日记
- 探索天文博物馆
  - 寻找地外生命
  - 像科学家一样判断
  - 辩论火星移居
  - 编写探馆日记
- 探访故宫博物院
  - 私人订制游览路线
  - 个性讲解故宫景点
  - 编写探馆日记
- 推介探馆日记
  - 美化日记版面
  - 开展主题推介

【任务实施】

任务一：启动编写任务（1课时）

（一）学习活动一：明确探馆任务

1. 观看微课，走入情境。

（微课内容）同学们，大家好！生活中有很多吸引人的博物馆，深受大家的喜欢。今天，请大家跟随课本来逛一逛书中的三个博物馆，民俗博物馆、天文博物馆、故宫博物院，为伙伴编写一本探馆日记吧！

我们的探馆任务就藏在课本的阅读提示和课后习题中，请你翻阅三篇课文，想一想：本次探馆，我们要完成哪些任务呢？（呈现三篇课文阅读提示）

大家是不是迫不及待了？那就赶快到课文中去"串门儿"吧！

2. 明确探馆任务。

（1）概览本单元课文、语文园地，重点浏览每一课的阅读提示与课后题。

（2）全班交流。

小结：这三篇不同体裁的课文，如同课本中三个各具特色的博物馆，吸引着大家去探索，去体验。探馆结束后，我们会将阅读成果记录在册，编写一本《探馆日记》与同学和家长分享自己的阅读收获。

（二）学习活动二：明晰编写要求

1. 明确编写内容。

（1）欣赏优秀作品。

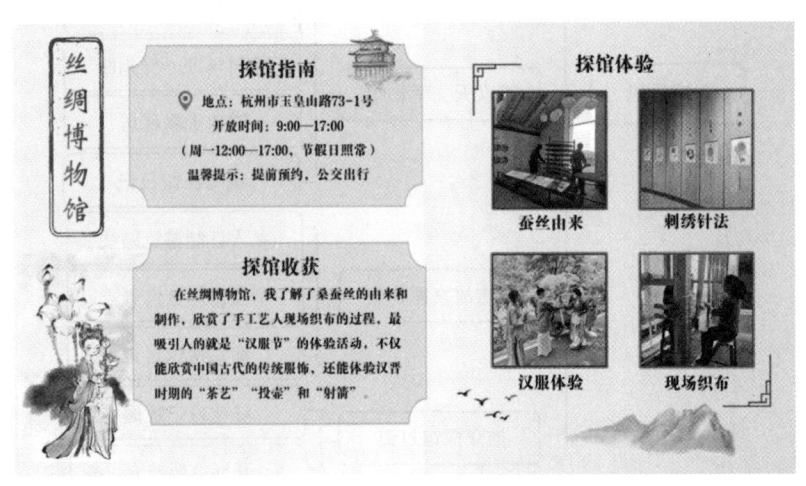

"丝绸博物馆"优秀作品

(2) 全班交流。

预设：

①内容可包含"探馆指南、探馆体验、探馆收获"这三板块。

②探馆指南部分可以写阅读方法，探馆体验主要是指参与的活动，探馆收获是阅读成果或自己的感受。

③有封面、封底；分场馆记录探馆日记。

2. 讨论版面设计要点。

联系个人的经验，交流探馆日记版面设计。

预设：对三个探馆主题内容进行美化，注意插图与内容主题一致；可选择 A4 纸、彩色卡纸制作日记内页；版面布局合理，配色和谐。

任务二：逛逛民俗博物馆（3课时）

（一）学习活动一：编写竹节人指南

1. 快速默读课文，理清脉络。

(1) 引导：竹节人到底有怎样的魅力，让那个年代的孩子和老师都如此着迷，请同学们打开课本，默读课文，根据学习提示完成作业单。

(2) 呈现学习要求，完成作业单。

学习要求

①借助作业单，思考：围绕竹节人，课文写了哪些内容？

②想一想：要完成本课的三个探馆任务，应该分别重点阅读哪一部分？

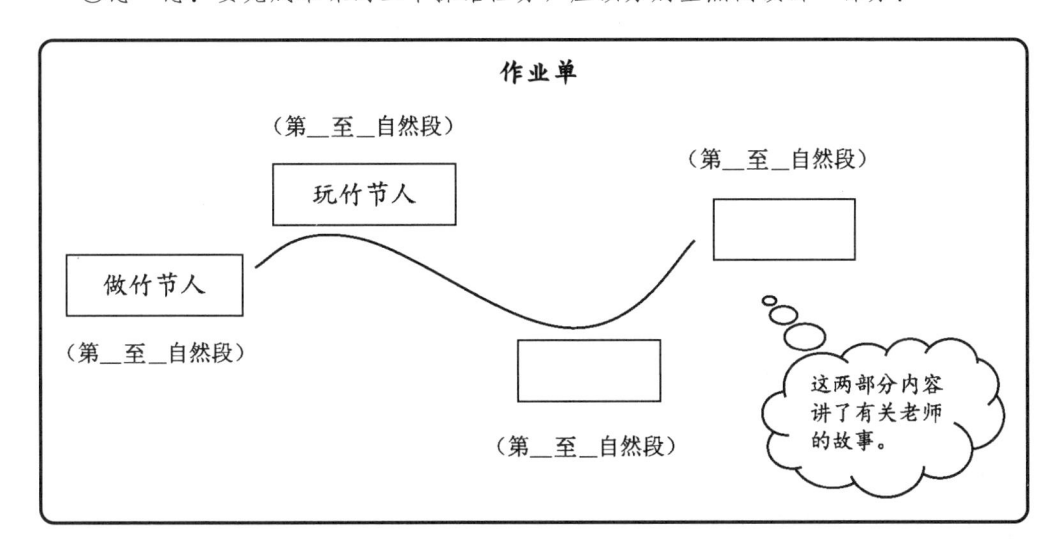

作业单

做竹节人（第__至__自然段）— 玩竹节人（第__至__自然段）—（第__至__自然段）—（第__至__自然段）

这两部分内容讲了有关老师的故事。

"实用性阅读与交流"学习任务群

（3）全班交流。

预设：

①做竹节人（第3~7自然段）；玩竹节人（第8~19自然段）；没收竹节人（第20~22自然段）；老师玩竹节人（第23~29自然段）。

②编写竹节人指南应重点阅读"做竹节人""玩竹节人"部分；体验竹节人玩法应重点关注"玩竹节人"部分内容；讲述老师的趣事则应关注"老师玩竹节人"部分。

2. 编写制作与玩法指南。

（1）同桌交流，思考：如何完成"编写制作与玩法指南"这一任务？

（2）全班交流。

预设：要完成制作与玩法指南应该重点阅读课文的第3~19自然段；圈画制作过程中的关键词，比如用到的工具、材料、玩的动作；用序号标注制作的步骤。

（3）默读第3~19自然段，分步呈现自主学习和合作学习。

学习要求

①自主学习。

圈画"制作步骤"与"玩法"的关键词。

借助关键词，说一说制作流程和玩法。

②合作学习。

交流：借助表格，梳理制作工具、材料、方法及注意事项。

绘制：合作完成"竹节人制作与玩法指南"。

（4）展示"指南"，全班交流评议。

竹节人制作与玩法指南	
工具	
材料	
制作方法	
玩法	
注意事项	

（二）学习活动二：体验竹节人玩法

1. 体会玩竹节人的乐趣。

（1）按照学习要求阅读相关片段，体会玩竹节人的快乐。

学习要求

①自主学习。

根据课后学习提示，我要重点阅读第_____自然段。

用横线"_____"画出体会到的乐趣，批注感受。

②合作交流。

交流：组内交流竹节人的乐趣体现在哪些方面。

整理：在词卡上写出不同方面的乐趣，摘录能体现乐趣的关键词。

汇报：合作汇报学习成果，朗读展示最能体现乐趣的一处。

（2）交流乐趣。

作业单

乐趣	关键词

预设：

① "创造名号"：齐天小圣、窦尔顿等名号引人联想，让竹节人显得更威风。

② "武器装扮"：金箍棒、虎头双钩、偃月刀、纸盔甲，这些武器把竹节人显得更神气！

③ "打斗场景"：课桌好似古战场，竹节人的耸动构成了精彩的战斗。

④ "偷玩偷看"：上课偷玩竹节人，偷看竹节人入迷也让人忍俊不禁。

2. 斗竹节人，配解说词。

（1）斗一斗竹节人，体会乐趣。

体验提示

①按照"玩法指南"，斗一斗竹节人。

②小组合作，可以像文中一样尝试给竹节人取名号、加装扮、配解说，准备展示"趣斗竹节人"。

（2）展示"趣斗竹节人"，全班评议。

（3）教师拍摄视频，用二维码转换 App 将视频生成二维码，方便记录在《探馆日记》中。

（三）学习活动三：讲述玩玩具趣事

1. 梳理趣事。

（1）借助表格梳理"老师没收玩具"和"老师偷玩玩具"的过程。

起因	
经过	
结果	

（2）全班交流，修改表格。

2. 讲述趣事。

（1）回顾复述，思考：你有什么方法能讲好老师的故事？

预设：用自己的话讲故事；讲出人物神态、动作和心理；尝试创造性复述。

（2）圈画关键词，自主复述故事。

再次默读课文第 20～29 自然段，圈画描写"我"和"老师"神态、动作和心理的词语，联系上下文，自主复述故事。

（3）小组内展示复述，组员互评。

（4）选出一名代表展示，全班评价。

（四）学习活动四：编写探馆日记

1. 确定编写内容。

（1）自主回顾：《"民俗博物馆"探馆日记》可以编写哪些内容？

（2）全班交流。

预设：探馆体验中呈现"竹节人指南""趣斗竹节人的视频""玩玩具的趣事"；探馆收获写自己的阅读感受；探馆指南写自己是用什么阅读方法完成探馆活动的。

2. 编写探馆日记。

（1）呈现编写要求。

编写要求

①内容。

呈现三个部分：探馆指南、探馆体验、探馆收获。

选择与阅读任务有关的成果，个性化展示自己的探馆体验。

②设计。

纸张选择：普通 A4 纸，彩色卡纸。

美化要求：插图与内容主题一致；版面布局合理；配色和谐。

（2）自主完成编写。

（3）结合评价表，进行评价；修改完善。

任务三：探索天文博物馆（3课时）

（一）学习活动一：寻找地外生命

1. 初读课文，感知大意。

（1）思考"宇宙生命之谜"是什么？

（2）交流并明确："宇宙生命之谜"是指"地球之外的太空中是否有生命存在"这个问题。

2. 比对探究，把握"有目的地阅读"策略。

（1）自主阅读，找寻重要信息。

引导：要解决"地球之外的太空中是否有生命存在"这个问题，首先要找了解课文每一部分主要讲了什么内容。请默读课文，选择合适的方法自主概括每一段的主要内容，完成作业单。

段落	主要内容
1	
2	
……	
10	

（2）展示交流。

预设：

①第1、第2自然段引出了"地球之外的太空中是否有生命存在"这个话题，并猜测：地球绝不是唯一有生命存在的天体。

②第3、第4自然段列出了生命存在必须具备的条件。

③第5~8自然段主要讲述科学家对火星的探索和研究，得出"火星上是否有生命存在"还有待进一步研究。

④最后两个自然段告诉读者太空中有可能有生命，但是还需要继续探索。

3. 提取信息，解开地球以外生命之谜。

（1）引导：为解开"地球以外生命之谜"，我们要先找到与此问题相关的内容，再仔细阅读和思考，找到重要信息。请同学们根据学习提示，完成作业单。

（2）呈现学习要求。

学习要求

①找到对解决问题有帮助的段落，圈画生命存在的必备条件，填写在表格第一行中。

②根据文本内容分析地球以外的其他行星环境。（符合条件的打"√"，不符合条件的打"×"）

③根据作业单信息得出结论。

（3）学生根据要求自主学习，完成作业单。

必备条件				
水星				
金星				
木星、土星、天王星、海王星				
火星				
陨石				
结论				

（4）展示作业单。

交流并明确："适合生存的温度""必要的水分""适当成分的大气""足够的光和热"是必备条件；地球以外的星球尚未找到生命存在，但陨石上存在的有机分子说明太空可能存在生命。

2. 比对探究，梳理阅读策略。

（1）阅读批注，比照阅读方法。

对照课文中"学习小伙伴"的阅读思考过程，想一想：学习小伙伴是怎样带着阅读目的一步步展开阅读，解开地外生命之谜的？这些方法和自己的有什么异同点？

"学习小伙伴"的阅读思维过程	阅读方法	我的阅读方法
浏览了这一段后，发现它对了解地球之外是否存有生命没有帮助。	浏览，筛选信息。	
每个自然段往往有提示主要意思的语句，阅读时我要注意找出来。	快速默读，寻找中心句，把握一段话的主要内容。	
这一段对解决问题很重要，画出的关键词帮我理清了生命存在的条件。	仔细阅读与问题相关的内容，找出重要信息。	
这段的段首提到了地球外的其他行星。通过提取关键信息，我知道这些星球上是不存在生命的。	快速默读，获取关键信息。	
前面排除了那些不具备生命存在条件的行星，这一段提示火星上可能存在生命，关于火星的内容很重要。	仔细阅读与问题相关的内容，找寻重要线索。	
近年来科学家在对火星的研究中可能有了新的发现。	获取关键信息。	

（2）交流，总结阅读方法。

（3）明确"有目的地阅读"方法：找关键句、浏览、提取关键信息、比对、查找资料。

（二）学习活动二：像科学家一样判断

1. 探究判断过程。

（1）引导：宇宙生命之谜是一个永恒的主题。人类对宇宙既有浪漫的想象，又包含科学理性的探索。科学家是怎样一步一步判断其他星球有没有生命的呢？请同学们再次回到课本中。

（2）明确任务指向。

默读课后习题："科学家是怎么判断其他星球没有生命的呢？"

思考并明确：这个问题指向科学家做的事，要理清判断的过程，而不是结果。

（3）借助图表，理清判断过程。

```
                          作业单
    科学家是怎么判断其他星球有没有生命的？找出重点段落，圈画、标记关键
  信息，借助图表理清科学家判断的过程。

   ┌──────┐     ┌──────┐     ┌──────┐     ┌──────┐
   │比对分析│     │      │     │      │     │      │
   └──┬───┘     └──┬───┘     └──┬───┘     └──┬───┘
  ─────┼───────────┼───────────┼───────────┼────────▶
   ┌──┴───┐     ┌──┴───┐     ┌──┴───┐     ┌──┴────┐
   │      │     │      │     │      │     │科学家发现地│
   │      │     │      │     │      │     │球上的陨石存│
   │      │     │      │     │      │     │在有机分子，│
   │      │     │      │     │      │     │猜测太空中可│
   │      │     │      │     │      │     │能存在生命。│
   └──────┘     └──────┘     └──────┘     └───────┘
```

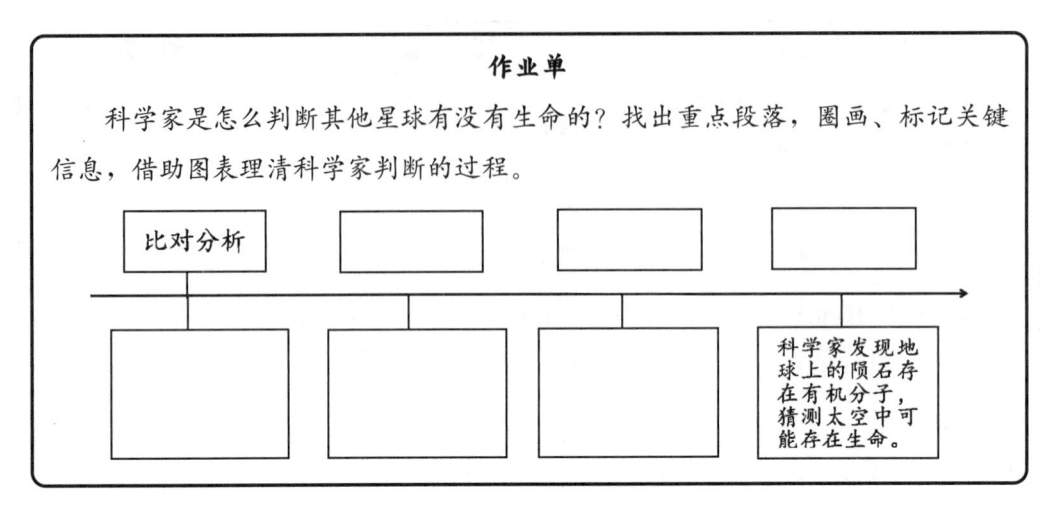

（4）交流明确判断过程。

预设：

①比对分析：太阳系中除地球、火星外，其他行星都不可能存在生命。

②观察猜测：火星表面的黑色线条可能是运河，火星表面的颜色变化是植物的变化引起的。

③观测考察：近距离观测发现"运河"是暗环形山和斑点，颜色变化是火星上的尘土飘动引起的。通过对火星土壤的检测和对火星表面取样培养，证明火星表面没有生命存在。

④分析猜测：科学家发现地球上的陨石存在有机分子，猜测太空中可能存在生命。

2. 开展宇宙生命小讲堂。

（1）借助图表中的关键词，以"科学家"的身份展示"如何判断其他星球是否存在生命"的过程。

（2）根据学习评价表进行自评、互评。

（三）学习活动三：辩论火星移居

1. 确定辩题，明确观点。

引导：人类对于太空的探索是严谨而执着的，除地球外，火星是人类最了解的行星。自1965年以来，人类已经向火星发送了20多个航天器进行探索研究。科学探测所得的照片、数据，也引发了人类无数的遐想。本次探馆任务中，我们也将对这颗神秘而熟悉的星球做一次科学大胆的猜测。

（1）明确辩题：人类是否有可能移居火星？

（2）根据"有可能移居"和"不可能移居"两种观点，重新组成四人学习小组，

准备辩论。

2. 阅读、学习辩论规则。

3. 提取信息，准备辩论。

(1) 组内进行任务分工。

(2) 读课文、学习资源包，根据观点梳理有价值的信息。

①阅读文本。

火星是太阳系的第四颗行星，它绕行太阳的轨道与太阳的平均距离是2亿2800万千米，这是地球与太阳距离的1.5倍。因此在火星上会比在地球还要冷。虽然赤道附近的夏天还是相当温暖，但是火星上的平均温度大约是－63 ℃，这相当于地球南极在冬天里的气温，夜晚一到，火星上就冷得惊人。

火星的大气层比地球稀薄，仅为地球的一百分之一，里面大部分是二氧化碳。那里大气虽然稀薄，风暴却很剧烈。风暴刮起红色的尘云，有时候以很高的速度吹过整个星球，遮蔽了天文学家观察火星表面的视线。

从许多方面看，火星是最像地球的行星。火星的一天是24小时37分钟，只比地球上的一天长一点点。它的自转轴跟地球一样是倾斜的，因此在火星上也有一年四季。地球和火星的两极都覆盖着白色的帽子。不过火星的白色帽子比地球的小，也比较薄，一到冬天就会向外扩张，到了夏天则几乎消失不见。火星上的极地非常冷，冷到冰帽里除了水结成的冰之外，还有二氧化碳结成的冰。在火星上，我们找不到液态的水，也就是说那里没有河流、湖泊，也没有海。

但是有一些迹象显示，很早以前，火星曾经有一段时间比较温暖，也比较潮湿，地面上那些已经干涸的凹痕很可能就是以前的河床，当时也许还会下雨和雪。有些科学家判断，火星的北半球以前是汪洋一片，但是这些水都到哪里去了呢？有一部分可能消散到外层空间去了，另外一部分或许还以冰的形态存在于地底下。

——《火星——生锈的星球》

登陆火星的航天员必须身着航天服才能呼吸。火星上的空气非常稀薄，而且主要是二氧化碳这种窒息性气体。

火星的天空中满是细小的尘埃，这些尘埃使得火星的天空呈现橙红色。这意味着在火星上的日落总是橙红色的，天空中的尘埃在日落后一小时都是亮的。火星的日间温度在夏天可达25 ℃，但一旦太阳落山温度就会骤然下降，在冬季的夜晚可以降到－125 ℃。

——《儿童太空百科全书》

②观赏影音。

《火星：好奇号之旅》内容简介

纪录片介绍了美国国家宇航局研制的"好奇号火星探测器"在火星进行的一系列科学研究：探测火星气候及地质，探测盖尔撞击坑内的环境是否曾经能够支持生命，探测火星上的水，及研究日后人类探索的可行性。

（注：好奇号火星探测器于2011年11月发射，2012年8月成功登陆火星表面，其使命是探寻火星上的生命元素）

——纪录片《火星：好奇号之旅》

《两颗姐妹行星》内容简介

138亿年前宇宙的故事有了开端，仅银河系就有数千亿颗恒星，而我们生活的太阳系行星渺小如尘埃，不为人知的行星故事在过去40亿年中华丽上演。随着人类观测技术的不断进步，宇宙飞船带领我们探索各个行星，纪录片用最先进的科学视角呈现了两颗行星的现状，以独特的拟人化手法解构火星和地球两颗行星的故事。

——纪录片《The Planets》第二集《两颗姐妹行星》

（3）完成作业单，准备辩论内容。

观点	火星生存条件	改造设想（或危害）
可以移居 （或不能移居）		

4. 围绕主题，展开辩论。

（1）正反方一辩和二辩分别围绕"人类是否有可能移居火星"陈述观点。

（2）正反方三辩围绕论点相互提问。

（3）围绕"火星环境的危害"或"人类的改造设想"进行总结陈词。

（4）结合学习评价表进行评价。

（四）学习活动四：编写探馆日记

1. 选择绘制内容。

（1）思考：《"天文博物馆"探馆日记》可以编写哪些内容？

（2）全班交流。

预设：探馆体验中呈现"科学家的判断过程图""火星移居的设想（或危害分

析)""关于火星的研究资料";探馆收获写自己的阅读感受;探馆指南写自己是用什么阅读方法完成探馆活动的。

2. 编写探馆日记。

(1) 自主完成编写。

(2) 结合评价表,进行评价;修改完善。

任务四：探访故宫博物院（2课时）

（一）学习活动一：私人订制游览路线

1. 初览故宫，明确任务。

(1) 观看纪录片《故宫》第二集《盛世的屋脊》片段，谈感受。

（视频内容）穿过午门，紫禁城的真容出现在顺治皇帝的眼前。这里就是他们的新家，而对这座宫殿的占有，也将是他们成为中国新的统治者的象征。深红色的宫墙和金黄色的琉璃瓦是这座宫殿最引人注目的特征。而这绵延一片的红色和金色，也使紫禁城与周边的建筑完全区分开来。紫禁城的建筑分为前后两个部分，前半部分是处理朝政和举行重大礼仪的场所，称为"前朝"；后半部分是皇帝处理日常政务和帝后嫔妃的生活场所，称为"内廷"。

(2) 交流感受。

小结：今天我们就将要走进课本中的故宫博物院，做一次小导游，带家人一起游故宫。

(3) 明确任务。

读阅读提示，交流本次探馆任务：为家人设计故宫参观路线；选择一两个景点做讲解。

2. 选择合适材料。

(1) 阅读课文四则材料，思考：为完成两个阅读任务，你会选择哪些材料？填写表格，说说理由。

选择材料	为家人设计故宫参观路线	选择一两个景点做讲解
材料一		
材料二		
材料三		
材料四		

说明：选择所需的材料，画"√"。

（2）全班交流。

预设：为家人设计故宫一日游，应该重点阅读材料一、材料三和材料四；选择一两个景点，为家人作讲解，应该重点阅读材料一和材料二。

小结：完成不同的探馆任务，可以先想一想需要哪些信息，然后找到相关的材料，再阅读。

3. 私人定制景点。

（1）引导：北京故宫是世界上现存规模最大的古建筑群之一，内有大小院落九十多座，房屋有九百八十座，这样宏伟庞大的一个博物院，必须了解布局，规划路线，才能在有限的时间里参观完自己感兴趣的景点。

（2）了解故宫布局。

细读材料一，圈画出有关故宫布局的重要信息；结合材料四了解故宫布局。

预设：紫禁城布局清晰，主要分为"前朝"和"内廷"两大部分；前朝的三大殿、内廷的乾清宫、交泰殿和坤宁宫在紫禁城的中轴线上的位置，故宫布局一目了然。

（3）交流预习单，明确家人需求。

同行人	参观需求	重点参观景点

（4）确定游览景点：根据家人需求确定游览景点，尝试为一日游定一个游览主题。

4. 绘制参观路线。

（1）提取关键信息。

思考：材料中哪些信息对绘制路线有帮助？将有用的信息圈画出来。

预设：

①材料一中有许多表示方位顺序的提示语，可以帮助我们规划路线。

②材料三写了参观路线"自南向北"。

③在材料四这个平面图中可以用来做些标注。

小结：材料一中表示游览顺序的词语、表示具体位置的词语就是设计路线的关键词。阅读材料三和材料四，我们得出最主要的信息就是——路线不逆行，不到未开放的区域去参观。请同学们依据刚刚找出的有效信息，结合家人的需求，绘制故宫一日游路线图。

(2) 呈现学习要求。

> 学习要求
>
> ①用★标注家人要参观的景点。
> ②整体布局，合理规划，尽量不走回头路。

(3) 绘制参观路线。

(4) 分享评价，修改完善。

(二) 学习活动二：个性讲解故宫景点

1. 选择合适材料。

(1) 引导：要想给家人的这次故宫之行留下美好的回忆，我们不仅需要一份合理的路线设计，还要根据他们感兴趣的宫殿，准备一份个性化的讲解词。

(2) 交流预习单，明确家人需求。

这次故宫一日游路线，_____最想了解_____。我会重点阅读材料一中的_____第_____自然段。(如需搜集课外的资料进行附页补充)

(3) 圈画课文、课外资料中需要的信息。

2. 准备讲解词。

(1) 阅读两种类型的讲解词，思考：如何写好讲解词？

示例一：书面语

西湖断桥位于杭州北里湖和外西湖的分水点上，一端跨着北山路，另一端接通白堤。据说，早在唐朝断桥就已经建成，宋代称保佑桥，元代称段家桥。在西湖古今诸多大小桥梁中，它的名气最大。当代诗词大家厉声教曾留下《断桥春草》一诗。断桥残雪景观内涵说法不一，一般指冬日雪后，桥的阳面冰雪消融，但阴面仍有残雪似银，从高处眺望，桥似断非断。

示例二：口语化＋典故

大家看，我们现在所处的位置就是断桥。断桥是西湖中最出名的一座桥。它十分有趣：断桥是北里湖与外西湖的分水点。每当瑞雪初晴，桥的阳面已经冰消雪融，而桥的阴面却还是白雪皑皑，远远看去，桥身似断非断，"断桥"就因此得名。

民间相传许仙和白娘子第一次相遇，情定三生的地方是在杭州西湖边的断桥。许仙和白娘子初次断桥相遇的爱情故事，也给断桥增添了不少浪漫色彩，使得断桥美景更加闻名于世。

（2）全班交流。

预设：要把书面化的介绍转换为通俗易懂的语言；加上与景点有关的故事，讲解会更有趣。

（3）参照示例二，按要求准备讲解。

讲解要求

①材料选择合适，能满足家人需求。

②讲解内容具体，能让家人听懂。

③形式新颖，吸引人。

3. 交流分享。

（1）组内交流，分享成果。

（2）小组推荐，全班交流。

（3）评价指导，适当增减。

（三）学习活动三：编写探馆日记

1. 选择绘制内容。

（1）思考：《"故宫博物院"探馆日记》可以编写哪些内容？

（2）全班交流。

预设：探馆体验中呈现"故宫一日游路线设计""故宫景点介绍""关于故宫的拓展资料"；探馆收获写自己的阅读感受；探馆指南写自己是用什么阅读方法完成探馆活动的。

2. 编写探馆日记。

（1）自主完成编写。

（2）结合评价表，进行评价；修改完善。

任务五：推介探馆日记（1课时）

（一）学习活动一：美化日记版面

1. 交流编写内容及方法。

预设：封面、封底、目录、每个博物馆的主页；小组合作设计封面、封底，擅长绘画的主要负责美化，其他同学提供创意。

2. 根据设计要求，小组合作汇编探馆日记。

(1) 选出最优秀的一份探馆日记，与同主题同学组成四人小组。

版面编排设计	
封面	根据本单元的探馆内容设计封面，手绘、打印剪贴均可。
目录	根据日记内容梳理编排。
日记内容	①加上封面、封底、目录，按"探馆主题"集结成册。 ②对三个探馆主题内容再次进行美化，注意插图与内容主题一致，标题能体现与主题相匹配的一些设计感。

(2) 小组合作汇编。

3. 小组合作，美化探馆日记版面。

（二）学习活动二：开展主题推介

1. 明确推介方法。

(1) 交流并确定推介群体及内容。

预设：向低年级学生介绍"民俗博物馆"探馆日记；向中高年级男生重点介绍"天文博物馆"探馆日记；向家人重点介绍"故宫博物院"探馆日记。

(2) 根据内容选择推介方式。

预设："民俗博物馆"推介——现场演示竹节人的制作；"天文博物馆"推介——讲解地外生命之谜的探索过程；"故宫博物院"推介——旅游路线的订制与介绍。

2. 选择自己感兴趣的内容进行准备。

(1) 呈现推介要求。

推介提示

①宣讲内容：有条理地介绍探馆日记的收获，根据推介群众的喜好重点突出某一博物馆的内容。

②宣讲形式：现场演说、制作体验、路线图推荐等。

③宣讲技巧：声音响亮，自信大方；关注听众反应，有适当的互动；可以用音乐、视频、图示等增加宣讲效果。

(2) 根据要求进行推介。

(3) 请听众根据评价表评价，收集听众的意见和建议，完善推介内容。

【教学现场】

任务一：启动编写任务

师：同学们，今天我们要进入第三单元的学习，请同学们跟随微课，一起走进这一单元吧。

（生观看微课）

师：你有什么感受？

生：这个单元的课文很有意思，就像参观博物馆一样，可以学到丰富的知识。

生：探馆日记很吸引我，让我想到了之前春游时做的研学单，能记录自己的收获。

师：心动不如行动，请大家赶紧打开课本，浏览第三单元的篇章页和整个单元的内容，说一说你的发现吧。

（生浏览第三单元内容）

生：这一单元学习的重点是"根据阅读目的，选用恰当的阅读方法"以及在写生活体验时，能试着表达自己的看法。

师：你很会读书，这一单元是阅读策略单元，我们将通过本单元的学习，了解、运用有目的的阅读策略。

生：每篇课文都有一段阅读提示，仔细看，我发现阅读提示中还提出了这一课要完成的任务。《竹节人》的三个阅读任务分别是写玩具指南并教别人玩玩具，体会竹节人的乐趣，讲一个有关老师的故事。

生：《宇宙生命之谜》的三个阅读任务是判断其他星球是否有生命，了解科学家是怎么判断的，探讨人类是否有可能移居火星。

生：《故宫博物院》两个阅读任务是设计路线图、为家人介绍景点。

师：同学们读书都非常仔细，这三篇不同体裁的课文，如同三个各具特色的博物馆，吸引着大家去探索和体验。探馆结束后，我们会将阅读成果记录在册，编写一本《探馆日记》，通过展示与同学和家长分享自己的阅读收获。

师：有一位同学的想法就与我们不谋而合，瞧，这就是他参观丝绸博物馆后编写的探馆日记。你认为一份优秀的探馆日记应该包含哪几部分？

生：内容方面要包含"探馆指南、探馆体验、探馆收获"这三块。

生：探馆日记应该是一整本的手册，我认为还要有封面、封底。中间可分场馆记录探馆收获。

师：结合自己美术课上的积累，或者联系做手账的体验，你觉得探馆日记的设计方面要注意什么？

生：在选择插图时，要注意与内容主题一致。比如，《竹节人》这一课就可以画一些竹节人的玩具作为装饰。

生：我常常会用彩色卡纸作为衬底，我觉得这个方法也可以用在"探馆日记"的美化设计中。

生：这个日记和小报类似，要注意版面布局合理，内容之间太紧密或空太多都不好看。

生：一个场馆的内容最好有统一的色调，配色和谐。

师：同学们都很有想法，从内容和美化两个方面进行思考，提出了自己的想法。

任务二之学习活动一：编写竹节人指南

师：今天这节课，请同学们跟随老师的脚步，走进课文中的民俗博物馆，来一睹镇馆之宝的风采！本次民俗博物馆的探馆活动——编写一份竹节人指南，体验竹节人玩法，讲述老师的趣事。竹节人到底有怎样的魅力，让那个年代的孩子和老师都如此着迷，请同学们打开课本，默读课文，根据学习提示完成作业单。

（生默读课文，完成作业单）

生：课文的第3～7自然段写了"做竹节人"；第8～19自然段写了"玩竹节人"；第20～22自然段写了"没收竹节人"；第23～29自然段写了"老师玩竹节人"。

师：这三个探馆任务，分别要重点阅读课文的哪几部分呢？

生：编写竹节人指南应重点阅读"做竹节人""玩竹节人"部分；体验竹节人玩法应重点关注"玩竹节人"部分内容；讲述老师的趣事则应关注"老师玩竹节人"部分。

师：接下来，我们就开始进行第一个探馆活动——制作竹节人指南，完成这一探馆任务，你有什么好方法吗？

生：我认为要完成制作与玩法指南，应该重点关注"做竹节人"和"玩竹节人"这两部分，也就是课文的第3～19自然段。

生：可以圈画竹节人制作过程中的重点信息，比如制作竹节人需要的工具、材料，可以在读的过程中标注出来。

生：我会用序号标注步骤和玩的流程，这样写指南时就一目了然了。

师：同学们的总结很到位，请大家再次默读第3～19自然段，根据学习提示进行自主学习，合作完成"竹节人指南"。

（生自主学习，合作完成"竹节人指南"）

师：同学们做得很认真，哪一组上来展示一下？

生：这是我们组的合作完成的竹节人制作与玩法指南，我们重点阅读了第2自然段，圈出了"锯""钻""再锯"和"穿"这四个关键的制作步骤，根据这一段的内容，绘图标注要点，这样制作的过程就比较清晰明了。

生：玩法指南我们进行了区分，一种是基本玩法，适用于所有初次接触竹节人的小朋友。另一种是高级玩法，了解初级玩法后，对竹节人感兴趣的可以按照这种方式来进行体验。

生：我来介绍初级玩法。我们关注了课文第8、第9两个自然段。第一步，把竹节人的线嵌入课桌缝隙中；第二步，在课桌下一拉紧线竹节人就立起来了；第三步，将线一松一紧，竹节人就摆动起来了。

生：我来介绍高级玩法。我们主要关注了课文的第11～16自然段。在初级玩法的基础上，可以加武器，比如加金箍棒、虎头双钩、一柄蛇矛，也可以加上装饰，比如纸盔甲，这样可以让竹节人的搏斗更有趣。

师：这份竹节人制作指南图文并茂，很独特。你们的指南做得如何，可以得几星呢？请大家对照学习评价表进行自评、互评。

（生对照评价表评价）

任务二之学习活动二：体验竹节人玩法

师：刚刚同学们带着第一个探馆任务阅读了《竹节人》，那么竹节人究竟有哪些趣味之处，值得孩子和老师都为之着迷？请同学们带着第二个探馆任务，根据学习要求合作学习竹节人的乐趣。

（生自主学习，合作交流）

师：哪一小组先来分享？

生：我们小组重点阅读了课文第8～19自然段中"玩竹节人"的部分。最大的乐趣就是给竹节人创造名号，比如：齐天小圣、窦尔敦，让人一听名号就情不自禁地联想到了神通广大的孙悟空和武艺高强的窦尔敦。

生：最吸引我们的是竹节人的武器装扮，他们会根据人物名号配备相应的武器或衣着，金箍棒、虎头双钩、偃月刀、纸盔甲，还有的甚至粘上了用橡皮雕成的脑袋，好不神气！

生：我认为竹节人之间的打斗场景最有趣。虽然是竹节之间的线一紧一松地胡乱耸动，但两个竹节人似乎不知疲倦，永不会倒下；课桌好似古战场，每到下课竹节人便鏖战甚酣；不过，也会有意外发生，如果哪个竹节人的线卡住了，就只能挺着肚子净挨揍。

生：这打斗中的两个竹节人好像是从戏里走出的人物，一招一式，让观看的人内心感到很紧张，很刺激，忍不住想为它们呐喊助威。

生：我们组有不同的发现，偷玩偷看的场景也非常有意思。文中写到有同学把课本当作屏风，跟同学偷偷玩竹节人，真让人忍俊不禁。可见斗竹节人一定其乐无穷，以至于没玩尽兴的同学们在课上也偷玩起来，惹得同学看入了迷，被老师发现了破绽。

师：看得出来大家也对竹节人很感兴趣，从名号、武器装扮、打斗场景及偷玩偷看的这几方面感受到了玩竹节人的乐趣。心动不如行动，咱们今天就在课上来体验一下。请根据体验提示，小组合作斗竹节人，配解说。

（生斗竹节人、展示，师拍视频）

任务三：探访故宫博物院

师：同学们，前几节课老师带领大家探访了民俗博物馆，体验了竹节人的乐趣。我们一起探索天文博物馆，解开了宇宙生命之谜。今天这节课，我们又将走进课文中的故宫博物院，请跟随老师的视频先一睹为快吧！

（生观看《盛世的屋脊》片段）

师：你有什么感受？

生：北京的故宫博物院可真宏伟！

生：红墙黄瓦是故宫的标志性建筑，看了视频后我还了解到故宫大致可以分为前朝和内廷。

师：故宫，一座神圣气魄的博物院。宏伟的宫殿建筑和丰厚的历史底蕴，吸引了无数中外游客。今天这节课，我们的探馆任务就是——做一次小导游，为家人设计故宫游路线；当一次讲解员，为家人介绍故宫景点。完成这两个探馆任务，你应该选择哪些阅读材料呢？

（生填写表格）

生：设计路线图需要阅读材料一、材料三和材料四。材料一按照由南向北的游览顺序对故宫主体建筑进行了详细的介绍；材料三写明了参观的路线；材料四是一张平面示意图，标注了故宫开放区域的景点和还未开放的区域，这些都有助于进行路线设计。

生：选择景点介绍需要阅读材料一和材料二。材料一讲述了故宫的布局，介绍了各个宫殿，这有助于我在游览时进行简单介绍。材料二详细介绍了太和门失火的故事，如果想介绍太和殿的可以详细阅读。

师：同学们的分析很有道理，完成不同的探馆任务，可以先想一想需要哪些信息，然后找到相关的材料，再阅读。我们先来完成第一个任务——为家人设计游览故宫的参观路线图。

北京故宫是世界上现存规模最大的古建筑群之一，内有大小院落90多座，房屋有980座，这样宏伟庞大的一个博物院，必须了解布局，规划路线，才能在有限的时间里参观完自己感兴趣的景点。请同学们快速默读并思考，这些材料中哪几份对你了解故宫布局有帮助？

生：材料一和材料四对了解故宫布局有帮助。

师：现在请你再仔细阅读这两份材料，圈画出有关故宫布局的重要信息。

生：我在材料一中找到："广场以南，主要建筑是三大殿和东西两侧的文华殿、武英殿，叫'前朝'。广场北面乾清门以内叫'内廷'，是皇帝和后妃们起居生活的地方，主要建筑有乾清宫、交泰殿、坤宁宫和东六宫、西六宫。"

师：没错，材料一第11自然段写到紫禁城分为"前朝"和"内廷"两大部分，布局非常清晰。

生：材料四的示意图标注了四座城门，前朝、内廷六大殿在紫禁城中轴线上的位置，故宫的布局一目了然。

师：了解了故宫的布局，我们就要来设计路线图了。课前，老师请大家提前了解了家人的需求，方便确定本次旅行要重点参观的景点。谁来分享？

生：我和爸爸妈妈一起去，爸爸特别喜欢摄影，他说要跑遍所有宫殿，拍很多照片。但妈妈说这样太辛苦，她只想看前朝、后宫最经典的六个大殿。

生：我陪爷爷奶奶去，老年人不太走得动，我们重点参观内廷。爷爷说清代有八位皇帝在养心殿居住过，他想去看看。奶奶说想看皇后住的坤宁宫。

师：同学们都能事先了解家人的需求，为私人订制旅游线路做足功课。请根据课前所了解的家人的需求，确定主要游览的景点，尝试为一日游定一个游览主题。谁来分享一下？

生：我们一家去参观六大殿，主题就定为"故宫经典游"。

生：我陪爷爷奶奶参观内廷，我们的主题就是"故宫内廷游"。

师：确定了游览景点和主题，我们就要绘制参观线路图了。这些材料中哪些信息对绘制路线有帮助？快速阅读，圈画有用信息。

生：材料一中有许多表示方位顺序的提示语，大部分在段首，可以帮助我们规划路线。

生：材料三是故宫官网的截屏，最后一段明确写出了参观路线是"自南向北"，参观入口是"午门"，出口是"神武门"或"东华门"。

生：在材料四这个平面图中可以标出家人要参观的景点，明确具体位置。

师：材料一中表示游览顺序的词语、表示具体位置的词语就是设计路线的关键词。阅读材料三和材料四，我们得出最主要的信息就是——路线不逆行，不到未开放的区域去参观。请同学们依据刚刚找出的有效信息，结合家人的需求，绘制故宫一日游路线图。

（生绘制路线图）

师：绘制好的孩子可以来分享，同学们可以根据评价标准点评。

（投影展示路线）

生：这位同学的路线设计我认为可以得六星。路线的主题是"故宫经典游"，满足了家人游览前朝、后宫最经典的六个大殿的需求，方位顺序也很合理，这一点可以得三星。图中重点标注了"太和殿"和"乾清宫"两处重点游览的景点，从午门进入，从神武门离开，没有走回头路，可得三星。

师：点评有理有据。请同学们再看看自己的路线设计，修改完善。

师：要想给家人的这次故宫之行留下美好的回忆，我们不仅需要一份合理的路线设计，还要根据他们感兴趣的宫殿，准备一份个性化的讲解词。课前，老师也请大家了解了家人的需求，你将为家人讲解哪一个景点？哪些材料能帮助你？

生：爸爸最想了解太和殿，材料一和材料二都能帮助我。我会重点阅读材料一的第5~8自然段以及材料二中关于太和殿的内容。

生：奶奶最想了解坤宁宫，但材料一对坤宁宫只有几句话的介绍，所以我自己搜集了一些资料进行补充。

师：同学们不仅能从课文中选择合适的材料，还能根据需要搜集课外资料，已经具备小导游的素养了，真了不起。请大家根据家人的兴趣，圈画课内外资料中，自己所需要的信息。

（生圈画信息）

师：同学们，一份清晰有趣的讲解词也是做小导游必不可少的。那么，如何写好讲解词呢？请同学们阅读这两份讲解词，进行思考。

（生阅读讲解词）

生：我比较欣赏第二份讲解词。我认为准备景点讲解词时，不能照抄资料中的内容。要把一些书面化的介绍转换为通俗易懂的语言。

生：我也觉得第二份讲解词比较好。加上与景点有关的故事，讲解会更有趣，也更能吸引人。

师：大家总结得很有道理，现在就请你对照讲解要求，写好讲解词，练习讲解。

（生写讲解词）

师：已经写好的同学，可以在四人小组内先模拟练习讲解。

（生组内讲解）

师：哪一位同学来展示一下？

生：我为家人定制的路线是"故宫经典游"，主要参观前朝三大殿，其中太和殿是妈妈最想了解的一个宫殿。

师：好的，请开始吧。

生：穿过太和门，现在展现在我们面前这座气势恢宏的宫殿就是太和殿。这里是举行重大典礼的地方。皇帝即位、生日、婚礼和元旦等都在这里受朝贺。其中举办最少的是大婚典礼。清朝延续两百多年，在太和殿举办大婚典礼的皇帝也不过三位。妈妈，你知道这是什么原因吗？我特地查阅了资料，能在此殿举行大婚典礼的皇帝必须是年幼即位，长大之后以皇帝身份娶皇后才行。例如康熙皇帝，八岁即位，长大后在此举行典礼，迎娶皇后赫舍里氏；而雍正皇帝，即位时已四十五岁，在古代已经可以当爷爷了，因此他就没有机会享受在此大婚的待遇了。

每逢大典，殿外的白石台基上下便会站满文武百官，中间御道两边排列着仪仗，皇帝端坐在宝座上。整个太和殿，乐声悠扬，檀香缭绕，庄严肃穆。

师：你能结合评价标准，来评一评他的讲解吗？

生：这位同学能得九颗星，讲解能合理选择课内和课外材料选择，得三颗星；能满足家人"游故宫六大殿"的需求，主题鲜明，内容具体，得三颗星；讲解时灵活运用课文、资料中的内容，语气、语速适当，而且还有自然的动作、表情，能吸引游客，得三颗星。

师：你的点评也很清晰。请同学们再次看看自己的讲解词，可以适当增减、调整自己的讲解内容。

【评价设计】

任务二：合作学习第3～9自然段，完成制作与玩法指南。

表1　竹节人制作与玩法指南评价表

指标	评价标准 ★★★	评价标准 ★★	评价标准 ★	评价 自评	评价 互评
制作	写清楚制作需要的材料和工具，无遗漏。能分步体现制作方法，图文并茂，步骤清晰。	写清楚制作需要的材料和工具。能分步体现制作方法，有图示，步骤清晰。	写清楚制作需要的材料和工具。能分步体现制作方法。		
玩法	玩法指导有图示、生动、清晰。	玩法指导生动、清晰。	玩法指导比较清楚。		

学生作业示例

竹节人制作指南

工具：毛笔杆、结实的棉线、美工刀、钻孔机、记号笔。

制作方法：

1. 把毛笔杆锯成寸把长的一截，剩下的平均分成八份。
2. 用钻孔机在一寸长的那一截打个洞，然后将结实的棉线穿过洞，把四肢和身体接在一起。
3. 最后用记号笔在竹节人上画上五官就行啦。

注意：锯时小心手，把控好力度。

普通玩法：先把线嵌入有裂缝的课桌里拉紧，让它立起来，最后一松一紧地拉动两根线。

高级玩法：给竹节人加道具、刻名号。

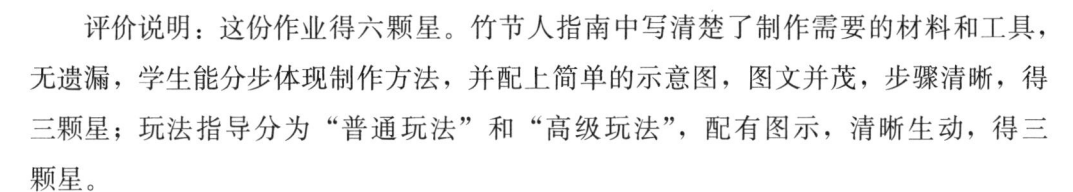

评价说明：这份作业得六颗星。竹节人指南中写清楚了制作需要的材料和工具，无遗漏，学生能分步体现制作方法，并配上简单的示意图，图文并茂，步骤清晰，得三颗星；玩法指导分为"普通玩法"和"高级玩法"，配有图示，清晰生动，得三颗星。

任务三：结合学习资源包，筛选支持自己观点的信息，围绕"人类是否可能移居火星"展开辩论。

表 2　辩论"火星移居"评价表

指标	评价标准 ★★★	评价标准 ★★	评价标准 ★	评价 自评	评价 互评
观点	能引用课文或资料中的内容，作出合理设想或分析，证明观点。	能引用课文或资料中的内容，作出设想或分析，证明观点。	能引用课文或资料中的内容证明观点。		
语言表达	有条理地表达观点，用语科学、严谨、有说服力。	清晰地表达观点，用语科学、严谨。	能表达自己的观点。		
	三星为潜力辩手，四至五星为优秀辩手，六星为最佳辩手。				

学生作业示例

> 　　我认为人类不能移居火星。首先，课文提到科学家曾用火星探测器对火星进行了近距离的观测，发现火星大气中的水汽含量极少，只有地球上沙漠地区的1%，而且火星大气层氧气含量极少温度很低，太阳风和宇宙射线会直接轰击火星表面，这些都不利于人类生存。其次，观看纪录片后，我了解到火星昼夜温差很大，中午最高温在零摄氏度以下，晚上最低温度也在零下九十摄氏度左右，这样极端的温差会给人类的生存带来很大的不便；如果宇航员登陆火星，在火星上漂浮六个月，就会受到人在地球上一辈子的辐射量，5%的可能会得肺病或者癌症。火星上有一些大气，但对辐射是几乎没有抵御作用的。如果人类移居火星还会受到太阳高能粒子的伤害，大部分高能粒子达到了光速，还有些很危险，这会损坏人类的DNA。综上所述，我们认为人类移居火星是几乎不可能的。

　　评价说明：该学生的观点得六颗星，可获得"最佳辩手"称号。学生阐述观点时能引用课文中已有的观点，并结合影音资料中的内容，作出分析，证明自己的观点，得三颗星；阐述观点时能用上"首先""其次"等词，很有条理，用语科学、严谨、有说服力，得三颗星。

任务四：选择一两个景点，为家人进行讲解。

表3 讲解故宫景点评价表

指标	评价标准			评价	
	★★★	★★	★	自评	互评
讲解内容	课内、课外材料选择合适，能满足家人需求，内容具体，主题鲜明。	课内材料选择合适，能增加课外材料，基本能满足家人需求，内容具体。	课内材料选择合适，考虑家人需求，内容比较具体。		
讲解形式	能灵活运用课文、资料中的内容，语气、语速适当，能用动作、表情辅助讲解。	能改编课文、资料中的内容，加以讲解，语气、语速适当。	直接运用课文或资料中的内容。		
三星为初级讲解员，四至五星为优秀讲解员，六星为首席讲解员。

学生作业示例

"故宫经典游"讲解词

亲爱的爸爸妈妈，现在我们来到了紫禁城三大殿区域的保和殿，它位于太和殿、中和殿之后。作为前朝三大殿的最后一座宫殿，保和殿在体现前朝的庄严肃穆之余又别有意趣。

走进殿内，你会发现保和殿的特别之处，殿内前半部分没有柱子遮挡，留出了很大的空间。因此，到了清朝，保和殿便成了宴会厅。每年除夕、正月十五，清朝皇帝都要在这里宴请边疆部落的首领和王公贵族。保和殿宴会结束，皇帝还会赏赐大臣，体现圣恩慷慨。除了宴请外藩大臣之外，保和殿还会举行一些其他类型的宴会，如公主下嫁，派将出征等。

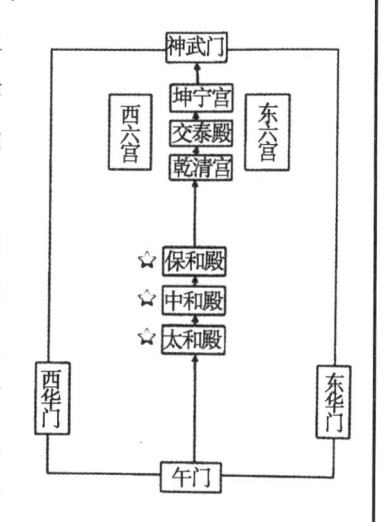

而雍正以后，保和殿则成为举行最高一级考试——殿试的地方。参加殿试的考生约一百到二百名不等，考试中前三名，就是我们熟知的状元、榜眼和探花，这被视作古代读书人的最高荣誉。

评价说明：这份作业可得六颗星，设计者获得"首席讲解员"的称号。讲解能合理选择课内和课外材料选择，能满足家人游故宫六大殿的需求，主题鲜明，内容具体，得三颗星；讲解时灵活运用课文、资料中的内容，语气、语速适当，而且还有自然的动作、表情，能吸引对三大殿历史感兴趣的父母，得三颗星。

任务二至任务四：根据要求，自主编写"民俗博物馆""天文博物馆"和"故宫博物院"的探馆日记。

表4 编写"探馆日记"评价表

指标	评价标准 ★★★	评价标准 ★★	评价标准 ★	自评	互评
内容	日记内容齐全，包含探馆指南、探馆体验、探馆收获等内容，个性化展示自己的探馆体验。	日记内容基本齐全，包含探馆指南、探馆体验、探馆收获等内容，能展示自己的探馆体验。	日记内容基本齐全，包含探馆指南、探馆体验、探馆收获等内容。		
美化	版面布局合理，整体美观；图文并茂，插图与主题内容相一致。	版面布局合理，整体美观；有美化，插图体现一定的主题。	版面布局合理；有美化。		

三星作品达标，四星作品良好，五星以上作品为优秀。

学生作业示例

评价说明：这份作业评价为优秀，可得六颗星。日记内容齐全，包含探馆指南、探馆体验、探馆收获等内容，个性化地展示了竹节人制作与玩法指南，得三颗星；日记版面布局合理，图文并茂，插图与主题内容一致，得三颗星。

【教学反思】

六年级上册第三单元是阅读策略单元。本单元的教学通过"探馆日记"这一生活化的情境，将三篇体裁不同、内容不一的课文串联在一起。当学生带着不同的问题与任务游走于课文之中时，就如同在不同的博物馆中"串门儿"。

（一）任务驱动，让实用性阅读趣味化

本单元的三篇课文中都有相应的阅读任务，基于实用性阅读与表达任务群，设置了"趣斗竹节人""天文小讲堂""故宫一日游路线定制"等一系列趣味性任务，激发学生带着目的阅读、学习的兴趣，在获取、整合信息的过程中，也能享受阅读的快乐。

（二）真实情境，让实用性表达个性化

逛博物馆是学生的经历，在"民俗博物馆"中斗竹节人配解说，在"天文博物馆"中讨论火星移居以及在"故宫博物院"中化身家人的小导游，都是学生在真实情境中展开的实用性表达。学生根据自己的观点、具体的交际情景和对象，进行个性化的信息传递。

（三）学练结合，实现策略习得

课堂中学生在《竹节人》一文的学习中初次感受"有目的地阅读"，习得方法。阅读第二、三两篇课文时展开自主阅读实践，练习"如何进行有目的地阅读"。学练结合的进阶式阅读，让学生在运用中习得策略。

在课堂教学中，还需注意抓住"阅读策略的习得"这一主线，将探馆所得的展示与实用性表达紧密结合，引导学生主动地阅读，积极地分享，创意地表达。

（案例撰写者　王嘉毅）

案例4　参观革命英雄纪念馆
——六年级下册第四单元教学

【任务分析】

六年级下册第四单元的人文主题是"理想与信念"，共编排了四篇课文和一个综合性学习。课文体裁多样，内容丰富，从不同侧面展现了英雄气节和民族精神。学生在学习过程中，感受英雄人物的崇高品质，有助于继承和弘扬革命文化，树立远大志向。

"关注外貌、神态、言行的描写，体会人物品质"是本单元语文要素之一。学生已具备人物描写方法的阅读经验，在此基础上体会人物品质，旨在将人物身上的品质内化吸收。本单元的另一语文要素是"查阅相关资料，加深对课文的理解"，旨在让学生运用已有查阅资料的经验，加深对人物品质和主题思想的了解。"习作时选择适合的方式进行表达"这一语文要素，则让学生借助心愿卡，选择合适的材料与方式表达自己的心愿，深入感受英雄人物的精神品质。

本单元属于"实用性阅读与交流"学习任务群。学生在语文实践活动中，通过阅读革命题材类课文，搜集、整合有价值的信息，加深对文章的理解，并根据具体情境和交流对象，运用多种方式记录、分享英雄故事。这与学习任务群第三学段"运用多种媒介方式记录、展示、讲述他们的英雄故事，表达自己的崇敬之情"学习内容一致。

本单元还兼具"文学阅读与创意表达"学习任务群特点。学生通过整体感知和联想想象，感受课文语言和英雄人物的独特魅力，获得个性化的审美体验。

【学习资源】

（一）教材内容

《马诗》《石灰吟》《竹石》《十六年前的回忆》《为人民服务》《董存瑞舍身炸暗堡》《综合性学习：奋斗的历程》。

（二）课外资源

1. 文本。

（1）李贺生平资料。（孟红梅：《大唐鬼才—李贺传》，作家出版社，2015 年）

（2）于谦生平资料。（《当年明月·明朝那些事儿》，北京联合出版社，2017 年）

（3）郑燮生平资料。（忽培元：《糊涂百年：郑板桥传》，团结出版社，2021 年）

（4）《李大钊在狱中》。（郭德宏、张明林：《李大钊传》，红旗出版社，2016 年）

2. 图片。

电影《革命者》宣传海报。（电影《革命者》）

3. 影音。

（1）毛泽东演讲视频《为人民服务》。（2004 年版电影《张思德》结尾部分）

（2）董存瑞舍身炸暗堡视频片段。（电视剧《为了新中国，前进》结局部分）

【实施框架】

（一）学习目标

1. 能正确读写"局势""严峻"等 37 个词语，并能在具体语境中理解运用。

2. 通过诵读诗歌和想象画面，借助注释、背景资料，体会诗人渴望建功立业的志向和坚贞不屈的伟大品格。

3. 在参观革命志士厅任务情境中，借助思维导图梳理课文内容，圈画、批注有关人物的外貌、神态和言行的表达，体会人物品质，继承和弘扬革命精神。

4. 通过自主学习、合作探究等方式，做一本红色诗词集，赞一位英雄，写一个心愿，选择合适的材料和方式表达对革命先辈的敬仰，增强民族自豪感。

（二）学习情境

在战火纷飞的年代，无数英雄凭借心中信仰，砥砺前行，谱写人生辉章。让我们在"参观革命英雄纪念馆"的过程中，探寻先贤志士们的人生信仰，追忆先辈们的光辉事迹，感受他们的人格魅力。

（三）内容建构

任务	学习内容
名人诗画厅	诵读《古诗三首》，想象诗歌画面，查阅诗人资料，体会诗人报效祖国的志向和坚贞不屈的伟大品格；填写表格，了解咏物诗的特点。
革命志士厅	阅读《十六年前的回忆》《为人民服务》《董存瑞舍身炸暗堡》，填写思维导图，梳理情节内容；抓住人物外貌、神态、言行体会人物品质，为人物海报增加植物背景；制作阅读分享卡，分享英雄故事。
红色实践厅	查阅相关资料，小组合作制作红色诗词集；独立习作"我的心愿"，对照标准自评、互评，尝试修改；选取一位英雄，尝试进行文创设计。

（四）任务框架

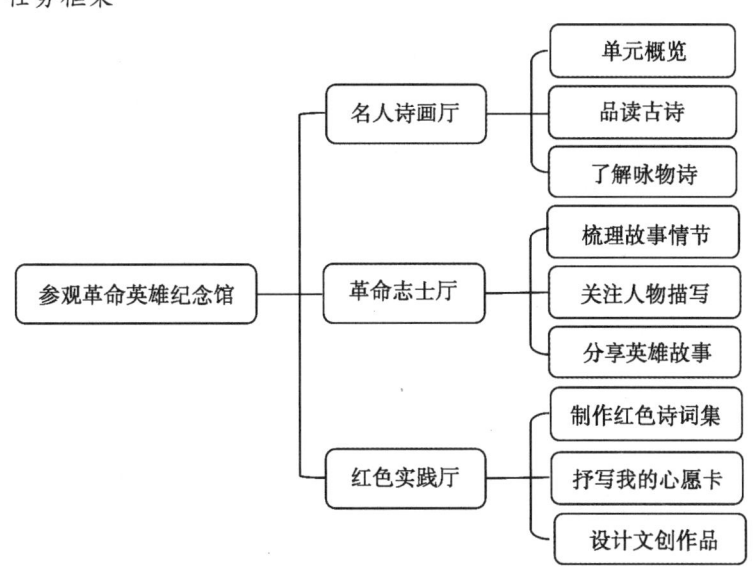

参观革命英雄纪念馆
- 名人诗画厅
  - 单元概览
  - 品读古诗
  - 了解咏物诗
- 革命志士厅
  - 梳理故事情节
  - 关注人物描写
  - 分享英雄故事
- 红色实践厅
  - 制作红色诗词集
  - 抒写我的心愿卡
  - 设计文创作品

【任务实施】

任务一：名人诗画厅（3课时）

（一）学习活动一：单元概览

1. 阅读单元首页，明确学习要点。

（1）阅读单元首页，思考：本单元的学习主题是什么？

（2）学习本单元，我们重点需要掌握哪些知识？

预设：本单元主题"理想与信念"；学习本单元应重点关注人物描写，感受人物品质；查阅相关资料，加深对文章的理解；习作时选择适合的方式进行表达。

2. 浏览单元课文，感受英雄信念。

（1）坚贞不屈、视死如归的民族精神激励了一代又一代的国人，浏览课文，本单元都有哪些先贤、英雄为了自己心中的理想和信念，奋勇前行？

（2）自主完成作业单并说说敬佩的人物。

作业单

1. 浏览单元课文，完成下面连线。

《马诗》	于谦	不怕牺牲、品质高洁
《石灰吟》	郑燮	建功立业、报效国家
《竹石》	李贺	不惧打击、铁骨铮铮
《十六年前的回忆》	李大钊	无私奉献、为人民利益而死
《为人民服务》	董存瑞	坚守革命、顽强不屈
《董存瑞舍身炸暗堡》	张思德	机智勇敢、视死如归

2. 结合课文内容谈一谈，你最敬佩谁？为什么？

（3）全班交流。

预设：我最敬佩郑燮，因为他像竹子一样坚贞不屈，坚韧不拔；我最敬佩李大钊，因为面对当时严峻的形势，他沉着冷静，仍坚守在革命岗位；我最敬佩董存瑞，他机智勇敢、信念坚定，最后为祖国奉献了生命，令我感动。

3. 明确学习任务。

我们将一起参观英雄纪念馆，通过"名人诗画厅""革命志士厅""红色实践厅"三大展厅探寻先贤志士们的人生信仰，追忆先辈们的光辉事迹，感受他们的人格魅力。

（二）学习活动二：品读古诗

1. 初读古诗，了解大意。

（1）欣赏中国画家徐悲鸿的《奔马图》，说说自己的发现。

图1　《奔马图》

（2）自由读古诗《马诗》，读正确，读通顺，尝试读出节奏。

（3）互读古诗，借助注释，与同桌说说古诗大意。

预设：塞外沙漠茫茫，黄沙在月光的映照下犹如皑皑白雪。月亮高悬在燕山上，恰似一把弯钩。什么时候我能给马头带上金络头，飞快地奔驰着，踏遍这清爽秋日时的原野。

（4）全班交流大意，互相补充，完善古诗大意。

2. 诵读古诗，感悟诗情。

学习要求

①借助关键词，说说自己想象到的画面。
②同桌讨论：想象到的画面真实存在吗？找出相关词语。

（1）抓关键词想画面。自由朗读古诗，思考：你仿佛看到了一匹怎样的马？

（2）自主学习，全班交流。

预设：

①通过"金络脑""快走"，我仿佛看到了一匹金贵的马，一匹身姿矫健的马，纵情驰骋在战场上。

②这样的画面不是真的存在，而是诗人的想象，从"何当"一词可以看出来，最

后一句诗写出了诗人期待骑上戴着金络脑的战马驰骋战场却无法实现的心情。

（3）借助图片想象战斗的场面，朗读诗歌并体会诗人渴望建功立业的心情。

图2 《马诗》画面

3. 联系生平，体会志向。

（1）结合诗人生平资料，思考：作者为什么要写这首诗？只是为了写马的矫健吗？

李贺生平资料

李贺（790—816），唐代诗人，字长吉，福昌（今河南宜阳西）人。他才华横溢，壮志凌云，满腹傲气，迫切地想为国家、人民做贡献，但一生怀才不遇，穷困潦倒，27岁时在郁闷悲苦中去世。他生不逢时，又不愿媚俗取宠，因而饱受世事的嘲弄。

（2）同桌讨论；全班交流。

预设：这首诗表面写马，实则写人，诗人借咏马来抒发自己渴望建功立业却又不被赏识的心情。

（3）背诵全诗。

（三）学习活动三：了解咏物诗

1. 学习《石灰吟》《竹石》。

（1）呈现学习要求。

（2）自主学习；同桌交流。

（3）全班交流。

预设：

①石灰石只有经过千万次捶打才能从深山里开采出来，它把熊熊烈火的焚烧当作很平常的一件事，即使石灰石粉身碎骨也毫不惧怕，因为它甘愿把一身清白留在人

世间。

②竹子抓住青山一点儿也不放松,它的根牢牢地扎在岩石缝中,经历千万次的磨炼仍然坚韧挺拔,任凭东西南北风的呼啸也不动摇。

③这两首诗的不同点在于所写的事物不同,一个是石灰,一个是竹石,相同点是都写出了事物所处的恶劣环境。

(4) 再读古诗,借助关键词,想象石灰和竹子所处的恶劣环境是怎样的?它们又是怎样面对的?

预设:"千锤万凿""烈火焚烧"写出了环境的恶劣;"若等闲""浑不怕"感受到石灰的坚韧和无畏;"千磨万击""不放松""任尔"等词表现了竹石面对恶劣的生存环境仍不屈不挠。

2. 结合资料,体会志向。

(1) 阅读两位诗人的资料,思考诗人想借石灰、竹石表达自己怎样的志向?

学习要求

①自读古诗《石灰吟》《竹石》,读正确,读通顺,读出节奏。
②同桌互读,借助注释说说古诗大意,思考这两首诗的异同点。

于谦生平资料

于谦(1398—1457),明代大臣、军事家和诗人。于谦少年时期即刻苦读书,志向高远,在12岁时写下了《石灰吟》。他为官清廉,深受百姓爱戴。成语"两袖清风"就与于谦有关。

正统十四年,于谦升任兵部尚书。当时朝廷中有些人主张南迁,于谦提出"社稷为重,君为轻",反对南迁,并拥立景帝,率京师重兵击退瓦剌军,使千百万人民免遭涂炭,局势转危为安。景泰八年,英宗复位,于谦遭受诬蔑被定为谋逆罪,判处死刑,籍没时家无余资。

郑燮生平资料

郑燮(1693—1765),字克柔,号板桥,乾隆年间进士。罢官后居扬州,以卖画为生,"扬州八怪"之一。

郑燮任潍县知县时心系百姓,体察百姓疾苦。潍县连年闹灾荒,民不聊生,他开仓救济灾民,受到老百姓的爱戴,但因触犯了豪绅富户和腐朽官吏的利益,被诬罢职。

《竹石》是他晚年画的《竹石图》上的一首题画诗。这首诗表面上写竹子坚韧不拔,挺立于岩石中,其实是郑板桥借此表达自己不与世俗同流合污、坚贞不屈的人格和志向。

预设：清白做人，不向恶势力妥协，这是于谦心中坚定的信念，纵使粉骨碎身也毫无畏惧；"咬定""不放松"是诗人郑燮不畏权贵、坚贞不屈的象征。

（2）回顾三首古诗，自主完成作业单。

作业单

三首古诗分别表达了诗人怎样的志向？表达的方法有什么共同特点？

古诗	吟咏对象	表达志向	共同点
《马诗》			
《石灰吟》			
《竹石》			

全班交流、校对。

小结：诗人明为咏物，实为写人，借事物来表达自己的人生志向，这类诗就是咏物诗。

3. 小组合作，拓展延伸。

（1）欣赏图片，说说想到的诗句。

图3　　　　　　　　图4　　　　　　　　图5

全班交流。

预设：图3"采菊东篱下，悠然见南山"；图4"墙角数枝梅，凌寒独自开"；图5"平生不敢轻言语，一叫千门万户开"。

（2）自主完成作业单。

> **作业单**
>
> ①读下面的诗句，连一连，说说诗人赋予了这些事物怎样的品格和志向。
>
> | | | |
> |---|---|---|
> | 梅花 | 垂绥饮清露，流响出疏桐。 | 淡泊名利 |
> | 竹石 | 不要人夸好颜色，只留清气满乾坤。 | 坚强乐观 |
> | 残菊 | 千磨万击还坚劲，任尔东西南北风。 | 高洁清远 |
> | 蝉 | 平生不敢轻言语，一叫千门万户开。 | 抱负远大 |
> | 公鸡 | 荷尽已无擎雨盖，菊残犹有傲霜枝。 | 坚贞不屈 |
>
> ②结合诗句谈一谈，你最欣赏哪一种事物。为什么？

（3）全班交流。

预设：

①我最欣赏梅花，因为梅花淡雅、高洁，"不要人夸好颜色，只留清气满乾坤"让我感受到诗人借梅花表达自己淡泊名利的志向。

②我最欣赏竹子，因为竹子非常坚韧，"千磨万击还坚劲，任尔东西南北风"让我感受到诗人铁骨铮铮、坚贞不屈的高尚品格。

③我喜欢公鸡，因为它不鸣则已，一鸣惊人，"平生不敢轻言语，一叫千门万户开"让我感受到诗人的远大抱负。

任务二：革命志士厅（6课时）

（一）学习活动一：梳理故事情节

1. 学习《十六年前的回忆》。

（1）读课题，思考：谁回忆谁？回忆了什么？

预设：李大钊的女儿李星华回忆父亲李大钊被捕、牺牲的事情。

（2）默读课文，思考：作者回忆了父亲的哪些事情？圈画出时间词，完成作业单，小组借助鱼骨图交流主要内容。

作业单

课文按照时间顺序回忆了父亲的哪些事情？完成作业单，并借助鱼骨图说说主要内容。

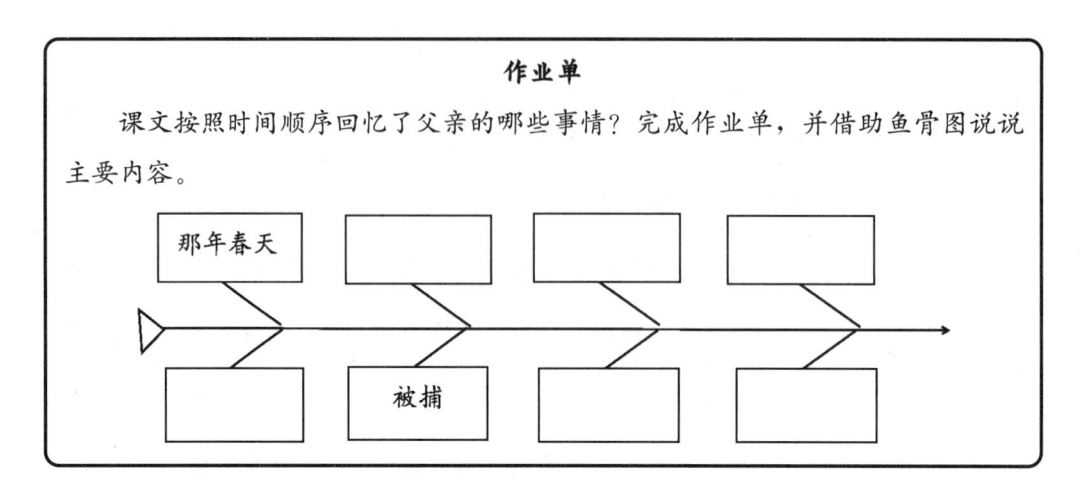

[鱼骨图：那年春天 / 被捕 / ...]

(3) 小组派代表汇报，全班交流。

预设：

①时间词"那年春天""4月6日早晨""十几天过去了""28日黄昏"；对应的事"坚守"（父亲坚持留在北京工作）"被捕""被审""被害"（牺牲）。

②课文按照时间顺序写的，被捕前父亲烧掉文件和书籍，工友阎振三被抓，父亲不顾亲友劝说坚持留在北京；反动派到家里搜捕父亲，父亲面对危险处变不惊；父亲在法庭上被审时依然镇定、沉着；最后全家得知父亲遇难消息，非常悲痛。

(4) 谈谈对李大钊先生的初印象。

预设：认真负责、忠于革命、沉着冷静；关心家人、意志坚定、英勇无畏、顽强不屈。

2. 学习《董存瑞舍身炸暗堡》。

(1) 默读课文，梳理内容，完成作业单。

作业单

①默读课文，按照事情的发展顺序概括课文内容，完成表格。

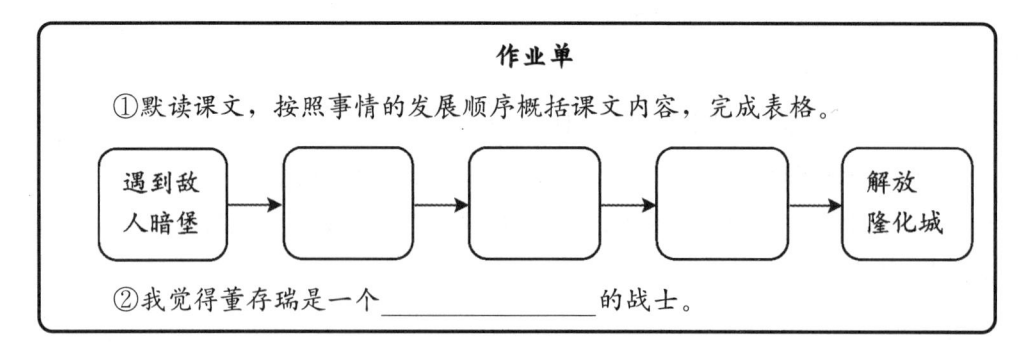

遇到敌人暗堡 → □ → □ → □ → 解放隆化城

②我觉得董存瑞是一个_____的战士。

(2) 小组交流，再派代表全班交流。

预设：遇到敌人暗堡，申请炸暗堡，逼近暗堡，舍身炸暗堡，解放隆化城。从中我感受到董存瑞是一个聪明勇敢、意志顽强、视死如归、热爱祖国的战士。

（3）借助思维导图，说说课文主要内容。

预设：课文按照事情的发展顺序记叙了在解放隆化城的战斗中，由于敌人暗堡阻碍我军前进，董存瑞申请炸暗堡，在战友的掩护下，冒着枪林弹雨艰难跃进，最后冲到桥下，舍身炸掉暗堡，壮烈牺牲。战友们沿着董存瑞开辟的道路，消灭了全部敌人，解放了隆化城。

3. 学习《为人民服务》。

（1）课文围绕"为人民服务"讲了哪几方面的意思？默读课文，完成作业单。

作业单

中心论点：__为人民服务__

具体论证：

①如何对待"死"——为人民利益而死，就比泰山还重。

②如何对待"批评"——_____。

③如何对待（　　　　）——_____。

④如何对待（　　　　）——_____。

（2）思考：毛主席为什么要发表这样的演讲？从中你感受到了毛主席怎样的信仰？全班交流。

预设：因为张思德同志是为人们的利益而牺牲的，为了纪念这位英雄，毛主席在其追悼会上发表这样的演讲，从中我感受到毛主席全心全意为人民服务的信仰。

（二）学习活动二：关注人物描写

1. 人物特写一。

（1）默读课文，用横线画出有关李大钊的描写，批注感受。

（2）全班交流。

预设：

①人物"言行"的交流。

语句1：父亲坚决地对母亲说："不是常对你说吗？我是不能轻易离开北京的。你要知道现在是什么时候，这里的工作多么重要。我哪能离开呢？"

聚焦"我是不能轻易离开北京的""我哪能离开呢"以及反问语气的变化，朗读课文并体会李大钊先生内心的坚定。

语句2："没有什么，不要怕。星儿，跟我到外面看看去。"父亲不慌不忙地向外走去。

聚焦关键词"不要怕""不慌不忙",感受李大钊先生的沉着冷静、临危不惧。

②人物"外貌、神态"的交流。

语句3:父亲仍旧穿着他那件灰布旧棉袍,可是没戴眼镜。我看到了他那乱蓬蓬的长头发下面的平静而慈祥的脸。

聚焦"没戴眼镜""乱蓬蓬",阅读资料《李大钊在狱中》想象李大钊同志被捕后遭遇的酷刑。

李大钊在狱中

李大钊先生从被捕到被害,在狱中度过了22天非人的生活。敌人对他进行了多次审讯,施用了各种酷刑,电椅、老虎凳、用竹签插手指……最后竟然残忍地拔去了他双手的全部指甲。李大钊坚贞不屈,没有向敌人泄露党的任何机密,为了保护同时被捕的其他同志,李大钊甚至用血迹斑斑的双手写下了《狱中自述》。

(3) 对比读课文开头和结尾,谈谈自己的发现。

预设:

①文章的开头和结尾首尾呼应,这样可以使文章结构更加完整。

②首尾呼应突出中心,升华主题,强烈地表达了李星华对父亲李大钊的深切怀念和崇敬之情。

(4) 为图配文。

为电影《革命者》的宣传海报增加一种植物作为背景,完成作业单。

作业单

图片是电影《革命者》的宣传海报,如果让你为海报增加一种植物作为背景,你会用哪种植物?为什么?

我想为海报增加的植物背景是:＿＿＿＿＿＿＿＿＿＿＿＿＿。

因为＿＿。

还可以配上诗句＿＿＿＿＿＿＿＿,＿＿＿＿＿＿＿＿。

---

2. 人物特写二。

(1) 自读课文,画出描写董存瑞神态、言行的句子,批注感受。

(2) 同桌交流感受。

预设：

①"请求炸暗堡"。

语句1：董存瑞瞪着敌人的暗堡，两眼迸射出仇恨的火花。

聚焦"瞪""迸射"两个词，感受董存瑞心中对敌人的仇恨与愤怒。

语句2：他跑到连长身边，坚决地说："连长我去炸掉它！"

聚焦"跑"感受董存瑞想炸掉暗堡的急切心情，从"坚决"一词感受到董存瑞内心下定决心。

②"艰难跃进"。

语句1：他们互相配合，郅顺义扔一阵手榴弹，董存瑞就向前跃进几步；郅顺义再扔一阵，董存瑞再跃进几步。

聚焦动词"跃进几步""再跃进几步"感受董存瑞前进中的艰难，但依然奋勇向前。

语句2：董存瑞夹紧炸药包，一会儿忽左忽右地匍匐前进，一会儿又向前滚上好几米。

聚焦动词"匍匐前进""夹紧"感受董存瑞前进时的艰难和英勇无畏。

语句3：趁着腾起的黑烟，董存瑞猛冲到桥下。

聚焦"趁着""猛冲"，感受董存瑞的英勇、灵活、机智敏捷。

③"炸暗堡"。

语句1：在这万分紧急的关头，董存瑞昂首挺胸，站在桥底中央，左手托起炸药包，顶住桥底，右手猛地一拉导火索。

聚焦动词"昂首挺胸""站""托""顶""拉"等，想象董存瑞炸药包的画面，朗读课文并感受董存瑞视死如归的伟岸形象。

语句2：火光照亮了他那钢铸一般的脸，一秒钟、两秒钟……他像巨人一样挺立着，两眼放射出坚毅的光芒。

聚焦神态的描写，感受董存瑞勇于献身的坚毅和面对死亡毫不畏惧的英雄气概。

语句3：他抬头眺望远方，用尽力气高喊着："同志们，为了新中国，冲啊！"

聚焦语言描写，感受董存瑞大无畏的牺牲精神和崇高的革命理想。

（3）配乐朗诵"炸暗堡部分"内容。

（4）人物雕像设计。

> **作业单**
>
> 观看视频片段《董存瑞舍身炸暗堡》,结合课文内容,完成董存瑞人物雕像设计稿。
>
> **雕像设计稿**
>
> 雕像场景：_____
>
> 人物神态：_____
>
> 人物动作：_____

全班交流。

预设：聚焦董存瑞"艰难跃进"和"舍身炸暗堡"场景,表现董存瑞的动作、神态。

3. 说英雄群像。

(1) 根据语境和拼音,写出正确的词句,完成作业单。

> **作业单**
>
> "人生自古谁无死,_____。"翻开历史篇章,无数先辈英雄绘就了人类发展史上波澜壮阔的壮美诗篇：李大钊面对 yán jùn（   ）的局势,残暴的 fěi tú（   ）,处变不惊,视死如归；在暴雨一样的子弹中,英雄董存瑞舍身炸碉堡,壮烈 xī shēng（   ）,擎起永不熄灭的精神火炬；张思德同志短暂而光荣的一生,是为人民的 lì yì（   ）而死的,他的死比 tài shān（   ）还重。

全班交流、校对。

小结：慷慨就义的李大钊、为人民服务的张思德、英勇无畏的董存瑞……无数革命先辈为了民族复兴,为了人民幸福,献出了自己宝贵的生命。

(2) 根据搜集的资料,介绍其他革命英雄事迹。

预设：舍身堵枪眼的黄继光；烈火焚身的邱少云；"生的伟大,死的光荣"的刘胡兰等。

(三) 学习活动三：分享英雄故事

1. 分享阅读经验。

(1) 自主阅读综合性学习,梳理阅读方法,完成作业单。

作业单

我们已经学习了很多阅读方法，我知道的阅读方法有：

① _____

② _____

③ _____

④ _____

（2）全班交流、校对。

预设：抓住关键句，把握文章的主要观点；关注外貌、神态、言行等描写，体会人物内心和品质；查找相关资料，加深对文章内容的理解；体会场景、细节描写中蕴含的感情。

2. 分享英雄故事。

（1）自主阅读"阅读材料"，小组合作完成阅读记录卡。

阅读记录卡	
阅读篇目	
我印象深刻的人物描写	
阅读方法	
阅读感受	

（2）全班交流。

预设：

①《十里长街送总理》一文中，从老人、青年、小孩不约而同的动作中感受到人们失去周总理的悲痛心情，以及对周总理深深的爱戴。

②《狱中联欢》描写了革命者在狱中扭秧歌、戴着镣铐跳舞、叠罗汉等，我从这些场景细节中感受到革命者对敌人的蔑视，以及对革命必胜的信念和乐观主义精神。

任务三：红色实践厅（4课时）

（一）学习活动一：制作红色诗词集

1. 观看视频，感受革命情怀。

（1）观看《囚歌》诗歌朗诵视频，朗读感受诗人的凛然正气。

（2）了解诗歌写作背景，自主思考：作者想要表达怎样的思想感情？

《囚歌》写作背景

叶挺在皖南事变时被国民党非法逮捕，先后被囚于江西上饶、湖北恩施、广西桂林等地，最后被囚禁于重庆"中美特种技术合作所"集中营。在狱中叶挺受尽各种折磨，仍坚贞不屈，在国民党的种种利诱面前表现出了一个共产党人的高风亮节。他在监狱的墙壁上题写下了这首被后人广泛传颂的千古绝唱。

全班交流。

预设：第一节感受到作者对敌人的愤怒，对叛徒的厌恶和痛恨；第二节表现了叶挺将军面对国民党反动派的威逼利诱仍坚贞不屈的决心；诗歌的第三节读来令人振奋，我感受到诗人为了推翻国民党反动统治，宁愿献出自己生命的革命精神和壮志豪情。

（3）图片创设情境，师生合作诵读诗歌《囚歌》。

图3 《囚歌》

2. 小组合作，搜集诗词。

（1）小组讨论，确定诗歌主题。

预设：革命领袖、革命英雄写的诗词；歌颂中国共产党、歌颂新中国的诗词；讴歌改革开放和新时代的诗词。

（2）填写小组活动表，课后搜集诗词，整理资料，准备交流。

红色诗词集制作小组活动表			
诗歌主题：			
序号	承担任务	负责人	完成时间
1	搜集主题诗歌		
2	搜集写作背景		
3	诗歌大意、诗人情感		
4	内容收录、目录制作		
5	封面、插图绘制		
6	阅读感受		
7	选择喜欢的方式交流，在相应的选项上画"√"	A. 诵读红色诗词 B. 说说诗词意思 C. 讲讲诗词创作背景 D. 其他	

3. 小组交流，分享诗词。

（1）组内研读搜集到的诗词，分享阅读感受。

（2）借助评价表评一评各自的分享。

4. 全班合作，编制诗集。

（1）集体讨论，对小组分类搜集到的内容进行选编。

（2）确定诗集名、封面、目录、版面设计等，装订成册。

（二）学习活动二：抒写我的心愿

1. 思考心愿：实现人民对美好生活的向往是无数革命英雄共同的心愿，你的心愿是什么？

2. 交流心愿。

（1）参考示意图中的三类心愿，"关于个人""关于家庭""关于社会"三类，你最想表达的心愿是什么？为什么会有这样的心愿？为了达成自己的心愿你准备怎么做？

（2）在心愿卡上写下三个自己最想实现的心愿。

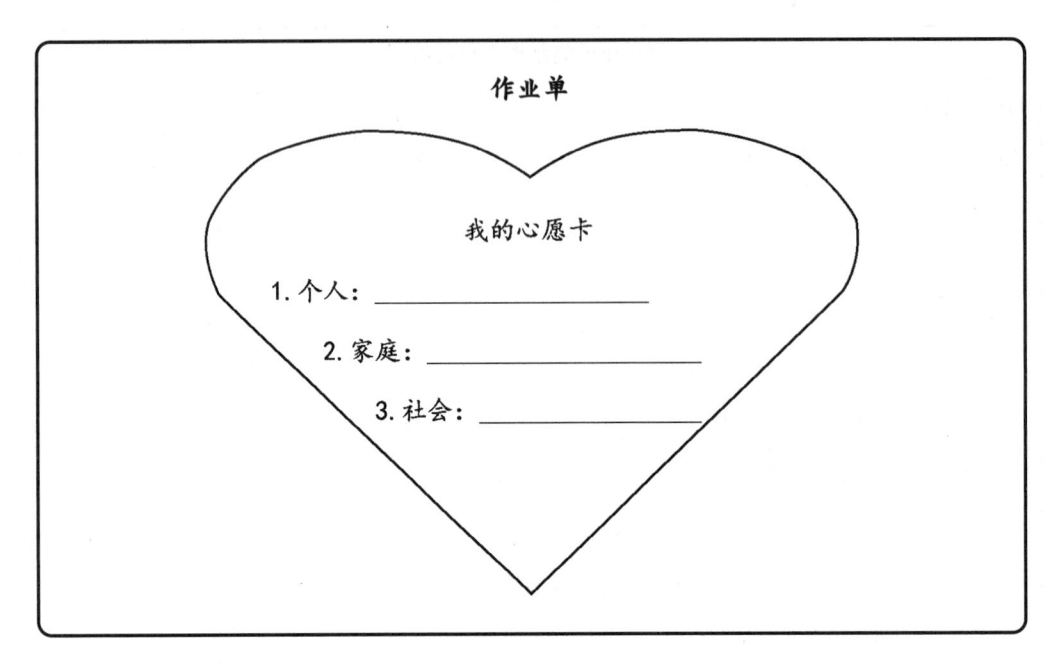

```
┌─────────────────────────────────────────────┐
│                  作业单                       │
│                                              │
│              我的心愿卡                       │
│        1. 个人：_____                   │
│          2. 家庭：_____                 │
│            3. 社会：_____               │
│                                              │
└─────────────────────────────────────────────┘
```

（3）汇报交流所写的心愿。

3. 表达心愿。

（1）阅读两篇范文，思考：两位同学分别表达了什么心愿？他们的表达方式有什么不一样？

女儿的心愿（范文1）

亲爱的爸爸、妈妈：

你们好！

时间飞逝，一转眼十二年过去了，连我自己也无法相信自己长这么大了！看到你们那饱经风霜的面容，我的心里很不是滋味。我现在最大的心愿，就是努力学习，长大以后让你们过上幸福的生活。

爸爸、妈妈，虽然你们没有为我提供富裕的生活，但是你们为我创造了这么好的学习环境，女儿已经十分满足。为了让我和其他孩子一样学习、生活，你们去做一个月只有两千多元的"苦活"；为了让我专心学习，你们舍弃了平日里最爱看的电视节目；为了能让我全面发展，你们花了半个多月的工资为我买了一架电子琴……这一切的一切，女儿都铭记在心。也许你们并不是为了以后女儿去报答你们什么，仅仅是希望女儿能够有一个美好的童年。

爸爸、妈妈，为了我的学习、生活，你们辛苦地工作，用自己微薄的工资为我买这买那，而你们自己却舍不得吃、舍不得穿，说真的，女儿心里挺不是滋味的！看着你们一天天地变老，我突然好想长大，好想可以为你们分担忧愁。可我明白，如果我不努力学习，这一切都不会存在！所以，我的心愿就是努力学习，让你们过上幸福的生活，这是我想做到的，这也是我一定能做到的！

爸爸、妈妈，我爱你们。我决定在以后的日子里，用我的懂事让你们少添白发，用我的成绩带给你们欣慰，用我的孝心带给你们快乐。我一定会实现自己的愿望。

我的心愿（范文2）

每个人都有心愿，这个心愿也许非常宏大，例如，到外太空旅游、环游世界等，可我的这个心愿却非常渺小，也很现实——帮老爸戒烟。

"叮咚"，老爸下班回来了，嘴上依旧叼着一支烟！当他看到客厅正前方墙上挂着的"吸烟有害健康"的字幅时，惊讶瞬间从他脸上掠过。"这是你的'杰作'？墙上的十字绣呢？""爸，我这是在提醒您，从今天起您就别再吸烟了！"话音刚落，那张字幅就香消玉殒了。

"作战"计划失败后，我飞快地跑进老爸的房间，对仍旧在吞云吐雾的老爸说："吸烟有害健康，您难道不知道吗？另外，吸二手烟更可怕！为了我们的健康，请戒烟吧！"我态度诚恳，老爸有些触动了，他若有所思地点点头，表示同意戒烟。

可过了几天，我发现老爸又在偷偷地抽烟，一气之下，我使出了"杀手锏"。

那天，见老爸又要点烟，我走到他面前，宛如一只温顺的小白兔，说："爸爸，您配合我做一个实验吧，老师让我明天上交实验过程报告呢！这次实验在我的升学成绩中占有一定分量啊。"老爸一听和学习有关，赶紧说："好吧好吧，我帮你。"一听这话，我迅速拿出早已准备好的道具，先把鱼缸顶部用塑料袋罩上，并且捅一个小孔便于小鱼呼吸，把吸管从小孔里插进去，然后严肃地对老爸说："爸爸，从现在起，您每吸一口烟，就将烟雾吐入吸管里。"老爸照做了。起初，小鱼的动作变缓慢了，接着，它的身体慢慢向上浮，最后，小鱼竟然漂在水面上一动不动。就这样，小鱼被爸爸的二手烟熏死了。看到这一幕，老爸的表情突然变得凝重，又略带着几分恐惧。于是我趁热打铁，说："爸爸，您不希望我和妈妈也像小鱼那样吧？"片刻的沉默后，爸爸径直走向卧室，不一会儿手里就提着一个装满香烟的塑料袋下楼了……

也就是从那天起，我家的烟味没了，爸爸的咳嗽声没了，妈妈的吵闹声也没了，一切都变得那么平和，我的心愿终于实现了。

(2) 小组讨论：同样写心愿，为什么选择不同的方式进行表达？

预设：我们在写心愿的时候，要学会根据表达内容和表达对象，选择合适的方式进行表达。可以叙事、写信、写日记，也可以写倡议书、创作诗歌……

（3）根据自己所要表达的心愿及表达对象，想一想选择什么样的表达方式最合适，并说说理由。

全班交流。

4. 抒写心愿。

（1）完成习作构思卡，自主写作。

"心愿"习作构思卡

我的心愿：＿＿＿＿＿＿＿

习作题目：＿＿＿＿＿＿＿

表达形式：记叙文□　日记□　书信□　诗歌□　倡议书□　其他□

内容安排：产生心愿的原因＿＿＿＿＿＿＿＿＿＿＿＿

　　　　　实现心愿的举措＿＿＿＿＿＿＿＿＿＿＿＿

　　　　　想象心愿的美好＿＿＿＿＿＿＿＿＿＿＿＿

（2）根据习作自我评价表，修改完善习作。

（3）小组交流，分享修改后的习作。

（三）学习活动三：设计文创作品

1. 传承红色精神。

（1）自主思考：近百年来你知道哪些为国家富强而努力奋斗的英雄人物和光辉事迹？

全班交流，相机呈现图片资料。

预设：抗洪英雄李向群；抗疫英雄钟南山爷爷；航天英雄杨利伟；奥运英雄苏炳添。

（2）杭州亚运会即将召开，结合生活实际，你觉得我们怎样做，能更好地传承红色精神？

预设：可以发扬"雷锋精神"，在生活中热心帮助那些需要帮助的人；积极发挥志愿精神，为杭州亚运会贡献自己的力量。

2. 设计红色文创作品。

除了积极弘扬志愿精神，在生活中我们也可以通过自己的双手宣传红色文化。比如，看书时会用到书签，我们可以把革命先烈画在卡纸上，做一款英雄书签，还可以进行文创设计，做英雄版的钥匙扣、冰箱贴、胸针、手机壳、帆布包等等。

（1）观看图片，了解文创设计类型：书签、钥匙扣、手机壳、冰箱贴、抱枕、帆布包、文具等。

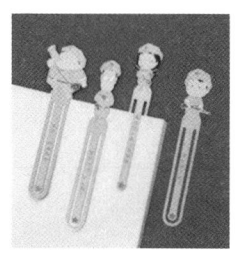

图4 文创设计图

（2）选择一位你最喜欢的英雄人物，设计一件文创作品，完成设计表格。

①呈现作品。

文创设计		
我选取的英雄	五四运动领导者——李大钊	设计手稿
相关故事	李大钊满怀斗志，他曾亲笔书写这样一副对联：铁肩担道义，妙手著文章。体现他担人间道义、做道德文章的崇高情操与担当精神。	
造型设计（外貌、神态、动作、配饰等细节）	八字胡是李大钊最大的特点，身穿少数民族的服饰象征着民族团结，背上背着的一支毛笔是他与恶势力对抗的武器。	
设计理由	李大钊同志为人民利益而死，我联想到如果在现在，他也定能像白衣天使一般无所畏惧，站在抗疫第一线。	

②完成设计。

文创设计——（　　　　）（写明文创类型）	
我选取的英雄	设计手稿
相关故事	

"实用性阅读与交流"学习任务群

续表

造型设计 （外貌、神态、动作、配饰等细节）	
设计理由	

（3）交流展示；借助评价表互相评一评。

（4）小结：通过本单元的学习，我们认识了众多革命英雄，感受到他们坚定的理想信念，我们也能通过各种方式表达了我们对先辈们的敬仰，对革命精神的传承。

【教学现场】

<h3 style="text-align:center">任务二之学习活动二：关注人物描写</h3>

师：上一节课，我们认识了很多英雄人物，这节课，我们将聚焦人物的外貌、神态、言行等方面，进一步感受英雄人物的品质。请默读课文，用横线画出有关李大钊的描写，并批注自己的感受。

生：我画的是李大钊的语言。"父亲坚决地对母亲说：'不是常对你说吗？我是不能轻易离开北京的。你要知道现在是什么时候，这里的工作多么重要。我哪能离开呢？'"这句话中"我是不能轻易离开北京的"和"我哪能离开呢"由陈述句到反问句，语气越来越强烈，可以看出父亲坚决的态度，而且前面"坚决"一词，也可以感受到父亲内心的坚定。

师：请你带着坚定的语气读一读。

生：（坚定的语气和神态）不是常对你说吗？我是不能轻易离开北京的。你要知道现在是什么时候，这里的工作多么重要。我哪能离开呢？

生：我也找到了对父亲的语言描写，"没有什么，不要怕。星儿，跟我到外面看看去"。外面是纷乱的枪声和喊叫，文中的"我"很害怕，而父亲却安慰我"不要怕"，从中可以看出父亲对"我"的关爱。后面紧接着写了父亲的动作，"父亲不慌不忙地向外走去"，"不慌不忙"可以感受到父亲的沉着冷静，临危不惧。

生：我在第28自然段也找到了父亲的言行描写，"父亲立刻就会意了，接着说：'她是我最大的孩子。我的妻子是个乡下人，我的孩子年纪都还小，他们什么也不懂，一切都跟他们没有关系。'父亲说完了这段话，又望了望我们"。从"一切都跟他们没有关系"这句话中，我感受到了李大钊想要保护自己家人的心情，"望了望"这一动作饱含了李大钊对家人的不舍。

师：作为父亲的李大钊是慈祥的，那作为革命者的李大钊又是怎样的呢？

生：我找到了李大钊外貌、神态的描写，"父亲仍旧穿着他那件灰布旧棉袍，可是没戴眼镜。我看到了他那乱蓬蓬的长头发下面的平静而慈祥的脸"。我从"没戴眼镜""乱蓬蓬"这两个词语中猜想李大钊被捕后在监狱里遭受了很多的酷刑，可他依旧平静、坚强。

师：李大钊同志被捕后可能会遭遇哪些酷刑呢？请阅读补充资料，说说你看到了一个怎样的李大钊？

（生阅读补充资料《李大钊在狱中》）

生：李大钊在狱中遭受非人的折磨，但他没有向敌人屈服，从中我看到了一位坚强勇敢、视死如归的李大钊。

生：李大钊为了保护被捕的其他同志，用血迹斑斑的手写下《狱中自述》，我看到了一位关心同志、无私无畏的李大钊。

生：面对敌人的各种酷刑，李大钊也没有泄露党的任何机密，从中我看到了一位忠于革命、坚贞不屈的李大钊。

生：面对这样非人的折磨，李大钊却依然保持平静而慈祥的神情，我感受到他那钢铁般的意志，和对革命必胜的信心。"慈祥"也可以看出他作为父亲不想让家人们担心，对家人的关心和爱护。

师：通过对李大钊言行、外貌、神态的品读，我们感受到了李大钊忠于革命、坚贞不屈的伟大品质，体会到了李大钊同志既是一位伟大的革命者，又是一位有血有肉的慈父，让我们带着这样的理解再来读一读这几句话。

（生朗读感受人物品质）

师：在得知父亲牺牲后，全家人的反应如何？

生：舅老爷"哭着从街上回来"，母亲也伤心过度，晕过去三次，"每次都是刚刚叫醒又昏过去了"，从中可以看出家人对父亲的死悲痛欲绝。

生：而"我"哭着捡起报纸，"咬紧牙，勉强看了一遍"，从"咬紧牙""勉强"等词中可以感受到我内心十分悲痛。

师：作者内心的悲痛，不仅表现在结尾，读读文章的开头，你发现了什么？

生：我发现，文章的开头和结尾都提到了"4月28日"这个日期，说明作者李星华对这一天记忆非常深刻，因为这一天是父亲的遇难日。

生：我发现文章运用了首尾呼应的写法，这样使文章结构更加完整。

生：我觉得首尾呼应还有一个好处，那就是突出中心，升华主题。开头和结尾都提到了4月28日，说明这是作者永生难忘的日子，表达了她对父亲牺牲的悲痛以及对父亲深深的怀念，同时也表达出对作为革命英雄的父亲的深深崇敬之情。

师：是啊，李大钊就是这样一位沉着冷静、坚守革命、坚贞不屈、英勇无畏的英雄，他的故事被拍成很多电影，图片是电影《革命者》的宣传海报，如果让你为海报增加一种能体现李大钊精神品质的植物作为背景，你会用哪种植物？为什么？思考并完成作业单。

（生完成作业单）

生：我想为海报增加的植物背景是梅花，因为梅花具有不畏严寒、傲雪怒放的特点，用梅花来形容李大钊，能体现李大钊铁骨铮铮的崇高品质和民族气节，还可以配上诗句"墙角数枝梅，凌寒独自开"。

生：我想为海报增加的植物背景也是梅花，因为梅花具有凌寒独放，不与群芳争艳的特点，能够体现李大钊坚守革命、淡泊名利的精神，还可以配上诗句"不要人夸好颜色，只留清气满乾坤"。

生：我想为海报增加的植物背景是石缝间的竹子，因为竹石的生长环境虽然恶劣，但它依然坚韧挺拔，经历无数磨练和困难也毫不动摇，用竹石来形容李大钊，能够体现李大钊先生顽强自信、不屈不挠的精神，还可以配上诗句"千磨万击还坚劲，任尔东西南北风"。

师：像李大钊先生这样的革命英雄不止一位，接下来让我们走近第二位英雄人物。自读课文，请你画出描写董存瑞神态、言行的句子，批注感受，然后与同桌交流。

生：在请求"炸暗堡"部分，我找到了这句"董存瑞瞪着敌人的暗堡，两眼迸射出仇恨的火花"，这句话是对董存瑞神态的描写，从"瞪""迸射"两个词中我感受董存瑞心中对敌人的仇恨与愤怒。还有一句，"他跑到连长身边，坚决地说：'连长我去炸掉它！'"这句话是对董存瑞言行的描写，从"跑"这一动作可以看出董存瑞想炸掉暗堡的急切心情，从"坚决"一词中感受到董存瑞内心下定决心，要去炸掉敌人的暗堡。

生：我找到了这句："他们互相配合，郅顺义扔一阵手榴弹，董存瑞就向前跃进几步；郅顺义再扔一阵，董存瑞再跃进几步。"从"跃进几步""再跃进几步"的动作描写我感受到董存瑞前进中的艰难，但他依然奋勇向前。战友郅顺义一路掩护他，他们配合得非常默契。

生：在跃进的过程中，"董存瑞夹紧炸药包，一会儿忽左忽右地匍匐前进，一会儿又向前滚上好几米"。从"匍匐前进"我感受到董存瑞前进时的动作很小心翼翼，越靠近敌人的暗堡，前进越艰难，危险性越大，所以要更加谨慎小心。整个过程中他始终"夹紧"炸药包勇往直前，因为他要护着炸药包，用它炸掉暗堡。

生："趁着腾起的黑烟，董存瑞猛冲到桥下"，此时董存瑞左腿已经受伤，但他不顾个人安危依然奋勇向前。从"趁着"一词看出董存瑞能灵活地把握战机，非常机智敏捷。"猛冲"一词，让我仿佛看到董存瑞面对敌人的枪林弹雨奋不顾身，英勇前行。

生：我印象最深刻的是炸暗堡的部分，"在这万分紧急的关头，董存瑞昂首挺胸，站在桥底中央，左手托起炸药包，顶住桥底，右手猛地一拉导火索"，从"昂首挺胸""站""托""顶""拉"等一连串的动作描写中，我可以想象董存瑞手托炸药包的画面，结合书上的插图，我感受到董存瑞视死如归的英雄气概。

师：请你带着这样的感受读一读这句话。

（生读句子）

师：我们大家一起来读。

（生有感情地朗读，进一步感受董存瑞勇于献身、视死如归的伟岸形象）

生："火光照亮了他那钢铸一般的脸，一秒钟、两秒钟……他像巨人一样挺立着，两眼放射出坚毅的光芒。"这句话是对董存瑞神态的描写，"坚毅的光芒"写出了董存瑞为了炸毁暗堡，宁愿牺牲的坚毅，"钢铸一般的脸"可见董存瑞炸暗堡时的决心，他的内心无比坚定，面对死亡，毫不惧怕，视死如归。

生："他抬头眺望远方，用尽力气高喊着：'同志们，为了新中国，冲啊！'"这句话写了董存瑞的语言，说明他是为了新中国而牺牲的。我想当时董存瑞眺望的远方一定是胜利的场景，是未来充满希望的中国，从"冲啊！"一词，我感受到董存瑞大无畏的牺牲精神和崇高的革命理想。

师：捐躯赴国难，誓死忽如归，为了革命的胜利冲啊！让我们带着对英雄的深深敬佩，读——

（生配乐朗诵"炸暗堡"部分）

师：董存瑞的英勇故事也被拍成了电视剧，让我们一起欣赏片段，再次感受董存瑞的勇敢、坚毅。

（生观看视频片段）

师：朱德同志为董存瑞题词"舍身为国，永垂不朽"，英雄虽已逝，薪火永流传。

如果给董存瑞设计一座雕像，你想突出他的哪些神态和动作？请你结合课文内容完成人物雕像设计稿。

（生完成董存瑞人物雕像设计稿）

生：董存瑞在战友的掩护下艰难跃进的场景令我印象深刻，尤其是他左腿中了一枪，还坚持冒着敌人的炮火冲到桥下，他英勇无畏的精神令我感动，所以我想这样设计：董存瑞夹紧炸药包，匍匐前进，他眼神坚毅，咬紧牙关。

生：董存瑞最后舍身炸暗堡的场景令我深深感动，所以我想这样设计他的动作和神态：董存瑞昂首挺胸，站在桥底中央，左手托起炸药包，顶住桥底，右手猛地一拉导火索，他那钢铸的脸上满是坚毅的神情，抬头眺望着远方，那是革命胜利的方向。

师：同学们的设计都很精彩。本单元我们认识了众多革命英雄，请同学们根据语境完成作业单，再次回顾文中的英雄人物吧。

（生完成作业单）

生："人生自古谁无死，留取丹心照汗青"，翻开历史篇章，无数先辈英雄绘就了人类发展史上波澜壮阔的诗篇：李大钊面对（严峻）的局势，残暴的（匪徒），处变不惊，视死如归；在暴雨一样的子弹中，英雄董存瑞舍身炸碉堡，壮烈（牺牲），擎起永不熄灭的精神火炬；张思德同志短暂而光荣的一生，是为人民的（利益）而死的，他的死比（泰山）还重。

师：无数革命先辈为了国家兴旺，为了人民幸福，献出了自己宝贵的生命。除了书上介绍的这些，你还知道哪些英雄人物？请结合课前搜集的资料，向大家介绍其他革命英雄吧。

生：我还知道黄继光，在上甘岭战役中，他用自己的胸膛堵住敌人的射口，用自己宝贵的生命为部队开辟道路，他英勇无畏的精神值得我们学习。

生：我还知道邱少云，在朝鲜战争中，邱少云的潜伏点附近被敌人的燃烧弹射中，火势不断蔓延全身，为了避免暴露，邱少云放弃自救壮烈牺牲。

生：我知道刘胡兰，她被敌人逮捕时坚贞不屈，即使面对铡刀也毫无惧色，还振臂高呼："中国共产党万岁！"牺牲时年仅十五岁。毛主席为刘胡兰烈士亲笔题词："生的伟大，死的光荣。"

师：说得真好，其实不仅刘胡兰是革命英雄，为她题词的毛主席也是人民英雄，课后请同学们自主阅读综合性学习的"阅读材料"，下节课我们将进行英雄故事阅读分享。

任务二之学习活动三：分享英雄故事

师：同学们，小学阶段我们阅读了不少篇目，也积累了很多阅读方法，说说你都知道哪些阅读方法？

生：我们可以通过抓住关键句，把握文章的主要观点。

生：我们还可以关注人物的外貌、神态、言行等描写，体会人物精神和品质。

生：这个单元我还学会了查找相关资料，加深对文章内容的理解。

生：在《开国大典》《狼牙山五壮士》中我们学习了点面结合的写法，体会场景、细节描写中蕴含的感情。

师：同学们很会梳理，下面请你用上这些阅读方法自主阅读综合性学习的"阅读材料"，然后小组合作，选择1~2篇文章，完成阅读记录卡。

（生阅读，小组讨论，完成阅读记录卡）

生：我们组阅读的篇目是《毛主席在花山》，课文讲述了毛主席在花山请群众回来碾米、给群众沏茶、帮母女俩推碾子的故事，从中我感受毛主席对群众的关心和爱护。

生：我们组运用的阅读方法主要是关注神态、言行等描写，体会人物的内心和品质。

生：课文中让我印象深刻的人物描写有"毛主席皱了皱眉，严肃地说：'这会影响群众吃饭的，不能因为我们在这里工作影响群众的生活。这样吧，交给你一个任务，尽快把乡亲们请到这里来碾米。'"这段话是对毛主席语言、神态的描写，从中我感受到毛主席非常关心人民群众。

生：我找到毛主席语言的描写，他说，"注意，和群众说话态度要诚恳""把这桶茶叶交给炊事员，让他每天这个时候泡一桶茶水，你负责送给碾米的乡亲们"。从说话态度诚恳、泡茶给乡亲们喝，可以看出毛主席尊重、爱护群众，他处处为群众着想，时刻与群众心连心。

生：让我印象深刻的描写是："毛主席舀了两碗茶水送到她们母女手里，说：'你们歇会儿吧！'"从言行中我们体会到了毛主席和蔼可亲、平易近人的形象品质。

师：这组同学的分享真精彩。还有哪组同学愿意上来分享？

生：我们组交流的篇目是《十里长街送总理》，课文按照事情发展的顺序描写了人们送别周总理灵车的感人场面。我们用的阅读方法是关注人物神态、言行等描写，体会人物的内心和品质。

生：让我印象深刻的人物描写有："人们臂上都缠着黑纱，胸前都佩着白花，眼睛都望着周总理的灵车将要开来的方向。"这句话中连用三个"都"字,我体会到人们动作一致,内心充满对总理的崇敬与爱戴。

生:我感受深刻的人物描写是:"一位满头银发的老奶奶,双手拄着拐杖,背靠着一颗洋槐树,焦急地等待着。一位青年夫妇,丈夫抱着小女儿,妻子领着六七岁的儿子,他们挤下了人行道,探着身子张望。一群泪痕满面的'红领巾',相互扶着肩,踮着脚望着,望着……"这段话描写了各个年龄段的人都来告别周总理,我感到周总理深受人民的爱戴。

生:"好像有谁在无声地指挥,老人、青年、小孩,都不约而同地站直了身体,摘下帽子,眼睁睁地望着灵车,哭泣着,顾不得擦去腮边的泪水。"从老人、青年、小孩不约而同的动作中,我感受到了人们失去周总理的悲痛心情。

生:"灵车缓缓地前进,牵动着千万人的心。许多人在人行道上追着灵车奔跑。""缓缓"一词让我感受到当时肃穆的气氛,人们心情的沉痛,"追着灵车奔跑"让我感受到人们失去总理的悲痛和浓浓的不舍。

师:这组同学分享时声音响亮,朗读声情并茂,掌声送给他们。还有哪组同学上台来分享?

生:我们组分享的篇目是《飞夺泸定桥》,我们运用的阅读方法主要是"体会场景、细节描写中蕴含的感情"。比如文中提到桥是由十三根铁链组成,"人走在桥上摇摇晃晃,就像荡秋千似的。现在连木板也被敌人抽掉了,只剩下铁链。向桥下一看,真叫人心惊胆寒,红褐色的河水像瀑布一样,从上游的山峡里直泻下来,撞击在岩石上,溅起一丈多高的浪花,涛声震耳欲聋"。这段话是对当时的环境描写,可以看出环境非常恶劣,但红军战士依然奋勇向前,衬托出红军战士的英勇无畏。

生:让我们印象深刻的语句有:"守城的两个团的敌人早已在城墙和山坡上筑好工事,凭着天险,疯狂地向红军喊叫:'来吧,看你们飞过来吧!'"这是对敌人语言的描写,从中也可以看出当时情况的危急,但此时敌人喊得多疯狂,后面被打得就有多狼狈,红军战士不怕困难。

生:我来说说让我印象深刻的句子,在第6自然段第二行"二连担任突击队,二十二位英雄拿着短枪,背着马刀,带着手榴弹,冒着敌人密集的枪弹,攀着铁链向对岸冲去"。这句话中"拿着""背着""带着""冒着""攀着""冲去"等词语都是对红军战士的动作描写,让我感受到他们的勇敢无畏,勇往直前。

生:第7自然段"在这千钧一发的时刻,传来了团长和政委的喊声:'同志们!为了党的事业,为了最后的胜利,冲啊!'英雄们听到党的号召,更加奋不顾身,都箭一般地穿过熊熊大火，冲进城去，和城里的敌人展开了激烈的搏斗"。这是对红军战士的言行描写，"箭一般穿过熊熊大火"，我感受到了红军战士们奋不顾身、视死如归的精神。

师：通过你们的分享，我们仿佛看到了英勇的红四团克服重重困难，飞速夺下泸定桥的感人画面，感受到了红军战士英勇无畏、不怕牺牲的光辉形象。好，最后一组分享，谁来？

生：我们组分享的是《狱中联欢》，我们组运用的阅读方法有"查找相关资料，加深对文章内容的理解"，通过课前查阅资料，我们知道这是一篇小说，节选自长篇小说《红岩》。当时中国革命即将迎来胜利，但国民党反动派秘密设置监狱，逮捕、屠杀共产党员和革命群众。

生：我们运用的阅读方法还有"体会场景、细节描写中蕴含的感情"，课文描述了革命者在狱中表演歌舞的场景，如扭秧歌、戴着脚镣跳舞，"沉重的铁镣，撞击得叮当作响，成为了节奏强烈的伴奏。欢乐的歌舞里，充满了对黑暗势力的轻蔑"。从中我体会到革命者对敌人的蔑视，对革命必将胜利的坚定信念和乐观主义精神。

生："看啊，还有什么节目比得上这种顽强而鲜明的高歌曼舞！"革命者戴着镣铐跳舞，歌声充满欢乐，从中我感受到他们虽然身处囹圄却依然苦中作乐，乐观顽强。

生："最上边站着一个人，满脸兴奋的微笑，站得比集中营的高墙、电网更高，手里拿着一面红纸做的鲜艳的红旗，遥望着远处的云山。"这是狱中表演叠罗汉的场景，从"满脸兴奋的微笑"我感受到革命者的乐观、自信；"站得比集中营的高墙、电网更高"我感受到了革命者对敌人的蔑视，敌人永远摧不毁他们；"遥望着远处的云山"我想他们一定在心中想象着新中国成立的样子，对中国的革命充满了必胜的信念。

师：掌声送给以上小组，说得太好了！课后，请同学们用上这些方法自主阅读其他英雄故事，可以是一篇文章，也可以是一本书，期待你们的分享。

任务三之学习活动三：设计文创作品

师：心中有信仰，脚下有力量，红色精神激励了一代又一代的人。近百年来有许多为了国家富强而努力奋斗的英雄人物，你知道哪些人以及他们的光辉事迹？

生：我知道抗洪英雄李向群的故事。在抗洪保卫战中，李向群叔叔带病坚持抢险，先后四次晕倒在大堤上，最终因为劳累过度，抢救无效而牺牲。

生：我知道抗疫英雄钟南山爷爷的故事。疫情爆发时，八十多岁的钟南山爷爷坚守在一线，拯救了很多生命。

师：是啊，这一个个发光发热的名字，书写了中国人的精神史诗。同学们，杭州亚运会即将召开，结合当下生活，你觉得我们怎样更好地传承红色精神？

生：我们可以发扬"雷锋精神"，在生活中热心帮助那些需要帮助的人。

生：我们还可以积极发挥志愿精神，为杭州亚运会贡献自己的力量。

师：同学们除了积极弘扬志愿精神，在生活中我们也可以通过自己的双手宣传红色文化。

（呈现图片）

师：比如，看书时会用到书签，我们可以把革命先烈画在卡纸上，做一款英雄书签，还可以进行文创设计，做英雄版的钥匙扣、冰箱贴、胸针、手机壳、帆布包等等。课前已经让大家参考案例进行了文创设计，哪位同学来分享一下？

生：我选取的革命英雄是董存瑞，他为了革命事业抛头颅、洒热血，最后在解放隆化城的战斗中，舍身炸暗堡，英勇牺牲。他英勇无畏、舍身为国的精神令人敬佩，尤其是他手托炸药包，昂首挺胸，眼神坚毅，眺望远方的样子，深深印在我的脑海里。我想如果他生活在现代，一定也会为国家、为社会贡献自己的力量，我要学习他无私奉献的精神品质，争做志愿者，为杭州亚运会献出自己的力量。

生：我选取的英雄是鲁迅，他弃医从文，救助人力车夫，帮助女佣阿三，关心青少年成长，一生都在寻求治病救国的良方，他以笔为戈，用震耳发聩的呐喊唤醒了无数麻木的国人。鲁迅先生总是身穿长衫，清瘦的脸上神色坚定，眺望远方，手指夹着一支正在燃烧的香烟，这是他写作思考时常有的动作。"横眉冷对千夫指，俯首甘为孺子牛"是鲁迅先生一生的写照，令我十分敬佩。

师：同学们真厉害，谁能借助学习评价表评一评？

生：我觉得两位同学的文创设计都很好，都抓住了人物的特点，给人留下深刻的印象。

生：我也觉得两位同学设计得都很好，但我更喜欢吕行同学的作品，她的资料更丰富，整理更加完善，不仅有故事，还有鲁迅的作品和格言，人物造型设计也让人印象深刻，一眼就认出是鲁迅先生。

【评价设计】

任务一：结合咏物诗特点，能正确将事物与相应的诗歌连线，并说说诗人赋予了这些事物怎样的品格和志向。

表1 咏物诗连线自评表

评价标准	星级	自评
1~2处连线正确，能用自己的话介绍最欣赏的事物。	★	
3~4处连线正确，能结合诗句谈谈自己最欣赏的事物，理由较充分。	★★	
连线全部正确，能结合诗句说清楚自己最欣赏的事物，理由充分。	★★★	

学生作业示例

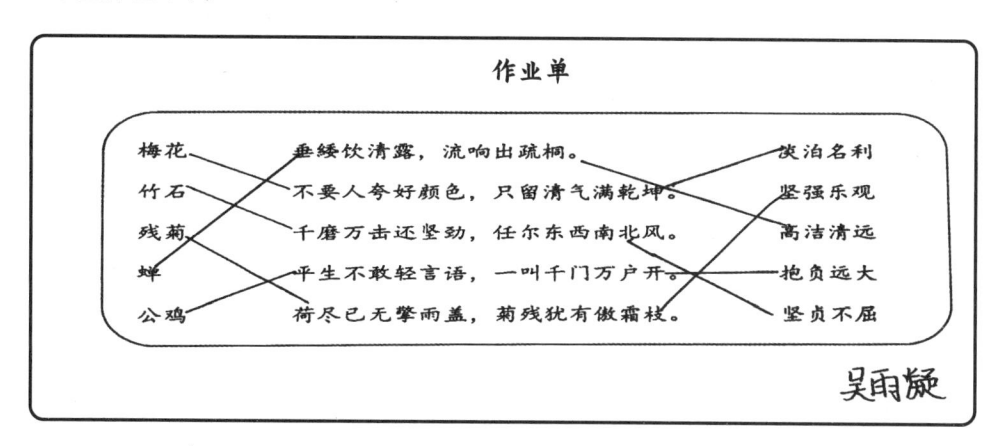

作业单

梅花——垂緌饮清露，流响出疏桐。——淡泊名利
竹石——不要人夸好颜色，只留清气满乾坤。——坚强乐观
残菊——千磨万击还坚劲，任尔东西南北风。——高洁清远
蝉——平生不敢轻言语，一叫千门万户开。——抱负远大
公鸡——荷尽已无擎雨盖，菊残犹有傲霜枝。——坚贞不屈

吴雨凝

评价说明：这份作业可以得三颗星。不仅连线全部正确，能准确表达出诗人赋予事物的品格和志向，还能结合诗句说清楚自己最欣赏的事物，理由充分。"不要人夸好颜色，只留清气满乾坤"，这句诗描写的植物是梅花，诗人借梅花表达自己淡泊名利的志向；"千磨万击还坚劲，任尔东西南北风"写的是竹石，诗人借竹石表达自己坚贞不屈的品格；"荷尽已无擎雨盖，菊残犹有傲霜枝"是诗人借菊花来表达自己的坚强乐观；"垂緌饮清露，流响出疏桐"是诗人借蝉来表达自己高洁清远的人生追求；"平生不敢轻言语，一叫千门万户开"是诗人借公鸡来表达自己抱负远大。

任务二：为电影《革命者》海报增加一种植物作为背景，并说明理由。

表2 为海报添加植物元素评价表

评价标准		
★★★	★★	★
能恰当引用与植物有关的诗句，表现人物精神品质，书写端正。	能恰当引用与植物有关的诗句，表现人物精神品质，书写端正。	能引用与植物有关的诗句，书写端正。

"实用性阅读与交流"学习任务群 139

学生作业示例

作业单

六（1）祁瑜 128

图片是电影《革命者》的宣传海报，如果让你为海报增加一种植物作为背景，你会用哪种植物？为什么？

我想为海报增加的植物背景是：梅花
因为 梅花不畏严寒，品格高洁，从不与世俗同流合污，就如以李大钊为代表的革命先烈般清廉正直，丝毫不畏艰难险阻，为国英勇献身，令我深深敬佩。
还可以配上诗句 不要人夸好颜色 ，只留清气满乾坤 。

评价说明：这份作业得三颗星。学生能够选择合适的植物做背景，理由充分，语句通顺，书写端正，并能恰当引用与植物相关的诗句，表现李大钊的精神品质。李大钊先生面对敌人的逮捕和酷刑，依然沉着冷静，忠贞不屈，诗句"不要人夸好颜色，只留清气满乾坤"能体现李大钊的顽强不屈和凛然正气。此外，竹子、菊花、松柏等植物也都具有不屈不挠、坚强乐观的精神，学生可以自由选择。

任务三：了解文创作品，选择一位最喜欢的英雄人物，查找资料，为其设计一件文创作品。

表3 文创设计评价表

评价标准		
★★★	★★	★
能运用多种方法搜集资料，成果丰富，资料整理完善。	能运用多种方法搜集资料，成果较丰富，资料整理较完善。	能运用至少一种方法搜集资料，有整理资料的意识。
★★★	★★	★
设计原创有新意，能抓住人物外貌、神态、动作等细节突出人物特点，给人留下深刻印象。	设计比较有新意，能突出人物特点，给人留下印象。	设计简单，给人留下初步印象。

【教学反思】

"实用性阅读与交流"包括实用性阅读和实用性交流两个部分，要求学生在阅读中获取、整合有价值的信息，并能借助信息清楚得体地表达。本单元创设"参观革命英雄纪念馆"的真实情境，激发学生的学习兴趣，在真实的红色研学任务中逐步落实语文素养，促进学生思维发展和能力提升。

（一）创设真实情境，激发学习兴趣

语文学习任务的实质是真实情境下的语言文字运用，因此本单元教学以语言运用为核心，牢牢抓住语文核心要素，在教材的基础上，结合学科逻辑和生活逻辑设计了"参观革命英雄纪念馆"这一真实任务情境，拉近学生与文本的距离，激发学生主动阅读的兴趣。学生在"名人诗画厅""革命志士厅""红色实践厅"三大展厅的情境中，积极开展丰富的语文学习活动，实现做中学，学中做。

（二）提供学习支架，增强表达能力

教学过程中以作业单的形式贯穿始终，面向全体学生，以自主阅读、批注阅读、合作探究等学习方式开展活动，学生借助思维导图、人物海报、雕像设计稿、阅读分享卡、心愿卡等多种学习支架，记录、展示、讲述英雄故事，提高信息的搜集整理能力和沟通表达能力。

（三）联系生活实际，唤起情感体验

革命文化题材类课文与学生生活经历、情感经验相距较远，通过文创设计，缅怀英烈等活动，围绕"杭州亚运"话题对当下红色精神内涵开展讨论，更好唤起学生的情感共鸣，传承革命文化。

（案例撰写者　陈晓红）

"文学阅读与创意表达"学习任务群

案例1 读懂"花语"
——《丁香结》教学

【任务分析】

《丁香结》是六年级上册第一单元的精读课文，本单元的人文主题是"触摸自然"。作者宗璞心里一直装着丁香，装着古人吟咏丁香的诗句，也有了自己的人生体悟。通过学习本课，学生对中国古典文学意象、文化价值的认同以及人生哲学的理解都得到了深化。

本单元语文要素为"阅读时能从所读的内容想开去"。六年级学生已具备一定的想象与联想经验，学生在阅读理解过程中，通过赏读丁香花并想象画面，体会文章"由事物引发联想"的表达方式，结合丁香结引发作者的人生思考，联系生活实际，感悟生命的价值与意义。

本课属于"文学阅读与创意表达"学习任务群。联想与想象是文学阅读与艺术欣赏时重要的审美心理活动。"从阅读的内容想开去"这一语文要素，与学习任务群第三学段"学习品味作品语言、欣赏艺术形象，积累多样的情感体验，学习联想与想象，尝试富有创意地表达"的学习内容一致，以引导学生在阅读时把握文章内容，体会思想感情，同时活跃思维，激发创造力。

【学习资源】

1. 丁香花名由来。（邵国杰：《神奇本草》，中国中医药出版社，2019年）
2. 宗璞生平经历。（徐洪军：《宗璞研究》，河南大学出版社，2017年）
3. 课文《丁香结》创作背景。（宗璞：《丁香结》，长江少年儿童出版社，2021年）

【实施框架】

（一）学习目标

1. 能正确读写"幽雅""笨拙"等18个词语，并能在具体语言情境中理解运用。

2. 能从阅读中想开去，在诵读、想象画面中，多角度感受丁香花的美，获得个性化审美体验。

3. 能读懂丁香花语，感悟作者生命的价值与意义，感受作品的独特价值，丰富自身的文化底蕴，并能结合生活实际谈自己的理解，以书面形式表达自己的独特感受。

（二）学习情境

"一起来看花，做一个读懂花语的人"，让我们通过"从身边花语说起""从丁香花想开去""从丁香结想开去""借花语诉说心愿"四个学习任务，在读懂花语的过程中，制作花语心愿卡，感悟生命的价值与意义吧！

（三）任务框架

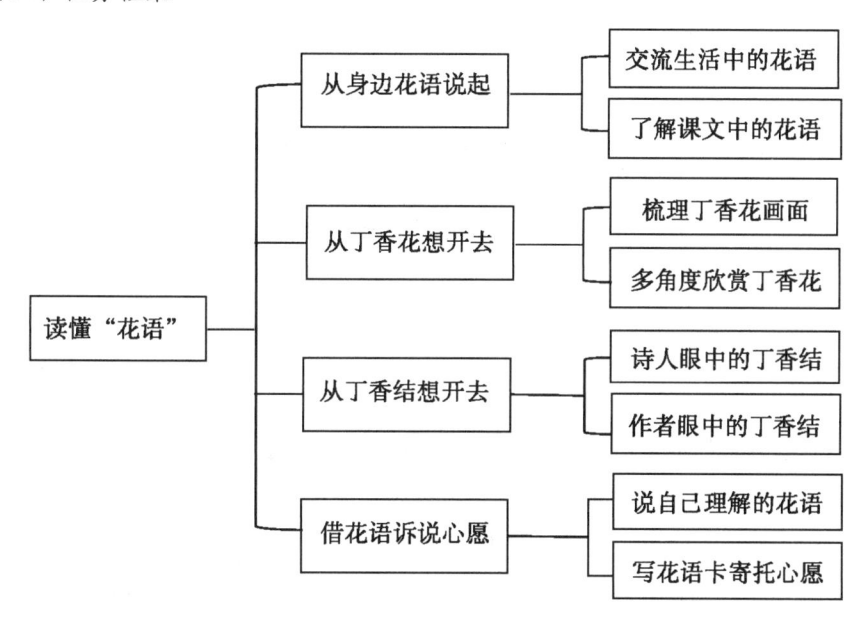

读懂"花语"
- 从身边花语说起
  - 交流生活中的花语
  - 了解课文中的花语
- 从丁香花想开去
  - 梳理丁香花画面
  - 多角度欣赏丁香花
- 从丁香结想开去
  - 诗人眼中的丁香结
  - 作者眼中的丁香结
- 借花语诉说心愿
  - 说自己理解的花语
  - 写花语卡寄托心愿

【任务实施】

任务一：从身边花语说起

（一）学习活动一：交流生活中的花语

1. 明确任务：花，是世间一切美好的象征。对我们而言，花是一种陪伴，一种熏陶，一种装点，这节课就让我们一起来看花，做一个读懂花语的人。

2. 了解花语：花语是人们依据花的特点，理解花所蕴含的精神，借以表达的内心情感或愿望。

3. 交流课前搜集的花语。
预设：月季（向往）、荷花（纯洁）、向日葵（乐观开朗）、水仙（万事如意）。

（二）学习活动二：了解课文中的花语

1. 欣赏丁香图片，谈谈初步印象。
2. 阅读资料，了解花名由来。

丁香花名由来

高濂在《草花谱》中写道："紫丁香花木本，花微细小丁，香而瓣柔，色紫。"这个"丁"字，其实就是"钉"字。丁香花的花筒，细长如钉，十字花朵细小芳香，故名"丁香"。

3. 预习交流，了解花语。

（1）结合预习，用一至二个词语说说丁香花语。

（2）交流预习中提出的疑问。

预设："檐前积雪"指什么？为什么作者觉得丁香照耀着她的文思和梦想？为什么说丁香该和微雨连在一起？为什么说丁香结负担着解不开的愁怨？

任务二：从丁香花想开去

（一）学习活动一：梳理丁香花画面

1. 概览课文，梳理脉络。

（1）带着问题默读课文：作者围绕丁香写了哪些内容？

（2）初读交流，明确课文写"丁香花"和"丁香结"两个方面内容。

2. 聚焦课文，梳理"丁香花图"。

（1）默读第1~4自然段，思考：作者描绘了哪几幅丁香花图？完成作业单。

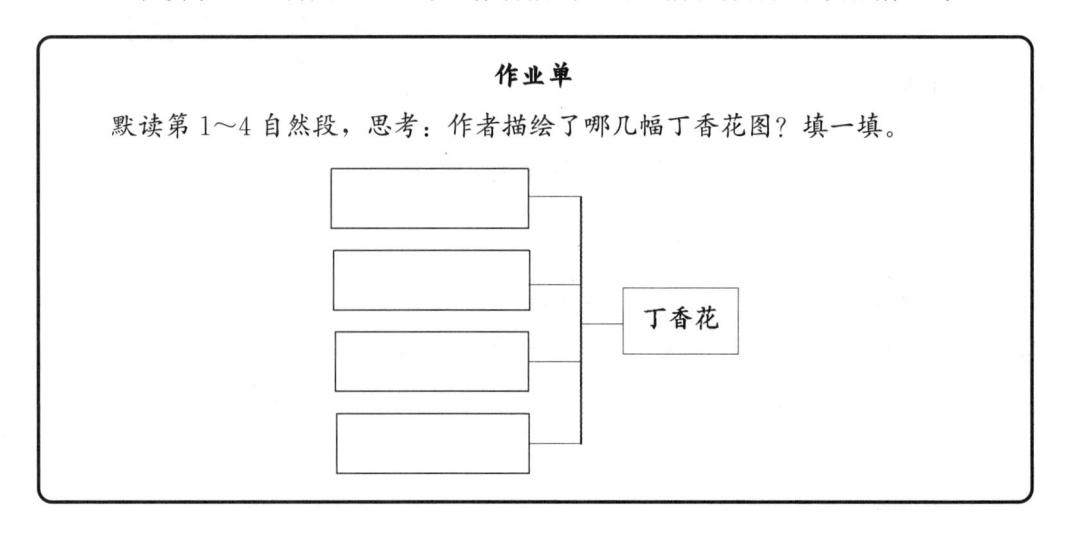

作业单

默读第1~4自然段，思考：作者描绘了哪几幅丁香花图？填一填。

[图示：四个方框连接到"丁香花"]

---

(2)交流并明确写了四幅丁香花图：城里街旁、城外校园里、斗室外、细雨中。

（二）学习活动二：多角度欣赏丁香花

1. 合作探究：作者具体是从哪些方面来描写丁香花的？

(1)分步呈现"自主学习"和"合作交流"两个学习要求。

学习要求

①自主学习

画出描写丁香花的关键语句，并简要批注：这些语句分别从哪些方面描写丁香花，带给你怎样的感受？

朗读所画语句，边读边想象画面。

②合作交流

整理：在黄色词卡上写出不同的描写方面，在白色词卡上摘录相关描写的关键词。

交流：每人选择一个方面，结合相关的描写，在组内交流自己想象到的画面。

分享：各组选一位代表分享自己想象到的画面。

(2)自主学习，做好批注，朗读课文；组内交流、完成并张贴词卡。

作业单	
描写	关键词

(3)全班交流，分享体验。

预设：

①"样子"的交流。

语句：在细雨迷蒙中，着了水滴的丁香格外妩媚……直向窗前的莹白渗过来。

聚焦"细雨迷蒙""妩媚""莹白"，结合欣赏"印象派的画"，想象并感受"雨中丁香"。

②"颜色"的交流。

语句：每到春来，伏案时抬头便看见檐前积雪。

"文学阅读与创意表达"学习任务群　145

聚焦"檐前积雪"想象，理解意思，再深入思考：作者为什么不直接写"看见一片白丁香"，而要用"檐前积雪"这样的描写呢？

③"香味"的交流。

语句：还有淡淡的幽雅的甜香，非桂非兰，在夜色中也能让人分辨出，这是丁香。

聚焦"淡淡的""幽雅的""甜香"想象，再探究：作者为何连用了"淡淡的""幽雅的""甜香"三个词来描写丁香花的香味？

（4）评一评各组的分享。

结合学习评价表，从"整理、交流、分享"三个方面进行综合评价。

2. 朗读体会：作者赏丁香花时有怎样的感受？

（1）情境朗读，交流花语。

师生合作朗读描写丁香花样子、颜色、香味的语句，边读边想象，感受丁香花之美。

交流感受到的丁香花语：生机勃勃、妩媚优雅、冰清玉洁……

（2）合作朗读，发现作者感受。

师生再次合作朗读，教师读描写丁香花的主要语句，学生读描写作者感受的语句。

（3）探究交流，体悟作者感受。

回扣学生预习时提出的问题：丁香花和文思、梦想之间有什么关系？

探究交流，了解丁香花带给作者想象和创作的灵感，感受作者的欢愉。

任务三：从丁香结想开去

（一）学习活动一：诗人眼中的丁香结

1. 结合诗句，了解意象。

（1）讨论交流"阅读链接"中的四句诗句，发现四句诗句中的共同意象。

（2）由"丁香空结雨中愁"，联系作者写雨中丁香的句子，思考：作者提到"丁香确实该和微雨连在一起"的意图是什么？由"雨中愁"推断出微雨中的丁香指代忧愁之意。

（3）再次读句，体会丁香在诗人眼中的花语：忧愁。

2. 勾连课文，读懂意象。

（1）浏览课文，到文中找写"丁香结"的语句，再次体会丁香结意象。

预设：小小的花苞圆圆的、鼓鼓的，恰如衣襟上的盘花扣。

（2）观察实物盘花扣，实验：迅速解开盘花扣上的结，能做到吗？

（3）小结：诗人从丁香的花苞外形，联想自身的愁绪郁结宛如盘结一般，剪不断、理还乱，悟出丁香"愁思"的花语，故名丁香结。丁香花美，丁香结愁，在文学作品中称为：由物象向意象的"变形"。

（二）学习活动二：作者眼中的丁香结

1. 了解作者对丁香结的态度。

找到作者宗璞对丁香结的态度，明确作者认为丁香结就像人生中的问题；从作者的态度想开去，讨论丁香结和人生中的问题两者的相似之处。

2. 探究作者欣赏丁香结的原因。

（1）阅读两则有关宗璞的资料，自主思考。

宗璞生平经历

宗璞，原名冯钟璞，当代优秀女作家，著名哲学家冯友兰之女。宗璞的一生经历了异于常人的磨难——

从小体弱多病做过各种手术。

1977年，母亲撒手人寰。

1982年，小弟——冯钟越身患绝症病逝，年仅50岁。

1990年，父亲去世。一直尽心尽力做父亲的"秘书、管家兼门房，医生、护士带跑堂"，支持父亲完成了巨著。一直坚持写作。

2000年以后，视网膜多次脱落，只能靠口述完成系列文学作品。

2003年，小说《东藏记》获第六届茅盾文学奖。

2004年，丈夫溘然辞世。

完成《西征记》之后，81岁的宗璞两次因头晕住院。

……

《丁香结》创作背景

《丁香结》是作家宗璞的一部散文集，最初发表于百花文艺出版社同名《丁香结》散文集，文章写于1985年。丁香结并不起眼，经历风吹雨打后却能长成纯洁美丽的丁香花。作者以丁香结象征生活中解不开的愁怨，告诉我们既要有赏花的情调，又要有解结的心志，在面对生活中不顺心的事时要乐观、坦然、潇洒地面对。

（2）小组讨论汇总，概括理由，全班交流。

小结：大家的理由都围绕着"乐观""从容""豁达"等关键词，作者通过丁香结向我们传达的积极的生活态度，这就是她眼中的丁香花语。

3. 谈谈自己对丁香结的理解。

(1) 思考：丁香结引发了作者对人生的思考，ABC三位同学也谈了自己的理解，你认同谁的观点？联系自己的生活实际，写一段话，不少于150字。

作业单

丁香结引发了作者对人生的思考，ABC三位同学谈了自己的理解，你认同谁的观点？请结合生活实际，说一说。

A：人在一生中会遇到数不清的磨难，这让人感到忧伤与愁怨。

B：如果人的一生都顺顺利利、心想事成，那么人生也就没有多少乐趣了。

C：每个人在生活中总会遇到一些不顺心的事，一件完了一件又来，但我们的人生也因此变得多彩多姿。

我认同_____同学的观点，因为_____

_____

_____。

---

(2) 独立抒写，全班交流。

(3) 结合学习评价表，进行自我评价。

任务四：借花语诉说心愿

(一) 学习活动一：说自己理解的花语

结合作者理解的丁香花语，再次分享自己心中的丁香花语。

预设：

1. 丁香花蕾好似盘花扣，一旦绽放，清香满园。在我眼中，丁香的花语是勤奋、谦逊。面对困难，她迎难而上；面对成功，她选择默默地优雅绽放。

2. 在我眼中，丁香的花语是奋发向上。生命中都会遇到不幸，比如每年丁香都会面临凋谢或被摧残，但它选择来年开得更加茂盛；人会面临死亡和疾病，在受过打击之后，我们仍然要把生命的每一天都过得有价值，让自己的生命之花怒放。

(二) 学习活动二：写花语卡寄托心愿

1. 欣赏花语心愿卡。

(1) 了解花语心愿卡：花语其实就是人的心语。在现实生活中，人们常常根据自己的内心情感，选择对应的花做成花语心愿卡，运用于生活中的特定场景，用来表达心愿，送上祝福。

(2) 欣赏作品，思考运用的生活场景。

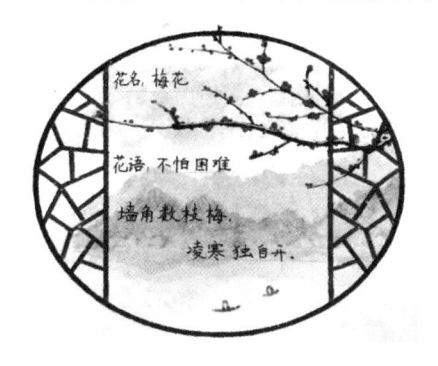

预设：

①学习或生活中遇到困难时，梅花花语心愿卡用以勉励自己克服困难、积极向上。

②水仙在春节期间开放，水仙花语心愿卡可以给自己和家人送上节日祝福。

2. 明确制作要求，尝试制作心愿卡。

制作要求

(1) 根据花的特点读懂花语，用经典的一句话表达，并能合理运用到生活中。

(2) 能依据花的特点设计版面，并进行美化。

3. 分享花语心愿卡。

(1) 组内交流，全班分享。

预设：

我设计了丁香花语心愿卡。丁香的花语是勤奋谦虚。丁香一直努力绽放，花朵娇小可爱，颜色淡雅，并不引人注目，仿佛一个温柔内秀的女子。"努力绽放生命之花，花色淡雅，花如其人。"我想用丁香花语心愿卡勉励自己，做一个勤奋谦虚的人。

我设计的是向日葵花语心愿卡。向日葵，有巨大的花盘，金黄的花瓣，被誉为"太阳之花"。向日葵花语是乐观开朗。"追逐阳光，追求梦想"，向日葵很适合正在努力前行的人。我想用这张花语心愿卡勉励自己乐观开朗、积极向上。

（2）结合学习评价表，从内容和美化两个维度进行自我评价。

【教学现场】

任务三之学习活动二：作者眼中的丁香结

师：在古人的诗句里，"愁怨"成了丁香的花语，丁香结似乎成了丁香的代名词，作者宗璞是怎么看待丁香结的？

生：丁香结年年有，数也数不清，解不完；人生中的问题也数不清，解不完，如果没有这些问题，人生就会平淡无味。

师：作者认为丁香结就像人生中的问题。你们觉得丁香结和人生中的问题这两者有什么相似之处呢？

生：丁香结年年有，人生的问题也年年有。

生：丁香结数不清，人生中遇到的问题也数不清。

生：丁香结解不完，人生中很多问题也解决不了，解决不完。

师：对比古人的诗句和宗璞的想法，你有什么疑问吗？

生：为什么古人觉得丁香结象征愁怨，宗璞却觉得没有结，生活会平淡无味？

生：为什么古人不喜欢丁香结，宗璞却很欣赏丁香结？

师：是的，作者宗璞和古人对丁香结的看法截然不同，这是为什么呢？请大家阅读两则资料，一则是宗璞的生平经历，一则是这篇散文的创作背景。然后在小组内讨论，把你们想到的理由简要概括，写在词卡上。

（生组内交流，填写词卡；小组呈现词卡）

师：大家在交流时，老师发现有两个组都提到了"命运相同""作者和丁香结有相似之处"，请这组代表说一说。

生：因为丁香结很不起眼，经历风吹雨打后却能长成纯洁美丽的丁香花。作者也是从小体弱多病，长大后却通过自己的努力成了作家，他们的经历很像，所以作者很欣赏跟自己很像的丁香结。

师：还有很多组提到了"遇到磨难""饱受挫折""变得乐观""坚强"等，谁来解释？

生：宗璞身体不好，家人又相继离世，身体和生活都不如意，但即使这样，她还是乐观地面对，勇敢地战胜各种挫折，所以她会欣赏丁香结，因为丁香结就像一个个困难、挫折。

师：这儿还有一组提到了"出生优越"，怎么说呢？

生：正因为宗璞出身于书香门第，所以她的见识多、格局大，自小就学会了坦然接受各种挫折和遭遇。

师：大家谈的理由都体现出作者"乐观""从容""豁达"等积极的生活态度，这也正是作者宗璞通过这篇散文，通过丁香结想向我们传达的积极的生活态度，这就是她眼中的丁香结的花语。

师：丁香结引发了作者对人生的思考，三位同学也谈了自己的理解，你认同谁的观点？联系自己的生活实际，写一段话，不少于一百五十字。

（生自主写话，交流分享）

生：我认同C同学的观点，因为每个人在生活中总会遇到一些不顺心的事。记得去年，我学轮滑摔了几次后，就害怕再摔跤，所以放弃了。宗璞遭遇了很多不幸，却说："结是解不完的；人生中的问题也是解不完的，不然，岂不太平淡无味了吗？"所以我要向她学习，决定向别人请教，好好总结经验，把这个"结"解开，我相信一定能收获成长的。

生：我也认同C同学的观点，因为这是很好的挫折教育，人生太一帆风顺，往往经不住小的风浪打击。记得上学期的期末考试，我的成绩考得很不好，我伤心了好久。看到了作者这样乐观的人生态度，我决定好好学习，遇到难题要想办法解决，在平时的作业中做到查漏补缺，我相信自己会进步的。

师：学轮滑失信心，考试考砸，这些人生中遇到的磨难、挫折，就像一个个"丁香结"，然而，正因为这些磨难、挫折，让你们获得了成长，人生变得更丰富多彩。接下来请同学们结合学习评价单，完成自我评价。

（生完成学习评价）

师：作者宗璞从丁香花想开去，感悟到丁香结中蕴含的人生哲理，读懂了花语。我们读《丁香结》，边读边想象美的画面，又联系生活想开去，体会到了人生哲理。从所读的内容想开去，能帮我们获得更多的体验、启示。

【评价设计】

本课评价结合学习任务，紧扣"体会由具体事物引发联想的方法，领悟作者的人生思考"这一核心目标，用清单的形式进行学习评价。详见下表。

《丁香结》学习评价表

任务	学习内容	指标	评价标准 ★★★	评价标准 ★★	评价标准 ★	评价
任务二	合作探究：作者从哪些方面描写丁香花？整理交流想象到的画面。	整理	小组能在黄色词卡上写出三个方面，在白色词卡上各摘录一个关键词。	小组能在黄色词卡上写出两个方面，在白色词卡上摘录关键词。	小组能在黄色词卡上写出一个方面，在白色词卡上摘录关键词。	
		交流	个人能选择一个方面，在组内主动交流自己想象到的画面，能把具体的理由讲清楚。	个人能选择一个方面，在组内交流自己想象到的画面。	个人能在组内交流自己想象到的画面。	
		分享	所有成员都能发表自己的想法，且声音响亮。	三分之二的成员能发表自己的想法，且声音响亮。	二分之一的成员能发表自己的想法。	
任务三	自主完成：针对三位同学的观点，结合生活实际，谈谈自己的理解。	理解	认同C同学观点，能结合生活实际，有条理地说出自己的理解。书写端正，力求美观。	认同C同学观点，能说出自己的理解。书写端正。	认同C同学观点。书写端正。	
任务四	自主完成花语心愿卡。	内容	能根据花的特点写出恰当的花语，能用一句经典的话表达，并能运用于生活实际。	能根据花的特点写出花语，能用一句经典的话表达。	能根据花的特点写出花语。	
		美化	能根据花的特点设计，图文并茂，整体美观。	能尝试根据花的特点设计版面。	能美化版面。	

学生作业示例

> 我认同 __C__ 同学的观点，因为每个人在生活中总会遇到一些不顺心的事。记得去年我学轮滑摔了几次后，很害怕再摔跤，所以就放弃了。现在，我觉得这是很好的挫折教育，人生太一帆风顺，往往经不住小的风浪打击。正如宗璞所言：结是解不完的，人生中的问题也是解不完的，不然，岂不太平淡无味了吗？所以，我决定向别人请教轮滑技术，好好学习，把这个"结"解开。

评价说明：结合学习评价表，这份任务三的作业可以获得三颗星。在三位同学的观点中，A同学面对人生磨难的态度是忧伤和愁怨，B同学认为磨难也是人生乐趣，而C同学是选择坦然面对磨难，让人生变得多彩多姿，所以选择C同学的观点最为贴切。作业中，这位同学能结合自己学轮滑遇挫的经历，结合作者积极乐观的人生态度，写了自己面对人生之结的打算，叙述有条理，书写端正且美观，是一份优秀作业。

【教学反思】

六年级上册第一单元"从阅读的内容想开去"这一语文要素，基于文学阅读中的联想与想象设置。鉴于《丁香结》所具有的审美、文化价值，教师要从语言、意象等要素出发，引领学生深入品鉴和阅读散文。

（一）立足文本，品析语言之美

散文的语言具有明显的清新、淡雅等特征，同时赋予了语言内容极强的审美特征。在"多角度欣赏丁香花"学习活动中，学生从文字入手，借助批注阅读法记录语言现象。在合作探究中，学生借助字词想象画面，学会解读和品析语言的方法，获得丰富的审美体验。

（二）聚焦意象，感悟散文之妙

学生读懂意象，才能真正理解和感悟文章的内涵。在"作者眼中的丁香结"学习活动中，学生了解作者饱受病痛折磨的人生经历，进而体悟丁香结"解不开的忧愁"之意象。文章结尾语言诙谐、极具趣味化，学生能感受到作者豁达的人生态度，以此领会此篇散文的独到之处。

（三）指向关联，体察内心之情

鉴于散文情理交融、情景相依的特征，创设"读懂花语"的学习任务情境，学生将现实生活与散文的主旨关联起来。过程中，学生结合生活实际谈体会，制作花语卡表心愿，能在学习活动中体察作者、自身的内心情感，形成强烈的情感共鸣。

把握以上三点，将"文学阅读与创意表达"任务群的理念落实于文学作品单元的教学中时，还必须注意思考现实情景与文学情境的融合问题，注意鼓励学生在口头交流和书面创作中，运用多样形式呈现作品，表现美、创造美。

（案例撰写者　许志娟　骆可青）

案例2　解密文物
——《金色的鱼钩》教学

【任务分析】

《金色的鱼钩》是六年级上册第四单元的略读课文，本单元的人文主题是"美好品质"。本课重在从不同的角度感受革命先烈崇高的品质，传承并弘扬革命文化。

本单元语文要素是"读小说，关注情节、环境，感受人物形象"。六年级的学生已具备一定的品鉴言语的能力，学生在阅读理解过程中，通过品读描写人物对话和心理的语句，感受革命先烈忠于革命、舍己为人、尽心尽职的形象。

本课属于"文学阅读与创意表达"任务群。学生通过欣赏革命先烈事迹的小说，感受革命先烈伟大的精神世界和人格力量，认识生命的价值。这与学习任务群第三学段"阅读、欣赏革命领袖、革命先烈创作的文学作品，感受革命领袖、革命先烈伟大的精神世界和人格力量，认识生命的价值"的学习内容一致。本课的学习目标是在整体感知、细节融读过程中，感受老班长的革命英雄形象，并尝试表达自己独特的体验与思考。

【学习资源】

（一）图片

红军长征时期的文物图片，如吃剩的半截皮带、泸定桥铁锁链等。（中国人民革命军事博物馆公众号之数字军博）

（二）文本

《聂荣臻回忆录》中关于红军过草地的相关语句。（聂荣臻：《聂荣臻回忆录》，人民出版社，2022年）

（三）影音

1. 纪念长征八十周年公益广告——金色的鱼钩。（央视网）

2. 纪录片《长征》第六集《跨越极限》。（CCTV 节目官网）

【实施框架】

（一）学习目标

1. 能正确认读"威胁""青稞面"等 8 个词语，并能在具体语言情境中理解运用。

2. 能借助思维导图梳理故事情节，了解文章的表达顺序，提升逻辑思维能力。

3. 能关注人物的对话和心理描写，通过讲述、评析的方式交流自己的阅读体验，体会鱼钩的独特价值，并以书面形式表达自己的感受，继承和弘扬坚守信念、无私奉献的革命文化。

（二）学习情境

"中国人民革命军事博物馆"收藏了许多红军长征时期的文物，这些文物背后都有一段动人的故事。在"解密文物"中，让我们通过"整理文物档案""阅读文物故事""记录文物光辉"三个学习任务，感受革命英雄形象，传承并弘扬革命精神。

（三）任务框架

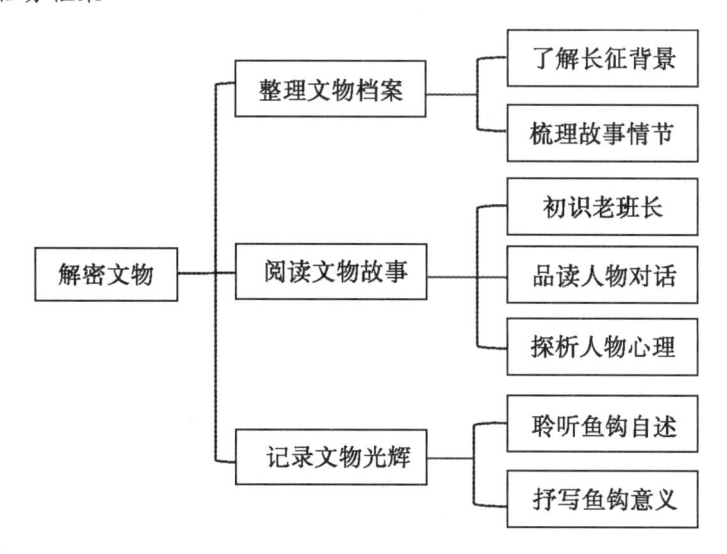

```
                    ┌─ 整理文物档案 ─┬─ 了解长征背景
                    │                └─ 梳理故事情节
                    │
                    │                ┌─ 初识老班长
        解密文物 ───┼─ 阅读文物故事 ─┼─ 品读人物对话
                    │                └─ 探析人物心理
                    │
                    └─ 记录文物光辉 ─┬─ 聆听鱼钩自述
                                     └─ 抒写鱼钩意义
```

【任务实施】

任务一：整理文物档案

（一）学习活动一：了解长征背景

1. 欣赏文物图片，明确任务。

（1）欣赏关于长征的文物图片，了解长征背景。

图1　红军战士在长征途中吃剩下的半截皮带

图2　泸定桥铁索链

（2）聚焦锈迹斑斑的"鱼钩"，明确任务：走近鱼钩的主人，一起来解密这件文物。

2. 谈谈"松潘草地"的环境。

（1）回顾课文《桥》《穷人》，明确小说三要素：人物、情节、环境。

（2）聚焦环境：交流搜集的红军长征"过草地"的资料。

预设：松潘草地有大片沼泽；松潘草地环境极为恶劣；红军粮食紧缺。

3. 了解"饥饿威胁着我们"的原因。

（1）观看视频《跨越极限》，思考："饥饿威胁着我们"的原因是什么？

（视频内容）松潘草地纵横600里，面积15200平方千米，平均海拔3500米以上，气候恶劣，时而风雪，时而冰雹，变幻莫测。没有道路，没有人烟，没有干净的水，没有可吃的东西，随时可能出现沼泽沉陷，稍不留神就会陷入泥潭。这里到处充满了危险，却不知道危险在哪里……红军进入草地后，只好用野菜、草根甚至皮带充饥，然而并不是所有的草都是能吃的。

（2）全班交流，分享体验。

预设：气候恶劣、粮食紧缺；没有道路、没有人烟。

小结：松潘草地环境恶劣，这也为"金色鱼钩"这件文物的故事埋下了伏笔。

（二）学习活动二：梳理故事情节

1. 合作探究：课文围绕鱼钩写了哪些内容？

（1）阅读作业单上的鱼骨图，谈谈自己的发现。

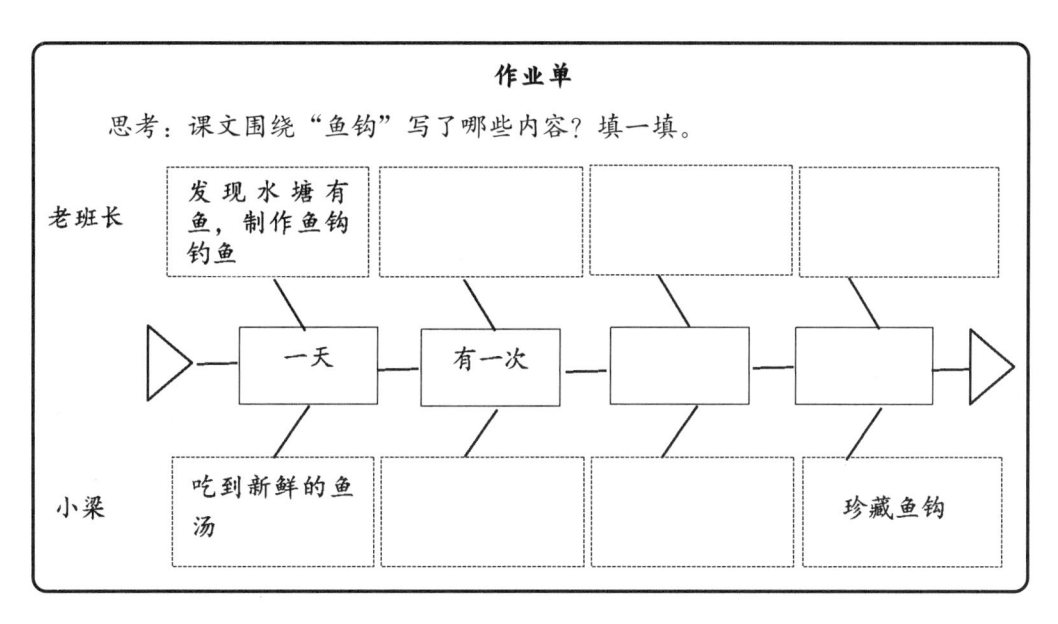

作业单

思考：课文围绕"鱼钩"写了哪些内容？填一填。

老班长	发现水塘有鱼，制作鱼钩钓鱼			
	一天 — 有一次 — ☐ — ☐			
小梁	吃到新鲜的鱼汤			珍藏鱼钩

预设：中间一行填时间词，上面一行填关于老班长的内容，下面一行填关于小梁的内容。

（2）分步呈现"自主学习"和"交流分享"两个学习要求。

学习要求

①自主学习

梳理：填写作业单上关于老班长和小梁的故事情节。

②交流分享

交流：组内交流，补充完善。

分享：各组选一位代表分享梳理的情节。

（3）自主学习，梳理情节；组内交流，补充完善。

（4）全班交流，分享梳理的情节。

小结：借助作业单，我们梳理了故事情节，了解了课文围绕"鱼钩"写了老班长和小梁之间的故事。

2. 借助作业单交流：课文讲了一个怎样的故事？

3. 根据评价表，从梳理、交流、分享三个方面进行综合评价。

任务二：阅读文物故事

（一）学习活动一：初识老班长

1. 思考：小说中的老班长给你留下了什么印象？

"文学阅读与创意表达"学习任务群　157

（1）自主学习：用一两个词来描述老班长的形象，写在课题边上。

预设：苍老、饱经风霜、舍己为人、尽心尽职、忠于革命。

（2）全班交流写下的词语，说一说自己的感受。

预设：

①老班长很苍老，他饱经风霜。他的背有点儿驼，脸上布满了皱纹，可见他平时非常辛苦。

②老班长处处为他人着想，舍己为人。他自己吃鱼骨，让战士们喝鱼汤。他嚼着鱼骨和草根然后硬咽下去的模样，真令人心疼。

③老班长尽心尽职地照顾战士们，他临终前心心念念的还是战友。

2. 思考：这么多的感受，是通过哪些方面来描写概括的？

预设：外貌、动作、语言。

（二）学习活动二：品读人物对话

1. 合作探究：小说写了一位怎样的老班长？请大家找找描写人物对话的句子。

（1）呈现学习要求。

学习要求

①自主学习。

画出人物对话，体会老班长的形象，做做批注。

②小组合作。

组员互相交流，并补充、修改。

选派一名组员选择一处对话进行全班交流。

（2）自主学习；组内交流。

（3）全班交流，分享感受。

预设：

①有一次，我禁不住问他："老班长，你怎么不吃鱼啊？"他摸了摸嘴，好像回味似地说："吃过了。我一起锅就吃，比你们还先吃呢。"

聚焦"我一起锅就吃，比你们还先吃呢"，结合老班长的动作和神态"摸了摸嘴，好像回味似地说"，感受老班长舍己为人的品质。

②我再也忍不住了，抢着说："老班长，以后我帮你一起找，看得见。"……老班长突然严厉地说："共产党员要服从党的分配。你的任务是坚持走路，安定两个小同志的情绪，增强他们的信心。"

聚焦"严厉",想象老班长说话时的语气,感受老班长对战友的关心。

③ "老班长,你吃啊!我们抬也要把你抬出去!"我几乎要哭出来了。"不,你们吃吧,你们一定要走出草地去!见着指导员,告诉他,我没完成党交给我的任务,没把你们照顾好。看,你们都瘦得……"

聚焦"一定要走出草地",感受老班长临终之际,对战士们的鼓励和关心。

④ 第6~19自然段小梁与老班长的连续性对话。

关注老班长的情绪变化,感受他舍己为人、尽心尽职、忠于革命的品质。

2. 结合评价表进行评价。

小结:小说对老班长的语言进行了直接细致的刻画,这样的描写被称为正面描写。

(三)学习活动三:探析人物心理

1. 思考:除了人物对话,文中还有关于小梁的心理描写,想一想,这些描写对刻画老班长有什么作用?

2. 同桌交流,互相补充。

3. 全班交流,分享体会。

预设:

(1) 我觉得好像有万根钢针扎着喉管。

聚焦"万根钢针扎着喉管",想象并感受老班长啃食鱼骨的艰难,体会小梁此时"感同身受"的心情。

(2) 我端起搪瓷碗,觉得这个碗有千斤重,怎么也送不到嘴边。

聚焦"怎么也送不到嘴边",体会小梁内心复杂的情绪,再思考:小小的搪瓷碗为何在小梁眼里有"千斤重"?

(3) 可是我的心里好像塞了铅块似的,沉重极了。

聚焦"塞了铅块似的""沉重极了",体会小梁知道老班长吃鱼骨的真相后不忍心喝下鱼汤的心情。

(4) 我蹲在水边,心里不停地念叨:"鱼啊!快些来吧!这是挽救一个革命战士的生命啊!"

体会老班长是战士们的精神支柱,因为他尽心尽职地照顾战士们,所以小梁迫切地想挽救他的生命。

小结:这一部分,没有直接写老班长,而是通过对小梁的心理描写,侧面烘托了老班长对战士的关爱之情,这样的描写称为侧面描写。正面描写和侧面描写,让老班长的形象更加立体,让人印象深刻。在塑造人物形象时,我们也可以用上这样的描写方法。

任务三：记录文物光辉

（一）学习活动一：聆听鱼钩自述

1. 阅读《聂荣臻回忆录》中关于过草地的内容，谈谈自己的感受。

聂荣臻回忆录（节选）

过草地那些日子，天气是风一阵雨一阵，身上是干一阵湿一阵，肚里是饱一顿饥一顿，走路是深一脚浅一脚。软沓沓，水渍渍，大部分人挺过来了，不少人却倒下去了。

全班交流，体会红军过草地的艰难。

2. 探究《金色的鱼钩》拟题之妙。

（1）思考：围绕老班长可以取什么题目？

预设：老班长；纪念老班长；舍己为人的老班长。

（2）观看视频《金色的鱼钩》，思考：课文为什么以《金色的鱼钩》为题？

（视频内容）那天，老班长把我从一根针变成了鱼钩。我们一起爬雪山、过草地，从他的手中，到一双双手中，我看到了太多悲喜。走完那段路，我不再是普通的鱼钩，我和那段长征路，在这里，在每个人的心中，代代传颂。历史不仅只被陈列，精神应当世代传承。

（二）学习活动二：抒写鱼钩意义

1. 抒写对题目《金色的鱼钩》的理解。

（1）思考：听了鱼钩的自述，你知道课文为什么以《金色的鱼钩》为题了吗？写写自己的想法。

作业单

联系课文内容，结合视频资料，写出你对《金色的鱼钩》这个题目的理解。

_____

_____

_____

（2）独立练笔，全班交流。

2. 结合评价表进行自我评价。

【教学现场】

任务一：整理文物档案

师："中国人民革命军事博物馆"收藏了许多红军长征时期的文物，我们一起来看一看。

(呈现红军长征时期的文物)

师：博物馆中还收藏了一枚长满红锈的鱼钩，它诉说着红军过草地时动人的故事。让我们走近鱼钩的主人，一起来解密这件文物。本单元我们学了《桥》和《穷人》两篇小说，你们知道小说的三要素是什么吗？

生：小说的三要素是人物、情节、环境。

师：情节和环境对于人物形象的塑造非常重要。这篇小说的环境是什么？

生：无边的草地。

师：说说你搜集的关于红军长征"过草地"的资料。

生：红军过草地的地方是松潘草地，那里有大片沼泽，一不小心会陷入泥潭中。

生：松潘草地气候变幻莫测，时而风雪，时而冰雹，环境极为恶劣。当时红军粮食紧缺，只能找野菜充饥。

师：我们一起来看《长征》纪录片中关于红军过草地的资料。想一想"饥饿威胁着我们"的原因是什么？

(生观看视频，交流汇报)

生：松潘草地荒无人烟，没有粮食供给。

生：松潘草地没有干净的水，没有可吃的东西，有些草有毒。

师：松潘草地环境恶劣，红军战士们面临最大的困难是粮食紧缺，这也为"金色鱼钩"这件文物的故事埋下了伏笔。

师：课文围绕鱼钩写了哪些内容？首先请同学们自主阅读作业单上的鱼骨图，谈谈自己的发现。

生：中间一行填的是表示时间的词，我们可以按照这四个时间来进行梳理。

生：上面与时间对应的是老班长的故事，下面对应的是小梁的故事。

师：接下来，请同学们自主填写作业单上关于老班长和小梁的故事情节，填写好后，先组内交流，再选代表分享交流。

(生自主学习，小组交流；全班交流)

生：有一次老班长"吃草根和鱼骨并要求小梁保密"，小梁"发现老班长的秘密，心里难过得说不出话来"。第二天老班长"自己舍不得喝鱼汤，鼓励小梁养好身体走出草地"，小梁"心里沉重极了"。这天上午老班长"光荣牺牲"。

师：这个小组能梳理完整故事情节，真了不起，请其他小组来交流。

生：有一次老班长"吃剩鱼骨"，小梁"发现秘密"，老班长"命吃鱼汤"，小梁"含泪喝下"，最后老班长"壮烈牺牲"，小梁"珍藏鱼钩"。

师：你们小组很会思考！概括非常简洁。借助作业单，我们梳理了故事情节，了解了课文围绕"鱼钩"写了老班长和小梁之间的故事。你能结合事情发生的时间、地点等说一说课文讲了一个怎样的故事吗？

生：1935年秋天，红四方面军进入草地，炊事班长接受任务照顾三个病号。一天，老班长发现水塘有鱼，便用缝衣针制作鱼钩钓鱼，小梁他们喝到了新鲜的鱼汤。有一次小梁发现老班长吃鱼骨的秘密，老班长要求他保守秘密。老班长命令小梁喝鱼汤坚持走出草地，小梁含泪喝下鱼汤，心里很沉重。一天上午，老班长因为体力不支光荣牺牲，小梁决定珍藏这枚鱼钩。

师：大家会学习，懂合作，现在请结合评价表，评一评自己和小组的表现吧。

（生完成评价）

【评价设计】

任务一：课文围绕"鱼钩"写了哪些内容？小组合作梳理故事情节，填写作业单。

表1　梳理故事情节评价表

内容	评价标准			评价
	★★★	★★	★	
梳理	个人能正确填写所有内容。（时间、有关老班长和小梁的情节）	个人能填写所有内容，基本正确。	在合作交流的基础上，个人能全部正确填写。	
交流	个人能依据情节图，在组内交流故事内容，完整清楚。	个人能依据情节图，在组内交流故事内容，基本完整。	个人能依据情节图，在组内交流故事内容。	
分享	小组成员代表概括情节简洁明了，声音响亮。	小组成员代表概括情节比较简洁，声音响亮。	小组成员代表概括情节比较简洁。	

任务二：小组合作，研读描写老班长与小梁之间的对话，探究老班长的形象。

表 2　探究老班长形象评价表

评价标准			评价
★★★	★★	★	
个人能在文中找到 3～4 处对话。能主动交流，能整合成员的想法，批注做到简洁明了。	个人能在文中找到 2 处对话。能在交流的基础上结合成员的想法修改批注。	个人能在文中找到 1 处对话，在组内交流的基础上尝试修改批注。	
小组成员能借助关键词有条理地表达感受，表达流畅且声音响亮。	小组成员能交流阅读感受，有条理且声音响亮。	小组成员交流时，个别地方讲述需再清晰。	

任务三：联系课文内容并结合视频《金色的鱼钩》，写一写课文以《金色的鱼钩》为题的原因。

表 3　抒写鱼钩意义评价表

评价标准			评价
★★★	★★	★	
能联系课文和相关资料，体现鱼钩是小说的线索，象征老班长的可贵品质，见证了红军过草地的英雄历程，传承了革命精神。书写端正，力求美观。	能联系课文内容，体现鱼钩是小说的线索，象征老班长的可贵品质。书写端正。	内容能体现鱼钩是小说的线索，象征老班长的可贵品质。	

学生作业示例

作业单

联系课文内容，结合视频资料，写出你对《金色的鱼钩》这个题目的理解。

鱼钩是小说的线索，它见证了老班长尽心尽职照顾病号的英雄历程，闪耀着老班长舍己为人、忠于革命的金色光芒。同时鱼钩也见证了红军过草地的艰难历程，是长征精神的缩影。

"文学阅读与创意表达"学习任务群

评价说明：这份作业可获得三颗星。首先，这位同学能联系课文，体会鱼钩是小说的线索，它闪耀着老班长舍己为人、忠于革命的精神品质；其次，他能结合视频资料，写出鱼钩见证了红军战士过草地的艰难历程，是长征精神的缩影。该作业叙述有条理，书写美观，是一份优秀作业。

【教学反思】

"文学阅读与创意表达"学习任务群第三学段的学习内容是"阅读表现革命领袖、革命先烈的文学作品，感受他们伟大的精神世界和人格力量"。本课的"解密文物"任务促进了学生了解文物故事、感知人物形象的能力，并运用讲述、评析等方式，交流自己的情感体验。

（一）资料铺垫，拉近时空距离

革命文化题材的文章一般有丰富的影视资源，充分利用影视资源，能降低学习难度，激发学习兴趣。在"了解长征背景""记录文物光辉"学习活动中，借助视频等资料，学生进一步了解了红军过草地的艰难，进而感受到革命先烈崇高的精神品质。

（二）立足文本，感受人物形象

在"阅读文物故事"学习活动中，学生通过研读人物的对话，体会正面描写的方法，直观地感受老班长舍己为人、尽心尽职的崇高品质。通过研读小梁的心理活动，体会侧面描写的方法，进一步感受革命先烈伟大的精神世界和人格力量。

（三）聚焦课题，体会拟题之妙

在"记录文物光辉"学习活动中，学生联系课文内容并结合视频资料，感知鱼钩见证了老班长照顾病号的英雄历程，是整个长征精神的缩影，并创意地表达了课文以"金色的鱼钩"为题的原因，体会小说的拟题之妙。

虽是小说，但《金色的鱼钩》是根据真实事件改编的。在教学中，可以提供故事原型，帮助学生更好地理解"鱼钩"这件文物的意义，激发学生抚今追昔、倍加珍惜的情感。

（案例撰写者　郑春霞）

案例3 为家乡春节代言
——《北京的春节》教学

【任务分析】

《北京的春节》是六年级下册第一单元第一篇课文。本单元人文主题是"十里不同风,百里不同俗"。作者用充满浓郁"京味儿"的语言,为我们展开一幅老北京民俗画卷。学习本课,有利于学生了解北京春节的传统民俗文化,激发学生对民俗文化的热爱之情。

本单元语文要素为"分清内容的主次,体会作者是如何详写主要部分的"。学生在五年级上册第八单元已经学习"阅读时注意梳理信息,把握内容要点",因而分清主次内容对于六年级学生而言有一定基础,重点是通过品读语句、想象场景等方法开展探究活动,懂得如何确定详略,并运用具体方法把主要部分写详细,感受语言文字的丰富内涵。

本课属于"文学阅读与创意表达"学习任务群。"体会如何详写主要部分"这一语文要素,是基于本学习任务群第三学段中"阅读表现人与社会的优秀文学作品,走进广阔的文学艺术世界,学习品味作品语言"的内容而设置的,旨在引导学生明白详略安排得当的价值,并能在语言实践中详写主要内容,尝试有创意地表达。

【学习资源】

1. 冰心《童年的春节》。(冰心:《冰心青少年文库·我的童年》,江苏科学技术出版社,2013年)

2. 梁实秋《过年》。(梁实秋:《梁实秋散文集》,时代文艺出版社,2015年)

【实施框架】

(一)学习目标

1. 利用形近字拓展的方法积累"蒜""醋"等15个生字,借助工具书积累"万象更新""无暇顾及"等词语,引导学生学会主动积累、梳理、整合语言文字,形成丰富的语言经验。

2. 能借助图表梳理课文内容,了解北京春节的传统习俗文化,并通过品读重点语句、想象场景等方法感受北京春节浓浓的年味,激发学生积极参与社会文化生活的兴趣，在感受传统文化之美的同时，产生对传统民俗文化的热爱之情。

3. 能联结"交流平台"，体会详略安排得当的好处，探究运用多角度描写场景的方法，突出重点、写出特点，并能联系生活实际迁移运用，学习有创意地表达自己对传统习俗文化的感受。

（二）学习情境

学校要开展以"为家乡春节代言"为主题的优秀民俗文化宣传活动，我们一起来学习有关春节的传统习俗文化，举办家乡春节习俗文化展，向其他地区的人介绍家乡特有的春节习俗吧！

（三）任务框架

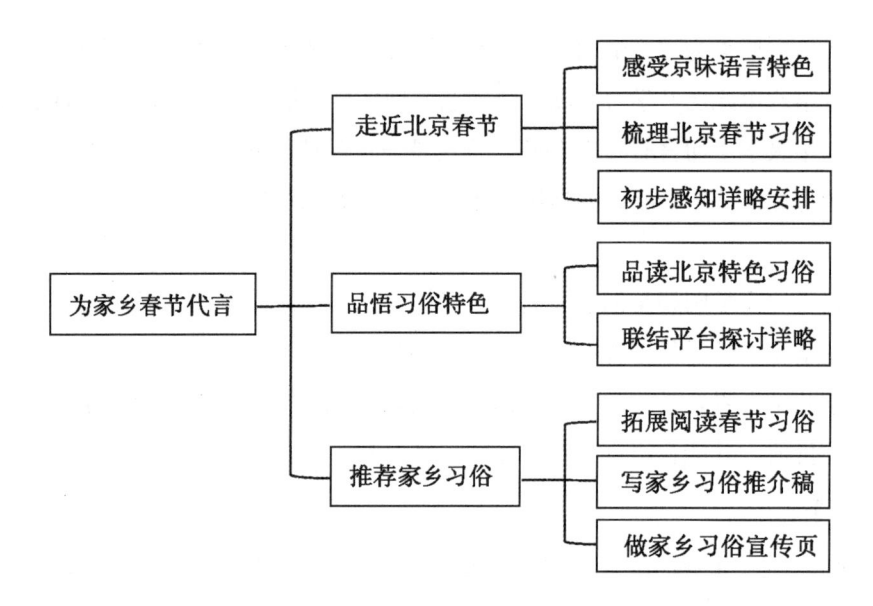

```
                        ┌─ 走近北京春节 ─┬─ 感受京味语言特色
                        │                ├─ 梳理北京春节习俗
                        │                └─ 初步感知详略安排
为家乡春节代言 ─────────┼─ 品悟习俗特色 ─┬─ 品读北京特色习俗
                        │                └─ 联结平台探讨详略
                        └─ 推荐家乡习俗 ─┬─ 拓展阅读春节习俗
                                         ├─ 写家乡习俗推介稿
                                         └─ 做家乡习俗宣传页
```

【任务实施】

任务一：走近北京春节

（一）学习活动一：感受京味语言特色

1. 创设情境："百里不同风，千里不同俗"，中华民族数千年历史的积淀丰养了优秀的中华传统文化，这是属于每一位中华民族后人的宝贵财富。寒假里，同学们过了一个年味十足的春节，大家都感受到了中华大地不同民俗文化的魅力。（播放同学们过年照片或视频）

2. 明确任务：学校正要开展以"为家乡春节代言"为主题的优秀民俗文化宣传活动。该怎样把家乡特有的春节习俗介绍给大家呢？让我们一起走进《北京的春节》，在感受春节民俗文化的同时，向大作家借智慧，学习介绍家乡春节习俗的好方法。

3. 大声自由地朗读全文，读准字音，感受语言特色。
（1）呈现学习要求。

学习要求

①借助拼音读准"贩""浒"等字音，辨析"醋""宵""轿"等字形。
②圈出文章中带有京味的词语，体会语言特点。

（2）学生独立学习。
（3）全班交流。

预设：
①读准字音：读准"贩"fàn，"浒"hǔ。区分"醋""宵""轿"的字形。
②读一读京味儿词语"零七八碎儿、杂拌儿、玩意儿"等，比较与平常用语的不同，体会北京话儿化音地方特色。
③补充阅读老舍先生对自己语言文字的评价，找出课文其他相关语句读一读。

我不论写什么，总希望能够信赖大白话；即使是说明比较高深一点的道理，我也不接二连三地用术语与名词，我还保持着我的"俗"与"白"。

——老舍

讨论小结：老舍先生曾说"从生活中找语言，语言就有了根"。他笔下这独具北京地方特色的语言，承载着北京人对幸福生活的向往，对美好生活的期待。在老舍先生平实、简练的语言背后，折射出北京人的一种生活心态和美好心境。

（二）学习活动二：梳理北京春节习俗

《北京的春节》为我们展现了北京春节的哪些习俗活动呢？

1. 明确学习要求。

学习要求

（1）默读课文，圈出文中重要的时间节点的词语，并画出每个时间点的习俗活动。
（2）将时间轴导图补充完整，并把时间点和习俗活动填在方框里。

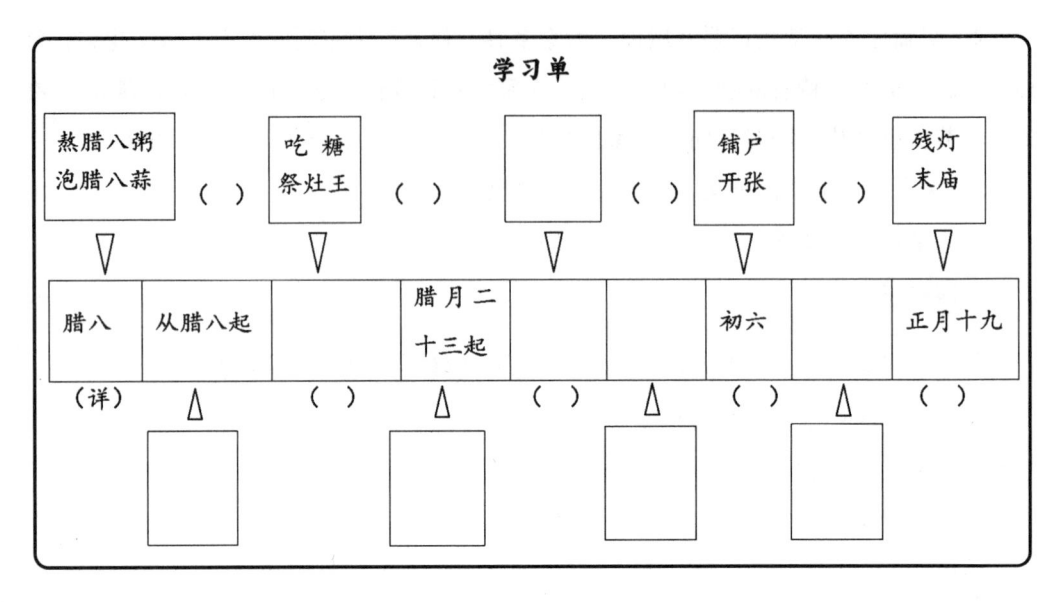

```
                           学习单

   ┌─────────┐      ┌─────┐    ┌─────┐    ┌─────┐    ┌─────┐
   │熬腊八粥 │      │吃 糖│    │     │    │铺户 │    │残灯 │
   │泡腊八蒜 │ ( )  │祭灶王│( ) │     │( ) │开张 │( ) │末庙 │
   └────┬────┘      └──┬──┘    └──┬──┘    └──┬──┘    └──┬──┘
        ▽              ▽          ▽          ▽          ▽
   ┌────────┬────────┬──────────┬────────┬────────┬──────────┐
   │ 腊八   │从腊八起│          │腊月二  │  初六  │ 正月十九 │
   │        │        │          │十三起  │        │          │
   │(详)   │        │          │        │        │          │
   └────────┴───△────┴────△─────┴───△────┴───△────┴────△─────┘
               ( )         ( )       ( )      ( )        ( )
            ┌──────┐   ┌──────┐  ┌──────┐ ┌──────┐
            │      │   │      │  │      │ │      │
            └──────┘   └──────┘  └──────┘ └──────┘
```

2. 自主学习，完成学习单。

3. 全班交流。

预设：

(1) 从腊八起：小孩买杂拌儿、爆竹、各种玩意儿，大人预备过年吃的、喝的、穿的、用的；

(2) 腊月二十三：祭灶王；

(3) 腊月二十三起：大扫除，准备过年的东西；

(4) 除夕：做年菜、穿新衣、贴对联、放鞭炮、吃团圆饭、守岁、祭祖；

(5) 正月初一：男人出门拜年、女人在家待客、孩子逛庙会；

(6) 元宵：观花灯、放鞭炮、吃元宵。

小结：北京的春节时间跨度长，民俗活动多。按照时间顺序，再现北京春节。

（三）学习活动三：初步感知详略安排

思考：北京的春节有那么多习俗，老舍先生又是如何安排这些内容的详略呢？

1. 结合文章相关段落，完善学习单，在括号里填上内容的详或略。

2. 学生浏览全文，完善时间轴导图。

3. 全班交流。

(1) 展示不同的时间轴导图，比较、交流详略安排的不同。

预设：

①文字多不一定是详写，文字少不一定是略写。

②将一个节日的习俗内容介绍得具体、丰富就是详写。

（2）明确时间轴导图中每个时间点的详略安排。

预设：

①详写的时间点是"腊八、腊月二十三、除夕、初一、元宵"。

②略写的时间点是"从腊八起、腊月二十三起、初六、正月十九"。

4. 根据"时间轴导图"评价表，对学习单进行自评。

任务二：品悟习俗特色

（一）学习活动一：品读北京特色习俗

1. 浏览全文，组内讨论：北京的春节给你留下怎样的印象？

预设：年前的忙碌期待，除夕的团圆热闹，初一的欢乐祥和，元宵的喜庆美好……

2. 小组合作学习，感受北京春节的特色。

为什么老舍先生的描写会让你印象如此深刻？选择其中一天的习俗活动来重点品读。

学习要求

（1）确定组内研读的习俗内容。

（2）根据相关段落，对关键词句进行批注，完成学习单。

（3）组内交流，准备汇报。

3. 全班交流学习单。

（1）聚焦"元宵节"。

时间点	元宵节（正月十五）	
相关习俗	挂花灯、放花炮、吃元宵。	
令我印象深刻的原因	喜庆美好	描写方法：人们的各种活动、花灯的各种图案、款式等多角度描写。

预设：

①作者从灯的材质、图案和造型等角度，描写元宵张灯结彩的场面。

②"一律""清一色""都是""通通""全部"，体现语言的丰富性。

（2）聚焦"除夕夜"。

时间点	除夕夜	
相关习俗	做年菜、贴对联年画、穿新衣、放鞭炮、守岁、祭祖……	
令我印象深刻的原因	热闹	描写角度①：嗅觉，到处是酒肉的香味；视觉，喜庆的对联年画、穿红戴绿的男女老少、家家灯火通明；听觉，鞭炮声日夜不绝。（感觉）
		描写角度②：家家、老少男女、哪一家、外面做事的人。（人物）

预设：仅除夕一天，作者写了很多风俗活动。文章从年的味道、色彩、声音、情感等多角度记录了老北京人过除夕的场景，给人留下了"除夕真热闹"的印象。

（3）聚焦"正月初一"。

时间点	正月初一	
相关习俗	拜年、待客、摆摊儿、逛庙会。	
令我印象深刻的原因	欢乐祥和	描写角度：抓住不同人物和各种活动进行描写。

预设：作者从人物多角度"男人、女人、小贩、小孩"和活动多角度"拜年、待客、摆摊、逛庙会"写出北京人过年时浓浓的年味、趣味、喜庆味，从而表现北京人过春节时的美好心情。

（4）聚焦"腊八节"。

时间点	腊八节（腊月初八）	
相关习俗	熬腊八粥、泡腊八蒜。	
令我印象深刻的原因	忙碌、热闹	描写角度①：腊八粥食材丰富。
		描写角度②：腊八蒜色味双美。

预设：三个"各种"说明食材丰富，百姓生活富足。"色如翡翠""色味双美"说明腊八蒜色美、味美。

4. 根据习俗学习单评价表，进行自评和同伴评。

（二）学习活动二：联结平台探讨详略

1. 阅读《交流平台》，结合课文、学习单，小组合作讨论：作者为什么详写腊八、腊月二十三、除夕、正月初一和元宵这几天？

2. 小组讨论，全班交流。

预设：

（1）腊八、腊月二十三、除夕、正月初一和元宵具有北京地方特色，所以详写。

（2）其他日子地方特色不突出，所以略写。

（3）这样的详略安排更能凸显北京春节的地方特色。

3. 小结：将最能凸显文章主题的内容进行详写，关系次要的略写。这样能让读者感受到作者想要表达的主要思想，也能让读者对重点内容留下深刻印象。

任务三：推荐家乡习俗

（一）学习活动一：拓展阅读春节习俗

1. 学习课后阅读链接，比较不同地域的春节习俗。

（1）默读"阅读链接"，对比《北京的春节》除夕部分，文章记录的习俗有什么相同点和不同点？

（2）自主阅读，交流思考结果。

预设：

①相同点：都要吃团圆饭，这有团圆幸福的美好寓意。

②不同点：详写内容不同——斯妤的《除夕》详写腊月二十九围炉的习俗，课文中关于除夕只有"做年菜""吃团圆饭"；描写角度不同——《除夕》是写自家人的忙碌与幸福，课文全方位介绍除夕那天北京的热闹与喜庆。

2. 开展群文阅读，拓展了解各地习俗。

（1）自主阅读：浏览冰心《童年的春节》和梁实秋的《过年》，圈画不同地方的春节习俗。

（2）集体交流：这两篇文章中哪个春节习俗给你留下深刻印象，为什么？

预设：

①《童年的春节》中，孩子们可以从自己"姥姥家"得到灯笼。元宵之夜，大家都点起灯笼，真是"花市灯如昼"，非常壮观。

②《过年》中磕头拜年、做年菜的习俗。"满缸的馒头，满缸的腌白菜，满缸的咸疙瘩"让人印象深刻。

3. 联系生活实际，说说家乡春节风俗。

回忆刚刚过去的春节，说说家乡有哪些特有的春节习俗？

预设：温州初一凌晨要放开门炮；东阳人从腊月初一开始抲年鬼；绍兴人会在除夕之前选一天举行一次大祭典……

（二）学习活动二：写家乡习俗推介稿

1. 在课文学习中，我们了解了老北京人丰富多样的过年习俗，以及对春节的重视。在我们的家乡，人们过年又是怎样的呢？会不会有截然不同的习俗呢？请你搜集描绘或介绍家乡过年场面的文章、绘画等作品，也可以是与之相关的戏剧、纪录片等影视资料，完成一份有趣的《春节风俗调查表》。

家乡春节习俗调查表		
调查地区：	调查人员：	调查方式：
风俗名称	风俗简介	相关资料

2. 按照构思建议写一写。

《家乡春节风俗》构思建议		
步骤	选择家乡春节某一个风俗	记录参加风俗活动的经历
（1）	查阅资料或询问家人，深入了解家乡春节这一习俗，梳理习俗特点和来历信息。	
（2）	思考这种习俗的特点是什么，可以分几个方面进行介绍，重点应该介绍什么。	回忆自己参加这一风俗活动的过程，回想当时的活动现场，以及自己在活动中多方面的表现和见闻。
（3）	想一想自己对这个风俗或参加风俗活动的真实感受。	

3. 集体交流，评价修改家乡春节习俗推介文稿。

4. 根据评价表，进行自评。

（三）学习活动三：做家乡习俗宣传页

1. 制作家乡春节习俗宣传页。

（1）按介绍地区分组，整合家乡习俗推介文稿。

（2）小组合作，按模板完成家乡春节习俗宣传页。

作业单

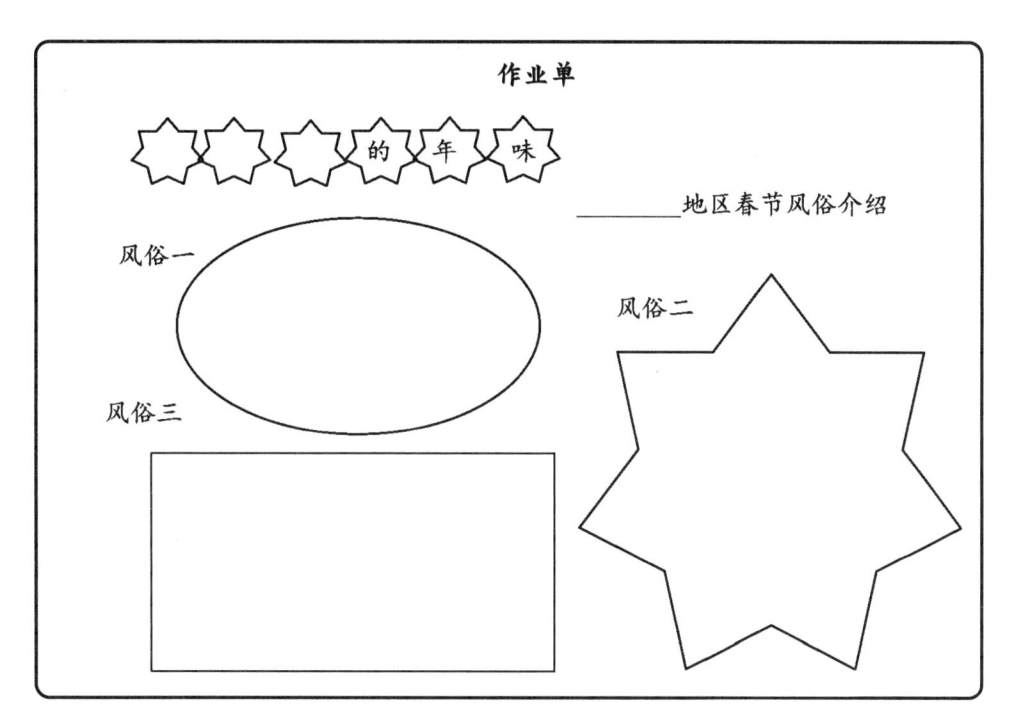

☆☆☆的年味

_____地区春节风俗介绍

风俗一

风俗二

风俗三

2. 全班交流参观,根据评价标准,评选优秀作品。

【教学现场】

任务二之学习活动一:品读北京特色习俗

师:北京的春节给你留下怎样的印象?

生:热闹、喜庆、欢乐、祥和、美好、幸福……

师:下面请同学们按照学习要求,先确定组内研读的习俗内容,找到相关段落,对关键词句进行批注,完成学习单,再进行组内交流,准备汇报。

(生自主学习,全班交流)

生:这么多时间点,老舍先生觉得最有意思的是元宵节。因为文中说了,除夕虽然热闹,可是没有月光,元宵节恰好是明月当空;大年初一是体面的,家家门前贴着鲜红的春联,人们穿着新衣裳,可是它还不够美,元宵节处处悬灯结彩,整条大街像是办喜事,火炽而美丽。

师:是啊,老舍先生笔下的元宵节就是火炽而美丽的。他是怎样向读者展示元宵的火炽美丽的呢?

生:老舍先生描写北京的元宵节,主要写了挂花灯、放花炮、吃元宵这几种习俗活动。

生：老舍先生主要是通过描写张灯结彩的热闹场面来展示元宵节的火炽和美丽。

师：作者是怎样把张灯结彩的场面写具体让我们印象深刻呢？根据学习要求先自己读课文。

(生自主学习；小组交流；全班汇报)

生：我觉得作者描写元宵节张灯结彩的场面时，特别具体地描写了各种材质的花灯。从"有名的老铺户都要挂出几百盏灯来：有的一律是玻璃的，有的清一色是牛角的，有的都是纱灯"这句话中可以看到，作者写了玻璃、牛角、纱三种材质的灯笼。

生：作者写元宵节的灯笼除了有不同材质，还有不同图案。从"有的通通彩绘《红楼梦》或《水浒传》，有的图案各式各样"中可以看出来。

生：元宵节的灯笼，还有不同的式样，从"走马灯、宫灯、各形各色的纸灯，还有纱灯，里面有小铃，到时候就叮叮地响"中可以看出，北京人的元宵灯笼各种各样，非常好看。

师：单单描写元宵节的灯笼，作者就运用了好几种多角度描写的具体方法——

生：材质多角度、图案多角度、款式多角度。

师：作者用多角度描写元宵节张灯结彩的场面时，还用了许多意思一样的词，你发现了吗？

生："一律""清一色""都是""通通""全部"，这几个词的意思是一样的。

师：想一想，作者为什么要这样写呢？

生：同一个意思用不同的词语来表达，避免单调重复，体现语言的丰富多彩。

生：用不同的词语来表达相同的意思，在这里也是为了表现灯的种类之多。

师：老舍先生着力描写元宵节灯的数量多、种类多，目的是什么？

生：为了突出元宵是"春节的又一个高潮"。

生：为了突出元宵"的确是美好快乐的日子"。

生：为了让我们对北京元宵节的风俗习惯留下更深刻的印象。

师：那就让我们一起来读一读，读出北京人过元宵节看灯时开心、兴奋、激动的心情。

(生齐读第12、第13自然段)

师：作者在表现北京人过元宵节的喜庆红火时，除了着力描绘花灯的数量与种类，还有其他角度的描写吗？

生：作者还写了放花炮和吃元宵。

生：作者还用了活动多角度的描写方法。

师：作者描写元宵张灯结彩的场面，运用了多角度描写方法，写出了元宵花灯数量、种类、款式之多，样式之奇，表现了北京春节元宵节场面的热闹与盛大、气氛的热烈与喜庆，也让读者深深地感受到北京人对美好生活的期盼与热爱。

师：老舍先生又是怎样表现北京除夕的热闹气氛的呢？

生："到处是酒肉的香味""红红的对联""各色的年画""家家灯火通宵""鞭炮声日夜不绝"，作者是从香味、色彩、声音三个角度，来表现北京除夕的热闹。

师：从感官的角度来说，日夜不绝的鞭炮声是听觉，那么——

生：作者能把"除夕真热闹"写得这么详细，是因为他从听觉、视觉、嗅觉等多个角度描写出了北京人过除夕时的热闹场景。

生：我们小组经过整理、讨论，发现这段话还运用了事情多角度的描写方法。这一天，北京人要赶做年菜、穿新衣、贴对联年画、放鞭炮、吃团圆饭、祭祖、守岁等等。除夕只有一天，却需要做那么多事，而且这些事情都很美好，可见人们对这一天的重视。

生：我们也发现了事情多角度的写法。我们能够想象，一家人开开心心，进进出出，大人小孩都在忙碌，多热闹！多美好呀！这个热闹美好中有浓得化不开的亲情，有人们辞旧迎新的美好期盼。

生：我们小组发现这段话虽然不长，但描写事情的时候，出现了各种不同的人物，老少男女、很小的孩子、在外面做事的人等。除夕这一天的活动，所有年龄段的人都来参与，这是一个多么热闹喜庆的日子！

生：从"家家""老少男女""哪一家"这些词，我们知道除夕是每个人都有份的。即使是"在外面做事的人"，除非万不得已，否则也是会回家团聚的。除了"很小的孩子"，人人都要守岁。除夕是属于每一个北京人的！

师：概括一下，作者描写除夕，围绕着"除夕真热闹"这句话，分别从——

生：感官多角度、事情多角度、人物多角度进行描写，把北京人过除夕的热闹场面写详细。

师：写除夕这段话并不长，一共五句话，但作者写了很多风俗活动，就好像连环画一样，一句话一个场景，从不同角度描述了老北京人过除夕的场景，给人留下了深刻的印象。让我们合作着读一读，一起来展现北京除夕的热闹吧。

（配乐，师生合作朗读）

师：读到这儿，相信同学们已经充分感受到北京除夕的热闹了。请用一个词语来表达老北京除夕风俗的感觉。

生：热闹美好。

生：团圆幸福。

生：喜庆美丽。

……

师：北京春节正月初一的悠闲自在作者又是怎样展现的呢？

生："男人们午前到亲戚家、朋友家去拜年。女人们在家中接待客人。城内城外许多寺院开放，任人游览，小贩们在庙外摆摊儿，卖茶、食品和各种玩具"，作者从人物多角度"男人、女人、小贩"和事情多角度"拜年、待客、摆摊"写出北京人过年时活动场所的热闹，以及人们经过年前的忙碌后休闲时轻松欢乐的心情，全面表现北京人过春节时的美好心情和享受美好生活的自在心态。

生："小孩子们特别爱逛庙会，为的是有机会到城外看看野景，可以骑毛驴，还能买到那些新年特有的玩具"，作者从孩子们活动的多角度，写出孩子们的快乐给春节带来浓浓年味、趣味、喜庆味，给读者留下了深刻印象。

生：我们小组还发现，腊月初八的习俗是熬腊八粥、泡腊八蒜。习俗特点是忙碌、热闹。从"各种米，各种豆，与各种干果"可以看出腊八粥的食材很丰富，百姓生活很富足。

生：从"色如翡翠""色味双美"，我们可以感受到腊八蒜的色美，以及人们对腊八蒜的钟爱。

师：老舍先生充分运用多角度描写的方法，把几个重要时间节点的习俗活动场面写得特别详细，呈现了一幅老北京春节的生动画卷，让我们深深地体会到北京人过春节时浓浓的年味，对北京春节的老习俗、老规矩留下了深刻的印象！

【评价设计】

任务三：根据《家乡春节习俗》的构思建议，按要求完成《家乡春节习俗》推介稿。

表1 《家乡春节习俗》推介稿评价表

评价内容	评价标准	星级	自评	互评
有详有略	能分几个方面介绍。	★		
	能分几个方面介绍，能基本区分详略。	★★		
	能分几个方面介绍，有明确的详略安排。	★★★		

续表

评价内容	评价标准	星级	自评	互评
突出重点 写出特点	能简单描述家乡的春节风俗特点或过节场景。	★		
	能写清楚家乡的春节风俗特点，或写出参加活动的场面。	★★		
	能具体描写家乡春节风俗的主要特点，或写清楚参加活动的过程。	★★★		
体验感受	有简单的情感表达。	★		
	对家乡春节风俗有自己的看法，能表达真实感受。	★★		
	能发表对家乡春节风俗的看法，表达对家乡的喜爱之情。	★★★		

任务三：按介绍地区分组，整合家乡习俗推介文稿，完成《家乡春节习俗》宣传页。

表2 《家乡春节习俗》宣传页制作评价表

评价项目	评价标准	星级	自评	互评
推荐文稿	能分几个方面有详有略地具体地介绍家乡春节的一个风俗，突出重点，写出特点，并能融入自己的真实感受。	★		
宣传方式	形式多样，如有图片、文字、实物或视频等。	★		
页面设计	美观大方，突出习俗特点。	★		
团队合作	小组成员能分工合作，充分发挥团队合作力量。	★		

学生作业示例

昆明的除夕

最激动人心的重头戏——大年三十到来了。这天，过年的热情到达了巅峰，所有人都为之疯狂。首先人们要去街上买两根甘蔗，代表"好事成双"。然后用甘蔗把门顶起来，到初一的时候再把甘蔗稍翻过来，意味着新一年的"翻身"。这天还要把青松毛铺起来，以备一家人团团围坐着吃年夜饭。从大年三十开始，不能倒垃圾和扫地，寓意"藏住财运"。在这一天，家家户户都要贴门神儿，最不寻常的是，昆明人的门神是岳飞和戚继光。据说是在抗日战争时期，云南省政府下了一道命令，让大家把门神换成这两位抗击侵略的名将，表达对战胜侵略者的决心。家家赶做年菜，大家都穿新衣裳，门外贴起红对联，到处香味弥漫。

在年夜饭开始前，要在祖宗牌位上供奉香橼和其他水果。我小的时候因为不懂事，有一次把佛手（五指柑）的"手指"拔掉了，变成了"无指柑"，被骂了一顿。团圆饭的菜肴中，我最爱吃的是"猪八碗"，把自家年猪杀了以后，做出琳琅满目的佳肴，有千张肉、炸黄条、煮白肉、宫爆肉、回锅肉、小炒肉、红烧肉等，这正是我的最爱。其次是长菜。从大年三十开始，把每天吃不完的菜放一起煮成一大锅，一直吃到正月十五。如果菜发酸了就加点辣椒进去，还有蒜苗、青菜、白菜等。这道菜吃的时间长，所以叫作长菜，寓意清清白白、长长久久。还有鱼，一条完整的大鱼，寓意年年有余。还有一个特别重要的菜，把萝卜切成圆片，和长菜一起煮，类似于"铜钱"，谁吃到就走好运。

到子夜十二点前，鞭炮声不断地响起，爆竹的"噼里啪啦"是我最享受的声音。这声音还不能中断，断了便会断财气的。一旦快要中断，就得立即换一串点燃。这个晚上我这样的睡虫都不想睡觉，全城陷入了狂欢。

（吕墨杭）

评价说明：对照评价表标准，这份推介稿可以获得九颗星。作业中，这位同学能结合自己的春节活动经历，运用多角度具体描写的方法，对昆明除夕独特的风俗文化作详细的介绍，不仅有详有略，而且能够突出重点，写出特点，是一份优秀作业。

【教学反思】

本课基于"文学阅读与创意表达"任务群，引导孩子将文本与生活联结，以读促写，以写悟读，读写联动，把在阅读中获得的表达策略迁移于自己的语言实践中。

（一）单元统整，明确任务目标

本单元的阅读要素中"分清内容的主次""详写主要部分"和习作要素中的"抓住重点""写出特点"是对应的，读的关注点正是写的训练点。课文后面的练习题、单元习作、交流平台聚焦的都是内容的主次、表达的重点和详略安排。落实到本课的任务目标就是知道详略安排的好处，并学习详写主要部分的具体方法。

（二）紧扣目标，设计任务链条

围绕任务目标，通过表格梳理主要时间节点的习俗，并联结交流平台的学习，在明确详略安排的作用后，运用不同层级的学习单开展自主学习与合作探究，品读重点习俗的描写语段，充分感受作家多角度描写具体的表达方法。

（三）联结生活，学习创意表达

课文用文学的方式来反映传统节日的生活意义和文化价值，让传统节日在一个个具体丰富的场景里生动再现。通过联结生活，唤起学生的相关体验，撰写家乡春节习俗推介文稿，制作家乡春节习俗宣传页等，鼓励学生创意表达，激发学生对家乡民俗文化的兴趣和热爱。

（案例撰写者　陈林玉）

案例4　抒写真情时光
——《匆匆》教学

【任务分析】

《匆匆》是六年级下册第三单元的精读课文，本单元人文主题是"让真情在笔尖流露"。作者朱自清用细腻的文笔表达对时光流逝的无奈与惋惜。学生在体会散文的优美和深刻的内涵中，丰富着自己的情感体验与精神世界。

"体会文章是怎样表达情感的"是本单元的语文要素。在探究"作者如何描写时光流逝带给他的感触"的过程中，学生通过有感情地朗读，以及抓住关键语句和查找资料的方式，习得表达真情实感的方法。

本课属于"文学阅读与创意表达"学习任务群。学生通过朗读、评析等方式，体会散文的情感表达方式和深邃意境，这有助于其获得散文等文学作品的阅读方法与思维方法，提高其对语言文字的审美能力与审美品位，增进其对文学类作品的阅读兴趣。这与学习任务群第三学段"阅读表现人与社会的优秀文学作品，学习品味作品语言、欣赏艺术形象，积累多样的情感体验，学习联想与想象，尝试富有创意地表达"的学习内容相一致。

【学习资源】

（一）文本

1. 朱自清简介。[贾植芳：《现代散文鉴赏辞典》（新1版），上海辞书出版社，2020年]

2. 《匆匆》创作背景。（上海辞书出版社文学鉴赏辞典编纂中心编：《文学经典鉴赏·现代散文名篇》，上海辞书出版社，2021年）

（二）图片

学生入学前和六年级的个人照片。

（三）影音

轻音乐《时间都去哪儿了》。（QQ 音乐）

【实施框架】

（一）学习目标

1. 通过自主学习，正确读写"藏""挪"等 6 个生字和"确乎""空虚"等 11 个新词，能在具体情境中理解运用。

2. 能在具体的任务情境中，借助关键词句有感情地朗读，体会作者对时光流逝的感受，感悟散文的思想内涵，丰富文学阅读的情感体验。

3. 感悟作者表达情感的方法，发挥自己的创造性，用书面形式表达对时间流逝的感触，培养运用语言文字表现美的能力，涵养高雅情趣。

（二）学习情境

时光的流逝是司空见惯的，但朱自清细腻的文笔唤起了人们对于时间的思考。在漫长的小学六年里，你一定对时间的流逝有着自己的感触，让我们跟随朱自清走进《匆匆》，结合自己的成长体验，尝试像作家一样表达对时间流逝的独特感触，抒写自己的真情时光。

（三）任务框架

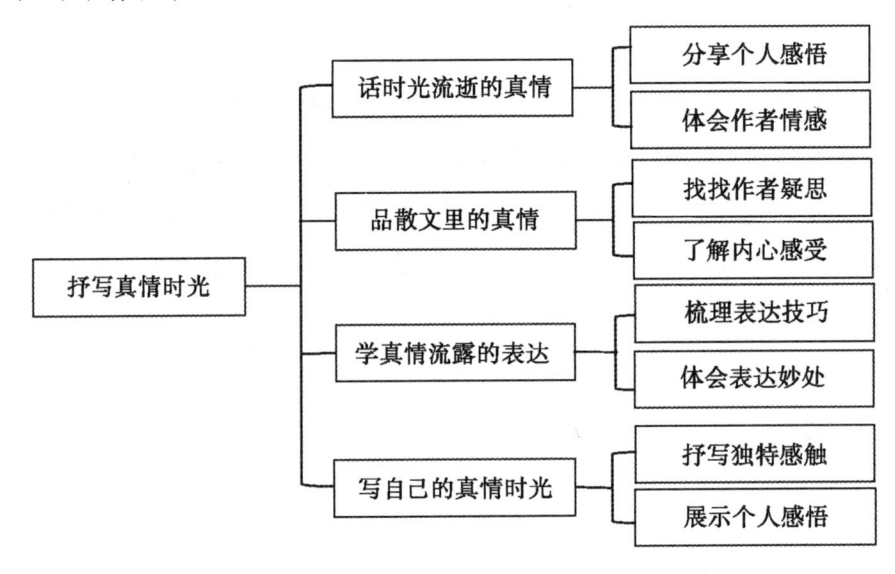

抒写真情时光
- 话时光流逝的真情
  - 分享个人感悟
  - 体会作者情感
- 品散文里的真情
  - 找找作者疑思
  - 了解内心感受
- 学真情流露的表达
  - 梳理表达技巧
  - 体会表达妙处
- 写自己的真情时光
  - 抒写独特感触
  - 展示个人感悟

【任务实施】

任务一：话时光流逝的真情

（一）学习活动一：分享个人感悟

1. 交流感触，明确任务。

（1）朗读有关时间的名言警句。

◇一寸光阴一寸金，寸金难买寸光阴。

◇一年之计在于春，一日之计在于晨。

◇人生天地之间，若白驹过隙，忽然而已。

（2）明确任务：时间是我们最熟悉的伙伴，它给予我们青春，也带来垂暮；它留下隽永的回忆，也带走美好的瞬间。在漫长的小学六年里，你一定对时间的流逝有着自己的感触。就让我们跟随朱自清走进《匆匆》，去抒写属于自己的真情时光吧！

（二）学习活动二：体会作者情感

1. 读词句，了解作者情感。

（1）正确认读生词。

空虚、徘徊、叹息、茫茫然、头涔涔而泪潸潸。

（2）读带新词的句子。

语句：太阳它有脚啊，轻轻悄悄地挪移了，我也茫茫然跟着旋转。

思考：读着这句话，你有什么感受？

全班交流。

预设：从"茫茫然"这一叠词中，更能体会到作者对时间匆匆流逝的感慨。

语句：我不禁头涔涔而泪潸潸了。

思考：什么是"头涔涔而泪潸潸"？生活中你有过这样的经历吗？

全班交流。

预设："头涔涔而泪潸潸"说的就是汗水不断往下流，眼泪不止。如考试遇到了难题或努力了很久却没有取得想要的成绩时，就会"泪潸潸"。

小结：这些词语都表达了作者的感受，作者为什么感到"茫茫然"呢？因什么而"头涔涔而泪潸潸"？要解决这些问题，首先得明白作者围绕"匆匆"写了什么。

2. 交流作者情感。

（1）课文的最后一段很特别，只有一个问句。读一读，思考：作者到底在问什么？

语句：你聪明的，告诉我，我们的日子为什么一去不复返呢？

预设：作者是在问，为什么时光匆匆流逝，一去不复返呢？

（2）再读课文，找出相同意思的问句。

预设：但是，聪明的，你告诉我，我们的日子为什么一去不复返呢？

（3）交流：首尾都提出同样的问题，作者是想重点表达什么呢？

预设：

①作者在感慨时光易逝，无法倒回。

②首尾的问句是作者对时光匆匆的直接追问。

3. 串联全文，把握主要内容。

（1）自由读课文，思考：课文中间部分在讲什么？

预设：作者从很多种角度写了时光是如何匆匆逝去的。

小结：作者开头提出疑问，中间部分以自己的生活为叙写内容，列举了大量生活中容易被忽视的细节，结尾再次发问，写出了时间的匆匆易逝。

（2）同桌互说课文主要内容。

任务二：品散文里的真情

（一）学习活动一：找找作者疑思

1. 学习第1自然段，聚焦"连串问"。

（1）明确学习要求。

学习要求

①默读第一段，思考：这一段共有几个问句？

②这些问题中，最核心的问题是哪一个？

②组内交流：其他几个问题能去掉吗？为什么？

（2）学生自主思考，小组交流。

（3）全班交流并明确：有四个问句；最核心问题是"但是，聪明的，你告诉我，我们的日子为什么一去不复返呢"；其他几个问题都是围绕时间流逝来问的，不能删。

2. 自主练习朗读。

（1）分别尝试用"分开慢读""紧凑连读"的方式朗读，思考：哪一种读法更合适？

（2）交流明确："紧凑连读"更能表达作者对时间匆匆流逝的感慨。

小结：作者在"连续问"中，自然流露出对时光一去不复返的感慨。

（二）学习活动二：了解内心感受

1. 根据自学提示，学习第 4 自然段。

（1）根据要求合作学习。

学习要求

①独立学习：比较第 4 自然段与第 1 自然段写作手法有什么相似之处？
②组内交流：作者问了几个问题？表达了怎样的情感？

（2）交流汇报。

（3）与原文比较，体会感情。

呈现片段，阅读并思考：能不能把第 4 自然段的问句换成肯定或否定式的表达？为什么？

在逃去如飞的日子里，在千门万户的世界里的我什么都不能做。只有徘徊罢了，只有匆匆罢了。在八千多日的匆匆里，除徘徊外，什么都没有剩下。过去的日子如轻烟，被微风吹散了，如薄雾，被初阳蒸融了。我什么痕迹都没留下。我连像游丝样的痕迹都没有留下。我赤裸裸来到这世界，转眼间也只能赤裸裸地回去。但不能平的，我不能白白走这一遭啊。

（4）学生朗读改写的文段，交流感受。

（5）评价学习情况。

结合"了解内心感受"评价表进行评价。

2. 发现写作奥秘。

（1）师生合作，配乐朗读第 1、第 4 自然段。

（2）思考：第 1 和第 4 自然段表达的感情如此强烈，这里藏了什么表达奥秘呢？

预设：用大量的问句直抒胸臆，表达了作者对时光易逝的无奈和感叹。

任务三：学真情流露的表达

（一）学习活动一：梳理表达技巧

1. 感悟"八千多日子"的匆匆。

（1）默读第 2、第 4 自然段，找出作者是如何把抽象的时间写形象的，圈一圈，批注自己的感受。

（2）学生交流感受。

预设：

①在默默里算着,八千多日子已经从我手中溜去,像针尖上一滴水滴在大海里,我的日子滴在时间的流里,没有声音,也没有影子。我不禁头涔涔而泪潸潸了。

词语:针尖上一滴水。

感受:把八千多日子比作针尖上的一滴水,让人感觉日子过得飞快。

②在八千多日的匆匆里,除徘徊外,又剩些什么呢?过去的日子如轻烟,被微风吹散了,如薄雾,被初阳蒸融了。

词语:如轻烟;如薄雾。

感受:把八千多日子比作轻烟和薄雾,让人感受到时间的虚无,没有留下任何痕迹。

小结:作者把过去的八千多日子比作"一滴水""轻烟""薄雾",把原本抽象的时间变得具体可感,更加真切。

2. 体会"一个日子"的匆匆。

(1) 根据学习要求,自学第3自然段,思考:作者如何把时间偷偷溜走写具体的?

> 学习要求

①自主学习。

画出表现时间溜走的语句,圈出关键词语,批注感受。

联系生活实际,想一想你是如何感受到时间流逝的?

②合作交流。

交流:每人选择一处语句,交流批注。

分享:说说自己对时间流逝的感受。

(2) 自主学习,圈画批注;组内交流。

(3) 全班交流。

预设:

①语句:太阳他有脚啊,轻轻悄悄地挪移了,我也茫茫然跟着旋转。

感受:作者把太阳想象成一个活泼的少年,时光的流逝就生动起来了。

②词语:过去、跨过、飞走、溜走、闪过。

感受:这些词语都与行走有关,让人觉得一不留神就抓不住时光。

③语句:于是——洗手的时候,日子从水盆里过去;吃饭的时候,日子从饭碗里过去;默默时,便从凝然的双眼前过去;我觉察他去得匆匆了,伸出手遮挽时,他又从遮挽着的手边过去;天黑时,我躺在床上,他便伶伶俐俐地从我身上跨过,从我脚

边飞去了；等我睁开眼和太阳再见，这算又溜走了一日；我掩着面叹息。但是新来的日子的影儿又开始在叹息里闪过了。

感受：作者列举的这些生活场景，让人感受到时光流逝的匆匆；生活中我也有相似的感受——看书的时候，感觉时间就从书页中闪过；弹琴的时候，日子从琴键上闪过……

3. 结合评价表，从整理、交流、分享三方面进行综合评价。

（二）学习活动二：体会表达妙处

1. 探寻作者心境。

（1）链接作者生平，思考表达用意。

阅读资料，思考：作者的日常生活中还有可能会做什么？他为什么选择这些生活中极其平常的小事来表现时间的匆匆？

朱自清简介

朱自清（1898—1948），中国现代著名诗人、散文家、学者、民主战士。代表作有《匆匆》《背影》《春》《荷塘月色》等。

1919年开始发表诗歌。1921年，加入文学研究会，是"五四"时期重要的作家之一。1920年毕业于北京大学哲学系，后在江苏、浙江等处任中学教师。1922年，与叶圣陶等创办了我国新文学史上第一个诗刊——《诗》月刊，倡导新诗，积极参加新文学运动。1925年任清华大学国文系教授，致力于古典文学研究。

（2）全班交流。

（3）链接时代背景，探寻作者心境。

呈现背景资料（播放录音），结合课文，思考：你体会到作者怎样的心境？

《匆匆》创作背景

《匆匆》这篇文章写于1922年3月，正是五四运动处于低潮，忙于救国的知识青年备受当时政治环境的压迫。五四运动落潮期的现实情况让作者思想十分苦闷，这时他由于"看不清现在，摸不着将来"，徘徊于人生十字路口，感到无限空虚与惆怅。他不愿虚度年华，在风尘中老去，在给俞平伯的信中说："日来时时念旧，殊低徊不能自已。明知无聊，但难排遣。'回想上的惋惜'，正是不能自克的事。因了这惋惜的情怀，引起时日不可留之感。我想将这宗心绪写成一诗，名曰《匆匆》。"

（4）全班交流并明确：作者抓住平常生活瞬间感受时光流逝，表达自己的无奈和惋惜。

2. 背诵体会"匆匆"。

(1) 填词背诵。

自主准备，借助提示尝试背诵。

去的尽管去了，来的尽管来着，去来的中间，又怎样地匆匆呢？早上我起来的时候，小屋里射进两三方斜斜的太阳。太阳他有脚啊，轻轻悄悄地（　　）了；我也茫茫然跟着（　　）。于是——（　　）的时候，日子从（　　）里过去；（　　）的时候，日子从（　　）里过去；（　　）时，便从（　　）前过去；我觉察他去得匆匆了，伸出手（　　）时，他又从遮挽着的手边过去；天黑时，我躺（　　），他便伶伶俐俐地从我身上（　　），从我脚边（　　）了；等我（　　）和太阳再见，这算又溜走了一日；我（　　），但是新来的日子的影儿又开始在（　　）里闪过了。

(2) 自主背诵。

自主准备，不借助提示，展示背诵。

(3) 全班配乐背诵第3自然段。

3. 完成作业。

(1) 自主完成作业单

作业单

作者在文中列举了起床、洗手、＿＿＿＿、＿＿＿＿、＿＿＿＿、＿＿＿＿、＿＿＿＿、＿＿＿＿等一天中平常的生活场景。时间的流逝本是司空见惯的，作者把它放进具体的生活场景，让人感受到＿＿＿＿＿＿＿＿＿＿＿＿。

---

(2) 全班交流、校对。

任务四：写自己的真情时光

（一）学习活动一：抒写独特感触

1. 回顾方法。

作者为什么能把时间的流逝写得如此真挚而感人？

预设：

(1) 作者在课文中用了一连串的问句直接表达了自己对时间流逝的感慨。

(2) 文中把时间比作"针尖上一滴水"，比作"轻烟""薄雾"，通过这样鲜明的比喻更让人体会到时间的虚无。

(3) 作者还选取了生活中司空见惯的小事，把自己的感情融入这些事情中。

2. 抒写感触。

(1) 回顾小学时光。

配乐欣赏童年（入学前）与近期的对比照。

(2) 写一写感触。

学了朱自清的《匆匆》，回顾自己的成长经历，你对时间的流逝有什么感触？学着作者的表达方式，写一写自己的感触。

> **作业单**
>
> 学了朱自清的《匆匆》，你对时间的流逝有什么感触？请你结合生活中的场景，学着作者的表达方式写一段话，表达自己的真情实感，不少于一百字。
>
> _____
> _____
> _____
> _____

（二）学习活动二：展示个人感悟

1. 播放轻音乐《时间都去哪儿了》，展示个人感悟。

预设：

(1) 晨读的时候，日子从朗朗的读书声中流过；跑步的时候，日子从脚步声中过去；上课的时候，日子从专注的眼眸中闪过；当我觉察时间飞逝而叹息时，下一秒日子就在我的叹息声中悄然溜走了。

(2) 太阳落了，有再升起的时候；月亮缺了，有再圆的时候。然而，六年的小学时光怎么会一去不复返呢？是它们躲起来了吧？此刻又藏在何处呢？

中学的时光马上来临，这六年的时光是怎样的匆匆呢？上课的时候，日子从老师的粉笔尖过去；写作业的时候，日子从书页间溜走；下课时，日子便从同学的嬉笑声中闪过了。

2. 根据评价表评议，修改。

(1) 结合评价表，从"事例"和"情感"两个方面进行自评、互评和教师评价。

(2) 参照评价标准进行修改。

【教学现场】

任务二：品散文里的真情

师：课文的首尾作者对时光匆匆进行了直接追问，首先我们来看第1自然段。请你再读一读这一段，找一找，这段话一共有几个问句？标一标，这些问题中最核心的问题是哪一个？把关键问题划出来。完成后，在小组内进行讨论：其他几个问题能否去掉，为什么？

（生自主学习，组内交流）

生：第1自然段中有四个问句，我认为作者的主要问题是"但是，聪明的，你告诉我，我们的日子为什么一去不复返呢？"

生：我们小组认为其他几个问题不能删除，因为每个问题问的内容不一样。

师：这些问题是不一样的吗？有没有其他组有不同意见？

生：我们来读一读破折号后面的几个问题。

生：是有人偷了他们吧。那是谁？又藏在何处呢？是他们自己逃走了吧。现在又到了哪里呢？

生：经过小组讨论，我们发现这几个问题有共同点——都是围绕时间流逝来提出的。

生：我们小组也认为不能删，其他几个问题都是围绕着时间流逝来问的，展现了作者内心对时间一去不复返的思考过程。

师：对啊，这些问题其实都在追问同一种现象。你觉得在读这一连串问题的时候，怎么读比较合适？分开慢读还是紧凑地连着读？可以试一试两种不同的读法，体会句子中的情感。

（生自主练习朗读）

生：我觉得紧凑地连着读，更能表达作者对时间匆匆流逝的感慨。

师：像这样，一个问题接着一个问题，紧凑地、短间隔地问，就叫"连续问"。作者就是在这样的直接问和连续问中，自然流露出对时光一去不复返的感慨。

师：像这样的写法，在第4自然段中也出现了，请你根据自学提示，试着学习第4自然段。

（生自主学习，组内交流）

生：这两段话都是用一连串的问句在写。

生：我在第4自然段的六个问题里读到了作者对时光难以把握的惆怅，对自己一事无成的焦虑和不安，还有不甘。

生：其实，这一连串的问题都在表达作者对时光匆匆，易逝难留的感叹。

师：如果把这些问句换成下面肯定或者否定式的表达，可以吗？为什么？你可以对比着原文读一读，再回答。

(生朗读，交流感受)

生：用问句更加畅快、直接，直指内心，能紧紧吸引读者。

生：用问句在情感表达上更胜一筹，更打动人心。用陈述句就显得平淡了，也无法体会到作者的情感。

师：是啊，这样连续不断地追问，更能让读者体会作者的内心。现在请同学们对照评价表评一评自己的学习情况吧。

(生完成学习评价)

师：现在，让我们再配上音乐读一读这两段话，在作者直指内心的直接问、连续问中，感受作者对时光匆匆逝去的感叹吧！

(师生配乐朗读第1、第4自然段)

师：通过刚刚的学习，你发现了作者在第1、第4自然段的表达奥秘了吗？

生：面对匆匆流逝的时光，作者用大量的问句直抒胸臆，强烈地表达了自己对时光易逝的无奈和感叹。

师：读着这些问句，我们仿佛看到了这样的一位朱自清——年轻的他，早已成果累累，但他并不满足，不想浑浑噩噩地度过短暂的一生。他想留住时光，过有意义的人生，让自己的生命发出更多的光芒来。

【评价设计】

任务二：根据学习要求，合作学习第4自然段，体会作者表达的情感。

表1 了解内心感受评价表

评价标准	星级	自评
能体会作者最想表达的情感，把自己的理解说清楚。	★★	
能说出用一连串问句表达感受的好处。	★★	
小组成员都能发表自己的想法，且自信有条理。	★★	

任务三：根据学习要求，自学第3自然段，探究作者是如何把时间写得具体感人的。

表2 学真情流露的表达评价表

	★★★	★★	★	自评
整理	能圈出语段中的六个生活场景。	能圈出语段中的四至五个生活场景。	能圈出语段中的四个生活场景。	
交流	能结合圈画的语句，在组内交流时说清楚作者把时间写得具体感人的理由。	能结合圈画的语句，在组内交流时说出作者把时间写得具体感人的理由。	能在组内交流作者把时间写得具体感人的理由。	
分享	能结合生活中的三处事例，分享自己如何感受到时间流逝的。	能结合生活中的二处事例，分享自己如何感受到时间流逝的。	能结合生活中的一处事例，分享自己如何感受到时间流逝的。	

任务四：学习作者表达方式，写自己对时光流逝的感触。

表3 抒写真情时光评价表

	★★★	★★	★	自评	互评
事例	能抓住生活中的三至四个事例来写感触。	能用二至三个事例事例来写感触。	能用一至二事例来写感触。		
情感	恰当运用多种方法表达真情实感。	恰当运用一种方法表达真情实感。	尝试运用所学方法表达真情实感。		

学生作业示例

> 早上，我睁开眼，新的一天就开始了。我急急匆匆地走在路上，日子就在人群中穿梭而过。看书的时候，时间从泛黄的书页中过去；望着作业本发愣时，时间从茫然的眼前溜过；课间在操场上跑步时，时间又从飞奔的身影边流过；我挥挥手和同学再见，这又算少了一日；我蓦然回首，只留下同学渐行渐远的背影……六年的时光如水，在不经意间悄悄流逝了，而我们也确乎长大了。等来年樱花再开时，我们又将在何处呢？

评价说明：这份作业得六颗星。写话中抓住了"看书、写作业、跑步、放学"等校园生活中的事例，把对时间流逝的感触融入寻常小事的描写中，得三颗星；同时作业中把时间比作"流水"，表达时间匆匆流逝的感慨，结尾又以"等来年樱花再开时，我们又将在何处呢？"引人深思，临近毕业的感伤更是不言而喻，得三颗星。

【教学反思】

"抒写真情时光"这一任务基于文学阅读中的"品味作品语言、积累多样的情感体验"设置。基于对散文情感表达的体验，学生回顾自己的成长体验，尝试把情感融入具体的事物中，抒发自己的真情实感。

（一）品味情感，丰富体验

通过从课文最具有鲜明特色的语言现象——"连续问"入手，让学生从整体上把握主要内容。学生在梳理作者所提的一连串"问题"时，领悟《匆匆》一文抒发的时不我待的遗憾和感慨。学生在感受散文细腻语言的同时，丰富了文学阅读的审美体验。

（二）揣摩写法，探究表达

在习作单元中，《匆匆》一文承担着"以课文为素材，引导学生学习写作知识和表达方法"的任务。学生通过反复朗读和评析语言，揣摩朱自清在寻常事物的细腻描写中流露情感的表达方式，从而明晰作者把时间的流逝写得真实感人的方法。

（三）迁移学法，创意表达

在"抒写真情时光"的学习任务中，学生回顾自己的童年时光，唤起对时间流逝的真情实感，并运用作者那样自然流露情感的表达方式来写自己的感悟。学生在创意表达和评价反馈中，总结、明确"让真情自然流露"的好方法。

将"文学阅读与创意表达"任务群的理念落实于习作单元的散文教学中时，还应注意在品词析句中留心言语形式，引导学生在抒写真情时光时，推敲用词，避免单一的仿写，同时可让学生将自己的片段用词与作家的用词进行对比，在思辨中体悟作家精准的语言，丰富语言经验。

（案例撰写者　王嘉毅　张一含）

案例5　制作《鲁迅宣传册》
——六年级上册第八单元教学

【任务分析】

六年级上册第八单元人文主题是"走近鲁迅"。学生通过阅读鲁迅作品《少年闰土》《好的故事》及关于鲁迅故事《我的伯父鲁迅先生》《有的人》,继承和弘扬中华革命文化,坚定对中华文化的信心,厚植文化底蕴。

本单元的阅读要素是"借助相关资料,理解课文主要内容"。鲁迅先生的作品离学生的生活遥远,鲁迅精神对于学生而言也比较陌生。学生通过借助资料,在多形式阅读中走近鲁迅,感知鲁迅先生伟大的精神世界,感悟其忧国忧民的爱国情怀,同情劳苦大众的高尚品质。

本单元主要属于"文学阅读与创意表达"学习任务群。"走近鲁迅"的人文主题与第三学段"感受革命领袖、革命先烈伟大的精神世界和人格力量"的学习内容吻合。本单元运用文学赏析的方法想象画面、感受人物形象、体会人物情感、领悟表达之妙的学习要求与第三学段"学习品味作品语言、欣赏艺术形象、积累多样的情感体验"学习内容相一致。同时,制作《鲁迅宣传册》的任务兼具"跨学科学习"学习任务群特点,引导学生在语文实践活动中,联结课堂内外、学校内外,拓宽语文学习和运用领域。

【学习资源】

（一）教材内容

《少年闰土》《好的故事》《我的伯父鲁迅先生》《有的人》。

（二）课外资源

1. 文本。

(1)《从百草园到三味书屋》《故乡》。(鲁迅:《朝花夕拾》,人民文学出版社,2018年)

(2)《雪》《秋夜》。(鲁迅:《野草》,人民文学出版社,2015年)

(3)《回忆鲁迅先生》。(萧红:《回忆鲁迅先生》,华东师范大学出版社,2018年)

(4)《七绝二首·纪念鲁迅先生八十寿辰》。(吴正裕:《毛泽东诗词全编鉴赏》,人民文学出版社,2017年)

2. 影音：《鲁迅一生》。（中央电视台纪录片）

【实施框架】

（一）学习目标

1. 能在自主的学习情境中，通过整体感知、想象画面、圈画批注、朗读体会，品味鲁迅作品语言特色，赏析文学形象，体会鲁迅先生内心世界，感悟其崇高精神境界。

2. 能在具体的任务情境中，通过结合资料、筛选典型事例，合作撰写《鲁迅宣传册》内容，逐步提高阅读理解、语言运用的能力。

3. 能在真实的生活情境中，向身边的人展示《鲁迅宣传册》，交流自己获得的精神启示，宣传鲁迅精神。

（二）学习情境

鲁迅先生是我国伟大的文学家、思想家、革命家，是中国现代文学的奠基人，是中华民族的脊梁。为了纪念鲁迅先生，让更多人认识他，传承鲁迅先生忧国忧民的爱国情怀，让我们一起制作一本《鲁迅宣传册》吧！

（三）内容建构

任务	学习内容
"走近鲁迅"单元	浏览第八单元课文，梳理鲁迅不同身份；根据鲁迅不同身份，搜集资料，补充作品。
我眼中的作家鲁迅	阅读《少年闰土》《好的故事》，赏析文学形象，品味语言特色，探究对比和象征的写作手法；制作宣传册——"作家鲁迅页"。
我眼中的长者鲁迅	阅读《我的伯父鲁迅先生》《回忆鲁迅先生》，体会细节描写塑造人物形象的作用，感受鲁迅先生亲切和蔼、乐观幽默、关爱晚辈的长者风范；制作宣传册——"长者鲁迅页"。
别人眼中的鲁迅	阅读《有的人》《七绝二首·纪念鲁迅先生八十寿辰》，感悟鲁迅先生忧国忧民的爱国情怀，入情入境地朗读诗歌；制作宣传册——"革命家鲁迅页"。
宣讲鲁迅精神	小组合作，练习有条理地介绍鲁迅先生；到社区宣传鲁迅精神。

（四）任务框架

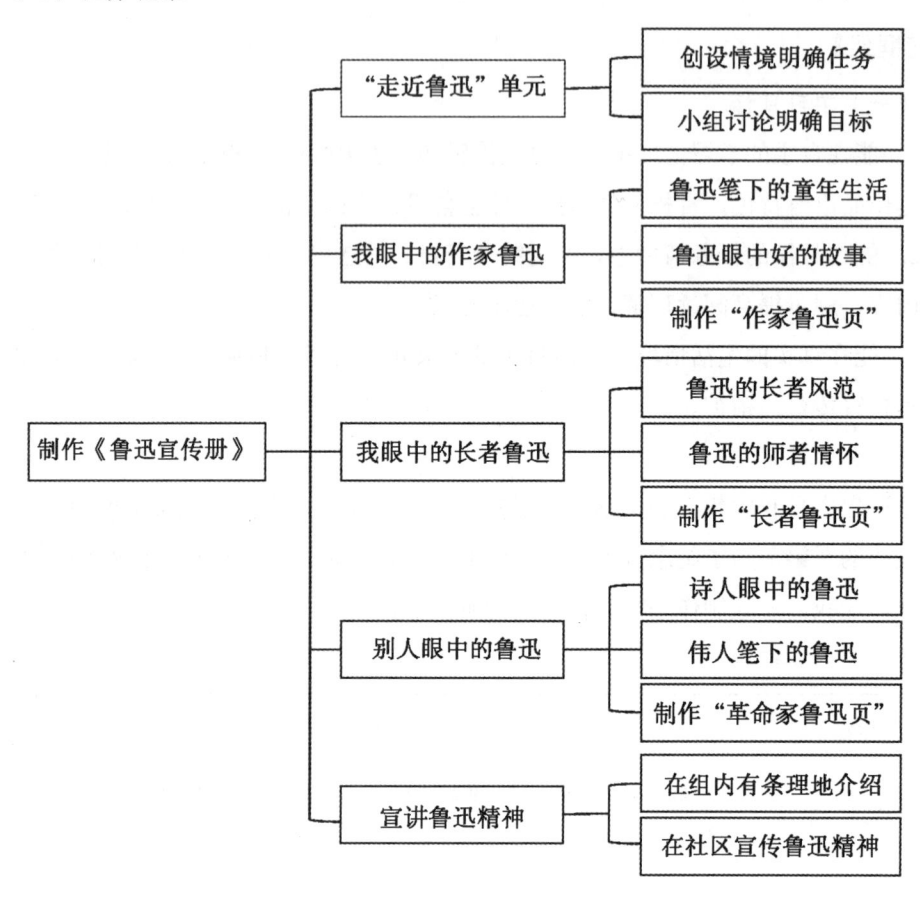

```
制作《鲁迅宣传册》
├── "走近鲁迅"单元
│   ├── 创设情境明确任务
│   └── 小组讨论明确目标
├── 我眼中的作家鲁迅
│   ├── 鲁迅笔下的童年生活
│   ├── 鲁迅眼中好的故事
│   └── 制作"作家鲁迅页"
├── 我眼中的长者鲁迅
│   ├── 鲁迅的长者风范
│   ├── 鲁迅的师者情怀
│   └── 制作"长者鲁迅页"
├── 别人眼中的鲁迅
│   ├── 诗人眼中的鲁迅
│   ├── 伟人笔下的鲁迅
│   └── 制作"革命家鲁迅页"
└── 宣讲鲁迅精神
    ├── 在组内有条理地介绍
    └── 在社区宣传鲁迅精神
```

【任务实施】

任务一："走近鲁迅"单元（1课时）

（一）学习活动一：创设情境明确任务

1. 自由发言：说说你对鲁迅先生有哪些了解？

2. 观看视频：《鲁迅一生》。

（视频内容）鲁迅，中国现代文学的先驱，是一位伟大的思想家、革命家和文化战士。他的一生充满了曲折和艰辛，但他始终坚持自己的信念，为人民的解放和民主自由而奋斗。

鲁迅出生于浙江省绍兴市，22岁留学日本，就读于医科学校。在中国内忧外患之际，他决定弃医从文，从此笔耕不辍，成为中国新文化运动的旗手。他一生力图以文字启蒙国民、拯救国家，对封建礼教进行深刻揭露与批判，是近代中国最具批判性、斗争性的作家。他的文学作品深刻地反映了中国社会的现实和人民的疾苦，具有强烈的人道主义精神和批判意识。

鲁迅在文学创作、文学批评、思想研究、文学史研究、翻译、美术理论引进等多个领域具有重大贡献。毛泽东曾评价："鲁迅的方向，就是中华民族新文化的方向。"

3. 明确任务：鲁迅先生是中华民族的脊梁。为了更好地纪念鲁迅先生，让更多人认识他，阅读他的作品，传承鲁迅先生忧国忧民的爱国情怀，让我们一起制作一本《鲁迅宣传册》吧！

（二）学习活动二：小组讨论明确目标

1. 小组讨论：制作《鲁迅宣传册》需要了解什么内容？

2. 汇报交流。

预设：鲁迅先生的生平和成长背景；鲁迅先生的成就；人们对鲁迅先生的评价。

总结：制作《鲁迅宣传册》需要了解鲁迅的一生轨迹图，他的成长故事，鲁迅先生的成就，人们对鲁迅先生的评价。

3. 提出问题：《鲁迅宣传册》内容怎么获取？

预设：阅读课文；查找书本资料；观看视频；实地参观鲁迅故居和博物馆。

4. 归类整理：梳理鲁迅不同身份。

（1）浏览课文：课文从鲁迅的哪些身份来安排课文的？完成作业单。

课文	鲁迅的不同身份
《少年闰土》《好的故事》	
《我的伯父鲁迅先生》	
《有的人——纪念鲁迅有感》	

交流：《少年闰土》《好的故事》对应作家鲁迅；《我的伯父鲁迅先生》对应长者鲁迅；《有的人——纪念鲁迅有感》对应革命家鲁迅。

（2）搜集资料：根据鲁迅先生的不同身份，查找资料，补充作品。

鲁迅的不同身份	补充作品
作家鲁迅	
长者鲁迅	
革命家鲁迅	

交流补充的作品：作家鲁迅——《从百草园到三味书屋》《故乡》《雪》《秋夜》等；长者鲁迅——《回忆鲁迅先生》（萧红）《悼鲁迅先生》（巴金）；革命家鲁迅——

《七绝二首·纪念鲁迅先生八十寿辰》（毛泽东）。

任务二：我眼中的作家鲁迅（4课时）

（一）学习活动一：鲁迅笔下的童年生活

1. 阅读故事，梳理课文。

（1）默读鲁迅笔下的童年生活，简单说出自己的感受。

预设：羡慕闰土生活丰富多彩；共情"我"生活的单调乏味。

（2）全班交流：多种方法解释难懂的词句。

预设：借助注释理解"猹"的意思；借助图片理解何为"小毡帽"；联系上下文理解何为"祭祀"。

（3）梳理脉络：根据作者描写闰土的不同场景，梳理文章的顺序，完成作业单。

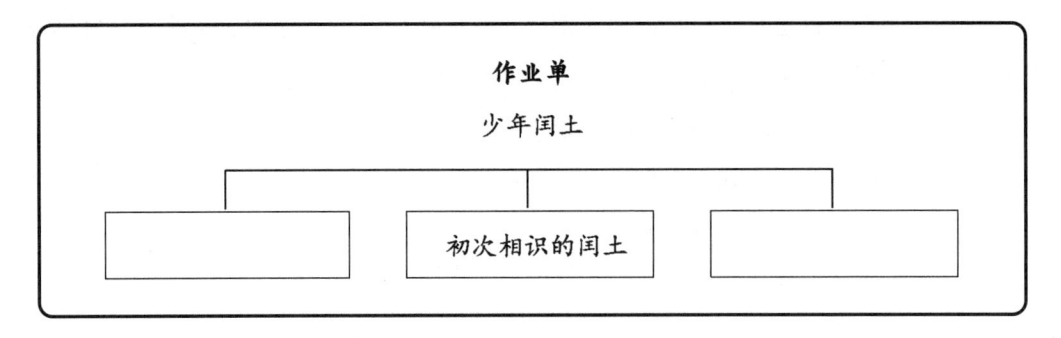

作业单
少年闰土

| | 初次相识的闰土 | |

（4）交流明确：课文写了闰土月下看瓜刺猹，与"我"初次相识，给"我"讲新鲜事这三个场景。

2. 合作探究：感受少年闰土美好形象。

（1）分步呈现"自主学习"和"合作交流"两个学习要求。

学习要求

①自主学习。

默读课文，用关键词概括闰土给"我"讲的几件新鲜事，完成作业单。

思考闰土给你留下怎样的印象。

圈画出让你印象深刻的描写闰土的词句，写写你感受到的闰土形象。

②合作交流。

根据"外貌""语言""动作"等不同方面整理批注，在黄色词卡上摘录关键词，在白色词卡上写出自己感受到的闰土形象。

每人选择一个方面，结合相关的描写，在组内交流自己的体会。

小组汇总意见，推荐一人全班交流。

（2）学生自主学习，完成作业单。

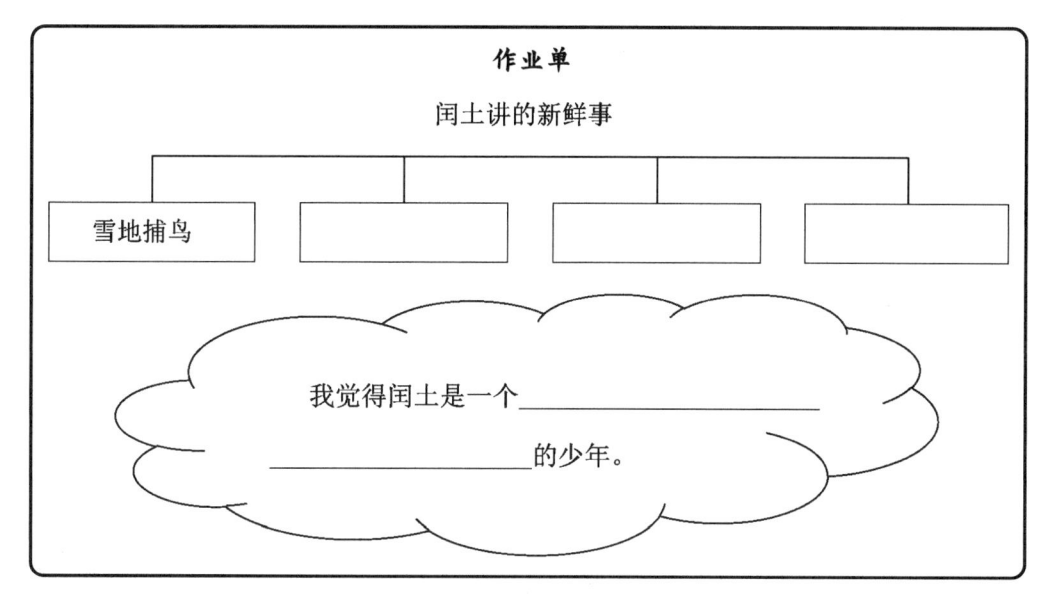

作业单

闰土讲的新鲜事

| 雪地捕鸟 | | | |

我觉得闰土是一个_____
_____的少年。

（3）组内交流。

①交流作业单答案。

预设：雪地捕鸟、海边拾贝、看瓜刺猹、看跳鱼儿；闰土是个聪明能干、见多识广的少年。

②整理词卡，交流体会。

整理人物描写关键词和闰土形象词卡，组内交流自己的体会，并推荐一人全班交流。

（4）全班交流：在黑板上贴上词卡，聚焦印象最深的一个方面，抓住关键词，交流体会。

作业单

（不同方面）关键词	闰土形象

"文学阅读与创意表达"学习任务群

预设：

①"外貌"的交流。

语句：他正在厨房里，紫色的圆脸，头戴一顶小毡帽，颈上套一个明晃晃的银项圈……用圈子将他套住了。

聚焦"紫色的圆脸""小毡帽""银项圈"，想象并感受少年闰土健壮可爱的形象。

②"语言"的交流。

语句："这不能。须大雪下了才好。我们沙地上，下了雪，我扫出一块空地来，用短棒支起一个大竹匾，撒下秕谷，看鸟雀来吃时，我远远地将缚在棒上的绳子只一拉，那鸟雀就罩在竹匾下了……"

聚焦"须大雪下了才好""远远地""只一拉"等词，通过朗读感受少年闰土聪明能干、自信大胆的形象。

③"动作"的交流。

语句：深蓝的天空中挂着一轮金黄的圆月，下面是海边的沙地，都种着一望无际的碧绿的西瓜，其间有一个十一二岁的少年，项带银圈，手捏一柄钢叉，向一匹猹尽力地刺去，那猹却将身一扭，反从他的胯下逃走了。

聚焦"捏""刺"等动作，通过做动作的方式体会闰土果敢能干、身手敏捷的形象。再探究：为什么作者要把环境写得如此生动美好？深入体会闰土在作者心目中留下的美好形象。

3. 对比阅读：体会"我"的内心感受。

（1）明确学习要求。

学习要求

①自主学习。

思考课后第三题：读句子，注意加点的部分，说说从中感受到"我"怎样的内心世界。在文中标记这三句话。

②合作学习。

同桌合作朗读描写闰土的语言和"我"的内心世界的句子，边读边感受"我"的心情。

（2）学生根据学习提示自主学习。

（3）同桌互学，交流感受。

(4) 全班交流。

预设：写出"我"的孤陋寡闻与闰土的见多识广，从而表达"我"对丰富多彩的农村生活的向往，对单调乏味的生活的不满情绪，及对闰土鲜活丰富生命的向往。

4. 延伸阅读：探究作者创作本文的原因。

(1) 自主阅读《故乡》原文，交流创作原因。

预设：表达对农民同胞悲惨境遇的同情。

(2) 呈现创作背景，深入思考。

《故乡》创作背景

短篇小说《故乡》的素材，是鲁迅1919年从北京回故乡的见闻，但它深刻地概括了1921年前三十年内，特别是辛亥革命后十年间中国农村经济凋敝、农民生活日益贫困的历史，反映了那个时代的社会风貌。1919年12月，鲁迅从北京回到故乡绍兴，与同族十多户人家共同卖掉新台门故宅，带着母亲、三弟及家属来到北京。这次回到乡间，幼年的伙伴、农民章闰水特地从海边农村进城来探望鲁迅。章闰水年纪刚过三十，已是满脸皱纹，形容憔悴，讲述了"农村做人总是难，一点东西拿出去总是要捐三四回"的悲惨处境，引起了鲁迅深切的同情。

(3) 小组讨论，概括理由；推荐代表，全班交流。

小结：《故乡》用生动的笔触描写了农民同胞惨淡的生活境况，是要揭示时代黑暗，控诉当权者的腐败和无能，抒发改造旧社会、创造新生活的强烈愿望。

(二) 学习活动二：鲁迅眼中"好的故事"

1. 寻梦：读懂"好的故事"。

(1) 默读课文，思考你认为"好的故事"是指什么？并画出相关的理由。

预设：我闭了眼睛，向后一仰，靠在椅背上；捏着《初学记》的手搁在膝髁上；我无意识地赶忙捏住几乎坠地的《初学记》，眼前还剩着几点虹霓色的碎影。

小结："好的故事"其实是一个梦境。

(2) 浏览课文：梳理课文按怎样的顺序写，圈画出概括"好的故事"整体印象的词语。

预设：按照"入梦—梦境—梦醒"的顺序写；美丽、幽雅、有趣。

2. 品梦：感受"好的故事"。

(1) 全班交流：运用多种方法理解梦中景物。

预设：用联系上下文的方法猜想"乌桕""新禾"是树木，"伽蓝"是建筑物；借助注释理解"石油""山阴道"。

（2）合作探究：这故事的美丽、幽雅、有趣体现在哪里？根据学习要求，自主、合作学习。

学习要求

①自主学习。

朗读课文第4～8自然段，边读边想象画面。

聚焦印象最深的一处场景，圈画相关的词句，写出自己的感受。

②合作学习。

根据"景物丰""色彩雅""变化趣"等方面整理批注。

每人选择一个方面，结合相关的描写，在组内交流自己的体会。

（3）全班交流。

预设：

①"景物丰"的交流。

语句：我仿佛记得曾坐小船经过山阴道，两岸边的乌桕，新禾，野花，鸡，狗，丛树和枯树，茅屋，塔，伽蓝，……并水里的萍藻游鱼，一同荡漾。

聚焦景物的丰富、情感的细腻、表达的精妙，通过朗读、想象和对比来深入体会。

②"色彩雅"的交流。

语句："大红花和斑红花，都在水里面浮动，忽而碎散，拉长了，如缕缕的胭脂水，……这时是泼剌奔迸的红锦带。"

聚焦"澄碧的小河""大红花""缕缕的胭脂水"等词，通过朗读想象色彩的丰富艳丽，感受梦境画面的美好。

③"变化趣"的交流。

语句：带织入狗中，狗织入白云中，白云织入村女中……

聚焦倒影变幻莫测、表达特点、表达妙用等方面，体会内容和表达的高度统一。

3. 解梦：探究"好的故事"。

（1）默读"阅读链接"中两位作家对《野草》的解读，自主思考，完成作业单。

作业单

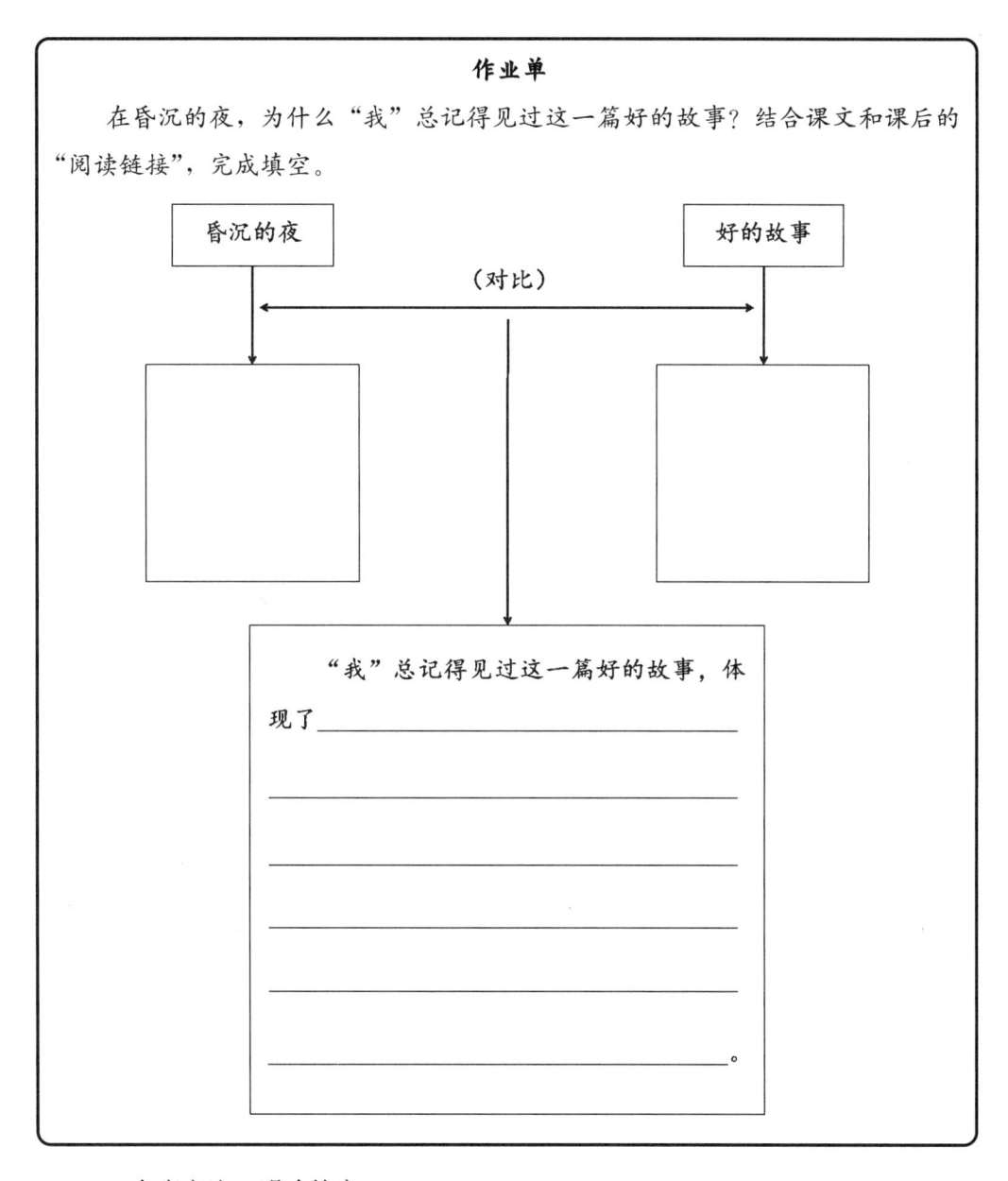

在昏沉的夜，为什么"我"总记得见过这一篇好的故事？结合课文和课后的"阅读链接"，完成填空。

```
┌────────┐              ┌────────┐
│ 昏沉的夜 │    (对比)    │ 好的故事 │
└───┬────┘ ←─────────→  └────┬───┘
    │              │          │
    ▼              ▼          ▼
┌───────┐                 ┌───────┐
│       │                 │       │
│       │                 │       │
└───────┘                 └───────┘
            │
            ▼
┌─────────────────────────────────────┐
│  "我"总记得见过这一篇好的故事，体    │
│ 现了_____  │
│ _____ │
│ _____ │
│ _____ │
│ _____ │
│ _____。 │
└─────────────────────────────────────┘
```

（2）全班交流，明确答案。

①学生交流答案。

②交流中明确：昏沉的夜象征黑暗的现实，好的故事象征向往的生活。当时的中国处于军阀割据混战时期，黑暗势力盛行，鲁迅先生的梦境里有无数美的人和美的事，体现了鲁迅对旧恶势力的反抗，对美好幸福生活的无限憧憬。

（3）抒写感悟：以"先生啊，您的梦我懂"为话题，完成作业单。

作业单

　　此时此刻，你想对1925年的鲁迅先生说些什么？请以"先生啊，您的梦我懂"为话题，写下自己想说的话，150字左右。

_____

_____

_____

_____

①独立抒写感悟；全班交流。

②根据评价单，从"读懂含义""抒发情感"两个方面进行自我评价。

4. 探究作者使用象征手法的原因。

（1）思考：作者为什么要使用象征的写作手法？

学习提示

①查找作者创作背景的资料。

②阅读同一时期作品《雪》《秋夜》，感受象征手法。

（2）全班交流。

预设：时代黑暗，知识分子遭受着反动军阀的监视和迫害，用象征手法创作是智慧斗争的方式；用象征手法描写美好的生活，能唤醒沉睡的民众。

（3）梳理归纳。

阅读时碰到难懂的文章，可以借助的资料类型有：关于作者生活经历和创作背景的资料，别人对这一作品的评论或注解。

（三）学习活动三：制作"作家鲁迅页"

1. 头脑风暴：如何让宣传册"作家鲁迅页"吸引人，引起大家阅读鲁迅作品的兴趣？

（1）讨论：你眼中的作家鲁迅是怎样的？

预设：为劳苦大众发声，是时代的喉咙，是黑暗里的灯塔，鼓励人们团结起来，一起反抗旧势力，憧憬新生活。

（2）交流：如何把这样的作家鲁迅介绍给大家？

预设：宣传册标题点明主旨，内蕴丰厚，引发人的思考；介绍作品梗概语言要凝练，要突出重点，引发人的阅读兴趣；排版要美观大方，让人赏心悦目。

(3) 欣赏范例。

2. 明确要求，小组合作尝试制作。

制作要求

(1) 文字要求。

为"作家鲁迅页"起一个吸引人的标题。

摘录一句鲁迅作品中符合文章主旨的话。

用几句凝练的话介绍鲁迅先生作品。

(2) 排版要求。

版面布局合理，能进行适当的美化。

3. 交流作品，根据评价表完善作品。

任务三：我眼中的长者鲁迅（2课时）

（一）学习活动一：鲁迅的长者风范

1. 明确任务："那时候我有点儿惊异了，为什么伯父得到这么多人的爱戴？"带着周晔的疑问，让我们阅读鲁迅先生的故事，从更多角度认识他。

2. 读"学习提示"，梳理课文。

(1) 默读课文，完成作业单。

> **作业单**
>
> 读课文，想想文中写了关于鲁迅的哪几件事。列出小标题，说说课文中的鲁迅先生给你留下了怎样的印象。
>
> ```
>           趣谈《水浒传》
>                ↓
>   [    ] → 鲁迅 ← [    ]
>           ↗    ↖
>       [    ]    [    ]
> ```
>
> 课文中的鲁迅给我留下的印象是_____。

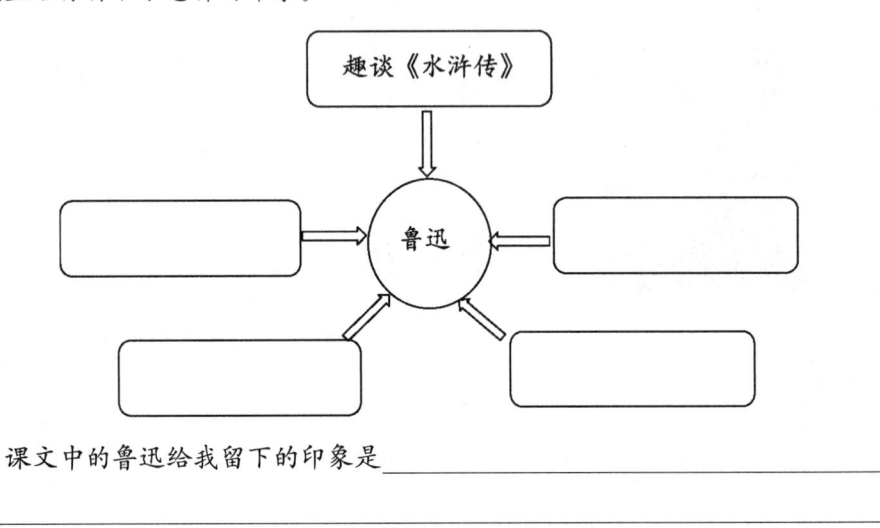

（2）全班交流。

预设：笑谈"碰壁"、燃放爆竹、救治车夫、关心女佣；鲁迅先生给我的印象是和善慈祥、平易近人、风趣幽默、爱护晚辈。

2. 交流预习时不懂的问题，尝试解答。

（1）交流不懂的问题。

预设：为何伯父那么大的人，走路还会碰壁？为何车夫脚上不穿鞋？《表》和《小约翰》是两本怎样的书？

（2）尝试自己查找资料解答。

预设：鲁迅先生说的"碰壁"是指在黑暗的反动势力统治下，自己处处受到迫害；当时的底层人民生活极为穷苦，连吃饱饭都成问题，鞋对他们来说就是奢侈品；这两本书是鲁迅百忙之中翻译的儿童文学。

3. 合作探究：在作者周晔的眼中，鲁迅先生是一个怎样的形象？

（1）了解学习要求。

学习要求

①自主学习。

默读课文：感受鲁迅的长者风范。

批注：圈画出关键词，体会作者是如何利用细节描写写出鲁迅先生的长者风范的，把感受写下来。

②合作学习。

组内交流：交流印象最深的一处细节描写。

组内汇总感受，并推荐一人全班交流。

（2）学生自主学习，小组交流。

（3）全班交流。

预设：

①"神情"的交流。

语句：火花在我们眼前飞舞，艳丽的色彩映照在伯父的脸上。我突然注意到他脸上的表情，那么慈祥，那么愉快，眉毛，眼睛，还有额上一条条的皱纹，都现出他心底的欢笑来。

聚焦"那么慈祥""额上一条条的皱纹""心底的欢笑"，朗读体会、想象画面感受鲁迅先生的慈祥与率真。

②"语言"的交流。

语句："你不知道，"伯父摸了摸自己的鼻子，笑着说，"我小的时候，鼻子跟你爸爸的一样，也是又高又直的。"……"你想，四周黑洞洞的，还不容易碰壁吗？"

聚焦"黑洞洞""碰壁"，联系时代背景，了解国民党反动派对知识分子的迫害，感受鲁迅先生的乐观和幽默，以及不断抗争的乐观精神。

③"动作"的交流。

语句：他们把那个拉车的扶上车子，一个蹲着，一个半跪着，爸爸拿镊子夹出碎玻璃片，伯父拿硼酸水给他洗干净。他们又给他敷上药，扎好绷带。

聚焦"扶""蹲""半跪"等一系列的动作，通过动作演示体会伯父真诚关心底层人民，希望改变他们生活境况的热切希冀。

小结：周晔通过细节描写，用心刻画了对晚辈热情关怀、谆谆教诲，与敌人乐观抗争，对贫苦百姓真挚关心的长者鲁迅的形象。

4. 朗读感悟：感受鲁迅先生的长者风范。

（二）学习活动二：鲁迅的师者情怀

1. 默读文章，梳理结构。

（1）自读萧红的《回忆鲁迅先生》，完成作业单。

> **作业单**
>
> 默读萧红女士的《回忆鲁迅先生》，用小标题的形式概括不同的生活场景，说说萧红笔下的鲁迅给你留下了怎样的印象？
>
> [思维导图：中心为"鲁迅"，周围八个方框，其中一个填"笑声爽朗"，其余留空]
>
> ……
>
> 文中的鲁迅先生给我留下的印象是＿＿＿＿＿＿＿＿＿＿＿。

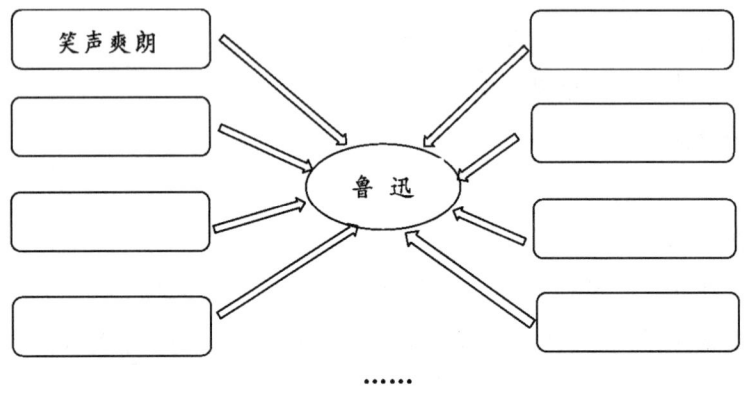

（2）全班交流，明确答案。

①学生交流答案。

②明确答案，意思相近皆可。

答案1：笑声爽朗、走路轻捷、品评衣着、热心待客、调侃玩笑、感染快乐、接待商人等。

答案2：文中的鲁迅先生给我留下的印象是平易近人、待人真诚、平凡可亲。

2. 合作探究：在萧红笔下，鲁迅先生是怎样的形象？

（1）呈现学习要求。

学习要求

①自主学习。

默读课文：感受鲁迅的师者情怀。

批注：圈画出关键词，体会作者是如何利用细节描写写出鲁迅先生的师者情怀的，把感受写下来。

②合作学习。

组内交流：交流印象最深的一处细节描写。

组内汇总感受，并推荐一人全班交流。

（2）学生自主学习，组内交流。

（3）全班交流。

预设：

①鲁迅先生的"笑"。

语句：鲁迅先生的笑声是明朗的，是从心里的欢喜。若有人说了什么可笑的话，鲁迅先生笑得连烟卷都拿不住了，常常是笑得咳嗽起来……鲁迅先生和他的夫人都笑了，一种对于冲破忧郁心境的崭然的会心的笑。

联读两处的笑，联系上文和萧红的对话，感受鲁迅先生的慈祥亲切、率真与心胸坦荡。

②鲁迅先生的"话"。

语句：……"你不穿我才说的，你穿的时候，我一说你该不穿了。""不要那样装饰她。"

聚焦鲁迅先生评价萧红衣着的语句，感受鲁迅先生高级的审美品位及其爱护晚辈的真诚与善意。

③鲁迅先生的"送客"。

语句：……鲁迅先生非要送到铁门外不可……并且指着隔壁那家写着有"茶"字的大牌子："下次来记住这个'茶'，就是这个'茶'的隔壁。"而且伸出手去，几乎是触到了钉在铁门旁边的那个九号的"九"字，"下次来记住茶的旁边九号。"

聚焦"非要送到""指着""伸出手去""几乎是触到"等一系列的动作，联系鲁迅先生是伤寒刚病愈，却在半夜冒雨送客的情节，感受鲁迅先生对晚辈关怀备至。

小结：作者萧红用这种有灵性的细节描写刻画了一个真诚、慈祥、率真、幽默乐观、关爱晚辈的鲁迅形象，让鲁迅不再是冷酷严峻的伟人，而是一位有血有肉、可亲可敬的父辈、师长。

3. 朗读品悟：感受鲁迅先生的师者风范。

（三）学习活动三：制作"长者鲁迅页"

1. 合作探究：你眼中的长者鲁迅是怎样的形象？

（1）了解学习要求。

学习要求

①自主学习。

回顾课文，思考：你眼中的长者鲁迅是怎样的人？从下列关联词中任选一组来阐述你的观点。

关联词：无论……都……　　不但……而且……　　是……更是……

②合作学习。

组内交流：每人表达自己的观点，其他同学认真倾听。

汇总想法，推荐一人全班交流。

（2）学生自主思考，小组合作交流。

（3）全班交流。

预设：

①鲁迅先生是伟大的文学家、思想家、革命家，更是慈祥幽默的伯父和可亲可敬的师长。

②因为鲁迅先生对晚辈、学生和穷苦的人都给予无私的帮助，得到了大家的爱戴，所以会有这么多人来悼念他。

③无论在怎样境况下，鲁迅先生都是乐观面对生活，真诚亲切地对待朋友、家人，团结一切与黑暗势力抗争的力量，乐观积极地抗争。

2. 明确制作"长者鲁迅页"要求。

制作要求

（1）文字要求。

为"长者鲁迅页"起一个吸引人的标题。

选择典型事例，向人们详细介绍一至两件鲁迅爱护晚辈或关心穷苦百姓的事。

抒发自己对鲁迅先生的感情。

（2）排版要求。

版面布局合理，能进行适当地美化。

3. 尝试制作，并根据评价单完善和美化。

任务四：别人眼中的鲁迅（2课时）

（一）学习活动一：诗人眼中的鲁迅

1. 朗读诗歌，了解创作背景和内容。

（1）初读诗歌，了解创作背景。

读诗歌的副标题和学习提示了解这首诗歌的作者及创作背景。

（2）关注内容，交流阅读感受。

预设：这是一首赞颂鲁迅先生高尚品质和博大胸怀的人；这是一首赞颂所有像鲁迅先生一样把人民放在心上的具有崇高品质的人。

（3）自由朗读，把握好停顿和节奏。

2. 再读诗歌，发现写作秘密。

（1）同桌讨论，梳理诗歌结构。

根据主语的不同，同桌讨论交流，梳理诗歌结构。

交流明确：我们认为诗歌分成三部分，点明了两种人不同的人生观。

（2）自由朗读，明晰写作手法。

自由朗读，发现诗歌的写作手法。

交流答案：我发现这首诗歌使用对比的写作手法，写出了两种人完全不同的人生价值观。

3. 品读诗歌，完成批注。

静心品读诗歌，根据本单元学过的课文和资料，思考：读这首诗歌的时候联想到鲁迅的哪些事情？完成批注。

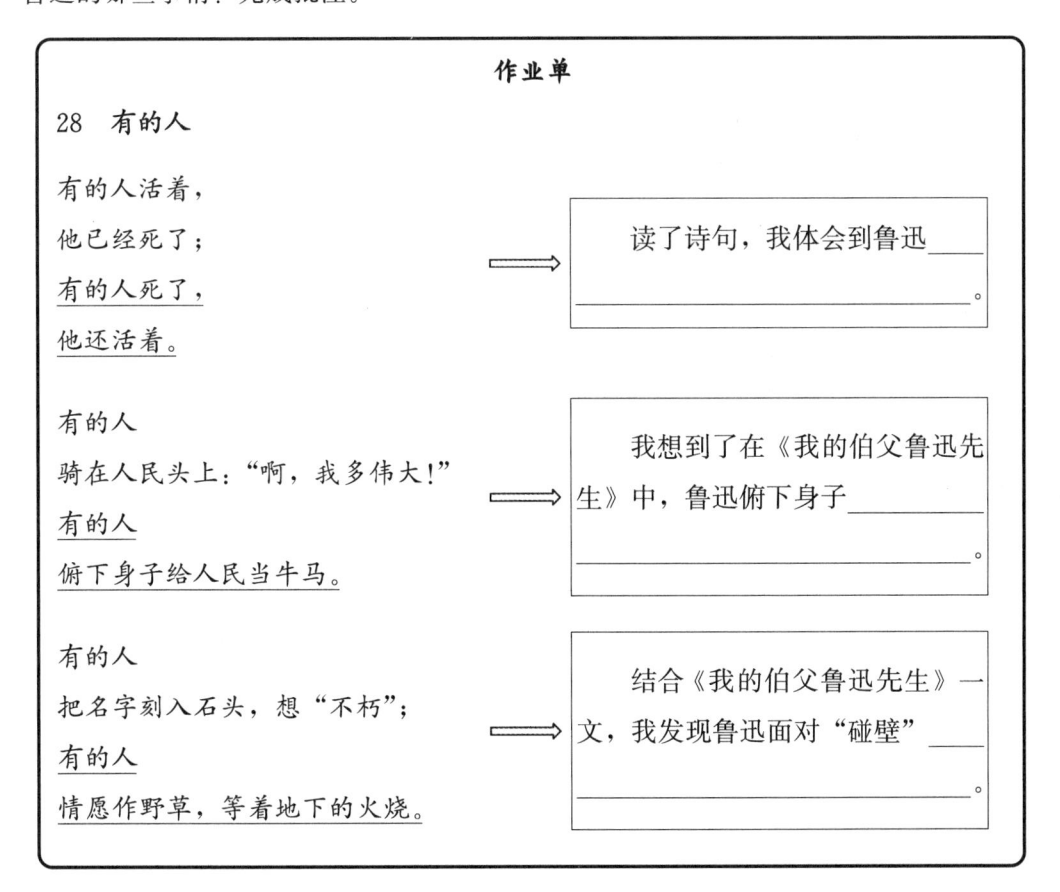

作业单

28 有的人

有的人活着，
他已经死了；
<u>有的人死了，
他还活着。</u>

⇒ 读了诗句，我体会到鲁迅_____。

有的人
骑在人民头上："啊，我多伟大！"
<u>有的人
俯下身子给人民当牛马。</u>

⇒ 我想到了在《我的伯父鲁迅先生》中，鲁迅俯下身子_____。

有的人
把名字刻入石头，想"不朽"；
<u>有的人
情愿作野草，等着地下的火烧。</u>

⇒ 结合《我的伯父鲁迅先生》一文，我发现鲁迅面对"碰壁"_____。

"文学阅读与创意表达"学习任务群

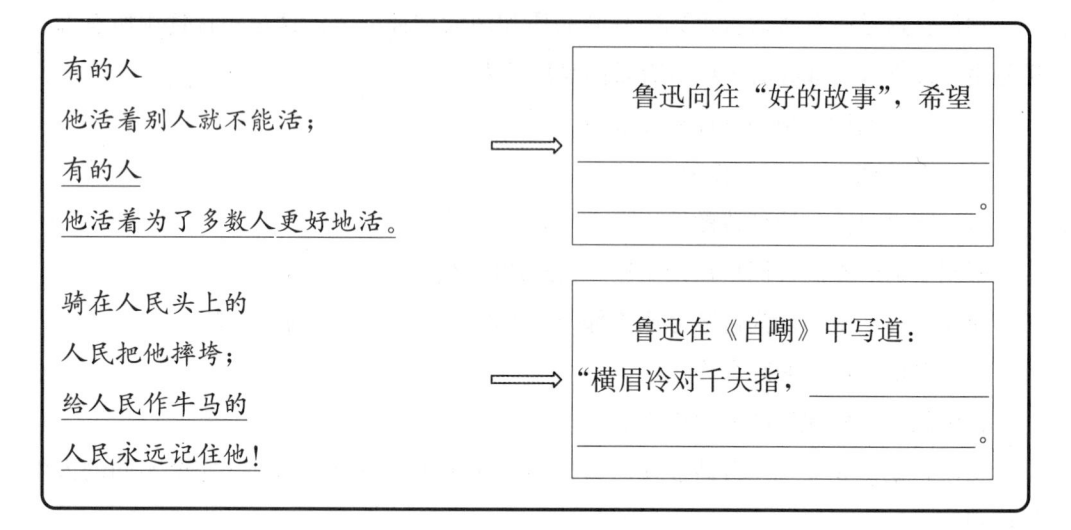

有的人 他活着别人就不能活； 有的人 他活着为了多数人更好地活。	→	鲁迅向往"好的故事"，希望 ＿＿＿＿＿＿＿＿＿＿＿＿＿＿＿＿＿ ＿＿＿＿＿＿＿＿＿＿＿＿＿＿＿。
骑在人民头上的 人民把他摔垮； 给人民作牛马的 人民永远记住他！	→	鲁迅在《自嘲》中写道： "横眉冷对千夫指，＿＿＿＿＿ ＿＿＿＿＿＿＿＿＿＿＿＿＿＿＿。

4. 入情入境诵读诗歌。

（1）根据学习提示，自由练读。

朗读提示卡

◇运用语气轻重和缓急，音量高低等技巧来体现两种不同的人对待人民的表现，读出对鲁迅先生的敬意。

◇可以加入个性化的表达（增加手势、动作或对重点词句进行重复朗读等）。

◇朗读姿势端正，精神饱满。

（2）配乐诵读，读出敬意。

（二）学习活动二：伟人眼中的鲁迅

1. 明确任务：合作学习，通过查找资料读懂诗歌。

2. 呈现学习要求。

学习要求

（1）自主学习。

自主分工，查找相关资料。

借助资料读懂《七绝二首·纪念鲁迅八十寿辰》，写写自己的感受。

（2）合作学习。

组内交流，汇总想法，推荐一人全班交流。

七绝二首·纪念鲁迅八十寿辰

毛泽东

其一

博大胆识铁石坚，刀光剑影①任翔旋。

龙华喋血②不眠夜，犹制小诗③赋管弦。

其二

鉴湖越台④名士乡，忧忡为国痛断肠。

剑南歌⑤接秋风吟⑥，一例氤氲入诗囊。

[注释]

①刀光剑影：指文化战线上围剿和反围剿这一充满刀光血影的尖锐斗争背景。

②龙华喋血：指国民党秘密杀害二十余位革命志士的骇人听闻的暴行。

③小诗：指鲁迅的《七律惯于长夜过春时》，这首诗慷慨悲怆，气壮情真，表达了鲁迅怒向刀丛觅小诗的坚强斗志。

④鉴湖越台：指鲁迅故乡浙江绍兴的代表性景物，象征着萌生于越部族时代的源远流长的吴越文化。

⑤剑南歌：指爱国诗人陆游的诗集《剑南诗稿》所收诗作。

⑥秋风吟：指辛亥烈士秋瑾作的《秋风曲》一诗和被清政府杀害前书写的唯一供词"秋风秋雨愁煞人"。

3. 学生自主学习，小组合作学习。

4. 学生展示资料，全班交流。

（1）呈现学生查找的资料。

背景资料

毛泽东评价："鲁迅的骨头是最硬的，他没有丝毫的奴颜和媚骨，这是殖民地半殖民地人民最可宝贵的性格。"

毛泽东和鲁迅素未谋面，却心灵相通。一个在真实的战地反击国民党的军事"围剿"，为创立和扩大红色政权而征战；一个在文化战线为粉碎敌人的文化"围剿"，为发展进步文化而奋斗。他们彼此惺惺相惜。

（2）全班交流。

预设：这两首诗，表达了毛泽东对鲁迅先生的敬意和对鲁迅诗歌的喜爱；他们俩心灵相通，默契相投，斗志高昂，意志坚定，都怀着满腔的热血为民族的解放和人民的幸福而抗争奋斗。

小结：是的，鲁迅先生是伟大的民族战将，毛主席对鲁迅高度评价说："鲁迅是中国文化革命的主将，他不但是伟大的文学家，而且是伟大的思想家和伟大的革命家。鲁迅的骨头是最硬的，他没有丝毫的奴颜和媚骨，这是殖民地半殖民地人民最可宝贵的性格。"

（3）朗读品悟：入情入境读出感情。

（三）学习活动三：制作"革命家鲁迅页"

1. 提出问题：诗人眼中的鲁迅是俯下身子给人民当牛马的民族英雄，伟人眼中的鲁迅是民族解放的急先锋，那么你眼中的革命家鲁迅是怎样的形象呢？

预设：为老百姓发声，在文化战线上机智斡旋，斗志坚定，满腔热忱。

2. 明确"革命家鲁迅页"制作要求。

> **制作要求**

（1）文字要求。

为"革命家鲁迅页"起一个吸引人的标题。

摘抄鲁迅自己的战斗名言或他人对鲁迅战斗精神的评价，注意书写美观。

发表你对革命家鲁迅先生的看法。

（2）排版要求。

版面布局合理，能进行适当的美化。

3. 尝试制作，并完成宣传册的封面、目录和封底等。

4. 根据评价单完善及美化。

任务五：宣讲鲁迅精神（1课时）

（一）学习活动一：在组内有条理地介绍

1. 明确任务：为更好地宣传鲁迅精神，将鲁迅精神发扬光大，我们将在社区开展"鲁迅精神"宣传会活动。

2. 组内合作练习宣讲。

（1）小组分工，根据鲁迅的三个不同身份和宣传册设计意图认领宣传任务。

（2）在组内练习有条理地介绍。

①自主练习，把文字内容牢记于心。

②组内合作，按照作家鲁迅、长者鲁迅、革命家鲁迅和宣传册设计意图的顺序依次介绍。

（二）学习活动二：在社区宣传鲁迅品质

1. 明确宣讲要点。

宣讲提示卡

（1）宣讲内容：有条理地介绍鲁迅先生的三个不同身份和宣传册设计意图，重点突出作家鲁迅忧国忧民，长者鲁迅慈祥和善，革命家鲁迅斗志昂扬。

（2）宣讲方式：小组合作，分工明确。

（3）宣讲技巧：声音响亮，语气语调适当，落落大方；利用停顿、重复或者辅以动作强调要点，增强表现力；关注听众的反应，有一定的互动。

2. 小组合作在社区开展宣讲活动。

（1）组内讨论，选择合适的宣传场地。

（2）确定适宜的听众群体，询问听众的需求和兴趣。

预设：学生群体重点介绍"作家鲁迅页"；祖辈群体重点介绍"革命家鲁迅页"；父辈群体重点介绍"长者鲁迅页"。

（3）根据听众的兴趣，重点介绍不同身份的鲁迅。

（4）跟进反馈，请听众根据评价表进行打分，收集听众的意见和建议，改进下一次的宣讲。

【教学现场】

任务二之学习活动二：鲁迅眼中"好的故事"

师：请同学们默读《好的故事》，想想"好的故事"到底是什么，画出相关句子。

生：我觉得"好的故事"是指一个梦。我找到的句子是"我闭了眼睛，向后一仰，靠在椅背上；捏着《初学记》的手搁在膝髁上"。说明作者当时是睡着时做的梦。

生：我同意他的观点。我还有一处补充句子"我无意识地赶忙捏住几乎坠地的《初学记》，眼前还剩着几点虹霓色的碎影"。说明此时鲁迅先生已经是睡醒了。

师：是的，同学们读书时都非常细致，找到相关的线索，读懂了"好的故事"是一个梦境。请大家再次浏览课文，梳理文章顺序，完成流程图。

（生浏览课文，完成流程图）

生：我认为课文可以分为入梦、梦境、梦醒这三部分。

师：大家都同意他的观点，认为文章是按照入梦、梦境、梦醒这三部分的顺序写的。那"好的故事"到底是一个怎样的梦境呢？请大家圈画出可以概括它整体印象的词语。

（生默读课文，圈画关键词）

生：我找到的关键词是美丽、幽雅、有趣。

师：是的，刚刚我们通过抓住关键词句，读懂了"好的故事"是指一个美丽、幽雅、有趣的梦境。课文的语言表达与现在的语言表达不尽相同，还有一些难懂的词句。大家试着用多种方法理解梦中景物吧。

生：我根据偏旁表义的方法猜想"乌桕、新禾"是树木的名称，是水乡有代表性的树。

生：我联系上下文猜想"伽蓝"是和塔、茅屋一类的农村建筑，因为它们三个并列在一起。

师：是的，请大家观看"伽蓝"的照片，"伽蓝"就是寺庙。

生：我借助注释知道"山阴道"指浙江绍兴西南一带风景优美的地方，也就是鲁迅的老家。

师：我们尝试用多种方法理解了梦中的景物，现在我们来合作探究这故事的美丽、幽雅、有趣体现在哪里？请大家根据学习要求进行自主学习和合作学习。

（生自主学习，小组交流）

师：请小组代表汇报学习成果。

生：我们小组重点学习了"景物丰"，我们关注的句子是第5自然段"我仿佛记得曾坐小船经过山阴道，两岸边的乌桕，新禾，野花，……并水里的萍藻游鱼，一同荡漾"。我们读着这一处的句子，仿佛跟着鲁迅一同坐在船上，两岸的景物是那样丰富多彩，美丽的景色让我们都感觉应接不暇。

生：对这一句，我们组有相同的感受。同时我们有补充，刚刚读过注释，我们知道描写的是浙江绍兴西南一带风景优美的地方，这就是鲁迅先生的老家，我们体会到鲁迅先生流露出对家乡的眷念之情。

师：你们不仅感受到景物的优美，还体会到鲁迅先生的情感。老师想问问：为什么作者罗列一连串的名词，不加任何修饰词呢？请大家齐读这处句子，认真体会。

（生齐读句子）

生：这样读起来更有节奏感，而且不加修饰语，带给人更大的想象空间，每个人想象出的景物都是不同的。

师：你们的分享太精彩了。从想象画面、体会情感到领会表达之妙，像文学家一样赏析文本，真是了不起。接下来我们继续交流小组学习成果。

生：我们小组重点学习了"色彩雅"。我们关注到的语句是第7自然段"大红花和斑红花，都在水里面浮动，忽而碎散，拉长了，如缕缕的胭脂水，然而没有晕。……

泼剌奔迸的红锦带"。从"缕缕的胭脂水""泼剌奔迸的红锦带",我们感受到河边的花朵色彩明艳,画面明媚。

生:我们组有补充。清风徐来,水波荡漾,河水是澄碧的,大红花是红艳艳的,天空的云朵是洁白的,色彩艳丽丰富,让人陶醉其间。一切景语皆情语,我们感受到鲁迅先生对这美好的梦境是多么的喜爱。

师:你们能从景语读出情语,赏析能力实在高超!

生:我们小组关注了"变化趣"。我们找到的句子是第7自然段"带织入狗中,狗织入白云中,白云织入村女中……"我们感受到水中的倒影变幻莫测,读起来乐趣无穷。我们还发现非常有意思的地方是,上一个词是下一个词的开头,特别符合水中水乡的意境,仿佛是水中重重叠叠的幻影,特别有意思。

师:鲁迅是大文豪,他的表达和意境高度统一,你们真是他的知音。鲁迅浓墨重彩地描绘了一个美丽、幽雅的江南水乡的梦境,仅仅是为了抒发自己眷念故乡的情感吗?接下来,我们要探究"好的故事",读懂先生的梦。请默读"阅读链接"中两位专家对《野草》的解读,自主思考,完成作业单。

(生默读资料,完成作业单)

生:我发现鲁迅运用了象征的手法,"昏沉的夜"是指黑暗的现实,"好的故事"是指美好的未来。

生:"我"总记得见过这一篇好的故事,体现了鲁迅先生对黑暗势力的痛恨,对美好祥和的未来生活的向往和憧憬。

生:当时的农村同胞生活境况糟糕,体现了鲁迅先生希望借好的故事唤醒沉睡的人们,并鼓励人民不要失去生活的信心。

师:大家借助资料,理解了鲁迅先生的梦。接下来请以"先生啊,您的梦我懂"为话题,抒写自己的感悟。

(生独立抒写感悟)

师:请大家来交流一下自己的感悟。

生:先生啊,您的梦我懂。您梦中好的故事是象征美好的未来,昏沉的夜是指黑暗的现实。您是用笔在同黑暗势力做斗争,您想借美好的故事唤醒懵懂无知的百姓,不能逆来顺受地过日子,要起来斗争反抗,争取美丽幽雅的新生活。您的心中总是装着贫困的农民同胞,您总是在思考民族的发展,我敬佩您,我要向您学习,有一分热,发一分光!

师:请大家根据评价表,从"读懂含义""抒发情感"两个方面完成自我评价,并进行修改完善。

（生自我评价；修改感悟）

师：读懂了先生的梦，我们一起来探究鲁迅先生为什么要使用象征手法，而不直截了当地写出自己的呼唤呢？请根据学习提示开展学习。

（生查找资料，阅读《野草》中其他作品）

师：请同学们谈谈自己的看法。

生：我查找过资料，了解到当时的时代背景是极其黑暗的，反动派的魔爪无孔不入，他们不仅杀害革命者，就连知识分子也不肯放过。女师大风潮，"三一八惨案"给鲁迅先生造成极大的震撼和冲击。鲁迅先生自己也遭受着反动派的监视和迫害。鲁迅先生用象征的手法描写现实的压抑和对未来的憧憬，这是智慧的抗争。

生：我非常同意他的观点。当时的底层人民生活在水深火热之中，他们生活极端窘困，但是却逆来顺受，缺乏抗争的意识。鲁迅先生用象征手法描写了如此美丽、幽雅、有趣的梦境，激发人们对未来美好生活的向往与期待，唤醒沉睡的意识。

师：同学们在资料的帮助下，很好地理解了文章的主旨，明白了象征手法的妙用。我们可以借助资料理解难懂的文章，查找的资料类型可以是关于作者生活经历的，可以是作者的创作背景，也可以是别人对这一作品的评论或注解。

【评价设计】

任务二：以"先生啊，您的梦我懂"为话题，完成作业单，能联系资料读懂梦的含义，并抒发真情实感。

表1 "先生啊，您的梦我懂"评价表

指标	评价标准	星级	自评	互评
读懂含义	1. 读出先生的梦里有对故乡的思念。	★		
	2. 读懂先生反抗旧恶势力，向往和平与美好的生活。	★★		
	3. 读懂先生反抗旧恶势力，借美好的梦唤醒劳苦大众对美好生活的向往。	★★★		
抒发情感	1. 能表达对鲁迅思想的理解。	★		
	2. 能联系事例表达对鲁迅思想的理解。	★★		
	3. 能联系典型事例充分表达对鲁迅思想的理解。	★★★		
三星作品达标，四星作品良好，五、六星作品为优秀。				

学生作业示例

> 此时此刻，你想对1925年的鲁迅先生说些什么？请以"先生啊，您的梦我懂"为话题，写下自己想说的话，150字左右。
>
> 先生啊，您的梦我懂。您的梦中是美丽、幽雅、有趣的江南水乡风光，是您眷恋的故乡。您向往这样美丽祥和的生活，您痛恨黑暗压抑的现实世界。您期待美好的梦能唤起农民同胞对新生活新世界的憧憬。您在用美好的故事号召他们团结起来，与黑暗势力斗争，为美好的新生活努力奋斗。您期望每个少年儿童都能像闰土一样活泼可爱、健康阳光，您不忍看见成年闰土判若两人，在困苦和压迫中变得木讷呆板。您忧国忧民，满怀热忱，我要向您学习，用点滴的努力和积累，汇成涓涓小溪，长大做一个栋梁之才，有一分热发一分光！

评价说明：结合评价表，这份作业可以获得六颗星。作业中，这位同学读出鲁迅先生的梦里有对故乡的眷恋，读懂鲁迅先生对未来美好世界的憧憬，更有借美好的梦唤醒沉睡无知的民众团结起来抗争旧恶势力，争取新生活的期冀。更难得的是，能联系刚刚学过的《故乡》里少年闰土和中年闰土的判若两人来表达观点，叙述有条理，感情真挚，是一份优秀作业。

任务二：根据提示，小组合作制作宣传册"作家鲁迅页"。

表2 制作宣传册——作家鲁迅页评价表

指标	评价标准	星级	自评	互评
文字	1. 有标题，有摘录语句，有作品介绍。	★		
	2. 标题符合主旨，摘录语句和文章主题相关，较为凝练介绍鲁迅作品。	★★		
	3. 标题符合主旨，吸引人；摘录语句和文章主题契合度高；用凝练的语言介绍鲁迅作品。	★★★		

续表

指标	评价标准	星级	自评	互评
美化	1. 版面清爽，有美化。	★		
	2. 版面布局合理，有适当的美化。	★★		
	3. 版面布局合理，大气；图文并茂，整体美观。	★★★		
三星作品达标，四星作品良好，五、六星作品为优秀。				

学生作业示例

评价说明：结合学习评价表，这份作业可以获得六颗星。作家鲁迅宣传页的标题为"时代的造梦者"主旨正确，内蕴丰厚，能引发人的阅读兴趣；摘录的语句和文章的主题高度吻合，能用凝练的语言介绍作品梗概；设计上选用了鲁迅故乡的水墨画作装饰，布局合理大气，整体美观，赏心悦目。

任务三：根据提示，小组合作制作宣传册"长者鲁迅页"。

表3 制作宣传册——长者鲁迅页评价表

指标	评价标准	星级	自评	互评
文字	1. 有标题，有事例，能抒发感情。	★		
	2. 标题符合主旨，有典型事例，能较好地抒发自己的感情。	★★		
	3. 标题符合主旨，吸引人；事例典型，生动具体；感情真挚，能打动人。	★★★		
美化	1. 版面清爽，有美化。	★		
	2. 版面布局合理，有适当的美化。	★★		
	3. 版面布局合理，大气；图文并茂，整体美观。	★★★		
三星作品达标，四星作品良好，五、六星作品为优秀。				

任务四：小组合作制作宣传册"革命家鲁迅页"。

表4 "制作宣传册——革命家鲁迅页"评价表

指标	评价标准	评价星级	自评	互评
文字	1. 有标题，有摘录语句，有自己观点。	★		
	2. 标题符合主旨，摘录语句和革命斗争主题相关，观点清晰。	★★		
	3. 标题符合主旨，吸引人；摘录语句和革命斗争主题契合度高；观点清晰，逻辑严密。	★★★		
美化	1. 版面清爽，有美化。	★		
	2. 版面布局合理，有适当的美化。	★★		
	3. 版面布局合理，大气；图文并茂，整体美观。	★★★		
三星作品达标，四星作品良好，五、六星作品为优秀。				

任务五：根据提示，小组合作到社区宣讲鲁迅精神。

表 5　宣讲鲁迅精神评价单

指标	评价标准	星级	自评	互评
宣讲内容	1. 能清楚介绍鲁迅先生的三个不同身份和设计意图。	★		
	2. 有条理地介绍鲁迅先生的三个不同身份和设计意图。	★★		
	3. 有条理、有重点地介绍鲁迅先生的三个不同身份和设计意图。	★★★		
宣讲形式	1. 小组之间有合作。	★		
	2. 小组合作分工明确。	★★		
	3. 小组合作有默契，分工明确。	★★★		
宣讲技巧	1. 声音响亮，语气、语调适当。	★		
	2. 声音响亮，语气、语调适当，落落大方；利用停顿、重复或者辅助动作强调要点。	★★		
	3. 声音响亮，语气、语调适当，落落大方；利用停顿、重复或者辅助动作强调要点，增强表现力；关注听众反应，有一定的互动。	★★★		

【教学反思】

六年级上册第八单元人文主题为"走近鲁迅"，主要归属于文学阅读与创意表达学习任务群。本单元要求学生能感受革命领袖伟大的精神世界和人格力量，学习品味作品语言、欣赏艺术形象，尝试富有创意地表达对领袖的敬意。为了较好地达成单元目标，可采用以下教学策略。

（一）落实要素，提升资料搜集和运用能力

本单元的语文要素是"借助相关资料，理解课文主要内容"。紧扣这一要素，本单元多次安排影音、文本等补充资料，使学生更多了解鲁迅生活的时代背景和创作背景，充分感受鲁迅的写作特色，更好体会鲁迅先生的人格魅力和崇高精神。查找资料的方式也是由扶到放，从教师提供资料到学生根据需要自行查找，搜集资料和运用资料的能力也在逐步提升。

（二）任务学习，重构单元学习内容

鲁迅先生的作品离学生生活遥远，鲁迅精神对孩子们而言也较难理解。本单元以"我眼中的作家鲁迅""我眼中的长者鲁迅""别人眼中的鲁迅"为三大核心任务重构学习内容。学生在真实的学习任务中主动走近鲁迅，多角度感知鲁迅。在真实的任务驱动下，鲁迅先生的形象逐渐在学生心中真实起来、鲜活起来、丰满起来。

（三）真实情境，让文学阅读与创意表达有机融合

本单元创设了"制作《鲁迅宣传册》"这一真实情境，学生要向社区居民介绍作家鲁迅、长者鲁迅、革命家鲁迅。学生深入文本赏析文学形象、品味作品语言、积累情感体验，并以鲁迅宣传册为载体有创意地表达对鲁迅先生的敬意。真实情境，让文学阅读与创意表达有效整合，有机融合。

在教学实践中，还需注意不可让"制作宣传册"这一任务喧宾夺主，要牢牢把握文学阅读与创意表达学习任务群的初衷，课堂主要时间要引领学生赏析文学形象、品味作品语言、积累情感体验。

（案例撰写者　张底亚　蔡红燕）

"思辨性阅读与表达"学习任务群

案例1 名画里的学问
——《书戴嵩画牛》教学

【任务分析】

《书戴嵩画牛》是六年级上册第七单元《文言文二则》中的一篇文言文。本单元的人文主题是"艺术之美"。本课是苏轼为名画《斗牛图》写的一则题跋，内容有趣，思辨性强，能让学生充分感悟名画中蕴含的人文价值和艺术美感，浸润中华优秀传统书画文化。

本单元的语文要素是"借助语言文字展开想象，体会艺术之美"。本课旨在让学生通过朗读古文、理解意思、借助图片等方法展开想象，通过对人物的神态、动作、心理等细节进行补白，讲好杜处士与小牧童之间的故事，拓宽艺术视野，引发艺术与生活关系的思考。

本课属于"思辨性阅读与表达"学习任务群。在真实化的生活情境中，学生通过朗读、比较、推断、质疑、讨论等方式，辨析斗牛的真实情况，思考真理与实践之间的关系，掌握辩证看待问题的思维方法，学会有理有据地口头表达自己的观点。这与学习任务群第三学段"阅读哲人故事、寓言故事、成语故事等，感受其中的智慧，学习其中的思维方法"学习内容一致。

【学习资源】

（一）文本

苏轼《书黄筌画雀》。（苏轼：《东坡题跋》，浙江人民美术出版社，2016年）

（二）图片

1. 戴嵩《斗牛图》。（凤凰网之"历史"栏目）
2. 李可染《斗牛图》。（凤凰网之"国学"栏目）

3. 民间斗牛照片。(太平洋电脑网之"摄影部落"栏目)

4. 黄筌《写生珍禽图》。(东方书画艺术网之"东方课堂"栏目)

【实施框架】

(一)学习目标

1. 能在自主的学习情境中,读准"处""好"等多音字,写好"曝"字,把握文言文朗读节奏,品味文言文韵味,感受古典文学的魅力。

2. 能在具体的任务情境中,结合注释和插图,了解人物形象,抓住关键细节展开想象讲述故事,发展在具体语言情境中创造性表达的能力。

3. 能在具体的生活情境中,通过比较、推断、质疑等方式,明白"做事既要向行家请教,又要大胆质疑"的道理,培养辩证性思维和批判性思维品质。

(二)学习情境

中国名画蕴含着深刻的哲理,是历史长河中的文明瑰宝。让我们一起"欣赏古代名画""读懂名画故事""讲好名画故事""领悟名画学问",理清真理与实践的关系,学习辩证看待问题的思维方法,传承并弘扬中华优秀传统文化吧!

(三)任务框架

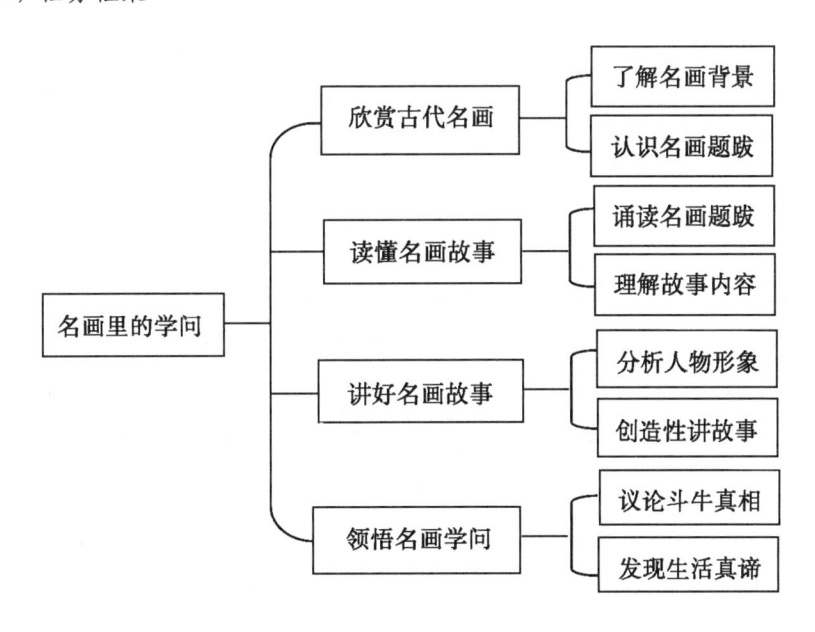

```
名画里的学问 ─┬─ 欣赏古代名画 ─┬─ 了解名画背景
              │                 └─ 认识名画题跋
              ├─ 读懂名画故事 ─┬─ 诵读名画题跋
              │                 └─ 理解故事内容
              ├─ 讲好名画故事 ─┬─ 分析人物形象
              │                 └─ 创造性讲故事
              └─ 领悟名画学问 ─┬─ 议论斗牛真相
                                └─ 发现生活真谛
```

【任务实施】

任务一：欣赏古代名画

（一）学习活动一：了解名画背景

1. 交流课前了解的中国古代名画，说说喜欢的原因。

2. 欣赏名画佳作《斗牛图》，认识画家戴嵩。

（1）欣赏《斗牛图》，说说画面内容。

《斗牛图》

（2）了解画家：戴嵩是唐代著名画家，擅长画田家、川原之景，画的水牛尤为著名，《斗牛图》就是他的传世佳作。

（二）学习活动二：认识名画题跋

1. 了解题跋：题跋是指阅读书籍、碑帖字画后写在上面发表见解的文字。

2. 阅读《斗牛图》上乾隆题写的两则题跋，大致说说自己的理解。

《斗牛图》的两则题跋

（1）角尖项强力相持，蹴踏腾轰各出奇。想是牧童指点后，股间微露尾垂垂。

（2）牧童游戏何处去，独放双牛斗角叉。画跋曾经辟画录，录诚差跋更为差。

预设：这两则题跋都和画面有关，描述的都是斗牛的状况。

3. 明确任务：苏轼也曾对这幅《斗牛图》发表了自己的见解，题跋一则《书戴嵩画牛》。接下来，就让我们跟随苏轼的文字，一起探究名画中蕴含的真知。

任务二：读懂名画故事

（一）学习活动一：诵读名画题跋

1. 根据学习要求，读准字音，读好节奏。

> 学习要求

(1) 自主学习。

借助拼音和字典释义，想想文中"处、好、数、曝"的读音。

用"/"画出句子的停顿。

(2) 合作交流。

交流字音和标注的停顿，再读读课文。

2. 自主学习，小组交流。

3. 全班交流。

(1) 辨析"处、好、数、曝"等多音字在文章中的读音。

预设：

①"杜处士"的"处"要读第三声。

②"好书画"的"好"要读第四声，意思是喜爱。

③"所宝以百数"的"数"是个动词，意思是计数。

④"曝书画"的"曝"要读"pù"。

(2) 学习"曝"字含义及书写。

预设："曝"是左右结构，左边是"日"，右边是"暴"，暴露在太阳底下就是"曝"，意思是晒。它的最后四笔是"点、提、撇、点"。

(3) 交流长句子的朗读及标注的停顿。

预设：

①蜀中/有杜处士，好书画，所宝/以百数。

②牛斗，力在角，尾/搐入两股间，今/乃掉尾而斗，谬矣。

4. 读名画题跋。

(1) 师生合作读。

(2) 同桌互读。

(3) 结合"读懂名画故事"评价表（一），进行自评和同伴互评。

（二）学习活动二：理解故事内容

1. 明确学习要求，感知大意。

> 学习要求

(1) 用借助注释、联系上下文的方法阅读全文。

(2) 画出自己难懂的句子。

（3）说说文章讲了一件什么事？

2. 交流讨论，呈现字词难点。

预设：

（1）"常以自随"的意思是经常随身携带着。

（2）"牛斗，力在角，尾搐入两股间，今乃掉尾而斗，谬矣。"这句话是说，牛在相斗时，力量在角上，尾巴抽缩在两条大腿之间，如今却摆动着尾巴在争斗，这是错的啊！

（3）"耕当问奴，织当问婢"这句话中，"奴"是指男奴，"婢"是指女仆。

3. 同桌互说故事大意。

预设：蜀中有一位杜处士，喜好书画，珍藏的书画作品有数百件。其中有戴嵩画的《斗牛图》一幅，他特别喜爱，于是用锦缎作画囊，又用玉装饰卷轴，并经常随身携带。有一天，他晾晒书画，一个牧童看到了这幅画，拍手大笑，说道：这画上画的斗牛吗？牛在互相争斗时，力量用在角上，尾巴夹在两条大腿中间，但这幅画却画成牛摇着尾巴互相争斗，错了。杜处士笑了笑，认为牧童的话是对的。

4. 结合"读懂名画故事"评价表（二），同桌两人互说故事大意，进行自评和同伴互评。

任务三：讲好名画故事

（一）学习活动一：分析人物形象

1. 明确学习任务，理解人物形象。

学习任务：结合课文，分析杜处士和小牧童的特点，并完成作业单。

《书戴嵩画牛》人物特点图

杜处士	小牧童
特点：_____	特点：_____
文中依据：	文中依据：

2. 独立完成作业单。

3. 展示成果，分享感受，开展评价。

预设：

（1）从"好书画、所宝以百数、锦囊玉轴"体会出杜处士"喜爱书画"的特点；从"笑而然之"体会出杜处士"虚心大度"的特点。

（2）从"拊掌大笑"看出小牧童"天真率性"的特点；从"尾搐入两股间，今乃掉尾而斗"看出小牧童"善于观察"的特点。

结合"讲好名画故事"评价表，对作业单评价、完善。

4. 分角色扮演，读出人物特点。

引导：通过刚刚的学习，我们看到了一个谦虚的杜处士和一个细心率真的小牧童，千年之前他们之间的故事又是怎样的呢？我们今天就来当一当杜处士和小牧童，通过表演来呈现他们之间的故事。

（1）呈现学习要求。

学习要求

①同桌分角色读杜处士和小牧童的语句，体会他们不同的特点。

②比较"拊掌大笑"和"笑而然之"两处描写"笑"的句子，想象两人的神态、动作、语言、心理，并进行表演。

（2）同桌合作。

（3）全班表演、交流。

预设：

两人的特点：杜处士对《斗牛图》十分喜爱；小牧童直言不讳，性格天真可爱。

想象表演

①小牧童笑得前仰后合，边拍手边扯着嗓子大声喊："错啦错啦！斗牛不是这样的！"

②杜处士心里暗暗高兴，脸上流露出赞赏的神情，微笑着说："小牧童说得真对呀！"

（4）根据评价表格进行自评和同伴评价。

（二）学习活动二：创造性讲故事

1. 呈现学习要求。

> 学习要求

（1）独立学习。

选一选：选择故事角色，转换讲述人称。

想一想：开展合理想象，丰富人物细节。

讲一讲：依据人物特点，创造性复述故事。

（2）合作学习。

小组内分享名画故事，进行组员自评和互评。

2. 学生根据独立学习要求，独立准备创造性复述故事。

3. 组内成员依次分享名画故事，并根据"讲好名画故事"评价表，进行自评和同伴互评，推选出本组内讲故事最佳成员。

4. 开展班级"故事大王"挑战赛，全班评价。

任务四：领悟名画学问

（一）学习活动一：议论斗牛真相

1. 了解斗牛真相。

> **学习单**
>
> （1）欣赏李可染的《斗牛图》、民间斗牛照片等，观察斗牛时尾巴的位置。
>
> （2）全班交流。

预设：

①第一幅图和第三幅图，两头牛是摇摆着尾巴在争斗。

②第二幅图，两头牛争斗时尾巴是抽缩在两条大腿之间。

小结：牛在相斗时有时候尾巴抽缩在两股间，有时候掉尾而斗，情况并不是唯一确定的。

2. 回顾《斗牛图》上的两则题跋，读懂其中含义。

预设：

（1）题跋一是乾隆相信苏轼，相信小牧童所说的，认为戴嵩错了。

（2）题跋二为乾隆观斗牛后发现牛尾并不是夹在两条大腿之间，又批评苏轼之错。

小结：日渐增多的题跋，也是赏画人对画中哲理不断深入探究的过程。这也帮助后人对名画有了更加全面的认识。

（二）学习活动二：发现生活真谛

1. 自主思考：《书戴嵩画牛》这则题跋究竟想告诉我们一个什么道理呢？用双横线画出文中相应的句子，并说说理解。

全班交流。

预设：耕当问奴，织当问婢；我们做事情既要请教行家，又要大胆质疑。

2. 延伸阅读，学以致用。

（1）欣赏名画《写生珍禽图》，阅读题跋《书黄筌画雀》，完成练习。

书黄筌画雀

[宋] 苏轼

黄筌①画飞鸟，颈足皆展。或②曰：飞鸟缩颈则展足，缩足则展颈，无两展者。验③之信然④。乃知观物不审⑤者，虽画师且⑥不能，况其大者⑦乎？君子是以务⑧学而好问也。

注释：①黄筌（quán）：五代后蜀画家。②或：有人。③验：检验，验证。④信然：确实如此。⑤审：仔细，细致。⑥且：尚且。⑦大者：指做大事的人。⑧务：致力，努力。

通过借助注释、联系上下文、展开想象等方法，自读文言文，理解文意，并说说主要讲了什么道理？

（2）交流讨论。

预设：在艺术创作中，要深入观察生活，勤学好问，主动向有经验的人请教，不能想当然。

【教学现场】

任务三：讲好名画故事

师：接下来，我们就要讲这幅名画的故事了，要想讲好这个故事，就必须读懂故事中的两个人。

生：杜处士和小牧童。

师：是的。看看我们的学习任务，请你结合课文，认真分析这两人各有怎样的特点，完成相应的练习。

（生自主完成作业单）

师：先来说说杜处士是个怎样的人吧！

生：我觉得杜处士是个喜爱书画的人，我找到的文中依据是"好书画，所宝以百数"。珍藏的宝贝有上百件那么多，单单这个数量就能看出他真心喜爱书画。

生：我也觉得杜处士是个热爱艺术的人。我找到的文中依据是"锦囊玉轴，常以自随"。锦缎是特别华丽的丝织品，非常昂贵，杜处士竟用锦缎把《斗牛图》包裹起来，还要用名贵的玉石给它做画轴。从斗牛图的装饰中，就能看出他对书画艺术的喜爱。

师：看看文中插图，你能不能找到那根玉轴呢？

生：画边上那根黑色的杆子就是玉轴吧！

师：找得很准确。关于杜处士，还有补充吗？

生：我们通过"一日曝书画"也能看出来他喜爱书画。正是这份喜爱，才让他细心呵护。

师：那杜处士只是一个"喜爱书画"的人物形象吗？

生：我觉得杜处士还是一个谦虚大度的人。我找到的文中依据是"笑而然之"。面对小牧童指出的错误，杜处士并没有生气，反而是微笑着认为小牧童说得对。作为读书人，他并没有觉得自己就比小牧童的见识广，反而虚心承认自己见识的浅薄，没有一点架子。

生：我也觉得杜处士是一个心胸宽广的人。小牧童此刻都"拊掌大笑"了，并不是很礼貌。可是杜处士却一点儿也不计较，反而能够"笑而然之"。

师：看来，杜处士果然是一个喜爱书画、谦虚大度的名士啊！那小牧童又是怎样的人物形象呢？

生：我认为小牧童懂得"细心观察"，我找到的文中依据是小牧童说的那句话"牛斗，力在角，尾搐入两股间，今乃掉尾而斗，谬矣"。小牧童放牛并不只是天天和牛呆在一起，他还能留心牛的一举一动，是个生活中的有心人！

生：我认为小牧童不仅对生活观察得仔细，还是一个天真率性的人！我找到的文中依据是"拊掌大笑"这个动作。杜处士的社会地位远比小牧童高，可是小牧童却一点也不顾忌，他没有选择闭口不言，反而是直接指了出来！

师：同学们说得很有道理，小牧童是一个细心观察、天真可爱的人呀！现在对照着评价表，请你对自己的作业单进行评价，缺少的特点和文中依据也请补上。

（生评价并完善作业单）

师：通过刚刚的学习，我们看到了一个谦虚的杜处士和一个细心率真的小牧童，千年之前他们之间的故事又是怎样的呢？我们今天就来当一当杜处士和小牧童，演一演他们之间的故事。根据学习要求，请你和同桌两人开展合作，分角色来扮演杜处士和小牧童，体会他们的不同情感。

（同桌合作）

师：哪对同桌来演一演？

（一对同桌进行表演）

师：他们演得怎么样？

生：小牧童演得非常好！尤其是他边拍手边大叫："错啦！错啦！"小牧童那种直言不讳、天真可爱的感觉，被同学演绎到位了！

生：杜处士表现得也很自然！我们同学增加的杜处士的内心独白："这小牧童可真厉害！这么多年我都没发现的错误，竟然让他一眼就看出来了！"非常符合杜处士此刻的心境。

师：的确，两位同学表演得都很棒！两人在表演时都有一个共同点，那就是在"笑"。你们怎么理解的？我来采访一下两位演员。

生：小牧童的笑则有讽刺和嘲笑的意味，嘲笑这个画家，并没有认真观察，牛在争斗时尾巴到底放在哪里。他甚至还会有点得意，连杜处士这样的读书人都没发现这个错误，竟然让自己发现了。

生：杜处士的笑，是对牧童的认可，也含有对自己学识浅薄的惭愧。也可能是一种自我解嘲的苦笑，自己整天带着这幅画，却从来没有看出这个错误。

师：看来，你们真的走进了人物的内心世界。现在我们就可以真正来讲故事了。请看学习要求，先进行独立学习。第一步，转换叙述人称，化身成故事中的一人；第二步，展开合理想象，丰富人物细节；第三步，抓住表现人物特点的关键词，创造性讲述故事。再进行合作学习：在小组内进行分享和评价，评出组内最会讲故事的成员。

（生合作学习，准备复述）

师：我们来进行一场班级"故事大王"挑战赛，获得三星的同学就可以得到"故事大王"的称号了，谁有勇气来试试？

生：蜀中有个未做官的士人叫杜处士，他很喜欢书画，珍藏的书画不下百件，其中有一幅画是戴嵩的《斗牛图》，他尤其喜爱，用锦缎作画囊，用玉作画轴，经常随身携带着。有一天，他把书画拿出来曝晒，有一个小牧童看见了《斗牛图》，就拍手大笑道："这幅画画的是斗牛呀！牛在相斗时，力量在脚上，尾巴抽缩在两条大腿之间，如今却摆动着尾巴在争斗，这是错的呀！"杜处士微笑着点头，觉得小牧童说得对。

师：讲述得怎么样？

生：我觉得他牢牢抓住了表现杜处士和小牧童特点的关键词，讲述得准确清楚，可以获得一颗星，但是还够不上"故事大王"的级别，因为不够生动。

师：的确，这样讲故事，虽然清楚，但是还不够吸引听众。谁再来挑战？

（生复述故事）

师：谁来评价一下？

生：他用"小牧童"的第一人称来讲述，补充了很多小牧童的心理活动，突出了小牧童天真可爱的特点，让人有身临其境的感觉！我给他三颗星，我觉得他可以称得上是"故事大王"了。

【评价设计】

任务二：先独立朗读课文，借助注释理解故事大意，再合作共读课文，和同桌互相说一说故事内容。

表1　读懂名画故事评价表（一）

评价维度	评价标准 ★★★	评价标准 ★★	评价标准 ★	自评	互评
朗读	能够正确流利有节奏地朗读课文，读准四个多音字，读好长句子的停顿。	能够正确流利朗读课文，读准四个多音字，读出长句子的停顿。	能够正确朗读课文，读准四个多音字，长句子的停顿大致合理。		

表 2　读懂名画故事评价表（二）

评价维度	评价标准 ★★★	评价标准 ★★	评价标准 ★	自评	互评
理解	能够熟练借助注释，逐句说清楚故事内容，语言流畅准确。	能够借助注释，基本说清楚故事内容，语言准确。	能在合作交流的基础上，借助注释说清楚故事内容。		

任务三：准确把握人物的特点，创造性地讲好故事。

表 3　讲好名画故事评价表

评价维度	评价标准 ★★★	评价标准 ★★	评价标准 ★	自评	互评
理解	能把握两个人物各自两个特点，并能准确找到文中的相应依据。	能把握两个人物各自一个特点，并能准确找到文中的相应依据。	在合作交流的基础上，把握人物特点，寻找到文中依据。		
口头表达	能够变换叙述人称，展开合理想象，抓住表现人物特点的关键词，故事讲述得具体生动。	能够展开合理想象，抓住表现人物特点的关键词，故事讲述得具体。	能够抓住表现人物特点的关键词，故事讲述得清楚。		

学生作业示例

《书戴嵩画牛》人物特点图

杜处士
特点：喜爱书画、谦虚大度

文中依据：
① 锦囊玉轴，常以自随。
② 笑而然之。

小牧童
特点：天真可爱、细心观察

文中依据：
① 拊掌大笑。
② 牛斗，力在角，尾搐入两股间，今乃掉尾而斗，谬矣。

学生讲名画故事

今天天气可真好！放牛去喽！还没出村子，我就看见那个村子里最有学问的

"思辨性阅读与表达"学习任务群

> 杜处士正在路上晾晒自己的书画呢！数量那么多，真是令人称奇呀！很快，他的边上就围满了人，大家都在称赞这些书画的精妙，我也去凑个热闹。"哈哈哈！太好笑了！太好笑了！"我刚走过去就看到一幅画，不由拍手大笑起来。"这幅画画的是斗牛呀！牛在相斗时，力量在角上，尾巴抽缩在两条大腿之间，如今却是摆动着尾巴在争斗，这是错的呀！"我每天都和牛在一起，这事我最熟了！可是边上的人却说我一个小孩子懂个啥，杜处士听到了却不断地微笑点头，说我才是对的！我可真开心！

评价说明：这份作业能得六颗星。作业单中准确写出了杜处士和小牧童两人的两个特点，人物特点和文中依据逐条对应，十分清晰，可以获得三颗星；复述故事时，能够用牧童的口吻，展开合理想象，抓住"拍手大笑""不断地微笑点头"等表现人物特点的关键词，故事讲述得生动具体，得三颗星。

【教学反思】

探究"名画里的学问"这一任务从读正确、读通读懂故事开始，继而创造性地讲述故事，到最后真正体会故事中蕴含的学问，环节清晰合理，学生的言语能力和思维能力在一次次任务完成中实现螺旋上升。

（一）建立支架，提升创造性思维能力

在读通文言文、读懂故事大意之后，借助"讲好名画故事"这一任务驱动，紧扣表现人物特点的关键语句，想象人物的动作、语言、心理等细节补充相关场景，并变化叙述人称，借助以上支架创造性地讲述故事，在语言发展中提升思维的独创性和敏捷性。

（二）推断质疑，培养实证的理性精神

在"领悟名画学问"的学习任务中，学生借助大量的斗牛图片，比较分析不同之处，围绕斗牛真相进行推断和质疑，不盲目相信小牧童说的话，有理有据地表达自己的观点，从斗牛小事件延伸到生活大场景，真正领悟名画的学问，发展崇尚真知、讲求实证、明辨是非的理性精神。

（三）延伸迁移，养成勤学好问的习惯

探究名画里的学问，重在探究的过程本身。在分析人物特点和研究斗牛真相的过程中，学生发表自己的观点，并从文本中寻找证据获得支持。教学中补充的一则与课文相似的《书黄筌画雀》，有助于再次重现思维过程，培养学生乐于探索、勤于思考的习惯。

鉴于"思辨性阅读与表达"学习任务群特点,若能在课上让学生将所思所感以题跋的形式创作出来,便可以更好地呈现学生的思维成果。

(案例撰写者　令狐江鹏)

案例2　学会表达观点
——《真理诞生于一百个问号之后》教学

【任务分析】

《真理诞生于一百个问号之后》是六年级下册第五单元的精读课文。本单元的人文主题为"科学精神"。课文通过三个科学家发现真理的具体事例,让学生初步了解和借鉴人类文明优秀成果,形成较为开阔的文化视野。

本单元的语文要素是"体会用具体事例说明观点的方法"。通过把握观点、梳理结构、梳理具体事例和阐明事理关系等学习任务,让学生体会用具体事例说明"真理诞生于一百个问号之后"的说理方法,进而落实本单元语文要素。

本课属于"思辨性阅读与表达"学习任务群。紧扣该学习任务,学生通过提取观点,梳理文章结构,辨析事例表述顺序等方式,在阅读和比较中梳理观点、事实与材料的关系。通过有条理、重证据地表达,培养理性思维和科学精神。这与学习任务群第三学段"阅读有关科学发现、技术发明的故事,用画思维导图等方式辅助,简洁清楚地表述科学家发现、发明的过程,学习科学家的创造精神,体会猜想、验证、推理等思维方法"的内容一致。

【学习资源】

(一)文本

《科学家的故事》。(张琪:《科学家的故事》,山东美术出版社,2012年)

(二)影音

视频《我想玩》。(自制)

【实施框架】

(一)学习目标

1. 能在自主的学习情境中,读准"诞""锲"等字音,理解"见微知著""锲而不舍"等词语的意思,积累表达科学精神的语言材料。

2. 能在具体的任务情境中，借助表格，结合关键句段，通过比较、分析，梳理具体事例的表达顺序，厘清文章结构，培养科学的思维方式。

3. 能在具体的生活情境中，通过比较、评析等方式，体会用具体事例说明观点的好处，学习有理有据地表达观点，养成实事求是，崇尚真知的科学态度。

（二）学习情境

在日常生活中，我们常常会遇到需要表达自己观点的时候。学习借助具体事例说明观点的方法，能把观点说得更有条理，做到有理有据。

（三）任务框架

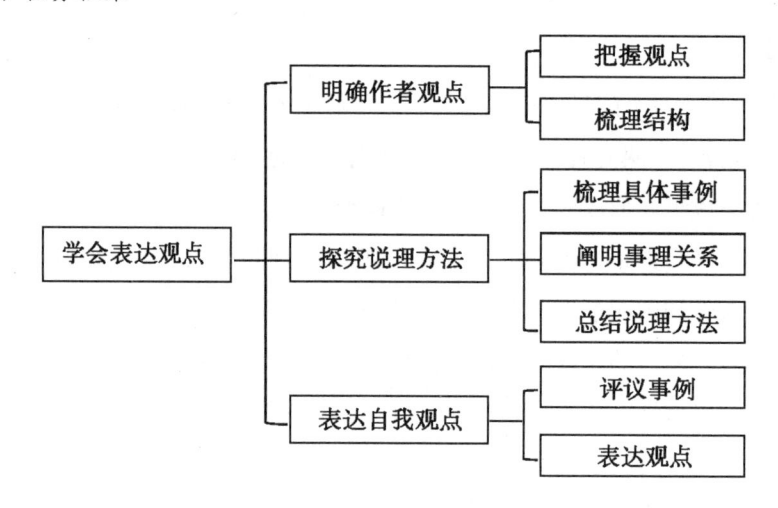

```
                            ┌─ 把握观点
              ┌─ 明确作者观点 ─┤
              │              └─ 梳理结构
              │              ┌─ 梳理具体事例
学会表达观点 ─┼─ 探究说理方法 ─┼─ 阐明事理关系
              │              └─ 总结说理方法
              │              ┌─ 评议事例
              └─ 表达自我观点 ─┤
                            └─ 表达观点
```

【任务实施】

任务一：明确作者观点

（一）学习活动一：把握观点

1. 观看视频，明确任务。

引导：小叶想要玩昆虫，可妈妈不赞同。让我们看看他与妈妈的沟通现场吧。

（1）观看短视频《我想玩》，思考：主人公在表达观点上的优缺点。

《我想玩》短视频内容

妈妈：小叶，赶紧去做家庭作业。

小叶：妈妈我再玩一会儿，小虫子好可爱。

妈妈：别把时间浪费在玩昆虫上了。

小叶：妈妈，您又担心我玩昆虫浪费时间了吧。

妈妈：当然啦！你一玩就是大半天，盯着虫子看个不停。这难道不是浪费时间吗？

小叶：妈妈，请允许我再玩一会儿吧，就一会儿嘛！

妈妈：你这个孩子就是贪玩。别看了，赶紧写作业。

（2）全班交流视频中主人公表达观点的优点和不足。

预设：

①优点是沟通过程有礼貌，能说出自己的理由。

②不足是想法没有提炼成一个明确的观点；缺少支持观点的理由；缺少说明观点的具体事例。

（3）明确任务：为了能清楚、有条理地表达观点，我们跟随著名科普作家叶永烈，通过他的《真理诞生于一百个问号之后》这篇文章，来学习用具体的事例说明观点的方法。

2. 大声自由朗读全文，学习字词，了解观点。

（1）呈现学习要求。

> **学习要求**

①借助拼音，读准文中"诞、锲、蕊"等字的读音。

②借助工具书，重点理解"司空见惯""追根求源""无独有偶""见微知著""锲而不舍"等词语的含义。

③快速浏览全文，思考：文章的观点是什么？

（2）学生独立学习。

（3）全班交流。

预设：

①区分形近字，读准字音：区分"延""契""芯"的字形，读准"诞"dàn，"锲"qiè，"蕊"ruǐ。

②理解词语的含义：司空见惯——看惯了就不觉得奇怪；无独有偶——虽然罕见，但是不止一个，还有一个可以成对儿；锲而不舍——雕刻一件东西，一直刻下去不放手，比喻做事情能坚持到底，不半途而废。也形容有恒心，有毅力。

③找到文章观点：真理诞生于一百个问号之后。

（二）学习活动二：梳理结构

1. 自读全文，用横线画出与观点直接有关的句子。

（1）全班交流。

预设：

①第 1 自然段，有人说过这样一句话：真理诞生于一百个问号之后。其实，这句话本身就是一个真理。

②第 2 自然段，纵观千百年来的科学技术发展史，那些在科学领域有所建树的人，都善于从细微的、司空见惯的现象中发现问题，不断发问，不断解决疑问，追根求源，最后把"？"拉直变成"！"找到真理。

③第 6 自然段，只要你见微知著，善于发问并不断探索，那么，当你解决了若干个问号之后，就有可能发现真理。

（2）小结：文章的开头和结尾处都有与观点直接有关的句子，这样写能让观点更明确。

2. 围绕观点，梳理段落。

（1）思考：与观点有直接关系的句子在文章中的作用。

（2）全班交流。

预设：

①第 1 自然段是开门见山，亮出观点——真理诞生于一百个问号之后。

②第 2 自然段是对观点做出了具体解释。从细微的、司空见惯的现象中发现问题，不断发问，不断解决疑问，追根求源，找到真理。

③"？""！"这两个符号将发现问题、不断解决疑问，直至找到真理的过程形象地展示出来。

④第 6 自然段是在文章结尾重申观点。

小结：每一处与观点有关的句子都有其重要作用，都使得文章的观点越来越明确。

3. 借助关键段落，梳理文章整体结构。

（1）统览全文，思考：每 1 个自然段之间又有怎样的关系呢？

（2）全班交流。

预设：

①第 1~2 自然段是总起全文，提出观点。第 3~5 自然段是用三个事例论证观点。第 6~7 自然段是总结观点。

②全文是总—分—总结构。

任务二：探究说理方法

（一）学习活动一：梳理具体事例

1. 为了说明观点，作者采用了三个怎样的事例呢？快速默读第 3~5 自然段，完成作业单。

作者的观点	具体的事例			
	人物	"?"	把"?"拉直变成"!"的过程	"!"
真理诞生于一百个问号之后				

2. 交流作业。

（1）展示不同作业单，比较异同。

（2）根据评价标准评价作业单，完善表格内容。

3. 发现具体事例共同点。

（1）思考：三个具体事例的内容有什么相同之处？

全班交流。

预设：

①从司空见惯的现象入手，不断发问，不断解决疑问，最终找到真理。

②事例都与观点"真理诞生于一百个问号之后"紧密相关。

（2）小结：三个具体事例都说明了观点，因此，选择恰当的事例是说明观点的第一步。

（二）学习活动二：阐明事理关系

1. 再读课文，你还发现三个事例在表达上有什么相同之处吗？

学习要求

（1）自主学习。

默读课文3~5自然段，借助学习单中的表格，思考：三个事例在表达上有什么相同之处。

（2）组内讨论。

具体事例的表述顺序能交换吗？说说理由。

2. 默读相关自然段，自主学习，组内讨论。

3. 全班交流。

（1）交流自主学习结果，三个事例在表达上的相同之处。

预设：

①三个事例中司空见惯的现象与最终发现的真理形成强烈反差，留下深刻印象。

②每个事例中都有"大量""反复"等词，让人感受到科学家的毅力。

③三个具体事例都是按照"观察现象—提问探究—找到真理"的顺序写的。

（2）交流组内讨论结果，探讨具体事例表达顺序能否交换？

预设：表达顺序不能交换。

小结：事例的表述顺序与科学家的科学研究过程一致，能使观点的表述更有说服力。

（三）学习活动三：总结说理方法

1. 回顾前两个学习任务，在说理方法上你有哪些收获呢？

> 学习要求

（1）自主学习。

快速浏览全文，思考：作者运用了哪些说理方法？

（2）组内讨论。

比较开篇和结尾，思考：两者的内容是否完全重复？

2. 学生按照要求自主学习，组内讨论。

3. 全班交流。

（1）回顾并总结文章说理方法。

预设：

①从整体上来看，总—分—总结构让文章结构有序、紧凑。

②从具体事例上来看，选择符合观点的事例，用与观点一致的顺序叙述事例。

（2）比较开篇结尾，进一步梳理文章说理结构。

预设：结尾的内容更加全面，作者还补充了要善于独立思考，并能锲而不舍这两种科学家品质。

小结：用上总—分—总的说理方法，让说理文章更有条理。通过总结观点，作者将观点进行升华，说理更加全面。

任务三：表达自我观点

（一）学习活动一：评议事例

1. 回顾视频，确定观点。

（1）回顾短视频《我想玩》。

（2）提炼主人公想要表达的观点。

预设：观点是"玩也能玩出名堂"。

2. 头脑风暴，分享事例。

（1）阅读《科学家的故事》中的事例，补充说理事例。

（2）组内分享可以说明"玩也能玩出名堂"的相关事例。

3. 组内合作，试说观点。

（1）组内分工：明确"提出观点""论证观点""总结观点"这三部分的说理人员。

（2）组内试讲：根据总—分—总结构，用具体事例进行合作试讲。

（3）组员根据"用事例说理"的评价标准，展开说理的评价。

全班交流。

（二）学习活动二：表达观点

1. 按照学习要求，用具体事例说明"有志者事竟成"或"玩也能玩出名堂"，也可以是其他观点。

学习要求

（1）自主学习。

确定要论述的观点，选择一至二个合适的事例。

完成说理提纲。

（2）组内讨论。

根据说理标准，组内讨论事例是否能够说明观点？

结合评价，对提纲进行修改。

说理提纲			
提出观点	具体事例		总结观点
	事例一	事例二	

2. 学生自主填写提纲，根据评价标准进行同伴评价，再修改提纲。

3. 根据说理提纲表达自己的观点，完成作业单。

作业单

根据提纲完成撰写小练笔，表达自己的观点。

_____

_____

_____

_____

根据评价标准进行自评和互评。依据交流意见，修改小练笔。

【教学现场】

任务二之学习活动一：梳理具体事例

师：了解了与观点有关的句段，理清了整篇文章总—分—总的结构。接着我们就来读懂作者说理使用的三个具体事例，学习作者是如何用具体事例说明观点的。请大家快速默读第3～5自然段，完成作业单中的表格。

（生独立完成作业单）

师：刚才老师在巡视的过程中，发现了这样两份表格，我们一起来比较看看。同学们有什么发现呢？请在组内说说你的发现。

（生组内讨论）

师：哪位同学可以来分享一下你们的发现？

生：我发现第一张表格中的人物写得更全面些，写清楚了这个科学家是研究哪个领域的。比如地质学家魏格纳。

生：我发现第二张表格中的"？"一栏的表述更加准确。问号代表的是科学家们在司空见惯的现象中发现的问题，所以在填表格的时候要写清楚科学家关注到了哪些司空见惯的现象，他们发现了什么问题。

生：第二张表格中的过程写得比第一张完整。例如，第三个事例中写"阿瑟林斯基以他的儿子和二十个成年人为研究对象，进行了多次研究"。这与第一张表格上所写的"阿瑟林斯基对他的儿子进行了观察"相比，要更加完整，也更能够体现观点中"真理诞生于一百个问号之后"的"一百个"这个表示很多数量的词语。

生：第一张表格中的"！"概括得比较到位，都写出了三位科学家的发明与发现。比如，波义尔发现了大部分植物受酸碱作用会变色，并由此发明了石蕊试纸。魏格纳提出了大陆漂移学说。这些发明和发现都是我们广为人知的科学知识，也就是观点中提到的真理。

师：通过大家的比较，我们知道想要准确地概括三个事例，就要抓住事例中的关键词句，说清楚事例的经过，这样才能对三个具体事例有全面、准确地了解。现在学习单的答案我们也就清楚啦，请同学们来说说。

生：第一行人物是化学家波义尔，他提出紫罗兰遇到盐酸为什么会变色的疑问，并进行了许多实验，最后发现大部分植物受酸碱作用会变色，并由此发明石蕊试纸。

生：第二行人物是地质学家魏格纳，他提出疑问"为什么南美洲东海岸凸出部分与非洲西海岸凹陷部分相互吻合"，他比较地图上的每一块陆地，阅读大量文献，搜集古生物学方面的证据，最终提出"大陆漂移学说"。

生：第三行人物是睡眠研究专家阿瑟林斯基，他提出疑问"睡觉时眼珠为什么会转动"，他进行了反复的观察实验，最终发现脑电波的变化与做梦有关。

师：接着请同学们根据"梳理事例"的评价标准，给自己填写的表格进行评价。

生：我觉得自己可以获得两星，因为我写的内容不够完整，在写魏格纳发现的疑问的时候，我没有把"南美洲东海岸凸出部分"与"非洲西海岸凹陷部分"写准确。

生：我可以得两星。我在写波义尔最终发现的真理的时候，只写了"植物遇到酸碱会变色"，但是没有写到波义尔发明石蕊试纸。这一条不够完整。

师：同学们都能够对自己的答案进行客观地评价。知道了自己作业中的不足，接着就请同学们再次修改、补充表格中的内容。

（生完善作业单）

师：了解了三个事例的主要内容。同学们有没有发现三个具体事例的内容有什么相同之处吗？

生：三个事例都讲述了科学家从非常细微的、司空见惯的现象入手，通过科学家不断发问，不断解决疑问，最终找到真理，有了发现或发明的事例。

生：三个事例想要表达的观点与文章的观点"真理诞生于一百个问号之后"都是一一对应的。

师：三位科学家发现真理的具体事例都说明了"真理诞生于一百个问号之后"这个观点。由此可见，选择恰当的事例是说明观点的第一步。

任务二之学习活动二：阐明事理关系

师：再读课文，你发现三个事例在表达上有什么相同之处？先自己默读课文第3

~5自然段，借助学习单中的表格思考。

（生自主学习）

师：哪些同学愿意与大家分享自主学习的结果？

生：我发现每个事例一开始，作者都叙述了科学家们发现的不为人注意的科学现象，例如"烧瓶里的一朵紫罗兰""墙上的一幅世界地图""睡眠中的一次眼动"，这些东西在我们的生活中到处可见，甚至就在你我的身边。

生：我发现每个事例的最后，都是写科学家就是从这些司空见惯的科学现象中找到了重要的真理：波义尔发现植物酸碱反应，并发明石蕊试纸；魏格纳提出"大陆漂移学说"；阿瑟林斯基发现脑电波的变化与做梦有关。从中我感受到了科学家们"见微知著"的科学品质。

生：我还发现三个事例中都出现了"许多""大量""反复"这些词语。第3自然段中一连串问题和"许多实验"，说明波义尔不仅会发现，还善于思考和研究；第4自然段中"阅读大量文献"说明魏格纳把自己的猜想付诸行动，不断探索；第5自然段中，阿瑟林斯基的一连串疑问和"反复观察实验"，说明他对这个问题追根求源。

生：这些词语写出了科学家们在不断发问和不断解决疑问的过程中始终保持追求真理的恒心和令人敬佩的毅力。

生：我发现这三个事例的表述有一个共同的顺序，就是先写观察现象，再写提出问题，最后写找到真理。

师：大家的独立思考很有收获，我们再看看小组讨论又有什么任务？请你读。

生：组内讨论，具体事例的表述顺序能交换吗？说说理由。

师：请同学们按照要求开展小组讨论。

（生组内讨论）

师：通过组内讨论，同学们认为具体事例中观察现象，提问探究，找到真理的叙述顺序能前后交换吗？为什么？

生：如果交换了顺序，读者不能很好体会科学家发现真理的过程。事例采用这样的表述顺序符合科学家有所发现、有所发明的探索过程。

生：这样的表述顺序也更能说明文章的观点，使文章对"真理诞生于一百个问号之后"的说理更加严谨。

师：你们很会思考，通过对三个具体事例的梳理、比较和辨析，体会到了用具体事例说明观点的好处。三个事例都是按照科学家们从细小的、司空见惯的自然现象中看出问题，找到真理的科学研究顺序来写的，符合真理诞生的科学逻辑，这让说理更有说服力。

【评价设计】

任务二：快速默读第3~5自然段，梳理说理事例。

表1　梳理事例评价表

评价标准			自评	互评
★★★	★★	★		
根据表格要求，梳理的事例内容完整且准确；能流畅、准确地概括事例主要内容。	根据表格要求，梳理的事例内容大致正确；能够把握事例主要内容。	根据表格要求，填写出事例的部分内容；能够简单把握事例主要内容。		

任务三：尝试用具体事例有条理地表达观点。

表2　表达观点评价表

评价内容	评价标准	星级	自评	互评
观点	1. 观点表达明确。	★		
事例	1. 选择两个或以上的事例，符合观点。	★		
	2. 事例表述的顺序合理。	★		
结构	1. 能用总—分—总结构来说理。	★		
	2. 总结的内容更全面，更深入。	★		
三星作品达标，四星作品良好，五星作品为优秀。				

学生作业示例

> 根据提纲完成撰写小练笔，表达自己的观点。
>
> **有志者事竟成**
>
> 　　我认为有志者竟成是我们成长道路上的真理。
>
> 　　东晋书法家王献之是著名书法家王羲之的儿子，他受父亲的影响自幼爱好书法，他也想成为父亲那样的令人敬仰的大书法家。王献之潜心苦练，夜以继日地练字，一数年，当他写完密十八缸水后，功夫不负有心人，他也终于成为一名伟大的书法家。
>
> 　　除了王献之，我国的詹天佑也是这样的人。清朝政府决定修建京张铁路，外国工程师嘲讽说："能修建这路的中国工程师还没有出生！"詹天佑毅然挺身而出，承担修亲自设计的铁路。立志向后，面对外国人的嘲讽，面对种种困难，詹天佑中国人从不畏惧，他事事尽力为，解决一个个难题，最终，比原计划提前两年建成了京张铁路。
>
> 　　我们也要向王献之、詹天佑学习，在学习的道路上立下大志向，不怕困难，努力拼搏。

"思辨性阅读与表达"学习任务群　245

评价说明：这份小练笔可以获得五颗星。作业中能够明确提出观点——有志者事竟成，得一颗星；其次，学生能够用王献之和詹天佑的两个具体的事例来说明观点，并且重点强调了他们为何立下志向以及立下志向后如何进行不懈的努力，得两颗星；最后，小练笔能够用上总—分—总的结构，并且在总结的环节结合自己的生活实际，对观点有所升华，可以再得两颗星。

【教学反思】

"学会表达观点"这一任务从明确作者观点、探究说理方法到表达自我观点，由表及里，引导学生学会提炼观点、选好事例、学会表述，学生学习有理有据表达观点，发展实事求是，科学理性的思维能力。

（一）在多元支架中，掌握思辨方法

在学习表达观点的任务中，教师设置了多种学习支架，以帮助学生掌握比较、推断等思辨方法。例如当学生面对大量的文字资料的时候，教师引导学生使用具有良好内在逻辑的表格对材料进行分析、比较，这样能更快读懂材料与观点之间的内在关系。

（二）在比较阅读中，提升逻辑能力

在探究说理方法的任务中，教师引导学生进行了多次比较阅读。立足三个事例在内容和表述顺序的比较，针对总起和总结中前后细微差异的比较，引导学生从不同的角度进行思辨，以探究说理的方式，提升学生在表达观点时的逻辑能力。

（三）在语言实践中，培养理性思维

在学会表达观点的任务中，引入真实的生活情境，引导学生发现自己在表达观点中的不足。在学习表达观点的方法之后，再将其运用到真实的生活情境中。以此来锻炼学生有中心、有条理、重证据地表达观点的能力，提升思维的灵活性，培养其理性思维。

为了让每一个学生在思辨的课堂上有所收获，还应设计更多具有梯度的学习活动，来帮助不同思维水平的学生在其原有基础上进一步提升。

（案例撰写者　余　捷）

案例3　"辩手"成长营

——六年级下册第五单元教学

【任务分析】

本单元的人文主题是"科学精神"，旨在引导学生阅读《文言文二则》《真理诞生于一百个问号之后》《表里的生物》《他们那时候多有趣啊》四篇课文，学会逻辑清晰、有理有据地表达，并借助辩论会的形式培养学生理性思维和理性精神。

本单元的语文要素是"体会文章是怎样用具体事例说明观点的"和"展开想象，写科幻故事"。通过对本单元学习内容的理解、分析、概括，了解科学发现的思维过程，学习"用具体的事例来论证观点"这一表达方法。课文学习与口语交际"辩论"相融合，有助于提升学生在生活中运用思维解决问题的能力，培养其有条理、重证据地表达能力。

本单元属于思辨性阅读与表达学习任务群。首先，在阅读理解上，学生对文章的阅读要经历从揣摩、品味、探究到理解、分析、概括的过程，从感性认知上升到理性归纳；其次，在学习表达方面，从有序表达、多角度表达、围绕中心表达到有逻辑地表达，符合学生思维发展的规律，与学习任务群第三学段"学习有理有据地口头或书面表达自己的观点""体会猜想、验证、推理等思维方法"的要求一致。

【学习资源】

（一）教材内容

1. 课文：《文言文二则》《真理诞生于一百个问号之后》《表里的生物》《他们那时候多有趣啊》。

2. 阅读链接《詹天佑》。

3. 口语交际《辩论》。

（二）课外资源

1. 文本：《太阳与观测者距离在一日内的变化》《爱迪生发明电灯》《医圣李时珍》《手表为什么会响》。（均根据网络资料整理）

2. 影音：《该不该实行班干部轮流制》。（爱奇艺视频）

【实施框架】

（一）学习目标

1. 学习《学弈》和《两小儿辩日》，借助思维导图，厘清观点与依据，理解文章论证观点的方法，学会比较、分析、概括等思维方法。

2. 学习《真理诞生于一百个问号之后》《表里的生物》，理解文章观点，学习用具体事例说明观点的表达方法并在习作中尝试运用，发展理性思维。

3. 学习《他们那时候多有趣啊》，结合口语交际"辩论"，选择与科学相关的辩题，学习搜集并整理资料，开展辩论的实践活动，学会有中心、有条理、重证据地表达。

（二）学习情境

学校将组织"创新杯"辩论赛，各班级已成立"辩手"成长营。让我们在本单元学习任务的指引下，学会表达自己的观点，并且有理有据地论证观点，成为一名优秀的辩手，为参加学校辩论赛做准备。

（三）内容建构

任务	学习内容
有理有据之我观	学习《学弈》和《两小儿辩日》，读懂内容，说清楚故事中两小儿的观点；借助导图厘清两小儿所表达观点的依据，理解文章的论证方法；对单元的口语交际"辩论"提出的话题进行思考，初步尝试辩论。
有条有理之我见	学习《真理诞生于一百个问号之后》，理解文章观点，通过批注、填表等方式找到事例佐证文章观点，探究作者得出结论的思路，学习作者选择和撰写事例的方法；学习《表里的生物》，学会从文中找到材料证明自己的观点，并在练笔中尝试运用具体事例说明自己的观点。
言之有物之我辩	学习《他们那时候多有趣啊》，理解文章内容，提炼跟科学有关的辩题；学习口语交际，开展辩论会，学会有针对性地搜集资料，并对资料进行整理归纳；学会清晰表达观点，抓住对方漏洞进行有效反驳。

4. 任务框架

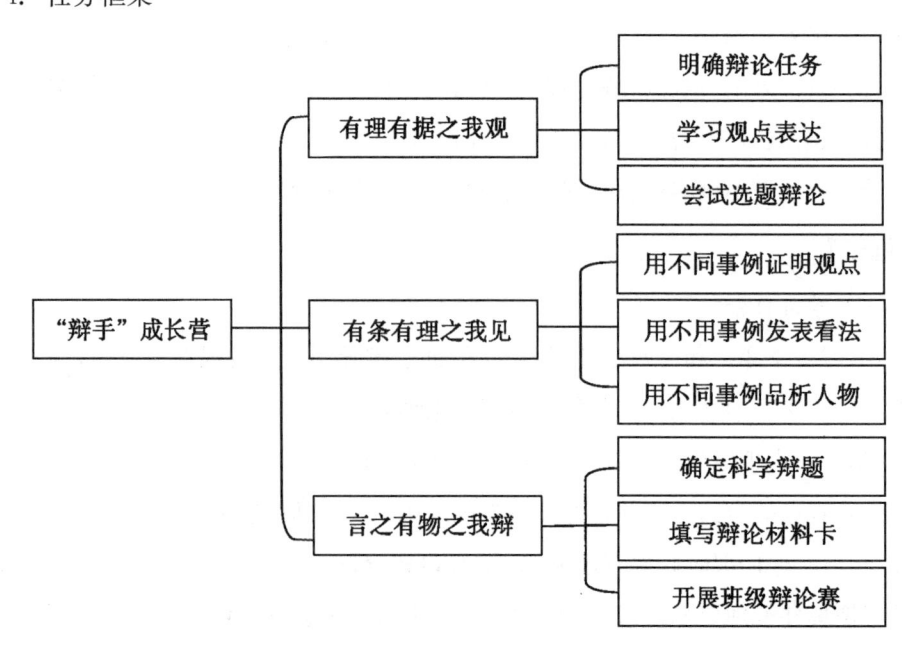

```
                              ┌─ 明确辩论任务
                ┌─ 有理有据之我观 ─┼─ 学习观点表达
                │                └─ 尝试选题辩论
                │
                │                ┌─ 用不同事例证明观点
"辩手"成长营 ──┼─ 有条有理之我见 ─┼─ 用不用事例发表看法
                │                └─ 用不同事例品析人物
                │
                │                ┌─ 确定科学辩题
                └─ 言之有物之我辩 ─┼─ 填写辩论材料卡
                                 └─ 开展班级辩论赛
```

【任务实施】

任务一：有理有据之我观（2课时）

（一）学习活动一：明确辩论任务

1. 观看辩论视频《该不该实行班干部轮流制》，交流辩论形式。

预设：

（1）一个辩论赛有正方和反方，他们所持观点是相反的。

（2）辩论由四个环节组成，分别是立论、攻辩、自由辩论、总结陈词。

（3）辩论由一辩、二辩、三辩、四辩四位选手分工合作，共同完成。

2. 明确任务：各班成立"辩手"成长营，通过本单元的学习，成为一名优秀的辩手，为参加学校"创新杯"辩论赛做准备。

（二）学习活动二：学习观点表达

1. 朗读《文言文二则》，读正确，读通顺，借助注释读懂故事内容。

（1）朗读文言文《学弈》《两小儿辩日》，读好以下句子的停顿。

◇思/援弓缴/而射之。

◇为是/其智/弗若与？

◇日初出/大如车盖，及日中/则如盘盂，此不为/远者小而近者大乎？

◇日初出/沧沧凉凉，及其日中/如探汤，此不为/近者热而远者凉乎？

（2）交流故事内容，互相补充，将故事内容说完整。

2. 借助导图，将《学弈》中两人不同的学习表现进行对比，思考故事中的道理，从正反两个角度来印证道理。

（1）自主阅读《学弈》，用文中的语句或自己的语言填写导图。

作业单

阅读《学弈》，用文中的语句或自己的语言填写下面的导图。

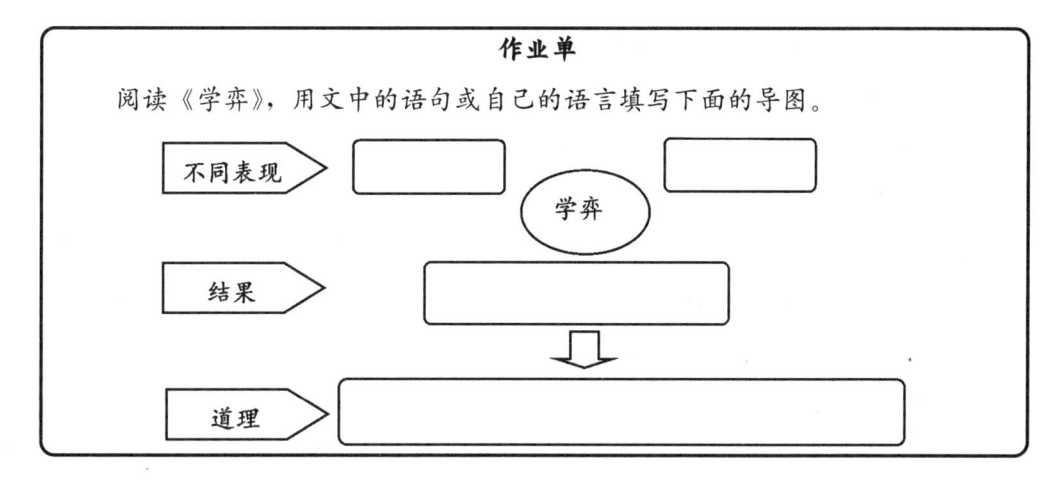

不同表现 ▷ [　　] 　　学弈　　 [　　]

结果 ▷ [　　　　　　]

道理 ▷ [　　　　　　]

（2）一生上台展示作业单，交流故事中两人不同的学习表现和故事中的道理，全班评议后修改。

预设：

①不同表现：其一人专心致志，惟弈秋之为听；一人虽听之，一心以为有鸿鹄将至，思援弓缴而射之。

②结果：虽与之俱学，弗若之矣。

③道理：学习要专心致志。

（3）议一议：为什么要用两个人的学习表现来说明一个道理？

预设：从正反两个角度来印证道理，更有说服力。

3. 借助导图，厘清《两小儿辩日》中两小儿的观点及依据。

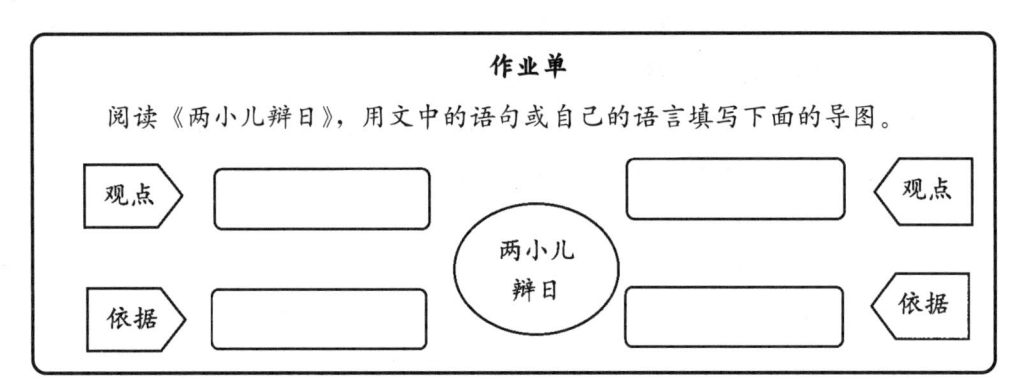

```
作业单
阅读《两小儿辩日》，用文中的语句或自己的语言填写下面的导图。

  观点 [    ]        [    ] 观点
           （两小儿辩日）
  依据 [    ]        [    ] 依据
```

（1）自主阅读《两小儿辩日》，用文中的语句或自己的语言填写导图。

（2）一生上台展示作业单，交流两小儿的观点及依据，全班评议后修改。

预设：

①观点：日出近、日中远；日出远、日中近。

②依据：日初出大如车盖，及日中则如盘盂；日初出沧沧凉凉，及其日中如探汤。
　　　　日出大、日中小；日出凉、日中热。

4. 阅读补充资料《太阳与观测者距离在一日内的变化》，用科学事实来评价两小儿观点的对错。

以北京为例，12月15日到1月22日，中午的太阳比早晚的都近；1月22日到6月5日，中午的太阳比早上的远，比晚上的近，6月5日到8月1日，中午的太阳又比早晚的都近；8月1日到12月15日，中午的太阳比早上的近，比晚上的远。其中1月22日和6月5日两天，太阳与地球的距离早、午相等；8月1日和12月15日两天，太阳与地球的距离午、晚相等。这是1954年的时候计算出来的，可以适用100年。

——戴文赛《太阳与观测者距离在一日内的变化》

预设：太阳离我们的距离在不断地变化，两小儿的观点不是基于科学事实，而是基于各自的经验错觉，因此他们的观点都是不对的。

交流总结：虽然两小儿的观点是不对的，但是他们在表达观点时有理有据，这种勤于思考、敢于表达的精神值得我们学习。

（三）学习活动三：尝试选题辩论

1. 分配角色，学习"辩斗"。

（1）熟读《两小儿辩日》，尝试背诵两小儿的对话。

（2）以小组为单位，分配好角色，用文言文来演一演、辩一辩。

（3）一小组上台辩斗，其他同学借助评价表，交流评议。

2. 选择话题，尝试"辩斗"。

（1）从以下交际话题中选择想要辩论的话题，和选择同一辩题的同学组成"一正一反"辩论组。

◇电脑时代需要/不需要认真练字

◇班干部轮值好/竞选好

◇互联网增进/疏远人们的感情

◇不可以说谎/可以讲善意的谎言

（2）仿照课文《两小儿辩日》，采用对话的形式，尝试组内辩论，说清楚自己的观点与依据。

（3）请二至三组不同辩题的辩论组上台展示辩论，其他小组借助评价表，交流评议。

任务二：有条有理之我见（3课时）

（一）学习活动一：用不同事例证明观点

1. 读名人名言，了解"真理"的含义：阐明真实的道理，对言行有指导作用。

2. 齐读课题，了解课题即真理。根据学习要求，初读课文。

学习要求

默读课文，边读边思考：课文中哪些语句与课题所表达的意思是一样的？用"——"画出来读一读，与同桌交流你对这句话的理解。

3. 学生汇报与课题表达意思一样的语句，交流自己的理解。

预设：

（1）句子：纵观千百年来的科学技术发展史，那些在科学领域有所建树的人，都善于从细微的、司空见惯的现象中发现问题，不断发问，不断解决疑问，追根溯源，最后把"？"拉直变成"！"，找到真理。

从生活中常见的现象中发现问题，经过不懈努力，积极探索，不仅能解决问题，还能发现真理。

（2）句子：只要你见微知著，善于发问并不断探索，那么，当你解决了若干个问号之后，就有可能发现真理。

善于"打破砂锅问到底"的人，会从细微的现象中有所发现，有所发明，有所创造，有所成就。

4. 默读课文，思考：文中用了哪些事例来证明"真理诞生于一百个问号之后"这个观点？

预设：波义耳发明了石蕊试纸；魏格纳提出了大陆漂移说；阿瑟林斯基发现脑电波的变化与做梦有关。

5. 比较阅读，交流发现：三个事例在写法上和内容上有哪些相同点？根据表格中提示的两个角度思考，小组合作填写表格，说说自己的发现。

（1）自主阅读，完成作业单。

观点	事例	比较事例相同点		
		见微知著		得到真理
真理诞生于一百个问号之后	事例一：波义耳发明了石蕊试纸。	溅上盐酸的花瓣变红		
	事例二：魏格纳提出了大陆漂移说。		这不会是一种巧合吧	阅读大量文献搜集证据
	事例三：阿瑟林斯基发现脑电波的变化与做梦有关。			脑电波的变化与做梦有关

（2）全班交流。

预设：

① "见微知著"：世界地图上海岸线吻合；儿子睡觉时眼珠转动。

② "提出问题"：一连串的问题；一连串的疑问。

③"不断探索":进行了许多实验;进行反复的观察实验。

④"得到真理":制成了石蕊试纸;出版了《海陆的起源》一书。

⑤"相同点":三个事例都是从生活中细小的、司空见惯的现象中发现问题的;三个事例中的真理都是经过反复实验和研究才找到的。三个事例均按照"见微知著""提出问题""不断探索""得到真理"的顺序来写的。

(3)深入思辨问题一:"见微知著""提出问题""不断探索""得到真理"这四个部分,哪些部分写得比较具体?为什么这样安排?

预设:"见微知著""提出问题""得到真理"三个部分具体写,体现"真理"与"问号"之间的关系,与文章观点"真理诞生于一百个问号之后"一致。

(4)深入思辨问题二:三个事例在写法上基本相同的,能否只写一个?

预设:三个事例分别是从不同的国家,不同的科学家,不同的科学领域来写,更有说服力。

6. 阅读补充资料《爱迪生发明电灯》《医圣李时珍》,按照"发现问题、反复实验、发现真理"的顺序,写一写其中一个故事,证明"真理诞生于一百个问号之后"这个观点。

作业单

从《爱迪生发明电灯》《医圣李时珍》中选择一个故事,也可以选择自己知道的其他故事,按照"发现问题、反复实验、发现真理"的顺序进行改编,来证明"真理诞生于一百个问号之后"这个观点。

这样的事例不止一例。_____

_____

_____

_____

---

(1)学生自主阅读,选择一个故事,独立完成作业单。

(2)对照评价表,同桌互评修改。

(3)展示作业单,交流事例,全班评议,修改。

(二)学习活动二:用不同事例发表看法

1. 引导:一块怀表,引发了一个孩子的好奇心,他会听到什么?想到什么?由此得出什么结论?

(1)默读《表里的生物》,提取信息,完成导图。

作业单

一块怀表，让文中的"我"听到了什么？想到了什么？由此，"我"得出什么结论？快速默读课文，提取相关的信息，填写导图。

"我"看到	"我"想到	"我"的结论

（2）展示作业单，全班交流反馈后修改。

（3）借助作业单，概括主要内容。

2. 引导："我"通过哪些事例来证明"表里有生物"这一猜想？默读课文第3～21自然段，画出相关的语句。

（1）学生默读课文，圈画语句，思考作者验证猜想的方法。

（2）由一位学生分享找到的事例，其他同学补充。

预设：

①事例：父亲取出一把小刀，把表盖拨开，我的面前立即呈现一个美丽的世界：蓝色的、红色的小宝石，钉住几个金黄色的齿轮，里边还有一个小尾巴似的东西不停地摆来摆去。

打开表盖看到一个尾巴似的东西在摆动，证明表里有生物，作者是通过打开表盖亲眼看这个方法来证明自己的想法的。

②事例："这摆来摆去的是一个小蝎子的尾巴，一动就要蜇你。"

父亲说秒针是小蝎子的尾巴，证明表里有生物。作者是从父亲说的话来证明自己的想法。

3. 小结：在这场"表里的生物"探索中，作者从自己的经验中形成猜想，又经过事例进行验证，证明自己的猜测是正确的。

（三）学习活动三：用不同事例品析人物

1. 评定人物，寻找证据。

（1）再次默读《表里的生物》，思考：你觉得文中的"我"是怎样的孩子？文中有哪些词句能证明你的观点？根据学习要求，合作学习。

> 学习要求

①独学。默读《表里的生物》，思考："我"是怎样的孩子？画出能证明你的观点的词句。

②群学。组内交流观点，以关键词的形式填写词卡。

（2）自主阅读课文，圈画词句，交流观点后填写词卡。

（3）一学习小组上台展示词卡交流观点，其他小组补充，全班评议、修改。

预设：异想天开、好问、热爱探究、天真可爱。

2. 思辨交流，发表观点。

（1）阅读补充资料，了解表里指针发声的原理。

手表运行能量靠的是发条的弹力提供的，当上满发条时力矩较大，随着手表的运走，发条的松动，力矩也逐渐减小。手表从上紧发条到24小时这段时间，力矩输出是平稳的，此时走时也比较精确，误差小。而超过24小时以后，发条力矩会急骤下降，走时误差增大。为确保手表走时更准确，所以要每天定时上满发条。

——《手表为什么会响》

（2）思辨交流：关于怀表指针发出声音的原因，你更喜欢文中"我"的理解，还是资料中的解释呢？

预设：更喜欢《表里的生物》，因为想象力丰富；更喜欢资料里的解释，因为真实科学。

小结：《表里的生物》从孩子的角度来写，认为表里有生命，虽然不符合科学事实，但"我"身上坚定、执着、异想天开的探究品质非常可贵。

3. 确立观点，撰写事例。

（1）自主阅读课后链接《詹天佑》，尝试用自己的话或者名言来提炼观点。

预设：詹天佑是一个爱国工程师；有志者事竟成；世上无难事，只要肯攀登。

（2）围绕观点，选择文章中的事例或者课外搜集的事例来证明，可以是一正一反两个事例，也可以是不同角度的二至三个事例。

"詹天佑精神"之我见

阅读课后链接《詹天佑》，用一句话概括詹天佑在你心目中的形象，如"詹天佑是我国杰出的爱国工程师"；或者引用名言，如"功夫不负有心人"，形成观点，再结合课内外资料，选择一正一反两个事例，或者不同角度的两个或三个事例来说明观点。

_____

_____

_____

_____

（3）对照评价表，组内交流修改。

（4）推荐组内作业获星数最高的学生上台展示，全班评议，再次修改。

任务三：言之有物之我谈（3课时）

（一）学习活动一：确定科学辩题

1. 畅聊科幻，理解课题"他们那时候多有趣啊"。

（1）分享读过的科幻小说，交流科幻小说的特点。

预设：立足科学幻想；具备"科学""幻想"和"小说"三要素；有明显的"主题""人物""情节"，想象大胆丰富。

（2）默读课文，思考："他们"指谁？"那时候"是什么时候？是从哪里看出来的？

预设："他们"指的是我们，"那时候"指的是我们现在，可以从"玛琪想，在过去的日子里，那些孩子一定非常热爱他们的学校。她想，他们那时候多有趣！"这一处看出。

2. 根据学习要求，梳理课文，发现"不同"。

学习要求

①独学。边读课文边思考：2155年的学校和现在的学校有什么不同？圈画相关语句。

②群学。组内交流，合作填写表格。

他们那时候多有趣啊		
不同的方面	"他们那时候"	2155年
书本		荧光屏，顺序移动

3. 一组学生上台展示作业单，交流不同之处。

预设：

（1）"他们那时候"的书本是纸质的；老师是真人，给学生讲课、留作业、提问题；同学们一起到学校去上学，一起玩耍，一起学习，一起回家；大家学的功课都一样。玛琪觉得非常有趣，非常向往。

（2）2155 年，学生通过荧光屏阅读学习；老师是机器，可以调整学习进度的快慢，可以给学生推送测试题目；没有同学，学生都在自己家里学习，每个人学习不一样的功课，没有人可以面对面地讨论。玛琪很讨厌这样的学习方式，觉得很无趣。

4. 结合未来上学方式的变化，联系学校"创新杯"辩论赛的"科学"主题，小组合作交流，提炼出一组含有正反观点的辩题。

预设：

（1）"未来的学习很有趣"与"未来的学习很无趣"。

（2）"真人老师比机器老师更有利于学生学习"与"机器老师比真人老师更有利于学生学习"。

（3）"科学发展使学习更无趣"与"科学发展使学习更有趣"。

5. 确定辩题："科学发展使学习更有趣"与"科学发展使学习更无趣"；全班分成四大组，组内抽签决定正反方。

（二）学习活动二：撰写辩论任务单

1. 阅读口语交际《辩论》，讨论：辩论前要做哪些准备？

预设：

（1）有针对性地搜集材料。既要搜集能证明自己观点的材料，也要搜集反驳对方观点的材料。

（2）选择的事例要有说服力，也可以引用名人名言。

（3）要根据观点对材料进行梳理、归纳，如果材料很多，可以把要点记下来。

2. 根据选择的观点，借助课本、科幻故事、网络平台等搜集资料，小组合作填写辩论材料卡。

辩论材料卡		
辩论话题	科学发展使学习更有趣/科学发展使学习更无趣	
任务分工	正方观点及论证材料	反方观点及论证材料
立论（第一辩论员）		
驳论（第二辩论员）		
驳论（第三辩论员）		
自由辩论		
总结陈词（第四辩论员）		

（三）学习活动三：开展班级辩论

1. 阅读《口语交际》，讨论：辩论时需要注意什么？

预设：清晰表达自己的观点；要注意倾听，发现对方的漏洞并进行反驳。

2. 对照"辩论"评价表，组内尝试辩论。

3. 一小组从正反方选四名辩手到台前对坐。教师主持辩论，并适时点拨指导，其余同学做评委。

（1）双方一辩陈述观点。全班交流讨论：如何将自己的观点表达清晰？

预设：采用"观点＋理由"的方式陈述观点；借助"首先……其次……最后……"这样的句式进行阐释。

（2）双方二辩进行攻辩，结合课本上"小贴士"，全班交流讨论如何攻辩。

预设：听出别人讲话中的矛盾或漏洞；抓住漏洞进行反驳，注意用语文明。

（3）正反双方自由辩论，尝试引用名言，举出事例来说明自己的观点或反驳对方的观点。

（4）双方四辩总结陈词：总结本方的观点，阐述最后的立场。

4. 对照"辩论"评价表，给这一小组的辩论表现评分。

5. 分组辩论。

（1）其余三组正反双方各选出四名辩手，一名主持人，一名计时员，其余同学做评委。

（2）三个辩论组轮流上场辩论，计时八分钟。其余同学对照评价表进行评分。

（3）对照"辩论"评价表，评选优秀"辩手"和"战队"。

【教学现场】

任务一之学习活动三：尝试选题辩论

师：两小儿的辩斗如此精彩，我们也来体验一下。请同学们以小组为单位，分配好角色，用文言文来演一演、辩一辩。老师为大家准备了一张评价表，请同学们对照评价表，先在组内积极准备，待会请同学们上台辩斗。

（生合作练习"辩斗"后）

生：（声音响亮，语气平和）我以日始出时去远，而日中时远近。

生：（声音响亮，语气平和）我以日初出远，而日中时近也。

生：（音量稍微提高，语气渐渐上扬）日初出大如车盖，及日中则如盘盂，此不为远者小而近者大乎？

生：（音量也稍微提高，语气渐渐上扬）日初出沧沧凉凉，及其日中如探汤，此不为近者热而远者凉乎？

生：（使劲摇头，语气变得激烈）非然也！日初出大如车盖，及日中则如盘盂，此不为远者小而近者大乎？

生：（开始跺脚，语气变得更加激烈）谬矣！日初出沧沧凉凉，及其日中如探汤，此不为近者热而远者凉乎？

生：（音量再次提高，使劲摆手）非也非也！我以日始出时去人近，而日中时远也。

生：（音量逐渐提高，摇头加摆手）非也非也！我以日始出时去人近，而日中时近也。

师：哪一位同学来评价一下他们的辩斗能获得几颗星？

生：我认为他们能获得七颗星，因为他们在辩斗中不仅说清楚了各自的观点，也说清楚了理由。最精彩的是，他们在辩斗过程中，都把自己当成了"小儿"，语气十分激烈，还加上了动作，辩斗意识非常强。

师：这位小评委的点评非常专业，也谢谢这组同学精彩的辩斗，其他同学们想不想再来试一试？课本中为我们准备了这四组辩题。男女生一起合作读一读。

（男女生分别读辩题中的正反观点）

师：请同学组内合作，选择其中一个辩题，学习两小儿，采用对话的形式，说清楚自己的观点与依据。

（生选择辩题，练习辩斗后，一小组派代表上台展示）

生：我们选择的辩题是班干部轮值好还是竞选好。

生：我认为班干部应该由每位同学轮流来当。

生：我认为班干部还是应该通过上台竞选，再由同学们投票选举出来更好。

生：班干部由每位同学轮流来当，不仅可以让每位同学都有机会得到锻炼，而且一些调皮的学生都去管理纪律，就不会老是调皮了，这不是两全其美的事情吗？

生：班干部是非常重要的岗位，它关系到一个班的荣誉，通过竞选，既可以让有能力和责任心强的同学来担当班干部，也可以选出同学们心目中都认可的班干部，这样不是对班级的管理更有利吗？

生：我觉得很多学生心里都想当班干部，让他们试一试，没准他们的能力和责任心也会变强。

生：但是也有些同学他不想当班干部，硬要让他来当，那不是强人所难吗？

师：谁来评一评这一组的"辩斗"？

生：我觉得这一小组的两位同学都说清楚了自己的观点和依据，而且我觉得双方的依据也都非常合理，逻辑性强。

生：我来补充，这一组同学在辩斗的过程中，没有因为观点不同，就对同学恶语相向，而是有理有据地表明自己的观点，用语文明。

生：我觉得他们在辩论的时候，不仅表明自己的观点，也能抓住对方的漏洞来反驳。

师：同学们听得很认真，也学到了不少辩论的技巧。正所谓"理不辩不明"，在生活中，遇到容易产生分歧的问题，我们都可以像今天这样有理有据，有礼有节地辩一辩。

任务二：有条有理之我见

（生读名人名言）

师：这些名人名言都告诉我们一个真实的道理，所以它们都被称为"真理"。这些真理常作为我们的座右铭，指导我们的言行，为我们的人生导航。今天我们要学习的课文的课题也是一个真理。谁来读读这一真理？

（师板书课题，生齐读）

师：是啊，这句真理是什么意思呢？让我们带着这个问题走入课文。谁来读读初读要求？

生：默读课文，边读边思考：课文中哪些语句与课题所表达的意思是一样的？用横线画出来读一读，与同桌交流你对这句话的理解。

（生默读课文，圈画词句）

师：谁来分享找到的句子？

生：纵观千百年来的科学技术发展史，那些在科学领域有所建树的人，都善于从细微的、司空见惯的现象中发现问题，不断发问，不断解决疑问，追根溯源，最后把"？"拉直变成"！"，找到真理。我对这句话的理解是科学家们都非常善于从生活常见的现象中发现问题，产生疑问，最终通过自己的努力，解决了疑问，还发现了真理。

生：只要你见微知著，善于发问并不断探索，那么，当你解决了若干个问号之后，就有可能发现真理。我对这句话的理解是只有那些善于打破砂锅问到底，不断钻研的人，才有可能发现真理。

师：怎么来证明这句话是一个真理呢？请默读课文，概括一下文中用了哪些事例来证明这个观点。

（生认真默读，教师巡视并请一生将事例写在黑板上）

师：这位同学找到的事例，你们同意吗？一起来读读他找到的事例。

生：波义耳发明了石蕊试纸；魏格纳提出了大陆漂移说；阿瑟林斯基发现脑电波的变化与做梦有关。

师：从疑问到找到真理，是一个漫长的过程。科学家们是怎么一步一步找到真理的呢？让我们一起透过课文中的事例找一找答案。谁来读学习要求？

生：默读课文，根据表格中提示的两个角度思考：三个事例在写法上和内容上有哪些相同点？小组合作填写表格，说说自己的发现。

（生默读课文，合作完成表格）

师：哪一小组愿意来分享你们的学习成果？

（请一学习小组上台，投影作业单，汇报学习成果）

生：波义耳发明石蕊试纸的过程是这样的：他看到溅上盐酸的紫罗兰花瓣变红了，立即敏感地意识到紫罗兰中有一种物质遇到盐酸会变红，于是产生了一连串的疑问：这种物质是什么？别的植物中会不会有同样的物质？别的酸对这种物质会有什么样的反应？然后他进行了许多实验，发现大部分花草受到酸或者碱的作用都会改变颜色，并制成了现在常用的酸碱试纸——石蕊试纸。

生：魏格纳提出了大陆漂移说的过程是这样的：他发现地图上所有大陆的海岸线都能较好地吻合在一起。他产生疑问：这不会是一种巧合吧？然后阅读了大量的相关文献，搜集证据，最终提出了"大陆漂移说"，出版了《海陆的起源》这本书。

生：阿瑟林斯基发现脑电波的变化与做梦有关的过程是这样的：阿瑟林斯基发现儿子在睡觉的时候，眼珠转动。他也提出了一连串的疑问：为什么睡觉时眼珠会转动？会不会与做梦有关？他先对八岁的儿子进行了实验，又对二十名成年人都进行了反复的观察实验，最终发现脑电波的变化与做梦有关。

师：说说你们小组发现的相同点有哪些？

生：我们小组从这三个事例中找到的相同点有三个，首先这三个事例都是从生活中细小的、司空见惯的现象中发现问题的。"波义耳立即敏感地意识到""魏格纳被自己偶然的发现惊呆了""他感到很奇怪"。从这些语句中可以看出他们都是善于从小的地方看出大问题的有心人。

师：一个微小的细节，就像一颗石子，在科学家们的脑海中激起层层涟漪，使他们产生了诸多的奇思妙想，这就是文中所说的——

生：见微知著。

生：第二个相同点是这三个事例中的真理都是经过反复实验和研究才找到的。波义耳对一连串问题进行了许多次的实验；魏格纳紧紧抓住问号不放，查阅了大量的文献，搜集了许多证据；阿瑟林斯基带着一连串的疑问，以儿子、成人为实验对象，进行了反复的观察实验。

师：科学家们这样一次次地发问，一次次地追寻着真理，你能用文中的一个词来概括吗？

生：追根溯源。

生：锲而不舍。

生：第三个相同点是三个事例都是按照"见微知著""提出问题""不断探索""得到真理"顺序来写的，写法是一样的。

师：你是从写法上去发现的！"见微知著""提出问题""不断探索""得到真理"这四个部分，哪些部分写得比较具体？

生："见微知著""提出问题"写得比较具体，"不断探索"写得比较简单。

生：探索的过程很简略，基本都是"进行了许多实验""阅读了大量的文献""进行了反复的观察实验"。

师：怎么实验、怎么研究的，一个字都没有写。为什么？

（师指题目中的"真理""问号"）

生：为了突出真理是在问号之后诞生的。

生：因为观点是"真理诞生于一百个问号之后"，这些事例都是为了证明问号和真理之间的关系，有这么多的问题才会有这么伟大的结论。

师：是的，作者选取这些事例是为了证明自己的观点"真理诞生于一百个问号之后"，重点要说明"真理"与"问号"之间的关系，没有问号就没有真理的诞生！如果要证明"功夫不负有心人"，你认为应该将哪部分写具体些？

生：把怎样反复试验和研究的过程写具体，就能看出功夫多深了。

生：不写具体实验的过程，就体现不出坚持不懈的精神。

师：同样的事例要证明不同的观点，所侧重的角度就不一样。既然三个事例基本上是相同的，写一个行不行？

生：写一个事例，别人以为那是偶然发生的。

生：一个事例不可信，也不能就证明是必然的。只能说明更倾向于必然。

生：这三个事例选自不同的国家，不同的科学家，不同的科学领域，这样才有说服力。

师：这些事例是科学技术发展史上三个确凿的事例，由此可以看出科学家们都是从细小的、司空见惯的现象中发现问题、追根求源，最后把一个个"？"拉直变成"！"找到了真理。所以说——

（呈现课题）

生：真理诞生于一百个问号之后！

师：科学史上还有哪些故事能够证明"真理诞生于一百个问号之后"这个观点呢？

生：瓦特发明蒸汽机。

生：爱迪生发明电灯。

生：牛顿发现万有引力。

师：老师也为大家准备了两个科学小故事，请同学们拿出作业单，谁来读一读习作要求？

生：阅读补充资料《爱迪生发明电灯》《医圣李时珍》，按照"发现问题、反复实验、发现真理"的顺序，写一写其中一个故事或者你知道的其他故事，来证明"真理诞生于一百个问号之后"这个观点。

师：拿出你的笔试着写一写。

（生撰写事例；展示评改）

（师板书课题：表里的生物；生齐读课题）

师：一个孩子，看到爸爸怀表里指针在动，这引发了他的好奇心，你猜他会想到什么？让我们一起走进课文，请同学快速默读课文，边读边思考：一块怀表，让文中的"我"听到什么？想到什么？由此，"我"得出什么结论？在文中提取相关信息后填写导图。

（生默读课文，填写导图）

师：我们一起来看这位同学的作业，请你跟大家交流一下。

生："我"看到的是"父亲怀里的表秒针会动"，想到"表里一定有一个蝉或虫一类的生物"，"我"得出的结论是"表里边有一个活的生物"。

师：对照自己的作业，哪些地方你是不认同的，或者有补充？

生："我"看到父亲的怀里的表除了秒针会动，我觉得还可以补充"能发出清脆的声音"，这样更完整，更准确。因为作者就是因为看到父亲表里秒针会动会发声，加上联系自己的生活经验，凡是能发出声音，都是活的生物，才得出"表里有一个活的生物"的结论。

师：你读得真仔细，说得也很有道理。请大家修改好自己的导图，对照导图，说一说课文的主要内容。

（生修改导图，练说课文主要内容）

师：谁能借助这张导图，将三个部分连起来，说说故事的主要内容？

生："我"看到父亲怀里的表秒针会动，能发出清脆的声音，想到表里一定有一个蝉或虫一类的生物，通过验证，"我"得出的结论是表里边有一个活的生物。

师：文中的"我"由看到的和想到的，得出了"表里有一个活的生物"这一猜想，他又是通过哪些具体的事例来证明自己的猜想呢？请一位同学读一读学习要求。

生：默读课文第3～21自然段，思考："我"通过哪些事例来证明"表里有生物"这一猜想？画出相关的语句。

（生默读课文，圈画词句）

师：谁来分享找到的事例？

生：（读圈画的语句）从这一句话中，我找到的事例是作者打开表盖看到一个尾巴似的东西在摆动，证明表里有生物。

师：是的，作者是通过打开表盖亲眼看这个方法来证明自己的想法的。

生：（读圈画的语句）从这一句话中，我找到的事例是父亲说秒针是小蝎子的尾巴，再次证明了我的猜想——表里有生物。

师：作者从父亲说的话中得到了证据，再次证明自己的想法是正确的。在这场"表里的生物"的探索中，"我"从自己的经验中形成猜想，又经过事例进行验证。你觉得文中的"我"是个怎样的孩子？哪些词句能证明你的观点？让我们一起来合作交流。谁来读一读合作学习的要求？

生：独学，默读课文《表里的生物》，思考："我"是怎样的孩子？画出能证明你的观点的词句；群学，组内交流观点，以关键词的形式填写词卡。

（生自主阅读课文，合作交流）

师：哪一学习小组上台分享一下？

生：我觉得文中的"我"是一个异想天开、好问的孩子。我是从文中"里边该是什么东西在响呢""为什么还蒙着一层玻璃呢""为什么把那样可怕的东西放在这么好的表里"这些一连串的问题中发现他不仅富有想象力，而且凡事都要问个为什么。

生：文中的"我"是一个热爱探究的孩子。我找到的证据是"我的眼睛就再也离不开它""没有请求，父亲就自动给我看，我高兴极了，同时我的心也加速跳动"。从这些语句中我发现他有了猜想之后，就一直想方设法去验证自己的猜想。

生：文中的"我"还是一个比较天真单纯的孩子。因为他"以为凡能发出声音的，都是活的生物"，由怀表里的声音还联想到"表里边一定也有一个蝉或虫一类的生物吧"，还以为表里之所以放入可怕的蝎子，是因为"也许这里边的蝎子与一般的不同"。

师：文中的"我"给大家留下天真、富有童趣的印象，同学们还从文中找到具体的语句证明了自己的观点，这是一种很好的学习方法，也是我们辩论时常用的方法。

师：表里的指针发声，文中"我"天真地认为里面有活的生物，那么真正的事实是怎样的？请大家一起来看资料。

（生默读资料）

师：关于怀表指针发出声音的原因，你更喜欢文中"我"的理解，还是资料中的解释呢？你可以从文中或者材料中找出语句证明你的观点。

生：我喜欢《表里的生物》中"我"的理解，因为文中的小孩把手表里指针会动会发声，想象成表里有活的生物，并且不断去验证自己的猜想，我觉得他的理解更富有想象力，能激发我继续阅读下去的兴趣。

生：我比较喜欢资料里的解释，因为它真实科学，特别是材料中"手表从上紧发条到 24 小时这段时间，力矩输出是平稳的，此时走时也比较精确，误差小。而超过 24 小时以后，发条力矩会急骤下降，走时误差增大"这一段话让我更清晰地了解手表发声是跟上发条有关。

师：你们说得都很道理。《表里的生物》中的孩子认为表里有生命，其实是错的，但是他身上那种坚定执着地探索未知世界的探究精神值得我们所有同学学习。在这篇阅读链接中，也有一位人物值得我们学习，他叫詹天佑。请同学们默读文章，用一句话概括詹天佑在你心目中的形象。

（生默读阅读链接《詹天佑》）

生：我觉得詹天佑是一位爱国工程师。

生：我认为詹天佑还是一个不怕困难、吃苦耐劳的人。

生：我觉得詹天佑还是一个爱动脑筋，善于解决问题的人。

师：如果用一句名言来表达你对这篇文章的观点，你会选择哪一句？

生：有志者事竟成。

生：世上无难事，只要肯登攀。

师：接下来，让我们小试身手，围绕刚才你从文章中想到的观点，选择文章中的事例或者课外搜集的事例来证明，可以是一正一反两个事例，也可以是不同角度的两个或三个事例。

（生撰写事例后，组内对照评价表交流修改，推荐获星数最高的学生上台展示，全班评议修改）

【评价设计】

任务一：熟读《两小儿辩日》中的对话，以小组为单位，分配好角色，用文言文来演一演、辩一辩。

表1　分角色辩斗评价表

评价标准	星级
说清楚两小儿的观点。	★★
说清楚两小儿的理由，逻辑性强。	★★
角色意识强，有适当的动作，辩斗气氛浓。	★★
在辩论中注意用语文明。	★★
我们组共获得了（　　）星	

任务二：阅读课后链接《詹天佑》，形成观点，选择文章中的事例或者课外搜集的事例来证明自己的观点。

表2　詹天佑精神之我见评价表

评价标准	星级	自评	互评
观点正确，所选事例与观点相符，语句通顺。	★		

续表

评价标准	星级	自评	互评
观点正确且较为简洁，能用一正一反两个事例或者不同角度的二至三个事例来证明观点，事例较为恰当，语句通顺，有一定的逻辑性。	★★		
观点正确且简洁，能用一正一反两个事例或者不同角度的二至三个事例来证明观点，事例十分恰当，语句通顺，逻辑性强。	★★★		

学生作业示例

> **"詹天佑精神"之我见**
>
> 　　功夫不负有心人。1905年，詹天佑被清政府任命为铁路总工程师，修筑从北京到张家口的铁路。这是一个十分艰巨的工程，一路上都是高山深涧，悬崖峭壁。詹天佑不怕困难，接受任务后，马上开始勘测线路。他亲自带着学生和工人，扛着标杆，背着经纬仪，在峭壁上定点制图。为了寻找一条合适的线路，白天，他攀山越岭，勘测线路；晚上，他就在油灯下绘图、计算。遇到不明白的难题时，他跋山涉水，请教当地的农民，回到工地后，与老工人一起商量，一起动手凿井挖壁。在他坚持不懈的努力下，京张铁路不满四年就全线竣工了。

评价说明：结合学习评价表，这份作业可以获得三颗星。作业中，这位同学首先用"功夫不负有心人"这句名言，准确且简洁地表达了自己对詹天佑精神的看法；其次他选择詹天佑勘测线路、寻找合适线路两个具体事例来证明观点，将詹天佑所做的努力写得非常具体，跟"功夫不负有心人"这一观点高度吻合，因此事例的选择也十分恰当。更值得一提的是，作业中还用了"坚持不懈的努力"这样的点睛之笔，对文章进行了一定的总结，叙述有条理，逻辑性很强，是一份优秀作业。

任务三：按照评价标准，以组为单位开展班级辩论活动。

表3　辩论评价表

评价方面	评价标准	星级
辩论准备	能搜集证明自己观点和反驳对方观点的材料。	★
	选择的事例有说服力，能引用名人名言。	★
	能围绕辩题对材料进行梳理、归纳，完成辩论材料卡。	★

"思辨性阅读与表达"学习任务群

续表

			一辩	二辩	三辩	四辩
语言表达	能清晰地表达观点，条理清楚，逻辑性强。	★				
辩驳能力	借助查阅的资料，辩论有理有据，用词得体。	★				
	听辨敏捷，能抓住对方讲话中的漏洞进行反驳。	★				
辩论仪态	声音洪亮，语速适中。	★				
	态度大方，肢体语言恰切，情感饱满，引人入胜。	★				
	用心倾听，与同学自然互动。	★				
个人荣誉等级（不含辩论准备）：5~6星"金牌辩手"；3~4星"银牌辩手"；1~2星"铜牌辩手"。							
团队荣誉等级：22~27星"金牌战队"；16~21星"银牌战队"；10~15星"铜牌战队"。							

【教学反思】

本单元的学习要求学生在了解课文内容的基础上，了解科学发现的思维过程，学习"用具体的事例来论证观点"这一表达方法，发展理性思维，塑造理性精神。为了较好地达成目标，可采用以下教学策略。

（一）以"辩论"任务重构单元学习内容，形成思维发展的梯度

本单元的语文要素是"体会文章是怎样用具体事例说明观点的"，而"辩论"也要求学生明确表达自己的观点，还要有理有据地论证观点。因此创设"辩论会"这一真实情境，对单元内容进行了灵活重组，通过设计"有理有据之我观""有条有理之我见""言之有物之我谈"三大学习任务，最大限度地推进"思辨性阅读与表达"学习任务群在单元活动设计中落实。

（二）以"多元支架"建构辩论系统，指向高阶思维的发展

针对第三学段，该学习任务群提出了质疑批判、分析论证、反思评价等指向高阶思维的学习要求。本单元运用多种支架呈现内隐的思维过程，提升学生的高阶思维。

其一，有效利用"课后习题""阅读链接""交流平台"等助学系统，将其进一步转化为促进学生思维发展的学习支架，帮助学生准确把握学习重点；其二，在学习活动中，引导学生综合运用文字、表格、思维导图等形式，提取和整理文本关键信息，理解文本的观点和思维方法；其三，鼓励学生借助现代信息技术，自主搜集和利用学习资源，拓展思路，支持自己的思考和论说。为了保证信息的准确性和可靠性，借助辩论任务准备单，引导学生学会分类、概括等整理信息的方法，培养科学研究的严谨思维；其四，在教学过程中，嵌入《太阳与观测者距离在一日内的变化》《爱迪生发明

电灯》《医圣李时珍》《手表为什么会响》等群文资源，帮助学生在多样化的互文解读过程中深化思考，培养思维的灵活性、深刻性和批判性。

（三）以"评价"促进真实辩论，巩固多元思维的发展

本单元安排了三次"辩论"：以《两小儿辩日》为文本，模拟"辩斗"；利用《口语交际》中的辩题，尝试选题辩论；利用《他们那时候多有趣》提炼辩题，分组辩论。每次辩论融合了辩论和评价两个板块。在前两次辩论的基础上，第三次辩论以真实的比赛场景来设计辩论会，综合运用讨论、应对、转述、即席讲话、反驳等口语交际策略设计评价单。辩论过程中，从辩手到点评专家均由学生组成，充分发挥学生的主体性。辩论结束时，借助评价单，以具体的数据、现场的表现，运用点评的方式促进学生交际能力的提升。这一学习过程，不仅锻炼了学生"辩证地思考、抓重点地倾听、理性地表达"等交际能力，也以评价促进了学生逻辑、推理、辨析等思维能力的提升。

在教学实践中，还需引导学生充分利用辩论时搜集的资料，借助相关的科学知识，为习作提供一定的方法，完成本单元的习作任务。

（案例撰写者　蔡茜茜）

"整本书阅读"学习任务群

案例1 与名著人物共赴探险之旅
——《汤姆·索亚历险记》整本书教学

【任务分析】

《汤姆·索亚历险记》是六年级下册第二单元"快乐读书吧"推荐的书目。本单元的人文主题是"跟随外国文学名著的脚步,去发现更广阔的世界"。通过阅读《汤姆·索亚历险记》这本儿童文学名著,就能走进马克·吐温笔下的社会时代,随着小主人公一起经历跌宕起伏的探险之旅。

本单元指向阅读的语文要素是"借助作品梗概,了解名著的主要内容。就印象深刻的人物和情节交流感受"。快乐读书吧中还增加了"品味名著内涵,回顾读书方法"的阅读提示。在作品分享中,学生通过"梳理情节""聚焦人物""探寻意义"三项语言实践活动,提升阅读思维能力。

本课属于"整本书阅读"学习任务群,聚焦读后交流的阅读活动。学生运用浏览、精读、拓展读等多种阅读方法,梳理故事情节,发布"探险"朋友圈,并在互动留言中深化阅读。这与该学习任务群第三学段"阅读文学、科普、科幻等方面的优秀作品,学习梳理作品的基本内容,针对作品中感兴趣的话题展开交流"的学习内容相一致。本课的阅读分享,拉近了世界名著与学生生活的距离,使学生不断深入地交流,并在名著中汲取力量,丰富了精神世界。

【学习资源】

(一)文本

小说《汤姆·索亚历险记》。(马克·吐温:《汤姆·索亚历险记》,人民文学出版社,2023年)

(二)影音

电影《汤姆·索亚历险记》片段。(德国2011年赫敏·亨特格博斯执导冒险电影

《汤姆·索亚历险记》，优酷视频)

【实施框架】

（一）学习目标

1. 能在自主学习的任务情境中，厘清《汤姆·索亚历险记》的叙事框架和人物关系，了解作品梗概。

2. 能在具体的任务情境中，对印象深刻的关键事件进行更深入地精读，以角色代入的方式品析名著精华，感知人物内心世界，获得自我成长的力量。

3. 能在拟真的生活情境中，以不同身份角色评价名著中的关键事件。有独特的阅读见解，在阅读与表达的过程中，提升思维能力。

（二）学习情境

"探险"是神秘而充满吸引力的，"探险"也几乎是绝大多数儿童的梦想。在本次名著阅读中，我们将与汤姆·索亚一起设计探险地图，发布"探险"朋友圈，为精彩的探险记录作评论，一起去发现"探险"的真谛吧！

（三）任务框架

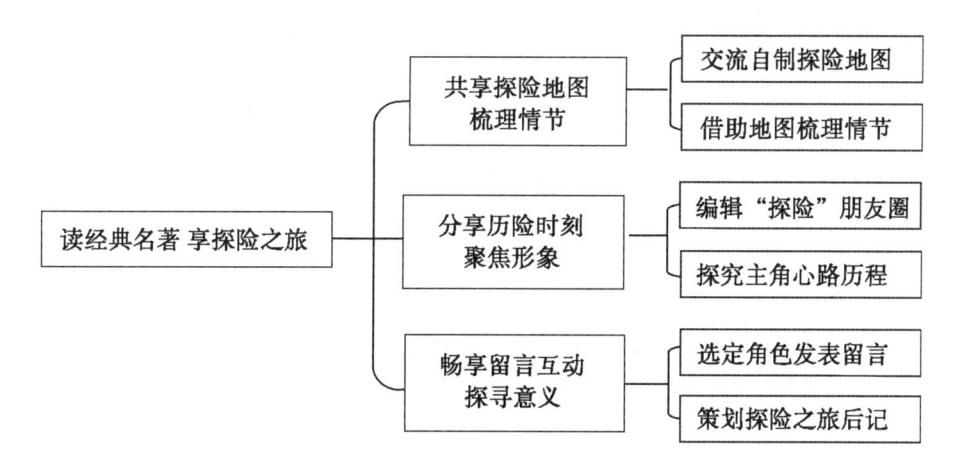

```
                          ┌─ 共享探险地图 ─┬─ 交流自制探险地图
                          │   梳理情节     └─ 借助地图梳理情节
                          │
读经典名著 享探险之旅 ────┼─ 分享历险时刻 ─┬─ 编辑"探险"朋友圈
                          │   聚焦形象     └─ 探究主角心路历程
                          │
                          └─ 畅享留言互动 ─┬─ 选定角色发表留言
                              探寻意义     └─ 策划探险之旅后记
```

【任务实施】

任务一：共享探险地图，梳理情节

（一）学习活动一：分享自制探险地图

1. 明确任务：《汤姆·索亚历险记》是马克·吐温创作的一部经典名著。这节课，我们将跟随主人公汤姆·索亚，经历探险过程，找到探险的乐趣和意义。出发前，我们要带上本次旅程的探险地图。

2. 分享课前作业：阅读《汤姆·索亚历险记》，绘制汤姆的探险地图。

预设：

(1) 坟地—荒岛—鬼屋—山洞。

(2) 坟地惨案—海岛露营—参加自己的葬礼—寻找宝藏—山洞历险—找到宝藏。

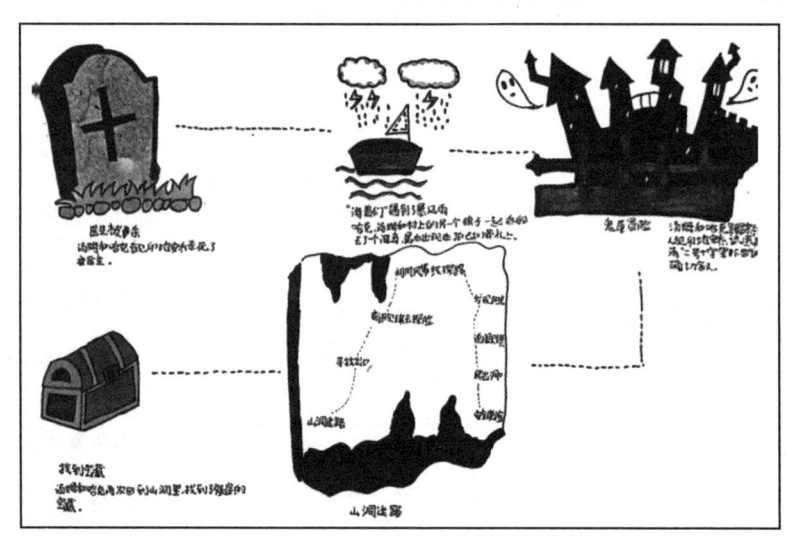

（二）学习活动二：借助地图梳理情节

1. 根据自制地图交流探险情节。

预设：

(1) 一天，汤姆来到坟地，遇到了谋杀案；逃到荒岛，做起了"海盗"。又有一天，汤姆和哈克走进鬼屋，发现了宝箱。后来，汤姆和贝琪去野餐会时在山洞迷了路，他们历尽波折，从印江·乔埃手中逃脱，并发现了宝箱的最终线索。

(2) 一天半夜，汤姆和哈克在去坟地"试验"用死猫治疣子的方法时，意外地目睹了印江·乔埃杀害罗宾逊大夫并嫁祸给波特的过程。当时吓得够呛的汤姆和哈克发誓，要对此事严格保密。为了躲避印江·乔埃，汤姆、哈克带着另一个小伙伴去荒岛过起了无忧无虑的"海盗"生活，镇上的人则以为他们在河里淹死了。在为他们举行葬礼的那天，他们三人却奇迹般地出现了。又有一天，汤姆和哈克走进"闹鬼"的老房子，意外发现印江·乔埃和他的同伙以及埋在这里的宝箱，两人又惊又喜。后来，汤姆和贝琪去野餐会时在山洞迷了路，饥饿、干渴、黑暗和恐惧不断袭来，最后，汤姆牵着绑在石头上的风筝线终于探寻到了出口，成功摆脱了印江·乔埃的追捕，并把他困死在了山洞中，开心地找到了财宝。

2. 小结探险地图类型。

预设：按地点转换设计；按情节发展设计；标注惊险度及探险者的心情变化，令读者更加清晰、明白。

3. 确定本节课研究的探险情节。

（1）学生分享关注理由。

预设：

①汤姆敢去墓地探险，还见证了一宗可怕的杀人案。这情节让人胆战心惊，又热血沸腾。我是探案迷，我想再深入到墓地惊魂的场景去感受一下。

②我喜欢他们去荒岛当"海盗"的探险经历。汤姆和小伙伴们在最初成为"海盗"的日子里，无拘无束，开心自在。我也真想体验一下。

③我想去鬼屋寻宝，如果，我能和汤姆、哈克一起发现埋着的宝箱，那就太令人激动了！

④山洞历险，汤姆和贝琪经历了重重困难，但他们都坚持下来了。我佩服他们的勇气和智慧，我想重温他们山洞探险的经过。

（2）确定最受关注的情节：墓地惊魂、去荒岛当"海盗"、鬼屋寻宝、山洞历险。

任务二：分享历险时刻，聚焦形象

（一）学习活动一：编辑"探险"朋友圈

1. 讨论：如何才能记录精彩的探险时刻？

预设：发布朋友圈；制作校园海报；写日记或书信。

小结：几种方法都很好。尤其是用朋友圈记录精彩瞬间是时下人们常用的办法。汤姆·索亚这次也获得了体验。

2. 阅读汤姆的"去荒岛当海盗"朋友圈，讨论这两条朋友圈信息的内容与主人公心情的变化。

汤姆·索亚	汤姆·索亚
啊，好烦哦！一场暴风雨把我的"小屋"吹得无影无踪。要是在家里就截然不同了。这几天的日子就像一个死循环，我好怀念和家人一起生活的时光啊！	太好了！太有趣了！我终于迎来了属于自己和朋友们的天堂，再也不用被大人束缚了！我第一次尝到了无忧无虑、自己动手丰衣足食的美好滋味。我再也不想回家了。
两分钟前	三天前

预设：

（1）两条朋友圈信息展示了汤姆的探险心理变化。

（2）汤姆开始很兴奋、期待，终于获得了向往已久的自由。但随着时间的推移，当"海盗"的新鲜感消失了，荒岛生活风雨飘摇、居无定所，他怀念起了家的温馨。

2. 编辑"探险时刻"朋友圈。

（1）发布任务：化身汤姆·索亚，选取并阅读最喜欢的一处探险情节，编辑"探险时刻"朋友圈。

（2）写前讨论：如何让汤姆·索亚的"探险"朋友圈吸引读者。

预设：把汤姆在探险时刻的所见所想写清楚；把书中情节视角转化为第一人称视角，有序记录。

（3）明确要求，让朋友圈信息变得吸引人。

"探险时刻"最佳朋友圈标准

①探险情节转述恰当。

②内心情感自然流露。

③语言组织条理清楚。

（4）撰写朋友圈信息。

（二）学习活动二：探究主角心路历程

1. 学生分享朋友圈，回味探险细节。

（1）分享朋友圈。

预设：

汤姆·索亚

这阴森恐怖的林子里，竟然还藏着可怕勾当。鲁滨逊医生死了！印江·乔埃杀人嫁祸，可怜的波特成了替罪羊。这天大的秘密竟然被我们发现了。我的心里怕怕的啊！（一个月前）

想起那个不眠之夜，我的心就翻滚起波浪。明天，就让我去帮帮老波特吧！（一天前）

汤姆·索亚

鬼屋里真的有宝藏！如果没有这两个坏蛋在那里碍眼，我真想现在就冲下去，抱紧那箱金币！！！（十分钟前）

糟糕！好像被发现了！我们还能活着回去吗？（一分钟前）

汤姆·索亚

这个山洞四通八达，像个迷魂阵。目前，蜡烛的存量也不多了。找出口！赶紧找出口！（十二小时前）

聪明的我已经用风筝线找到出口了，哈哈！不过，有好消息的同时还有一个坏消息，猜我碰见谁了？是印江·乔埃！！！（十分钟前）

（2）交流评价。

2. 根据朋友圈信息，结合名著片段，探究人物心路历程。

（1）读"墓地惊魂"后文，对比前后语段，思考：汤姆的内心有什么变化？

第十章　不祥的狗叫声

一路上他俩时不时战战兢兢扭过头去看看，像是生怕有人跟踪过来。路上的每个树墩子，都像是埋伏着人，埋伏着敌人，他俩被吓得喘不过气来。两个孩子跑过村边的几家农舍时，惊起看门狗声声吠叫，害得他们身上像长了翅膀，更快地飞奔起来。

汤姆忧心忡忡地回了家，晚上尽做噩梦。第二天和第三天，他在法庭外转悠，几乎有一种难以抑制的冲动，催着他进法庭，但脚就是挪不开。哈克也有相同的体验。他俩有意避着对方。各自时不时从法庭走开，但鬼使神差很快就转了回来。每当看热闹的人从法庭出来，汤姆就竖起耳朵听起来，但听到的尽是些叫人扫兴的消息。无情地套在波特身上的法网越来越紧。第二天晚上，村民们议论纷纷，说印江·乔埃的证据确凿，不可推翻。陪审团会做出什么样的裁决是铁定的了。

预设："墓地惊魂"时刻，汤姆先后发布了两条朋友圈，起先他害怕震惊，后来一直内疚不安，最终决定勇敢出庭作证，还波特以清白，这体现了他的善良。

（2）观看电影片段，结合山洞行踪图，思考：汤姆的心情发生了怎样的变化？

预设："山洞历险"最有波折，汤姆也害怕被困在里面，但是他在贝琪面前镇定自

"整本书阅读"学习任务群　275

若，凭着自己的智慧带贝琪走出了山洞，很有责任担当。

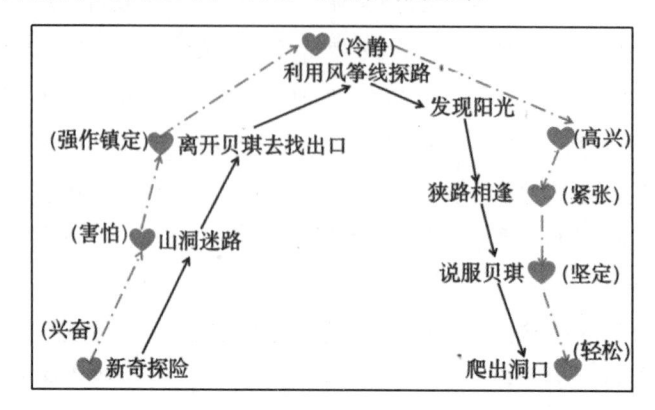

(3) 讨论：通过汤姆的朋友圈，进一步认识了汤姆怎样的人物形象？

预设：热爱自由、喜欢冒险、乐观勇敢、足智多谋、善良正义……

3. 根据评价表评价朋友圈。

从"情节描述""内心情感""语言组织"进行自我评价。

任务三：畅享留言互动，探寻意义

（一）学习活动一：选定角色发表留言

思考：汤姆层出不穷的探险故事，受到了越来越多人的关注。哪些人会给汤姆·索亚的朋友圈留言？

1. 逐步梳理人物留言分类图。

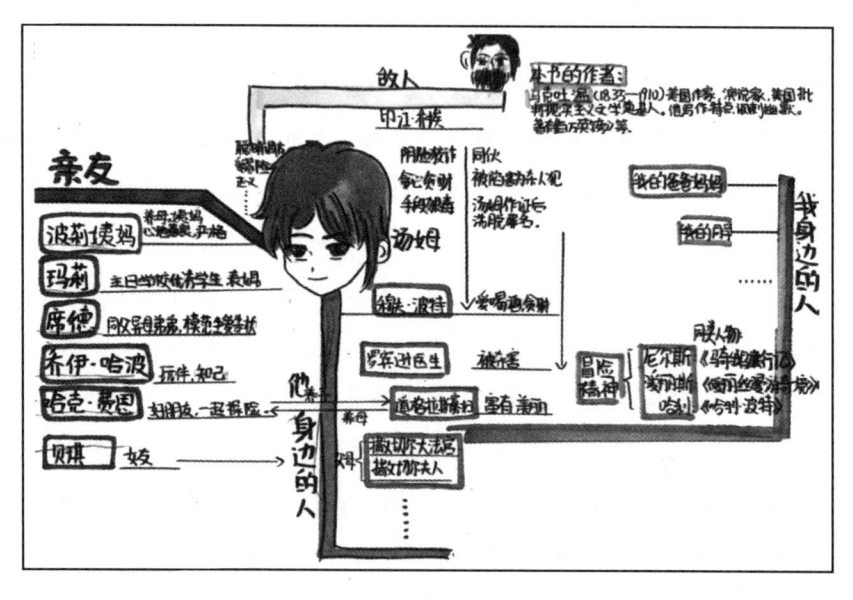

预设：

（1）书中人物：波莉姨妈、贝琪、哈克贝利·费恩、席德（汤姆的至亲好友）；撒切尔法官、穆夫·波特（汤姆身边的其他人）；印江·乔埃（与汤姆对立的人物）。

（2）书外人物：作者马克·吐温、作为读者的我们、与汤姆有同类经历的其他探险人物。

2. 开启组内留言互动。

（1）发布任务：轮流读组内伙伴编辑的朋友圈，以某个角色身份留言。

（2）写前讨论：怎样能写好本次留言？

交流并确定精彩留言标准：选择角色合理；评论互动得当；人物形象鲜明。

3. 班级分享朋友圈留言。

（1）小组挑选一份"最佳探险朋友圈＋最精彩留言互动"进行交流，并根据留言标准评选最佳留言。

预设：

①波莉姨妈的留言体现她对汤姆·索亚的关爱及其刻板的教育理念，人物形象鲜明，角色选择恰当，她的唠叨叮咛对于汤姆脱困没有帮助，但是让汤姆感到温暖。

②马克·吐温笔下的汤姆·索亚有着他自己童年经历的影子，他与汤姆的对话，角色选择合理，他的评论更像是与自我的交谈；他的点拨，让汤姆明白探险的意义，感受到内在的收获，也展现出他和汤姆一样爱冒险的特点。

③鲁滨逊、爱丽丝作为留言对象也很合理，他们都经历了探险，用自身经验鼓励汤姆·索亚，评论得当，在给予汤姆探险新能量的同时，也能体现他们的智慧、勇敢。

（2）根据评价表，从角色、内容、表达三个方面进行自我评价。

（二）学习活动二：编写探险之旅后记

1. 讨论：课后给本次探险之旅编写一个后记，可以写哪些内容。

预设：

（1）可以从作者的角度写探险的后续发展。当汤姆·索亚获得宝藏后，是否还会继续探险之路。

（2）可以从主人公或读者的角度写经历或阅读探险故事后的感悟。

2. 阅读探险后记范例，分享阅读探险小说的收获。

小结：汤姆·索亚的探险之旅给成长中的每个人以启示。在面对困难，面对困惑，面对危险时，如何做好自己，并成长为更优秀的自己。

3. 布置作业，延伸阅读。

（1）为汤姆·索亚的探险之旅写一则探险后记。

（2）阅读《鲁滨逊漂流记》《尼尔斯骑鹅旅行记》《格列佛游记》《海底两万里》等探险小说，在探险中感受成长的力量。

【教学现场】

任务二之学习活动一：编辑"探险"朋友圈

师：如果你是汤姆，你会用什么好办法留下这些精彩的探险时刻呢？

（呈现墓地惊魂、去荒岛当"海盗"、鬼屋寻宝、山洞历险等画面）

生：我们可以发个朋友圈把探险的经历记录下来。

生：可以制作海报贴到校园里，展示探险经历。

生：也可以用日记或书信的形式记录探险历程。

师：大家的想法都很不错。用朋友圈记录精彩瞬间是当下常见的方式。这里有两则汤姆·索亚去荒岛当"海盗"的朋友圈微信。你读到了哪些信息？

（呈现汤姆·索亚和朋友在荒岛露营的场景记录以及他独自坐在海边的画面）

生：我注意到这两条讯息的发送时间间隔了几天。汤姆的心情也在不断变化。初到荒岛，他和伙伴在岛上煮食物美餐，做起悠闲的"海盗"，他恨不得永远都不回去了。没过几天，他就厌倦了海盗生活，开始想家了。

生：第二条朋友圈信息中，汤姆正在对着海面沉思，这和第一条朋友圈信息中和朋友一起说笑的情景截然不同，他不好意思对伙伴们说出自己的真实想法，他的心情指数从山顶掉入了谷底。

生：我认为汤姆的心里向往着自由，但也有对家的温暖的企盼。

师：朋友圈可以记录事件的动态发展和我们的内心变化历程。汤姆在探险中逐渐成长。汤姆的朋友圈还有哪些更新？

师：每位同学选取并阅读最喜欢的一处探险情节，然后以汤姆身份发布一或两条朋友圈，记得注明发布时间。评论最佳朋友圈的标准是：在编辑信息时关注情节转述是否清楚，情感是否自然流露和语言表达是否恰当。

（生撰写朋友圈信息）

师：现在我们来分享一下精彩的探险时刻。

生（汤姆·索亚）：就在刚才……令人难以置信的一幕就发生在幽森的墓地！我发誓绝不会告诉你们我看到了什么。总之……太可怕了。我只能说，这世上有比鬼更凶残的人！（发布于一个月前）

墓地发生的那件事，至今历历在目。波特即将被法庭审判，这一切似乎要终结了。可鲁滨逊医生真能安息吗？波特该去坦然赴死吗？我知道自己明天必须踏上法庭。噩梦终归到了要了结的时刻！（发布于一天前）

生：这位同学编辑的关于墓地惨案的朋友圈，情节转述不太清楚，并没有把事件讲清楚。但两条信息，都用了多个感叹号和问号，表现了汤姆·索亚从害怕到纠结，最后打算勇敢面对杀人犯印江·乔埃的心理变化，语言总体比较符合汤姆的风格。

生：我有不同看法。我认为第一条朋友圈信息并不是转述不太清楚，而是从汤姆·索亚的角度出发，他不敢透露过多信息，怕引来杀身之祸。

师：在《汤姆·索亚历险记》的"墓地惊魂"后一章，作者写"惊起看门狗声声吠叫，害得他们身上像长了翅膀，更快地飞奔起来"，可见两个孩子极度害怕。朋友圈信息里的两组省略号，把汤姆喘息不止、惊恐不定的样子展现出来，从而能更好地衬托汤姆后来指证凶手所树立的小英雄形象。综合来看，这位小汤姆设计的朋友圈够得上最佳朋友圈了。

生（汤姆·索亚）：刚刚我和贝琪还在玩捉迷藏，可我们现在迷路了！往洞里看，一直望不到最深处。我们被黑暗包裹住，还有成群的蝙蝠从我们头上飞过。真有些糟糕！（发布于十个小时前）

生：我得保护好贝琪，节省体力，找到出口。我用风筝线探路，发现前方有了亮光。这太鼓舞我了！可是我好像看到了印江·乔埃，他怎么会出现在这里？真是冤家路窄！（发布于五分钟前）

师：汤姆·索亚在山洞历险时发布的朋友圈信息是否恰当？我们来看一个电影小片段印证。

（观看电影片段）

师：通过刚才的电影片段，我们来梳理下汤姆的探险心路。（呈现探险地图，根据学生回答添加心路变化）

生：汤姆和贝琪开始进入山洞时带着兴奋，发现迷路时两人都很害怕，尤其是贝琪。汤姆在这种情况下，安慰贝琪，他应该是强作镇定。他独自探路时很冷静，想到了用风筝线探路的方法，这才找到了有亮光的出口。没想到又遇到印江·乔埃，他非常紧张。最后他折回贝琪身边，坚定地帮助她，两人一起爬出了洞口，这才松了口气。

师：这样一对照，这位同学的朋友圈可以入选哪个级别？

生：结合电影片段，我觉得这位同学的创编可以入选"最佳朋友圈"。因为他以第一人称视角，把汤姆在山洞的所见所闻所想精炼地表达出来，体现了人物的真情实感，语言表达也有汤姆的特点。

师：几位同学的朋友圈设计，都还原了汤姆的探险经历，感受到了每次探险中汤姆的心理变化，他在探险中变成了一个怎样的男孩？

生：勇敢正义的男孩。

生：遇事冷静，足智多谋的男孩。

生：有责任担当的男孩。

生：向往自由，但也舍不得真的离开家。

师：当我们深入汤姆的内心世界，在探险中感受到了他的成长。他有平常人的胆怯，最终却还是那么勇敢正义；他也有害怕的时候，但在责任面前，他充分显示冷静与机智。

师：接下来你请同学们结合评价单，完成自我评价。

（生完成学习评价）

任务三：畅享留言互动，探寻意义

师：汤姆·索亚渐渐受到越来越多人关注。你觉得哪些人会给他的朋友圈留言呢？

生：我觉得哈克贝利、波莉姨妈、席德、贝琪会留言。

师：这些是汤姆的至亲好友。

生：可能还有撒切尔法官、波特、道格拉斯寡妇。

师：他们是汤姆周围的其他人。

生：也许印江·乔埃也关注了汤姆的朋友圈。

师：哇，危机四伏啊。如果跳出小说本身，还有谁会关注汤姆的探险之旅呢？

生：我会关注，我和汤姆一样有冒险精神。

师：同学、父母、老师……生活中的读者也可以与汤姆对话。

生：还有作者马克·吐温可以与汤姆对话。作者小时候和汤姆的经历很相似。

师：对，作者肯定有话说！还有谁也对探险这个话题很感兴趣呢？

生：鲁滨逊、尼尔斯、爱丽丝……

（梳理留言人物分类图）

师：看来"探险"这个主题备受关注。从别人的眼中，汤姆·索亚会看到一个怎样的自己？谁的留言对他最有成长启迪？每位同学挑选角色，点赞留言！看看任务要求——先轮流读组内伙伴写的"探险时刻"朋友圈；然后在文末留言。待会儿的评论要符合：选择角色合理；评论互动得当；人物形象鲜明。每位同学阅读同组另三位成员发布的朋友圈信息，拟定角色留言。

（生自拟身份，为组内同学的探险朋友圈留言）

师：请这个小组选一份"最佳探险朋友圈＋最精彩留言互动"来交流。

生（汤姆·索亚）：救命！我和哈克在鬼屋碰到了杀人犯印江·乔埃，还有镇上那位又聋又哑的西班牙老人居然会说话，我们都被他骗了！（发布于三十分钟前）

生（哈克）：天哪！鬼屋里还藏着另一个秘密！如果侥幸逃过此劫，也许我们有机会变成大富翁！（发布于一分钟前）

生（贝琪）：这是好消息还是坏消息？不行！我现在就去找我爸爸帮忙。

生（马克·吐温）：汤姆，你怎么把剧情提前公布了？请谨慎发言。

生（鲁滨逊）：危险和机遇并存，加油，小伙子们！

师：同学们，你们觉得他们写得怎么样？谁可以成为最佳评论？

生：我觉得贝琪的留言可以成为最佳评论。留言中能感受到她对汤姆的关心以及她的迷惑。尽管这对汤姆没什么本质帮助，但能给他支持，体现了贝琪的人物形象，可以作为精彩评论。

生：我觉得马克·吐温的评论可以成为最佳评论。因为汤姆·索亚在这里就泄漏宝藏秘密的话，很可能最后就得不到这批宝藏了。作者的提醒是教汤姆在探险中如何保护自己。他的语言也很幽默，符合作者的表达风格。

生：我觉得鲁滨逊这条也可以作为最佳评论。因为选鲁滨逊来留言很有创意，体现出鲁滨逊在探险中有着丰富的经验，他的点评很有鼓励性，对汤姆有启发。

师：看来，大家都有自己中意的最佳评论。我们的讨论意犹未尽。接下来请同学们结合评价单，从角色、内容、表达三个方面完成自我评价。

（生完成学习评价）

师：同学们，每一次探险，对汤姆来说都是新的旅程。课后，咱们给本次探险之旅编写一个后记。后记中可以编入哪些信息？比如，从汤姆·索亚的角度谈后期的探险规划。

生：从读者的角度，联系生活撰写探险的感悟，联想自身经历。

生：从作者马克·吐温的角度，对探险过程中隐藏的细节进行说明，揭示探险意义。

师：瞧，有同学在阅读了汤姆的"墓地惊魂"事件后这样写。

生：汤姆和哈克喜欢冒险，在墓地目睹凶杀案，面临被发现和被杀害的危险。冒险虽新奇有趣，也需要准备充分，否则会陷入可怕的境地。

师：也有同学写过这样的探险后记。

生：汤姆和哈克一起找宝藏，表现出汤姆的机智。在遇到困难时，不轻言放弃，善于运用智慧，终会使我们发现"财富"，获得意想不到的成功。

师：汤姆·索亚的探险之旅给成长中的每个人以启示。读探险小说，能让我们在探险中感受成长的力量。课后，我们还可以读一读《鲁滨逊漂流记》《尼尔斯骑鹅旅行记》《海底两万里》等各类探险小说。

【评价设计】

本课评价结合两次学习任务进行，一是在汤姆发布朋友圈"探险时刻"环节，二是在选其他角色发表朋友圈留言环节。学生两次阅读动笔，均有评价表为指引，使学生有清晰的写作方向和明确的评价标准。

任务二：分享历险时刻。自主选择探险情节，代替某个角色编辑文字发布朋友圈。

表1 朋友圈评价单

指标	评价标准			评价
	★★★	★★	★	
情节描述	能以第一人称把探险事件介绍清楚，精炼、生动，使人身临其境。	能以第一人称把探险事件介绍清楚，语句较为精炼。	介绍探险事件时能尝试用第一人称，事件描述比较清楚。	
内心情感	能充分体现汤姆·索亚内心的真实情感，展现心理变化。	能体现汤姆·索亚的内心感受，有心理变化。	能尝试写出汤姆·索亚内心感受。	
语言组织	语言非常符合书中汤姆·索亚的表达风格。	语言与汤姆·索亚说话时的风格比较一致。	能尝试表现汤姆·索亚的语言风格。	

获星数：（　　）颗

备注：四至六颗星将获得"最佳朋友圈"称号；七至九颗星将获得"最具吸引力朋友圈"称号。

任务三：畅享留言互动。小组轮流读每位组员发布的朋友圈，并选择某个角色在朋友圈文末进行点赞及留言。

表 2　留言板评价单

指标	评价标准 ★★★	评价标准 ★★	评价标准 ★	评价
角色	选择的留言角色恰当而有创意。	选择的留言角色恰当。	选择的留言角色比较恰当。	
内容	留言互动自然、合理，评论对主人公有很大启发。	留言互动合理，评论对主人公有一定帮助。	留言互动符合常理。	
表达	留言非常符合该人物形象特质。	留言较符合该人物形象特质。	留言基本符合该人物形象特质。	

获星数：（　　）颗

备注：四至六颗星将获得"最佳评论"称号；七至九颗星将获得"精彩评论"称号。

学生作业示例

评价说明：这份作业分两次完成，前一部分为每个学生独立编辑，后一部分为朋

友圈点评。这条关于山洞历险的朋友圈可以获得九颗星，属于最具吸引力朋友圈。首先，从情节转述来看，小作者能很好地转换表述身份，以第一人称讲山洞经历；其次，可以感受到汤姆·索亚虽然害怕又强作镇定的内心情感，非常自然真实；此外，汤姆那种既有小男孩心性，又有小男子汉责任担当的人物形象在这段朋友圈展示中体现得很充分，其语言风格与原著一致。因此，三项评价均可获得三颗星。

在留言互动中，这个小组的成员评价如波莉姨妈、贝琪的评论都可以获得最高星级，因为其角色选定、评论互动和人物形象都很好地体现了原著人物的特点。但是哈克是汤姆的忠实"战友"，他可能不会这样表达。而狡猾的印江·乔埃应该不会在朋友圈暴露自己的想法，这样也会暴露他的行踪。这两位同学在角色选定和人物形象塑造上都要减去星级。

【教学反思】

本节课是六年级下册第二单元快乐读书吧的读后交流课。学生在第二单元学了《汤姆·索亚历险记（节选）》，了解了汤姆这个人物形象的部分特点，并按照阅读计划独立完成了整本书的阅读。在此基础上，本课设计了"与汤姆·索亚共赴探险之旅"的整体情境，既让学生分享了阅读成果，也能促进学生进一步品读精彩情节，进一步感知人物形象，从而体悟名著的耐人寻味之处。

（一）创设探险情境，串联学习活动

语文课程标准中提出要"引导学生在语文实践活动中，综合运用多种方法阅读整本书"。本节课共设计了三个学习任务，首先是分享学生阅读整本书后设计的探险地图，梳理了全书的主要情节，聚焦关键事件，为之后发布朋友圈做好铺垫。接着，围绕四个探险场景，发布朋友圈，再进行朋友圈互动评论。这些任务活动相互联结，包含了浏览、跳读、精读等多种方法，思考过程具有渐进性。

（二）巧选探险事件，转换角色体验

语文课程标准中提到"借助多种方式分享阅读心得，交流研讨阅读中的问题，积累整本书阅读经验"。教师根据学生课前设计的探险地图，筛选了全书最能体现人物内心成长变化的关键事件"墓地惊魂""去荒岛当海盗""鬼屋寻宝""山洞历险"进行研读，在阅读中采用了角色转换，多视角分享的方式，拉近了学生和汤姆·索亚的距离，使书和生活有了联系，让每个学生能从读者角度共享探险地图，从主人公角度分享探险时刻，从其他角色角度畅享留言，在一次次分享中与书中人物产生情感共鸣。

（三）引发探险反思，拓展主题阅读

在赏析《汤姆·索亚历险记》这部外国名著时，对"探险意义"的思考，是发展思辨力的价值所在，也关系到学生的文化理解与价值观形成。"为汤姆的探险经历编写后记"这项课后任务，能激发学生更进一步深度阅读本书，从推测探险后续的故事来感受汤姆的探险精神，从而联系自身，在汤姆的探险故事中汲取成长的能量，也从细读情节、阅读小说背景等方向更深入了解探险小说的价值，在此基础上阅读更多同类主题的探险小说。

经典名著的阅读并不应只停留在一节阅读课中，可在一段时间内多次进行阅读分享，实时反馈阅读情况，让经典阅读从泛读走向精读。后期，开展探险类名著的拓展阅读时，学生可以比较《汤姆·索亚历险记》《鲁滨逊漂流记》《尼尔斯骑鹅旅行记》中情节的设计、人物形象特质和创作背景等，从而对"探险与个人成长"这一主题有更深入的思考与理解。

（案例撰写者　谢婷婷）

案例2　从"童年"看成长
——《童年》整本书教学

【任务分析】

《童年》是六年级上册第四单元"快乐读书吧"中推荐的儿童成长类小说。本单元的人文主题是"美好品质"。学生在阅读与儿童成长相关的中外经典小说时，通过对小说人物形象展开理解赏析，辩证地看待成长历程，从而汲取成长的智慧与力量。

本单元的语文要素是"读小说，关注情节、环境，感受人物形象"。紧扣这一语文要素，本课融"梳理人物关系"与"品析人物形象"于一体，学生不仅要关注小说情节发展，也要感受书中的人物形象，此外还应做好整本书的阅读规划，有计划、有目的地阅读，由读一本书迁移到读一类书，由课内阅读自然衔接到课外阅读。

本课属于"整本书阅读"学习任务群，包含整本书导读、读中推进及读后交流等学习活动。学生在阅读中运用多种阅读方法，梳理、反思阅读生活，联系自己的生活经验思辨主人公的成长历程。这一系列的任务旨在引导学生借助梳理人物关系、品味人物形象、思辨成长历程等多种方法阅读整本书。这与学习任务群第三学段"与同学分享自己整本书阅读的经历、体会和阅读方法""针对作品中感兴趣的话题展开交流"的学习内容一致。

【学习资源】

（一）文本

《名人对童年生活的感悟》。（梅子涵：《男孩的童年》，人民文学出版社，2019年）

（二）影音

视频《快乐童年》《七分钟看"童年"》《外祖母心中的两个"上帝"》。（腾讯视频）

【实施框架】

（一）学习目标

1. 能借助图示、人物链分析、影文互读等方式理清小说中的人物关系和故事情节，产生全面的阅读期待。

2. 通过有目的地阅读，了解小说中的环境和情节，分析和理解人物形象。在交流和讨论中，敢于大胆提出自己的看法，作出自己的判断，在归纳比照中发展逻辑思维能力，使整本书阅读走向更深处。

3. 通过思辨阿廖沙的成长经历，有条理、有逻辑地梳理主人公悲惨童年生活对其成长"利"与"不利"的影响，借助阅读树立真实生活中正确的世界观、人生观、价值观，为形成良好个性和健全人格打下基础。

（二）学习情境

童年总是美好的，如一个五彩斑斓的梦。然而童年生活也并不都是浪漫的童话，也有烦恼与忧伤，甚至是痛苦与磨难……是不是只有美好的童年才能让我们更幸福、更有成就呢？让我们一起走进《童年》一书，了解书中主人公阿廖沙这位在逆境中努力成长的少年。

（三）内容建构

任务	学习内容
聊"童年"	看视频，说说自己的童年，读课本片段，猜想主人公童年；结合阅读资料和视频，了解《童年》创作背景。
拟"人物圈"	比照《童年》《西游记》《中国民间故事》目录，发现目录特点，根据其特点提出阅读建议；读目录，圈出目录中与主人公有关联的人物，观看视频，补充人物关系，班级交流。
绘"人物链"	根据学习要求绘制"人物链"，班级交流"人物链"；通过语言描写品味外祖母形象，观看视频，丰满外祖母人物形象。

续表

任务	学习内容
执行阅读计划	回顾制订阅读计划方法，明确制订《童年》阅读计划要求；根据阅读计划完成阅读任务，填写《童年》阅读记录单，开启整本书阅读。
完善"人物圈"	阅读比较两位同学拟定的"人物圈"，发现不同；结合同伴和老师的评价建议，修改"人物圈"，班级交流。
分享"人物链"	小组交流"人物链"；借助具体事例赏评"人物链"，感受性格各异的人物对阿廖沙的童年成长产生的深远影响。
论成长历程	明确辩题，组织语言，准备辩论内容，围绕论点，展开辩论；抒写对成长历程的理解与思考，交流自己的理解与思考；总结成长类小说的阅读方法。

（一）任务框架

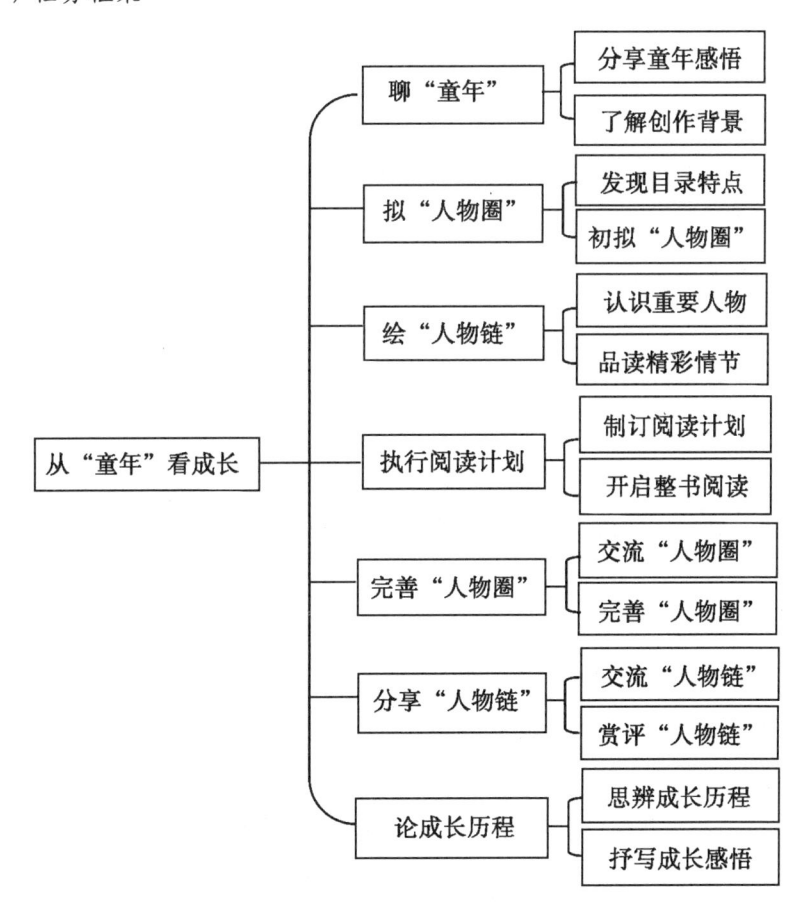

从"童年"看成长
- 聊"童年"
  - 分享童年感悟
  - 了解创作背景
- 拟"人物圈"
  - 发现目录特点
  - 初拟"人物圈"
- 绘"人物链"
  - 认识重要人物
  - 品读精彩情节
- 执行阅读计划
  - 制订阅读计划
  - 开启整书阅读
- 完善"人物圈"
  - 交流"人物圈"
  - 完善"人物圈"
- 分享"人物链"
  - 交流"人物链"
  - 赏评"人物链"
- 论成长历程
  - 思辨成长历程
  - 抒写成长感悟

【任务实施】

任务一：聊"童年"

（一）学习活动一：分享童年感悟

1. 看视频，说说自己的童年。

（1）观看短视频《快乐童年》。

引导：从牙牙学语的懵懂小朋友成长为知识渊博的大朋友，我们有多彩的校园生活，我们有丰富的社会实践，我们有父母殷切陪伴，这样的快乐童年令我们难忘而又留恋。作为即将进入初中的小学毕业生，你会怎样抒写自己的童年。

（2）全班交流。

预设：和同伴玩耍的美好瞬间；在成长的过程中谆谆教导我们的老师；父母无微不至地照顾我，这是至今令我难以忘怀的感人场景。

2. 读名言，初步感受童年不同。

自读梅子涵关于"童年"和《童年》的一段话，初步感受每个人的不一样的童年。

男孩的童年和女孩的不一样，爸爸的童年和你的不一样，爷爷的童年和爸爸的不一样，这本书的童年和我们谁的都不一样！不一样，却又一样。生命是一首完整的歌，童年是回忆时含泪的微笑。

——梅子涵

小结：每个人所处的年代不同，生活环境不同，因此，我们每个人都会有不一样的童年生活。

3. 读片段，猜想主人公的童年。

（1）阅读课文中"你读过吗"节选片段，猜想主人公有怎样的童年生活。

（2）全班交流。

预设：主人公的童年一定经历了许许多多的磨难；在主人公的童年生活中，他身边的人物都对他产生了深刻而又久远的影响。

小结：通过节选部分，大家能够猜测到主人公有非常不幸的童年。

（二）学习活动二：了解创作背景

1. 明确任务：童年生活并不都是浪漫的童话，也有烦恼与忧伤，甚至是痛苦与磨难……是不是只有美好的童年才能让我们更幸福、更有成就呢？让我们一起走进《童年》一书，了解书中主人公阿廖沙这位在逆境中努力成长的少年。

2. 了解《童年》及其创作背景。

（1）阅读资料，了解创作背景。

高尔基著有自传体小说《童年》《在人间》《我的大学》，其中《童年》被翻译成不同国家的文字，是他的自传体小说中流传最为广泛的一部。《童年》这本书中主人公阿廖沙的童年生活，一定程度反映了高尔基的童年生活。

（2）观看《七分钟看童年》纪录片资料，结合"你读过吗"内容，思考：这本书为什么以"童年"为题？

预设：高尔基的童年是和他母亲一起在外祖父家度过的，他对这段童年生活印象深刻；高尔基十岁开始就独立谋生，做过搬运工等社会最底层的活，其童年生活与我们是很不一样的；高尔基体验了底层劳动人民的苦，这段经历激励他努力地读书，可以说他的童年使他获得了成长。

小结：高尔基的童年有过一段非凡的经历，这样的经历让他尝尽了人间的酸甜苦辣，让他见证了沙俄时代的社会黑暗，更让他学会了乐观与坚强。

任务二：拟"人物圈"

（一）学习活动一：发现目录特点

1. 比较《童年》《西游记》《中国民间故事》的目录，发现不同。

（1）根据三本书每个章节的名称和内容特点，说说目录的不同之处。

《童年》	《西游记》	《中国民间故事》
父亲的离去 …… 1 凶残的外祖父 …… 12 小茨冈之死 …… 25 染坊着火 …… 42 分家之后 …… 54 家庭矛盾 …… 67 两个上帝 …… 75 房客——"好事情" …… 85 三个小少爷 …… 98 家庭争吵 …… 114 父母的故事 …… 129 母亲再嫁 …… 145 艰苦的生活 …… 165 阅读训练 …… 181 参考答案 …… 182 读后感 …… 183	第一回 灵猴王横空出世 觅长生寻师学艺 /001 第二回 闹龙宫取金箍棒 闯冥界情生死簿 /006 第三回 猴王不做弼马温 悟空要告养天尊 /010 第四回 偷吃蟠桃乱蟠盒 逃出丹炉闹天宫 /014 第五回 观音东寻取经人 玄奘路上取经路 /023 第六回 唐僧遇妖又降虎 三藏收悟空为徒 /030 第七回 孙悟空大战白龙太子 唐三藏获取白龙马 /035 第八回 观音院丢宝袈裟 黑风山收黑风怪 /040 第九回 孙悟空牛野猪怪 三藏收悟八戒 /044 第十回 唐僧黄风岭被抓 师兄弟授救师父 /047 第十一回 流沙河逢卷窖祥 师徒四人终聚首 /051 第十二回 菩萨化身三少女 僧徒戒验真心 /056 第十三回 兄弟三人偷鲜果 镇元大仙追唐僧 /060 第十四回 悟空独斗镇元仙 大圣寻仙请神祖 /064	牛郎织女鹊桥相会 …… 1 孟姜女哭长城 …… 5 狼来了 …… 9 东郭先生和狼 …… 13 梁山伯与祝英台 …… 17 白蛇子的故事 …… 20 蒙古族的马头琴 …… 25 巧遇月老 …… 29 济公教阿福 …… 33 赵州桥的故事 …… 38 聪明的阿凡提 …… 43 天 书 …… 46 李白求师 …… 49 唐伯虎的画功 …… 54 海瑞智断"青苗案" …… 59 黄鹤楼的故事 …… 62 桃园三结义 …… 66

（2）全班交流。

预设：《中国民间故事》的目录显示书中每个故事都是独立的；《西游记》的目录都是对每一回内容的概括，每个故事又是相对独立存在的；《童年》的目录，只告诉我们一些人物，并按照"我"的经历来叙述其叙述有一定的顺序。

"整本书阅读"学习任务群　289

2. 根据《童年》目录特点，提出阅读建议。

预设：阅读《童年》不能采用跳读或选择性阅读部分章节的形式，应该按照主人公的经历顺序，从前往后依章节的顺序阅读。

（二）学习活动二：初拟"人物圈"

1. 连贯地读目录，围绕主人公阿廖沙，圈出目录中与他有关联的人物。

师生交流目录中与阿廖沙关系密切的人物及身份。

2. 观看《童年——用一生治愈》电影简介，补充人物关系。

电影简介

阿廖沙三岁丧父后，由母亲和外祖母带到外祖父家。那是一个濒临破产的小作坊。其间，他得到外祖母的疼爱、呵护。外祖母有着圣徒一般的宽大胸怀，她如一盏明灯，照亮了阿廖沙敏感而孤独的心。阿廖沙受外祖母口中那些怜悯穷人和弱者、歌颂正义和光明的故事熏陶，充满坚强的力量。外祖父作坊里乐观、纯朴、正直的工人都给过阿廖沙以力量和支持，使他在黑暗污浊的环境中仍保持着生活的勇气和信心，并逐渐成长为蔑视贪婪、同情不幸、憧憬美好生活的正直少年。然而，阿廖沙也亲眼目睹了外祖父的自私残暴、两个舅舅的自私、贪婪。爱与恨在他幼小的心灵上留下深刻的印象，他在现实生活的压力下度过自己的童年。十一岁，阿廖沙的母亲去世，外祖父也破产了，他无法继续过寄人篱下的生活，便走上社会，独立谋生。

3. 根据交流情况，在作业单中填写相应的人物。

人物圈

①对照《童年》目录和《童年》电影简介，梳理人物关系，完成气泡图。圆圈里写人物名字，横线上写两者关系。

②合作学习：组内交流初步梳理的"人物圈"。

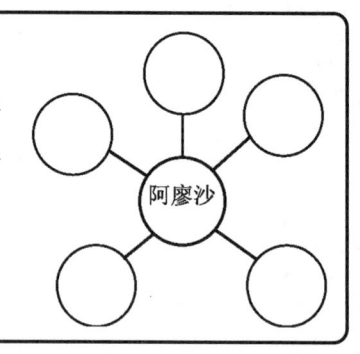

4. 班级交流。

预设："人物圈"中写了外祖母、外祖父、母亲、小茨冈、"好事情"这些人物，还可以增加父亲、继父、舅舅等人物；应该填入与阿廖沙关系相对密切的人物。

任务三：绘"人物链"

（一）学习活动一：认识重要人物

1. 绘制"人物链"。

思考：在《童年》的众多人物中，除了阿廖沙，谁给你留下最深印象？根据学习要求，完成作业单。

学习要求

(1) 选择一个与阿廖沙关系密切的人物。
(2) 概括他和阿廖沙之间发生的事情。
(3) 抓住关键词，写出"我"想对他（她）说的话。

人 物 链

我（最爱的/最敬佩的/最憎恶的/最同情的/最……）_____的人是_____（名字或身份）。发生在他（她）和阿廖沙之间的事例_____

我想对他（她）说：_____

---

2. 学生自主完成作业单。

3. 全班交流。

预设：最喜欢的人物是阿廖沙的外祖母，因为每次在阿廖沙最无助的时候，她都会给予阿廖沙温暖。在"前往尼日尼"章节，阿廖沙失去了父亲，母亲悲痛欲绝，这个时候，外祖母的出现让阿廖沙一家的生活有了盼头。我想对外祖母说，您真是一个善良的人，哪里需要您，您就会前往哪里，给身边的人以温暖。

（二）学习活动二：品读精彩情节

1. 通过语言描写，品味外祖母形象。

(1) 默读课本节选部分的内容，思考：外祖母给自己留下了什么样的印象？在相应的语句旁边写下关键词。

(2) 全班交流。

预设：心地善良；幽默；对阿廖沙充满了无限的爱。

2. 观看视频，丰满人物形象。

观看《外祖母救火》和《外祖父殴打外祖母》视频，再次感受外祖母人物形象。

预设：染坊着火了，外祖母拉出被困的马，安抚受到惊吓的马，外祖母很勇敢，也很有智慧；外祖母为了整个家，甘愿忍受丈夫的欺凌，她是个特别坚强的女性。

小结：通过品读课本中节选部分内容和观看短视频，初步感受外祖母聪慧勇敢、沉着冷静、心地善良的人物形象，这样一个人物对阿廖沙的童年生活产生了重要影响，甚至影响了他的一生。

任务四：执行阅读计划

（一）学习活动一：制订阅读计划

1. 回顾制订阅读计划方法。

预设：概括并记录每天的阅读内容、不懂的问题以及自己的阅读感受；规划阅读整本书大概所需要的时间；总结阅读方法，在阅读交流课上进行交流反馈。

2. 明确制订《童年》阅读计划的要求。

《童年》阅读计划要求

（1）保证每天的阅读时间在三十分钟以上，保证在半个月内完成整本书的阅读。

（2）提出自己的阅读疑惑与阅读感悟。

（3）在阅读中能借助其他方式辅助自己的阅读。

（4）完善自己的"人物圈"，至少绘制三条"人物链"。

（5）阅读完整本书，提出想和同伴探讨的问题。

_____《童年》阅读记录单

章节	阅读日期	阅读时间	问题探究与收获感悟	辅助阅读方式
导读课	（　）月（　）日	四十分钟	我的收获：	观看《童年》电影片段
一1父亲去世了	（　）月（　）日	（　）分钟	我的问题： 我的感悟：	
……			我的问题： 我的感悟：	
……			我的问题： 我的感悟：	
……			我的问题： 我的感悟：	

续表

交流课	（　）月（　）日	四十分钟	我的收获：	
	准备 （1）完善"人物圈"； （2）至少制作三个重要人物的"人物链"； （3）通过阅读这本书，我想跟大家探讨的问题有哪些。			

（二）学习活动二：开启整本书阅读

根据阅读计划完成阅读任务，并填写《童年》阅读记录单。

任务五：完善"人物圈"

（一）学习活动一：交流"人物圈"

1. 阅读比较两位同学拟定的"人物圈"，发现不同。

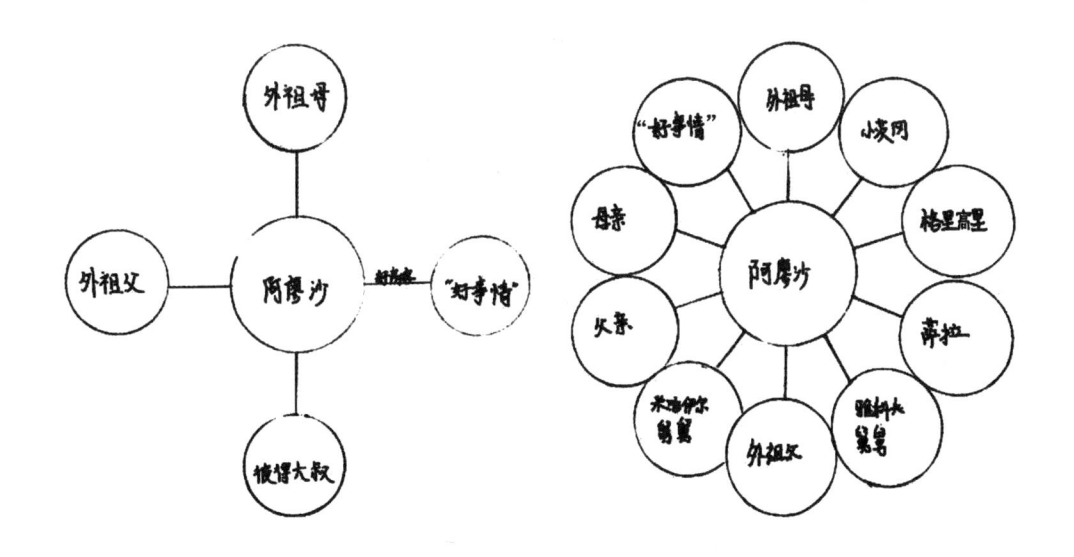

2. 根据评价标准评价同伴的"人物圈"。

预设：

（1）第一位同学的"人物圈"太简单了，与主人公关系密切的人物只写了一部分，不符合评价标准中的第一点"人物关系正确"。

（2）第二位同学的"人物圈"人物关系没有完全标出来，比如，小茨冈和主人公的关系应该标注成"好朋友","好事情"应该标注成"好房客",格里高里不是主要人物,可以不用写出来。

小结:借助"人物圈"梳理人物关系时,需要写出与主人公阿廖沙关系密切的人物,在人物身份不明确的情况下,还应标注出与主人公的关系。

(二)学习活动二:完善"人物圈"

1. 结合同伴和老师的评价建议,修改自己的"人物圈"。
2. 班级交流修改后的"人物圈"。

预设:

(1)这位同学修改后的"人物圈"更加合理了,她的人物关系能做到简明,与主人公关系不密切的人物也去掉了,如"格里高里"。

(2)修改后的人物关系也正确了,与"好事情"的关系写上了"好房客",与小茨冈的关系写上了"好朋友",与萨拉的关系写上了"表哥"。

小结:通过梳理"人物圈"理清了人物关系,为深入品析人物形象提供帮助。

任务六:分享"人物链"

(一)学习活动一:交流"人物链"

小组交流"人物链"。

交流要求

(1)选择自己最欣赏的一条"人物链"在组内分享。
(2)根据评价标准评价同伴的"人物链"。
(3)组内推荐两名同学的"人物链"在班级交流。

(二)学习活动二:赏评"人物链"

1. 借助具体事例,品味外祖父人物形象。

(1)分享外祖父"人物链"。

预设:

①又爱又恨的人是外祖父,发生在他身上的事例是"卖掉房子给女儿做嫁妆"。我想对他说,你平时是那么的吝啬,在女儿出嫁的时候,你却会卖掉房子给女儿做嫁妆,在女儿远嫁叶夫根尼后,你也会流下伤心的眼泪。

②我想评价这位同学绘制的外祖父"人物链",他能根据"人物链"模板,结合具体事例中的细节描写大概评价人物形象,因为他的人物评价不够精准,所以他可以得

到两颗星。

（2）对比阅读原著中描写外祖父的片段。

◇"要把一个生命带到这个世界上来有多难，可是人们还是不尊重妇女。女人是应该受到尊敬的——我是说，母亲——你一定要记住！"

◇"就你会发慈悲，你把我们的东西都给了他们啊！"外祖父边说边和平时一样一把推倒了外祖母，接着就是雨点般的拳头落在了外祖母的身上。

总结外祖父的人物形象：宽以待己、严以律人，贪婪、自私、残暴。

2. 借助细节描写感受外祖母人物形象。

（1）分享外祖母"人物链"。

预设：

①我敬佩的是外祖母，在第四章"染坊失火"中我找到了具体事例。当大火来临，大家都惊慌失措，拼命地往外逃，只有外祖母先是披上了沾了水的被子冲向大火。她先是从熊熊大火中抱出了硫酸瓶，避免了爆炸和毒气泄露等次生灾害，然后又用自己的智慧制服了一匹受惊的马。通过以上事例我想对外祖母说："您真是一个聪明能干的人，在危险来临时您不但能把个人安危置之度外，又能沉着冷静地面对，您真是我们学习的榜样。"

②我想评价第二位同学写的"人物链"，他能根据"人物链"模板，结合具体事例中的细节描写精准评价人物形象，他可以得到三颗星。

（2）阅读老师补充的描写外祖母的片段，进一步感受外祖母的人物形象。

◇"小伙子茨冈是个弃婴，在一个下雨的夜晚，外祖母捡到了他，外祖父想把他送到警察局，而外祖母却说服外祖父并收养了他。"

◇"我们要把'好事情'赶走，不然他会连累我们的。""他能到哪里去呢，还是留下他吧，虽然他性格古怪，但是又能到哪里去呢？"

预设：

①外祖父想把小茨冈送走，而外祖母却想把他留下来，看得出她是个有同情心、心地善良的人。

②"好事情"性格古怪，并且还参与了革命运动，留下他会给这个家庭添加麻烦，所以外祖父想赶走他，但是在这样的情况下，外祖母仍然想留下无家可归的"好事情"，看得出外祖母的宽容和善良。

总结外祖母的人物形象：心地善良、聪明能干、勇敢、宽容对待身边每个人。

3. 通过"人物链"分析其他的人物形象。

(1) 分享"人物链"。

(2) 全班交流。

预设：

①我最喜欢的人是母亲，发生在她身上的事情是，父亲去世了，她非常伤心，仍坚持教阿廖沙认字。我想对她说："你的一生也是充满坎坷的，先是死去了丈夫，后又嫁给了赌徒，但是你却用善良影响着阿廖沙。"

②我最佩服的人是"好事情"，发生在他身上的事情是，每天一个人躲在房间里做化学实验。我想对他说："你对科学充满了追求，你知识渊博，你虽然性格孤僻，但对周围也充满了善意。"

③我最讨厌的人是两个舅舅，发生在他们身上的事例是，他们为了争夺家产而大打出手，我想对两个舅舅说："你们真的太自私自利了，事事只考虑自己。"

小结：通过分享以上"人物链"，我们认识了善良却又命运悲惨的母亲；读懂了性格孤僻但对科学充满热爱的"好事情"；了解了自私自利，无时无刻不想着自己的两个舅舅。这些性格各异的人物对阿廖沙的童年成长产生了深远的影响。

任务七：论成长历程

（一）学习活动一：思辨成长历程

1. 明确辩题，组织语言。

(1) 梳理本组阅读计划中排名前三位的辩论话题。

辩论话题 TOP 榜

◇外祖父的一生是否值得同情？

◇外祖母的一生遭受很多苦难，但是仍然保持着那份宽容与善良，我们要不要像她一样面对生活？

◇阿廖沙的童年是充满伤痛与苦难的，这对于他的人生成长是否有利？

(2) 投票确定"最佳辩题"。

预设：根据投票多少，确定最佳辩题为"阿廖沙的童年是充满伤痛与苦难的，这对于他的人生成长是否有利"。

(3) 全班交流选题理由。

预设：第三个话题更符合整本书的立意；辩论主人公的成长历程更有意义。

2. 准备辩论内容。

(1) 按"有利"和"不利"两种观点，重新分组。

（2）学习辩论规则。

辩论规则

①正反方一辩分别陈述理由。

②正反方二辩分别陈述理由。

③正反方三辩围绕论点相互提问。

④正反方总结陈词。

（3）以小组为单位，进行任务分工。

（4）结合"人物链"，从有利或不利的角度分别梳理辩论依据。

3．围绕论点，展开辩论。

（1）正反方一辩和二辩分别围绕"苦难童年对成长是有利还是不利"进行陈述。

（2）正反方三辩围绕论点相互提问。

（3）抓住人物形象（善良的外祖母/友爱的小茨冈/暴躁的外祖父/自私贪婪的舅舅们……）和具体事例陈述。

（4）根据任务七评价表进行评价。

（二）学习活动二：抒写成长感悟

1．完成作业单，抒写对成长历程的理解与思考。

作业单

根据阅读思考和辩论过程，想一想：我们该如何面对成长中所经历的考验、挫折甚至磨难？请结合自己的生活实际，写下自己的思考。

2．交流自己的理解与思考。

小结：苦难也能成为我们人生的最大财富，促进我们不断成长。

3．阅读罗曼·罗兰对阿廖沙童年的评价，升华对成长历程的感悟。

在暗无天日的日子里，阿廖沙依然能发现生活中的真、善、美。正是这些，让他变得坚强、乐观，让他在饱受磨难的同时，依然保持着儿童的美好天性，让他的人生获得成长。

——罗曼·罗兰

4．总结成长类小说的阅读方法。

（1）总结阅读方法。

预设：拟定"人物圈"来梳理人物关系；绘制"人物链"来分析人物形象；梳理主人公的成长历程并结合自己的童年生活。

（2）延伸阅读内容。

借助《童年》的阅读方法去阅读"快乐读书吧"中《小英雄雨来》《爱的教育》等其他成长类小说。

【教学现场】

任务七：论成长历程

师：为了让我们有计划、目的地阅读，在导读课中老师让你们制订了阅读计划，在阅读计划中有各种各样的问题。老师从所有同学的阅读计划中选择了这三个问题。

（呈现《辩论话题 TOP 榜》）

师：这三个问题分别是谁提的？请你们自己读一读。

生：外祖父具有双面的人物性格，他的一生是否值得同情？

生：外祖母的一生遭受很多苦难，但是仍然保持着那份宽容与善良，我们要不要像她一样对待生活？

生：阿廖沙的童年是充满伤痛与苦难的，这对于他的人生成长是否有利？

师：如果我们现在来开展一次辩论赛，老师想问一问，哪一个问题作为辩题更为合适？

生：我觉得第三个问题作为辩论的话题更合适，因为前两个人物不是整本书的主人公，所以虽然前两个问题也是值得我们探讨的问题，但是没有第三个问题那么具有代表意义。

生：我也觉得第三个问题更适合作为辩论的话题，因为书的题目叫"童年"，辩证地思考阿廖沙那充满苦难的童年对他成长的意义更符合整本书的立意。

师：你们两个都很棒，老师的想法跟你们一致，我们接下来要开展的辩论就是主人公的悲惨童年是有利于他的成长，还是不利于他的成长？选择有利于他成长的作为正方，选择不利于他成长的作为反方？请选择正方的举手示意，剩下的就是选择反方的。

师：进行辩论赛之前，我先来看看辩论规则。

（生读辩论规则）

师：我们现在看看小组分工要求，根据自己的喜好和特长从正方一辩至四辩或反方一辩至四辩中选择一个角色。

（生梳理辩论依据）

师：现在我们的辩论赛正式开始，有请正方和反方上台。正方一辩，请陈述你的观点。

生：（正方一辩）我们组认为阿廖沙悲惨的童年是有利于他成长的。在第四章中，外祖母虽遭受毒打，但是她每天还是喜笑颜开地给阿廖沙讲故事、跳舞，带给阿廖沙温暖；在第九章中，那些好朋友还有"好事情"都带给他温暖，使阿廖沙感受到了友情，使他的童年变得丰富、有趣；在第十三章中，外祖母与外祖父分家了，阿廖沙却由此学会了生活自理。这一切的一切都告诉我们，阿廖沙虽然经历了苦难的童年，但是也为他日后的成长奠定了基础。

师：有请反方一辩陈述你的观点。

生：（反方一辩）我组认为阿廖沙的悲惨童年是不利于他的成长，他幼年丧父，又在十六岁的时候失去了母亲。他和小茨冈成为了好朋友，但是不久，小茨冈又被雅科夫舅舅害死了。他和奥夫尼克夫家的三兄弟做朋友，大家却用各种方式阻止他们，和房客"好事情"做朋友，因为种种原因，他也搬离了这个地方，最后就连爱他的母亲也撒手人寰。他经历的种种苦难，给他的童年留下了挥之不去的阴影，所以我认为阿廖沙的童年不利于他的成长。

师：有请正方二辩陈述你的理由。

生：（正方二辩）我认为阿廖沙的悲惨童年有利于他的成长。因为失去双亲，所以他学会了坚强，各种不幸遭遇让他见证了人世间的冷暖，在这样的环境里他学会了自力更生，学会了乐观地面对生活，学会了像外祖母一样做一个勇敢而又有担当的人。

师：有请反方二辩陈述你的理由。

生：（反方二辩）我认为阿廖沙的悲惨童年不利于他的成长。他三岁时失去了父亲和弟弟，来到外祖父家，外祖父暴躁、自私，两个舅舅又极贪婪，为了争夺家产多次大打出手，这样的生活不论对于谁来说，都是难以忍受和面对的，因此这样的童年是不利于他成长的。

师：有请正方三辩提出你的问题。

生：（正方三辩）我现在想提问反方的三辩，如果阿廖沙没有经历这样的童年，没有这样的生活体验，他能成为伟大的作家，能有这么高的成就吗？

师：有请反方三辩回答正方三辩的问题并提出问题。

生：（反方三辩）有这么一句名言："幸福的童年可以治愈一生，不幸的童年需要一生来治愈。"不管他日后取得多高的成就，这段痛苦的阴影一定会影响他的一生。我现在反问正方三辩，阿廖沙的周围充满了暴力和不幸，亲人的相继离世，与好朋友的离别，这样的环境真的有利于童年的成长吗？

师：有请正方三辩回答。

生：（正方三辩）阿廖沙不幸的童年正是他能够坚强地生活，乐观面对挫折的源泉，如果没有这样的经历，他的成就一定会大打折扣。

师：有请正方四辩总结陈词。

生：（正方四辩）外祖母对待生活的态度，让阿廖沙也能积极乐观地面对生活，小茨冈、"好事情"这些好朋友给予他善良、友爱，让他的童年有所成长，拥有乐趣。尽管失去双亲，但他也因此变得坚强，在第十三章"到人间去"，他学会了自己捡垃圾来承担生活，这些都让他获得了成长。

师：有请反方四辩总结陈词。

生：（反方四辩）阿廖沙从小就目睹和亲身经历了俄国旧社会的各种惨剧。在第一章"前往尼日尼"中，他失去了父亲和小弟弟。在第二章"来到外祖父家"中，外祖父因为一点小事就毒打阿廖沙，后来他虽然有了朋友，有了短暂的快乐，但是很快又失去了。所以反方认为阿廖沙的童年是不幸的，是悲惨的，是不利于他成长的。

师：双方的辩论如何呢？哪位同学能够根据评价标准进行评价。

生：我想对正反方的四位辩手进行评价，他们都能够结合书中的具体事例来陈述理由，做到了辩论时的有理有据。另外他们在辩论时，每个人的事例都有所不同，做到了分条梳理，因此我给他们都是三颗星。

师：辩论赛进行到这里，我们发现，不管是正方表达的观点——阿廖沙悲惨的童年，促进了他不断地成长，还是反方的观点——阿廖沙悲惨的童年，给他的人生抹上了一层阴影，不利于他的成长，说得都有道理，相信大家的心里都有了自己的答案。

师：请同学们根据阅读思考和辩论过程，结合自己的生活实际，写写我们该如何面对成长中所经历的考验、挫折甚至磨难。

（抒写成长历程）

师：哪位同学来交流你的成长感悟？

生：读了《童年》这本书，让我对目前的生活有了新的思考与认识。在书中第六章"家庭矛盾"有这样的事例。两个舅舅为了争夺家产大打出手，善良的外祖母想把家产都给他们，却遭到了外祖父的极力反对和毒打，阿廖沙目睹了这一切，亲历了这一幕幕，但是他依然能明辨是非。三年级的时候，我的父母因为种种原因离婚了，这件事情对我的打击很大，我开始变得封闭，不愿意与任何人敞开心扉，我认为我被这个世界抛弃了，不写作业，熬夜玩游戏成为了我的家常便饭。为此，老师和父母没有替我少操心。通过这次《童年》的阅读分享课，我对我目前的状态有了全新的认识：父母他们要面对成人的世界，而我作为一个六年级的孩子，目前要做的是管理好自己，乐观地去面对未来的生活，而不是自暴自弃。

生：读了《童年》让我对面前的一些困惑有了全新的认识。在书中第十三章"到人间去"有这样的事例，疼爱阿廖沙的母亲去世了，外祖父沦为了乞丐，外祖母年岁已高，他不得不独自去面对生活，这成就了他勇敢、坚强的性格。每个暑假，泳池都成为了小朋友的乐园，作为旱鸭子的我既羡慕又无可奈何。爸爸带着我到了泳池边，在他和教练的推拉之下，我一股脑跳入水中，连喝几口水之后爬上了岸。之后的我更加不敢越"雷池"半步。现在我觉得这也是对我的考验，我要像阿廖沙一样，勇敢地面对恐惧才会迎来生活的曙光。

师：是啊，你们的思考真的很深刻。我们的生活中也会有一些挫折、坎坷，甚至一些苦难，这些苦难确实也会影响我们的生活，甚至会给我们的童年蒙上阴影，但是，如果我们能坚强地面对，乐观地前行，这些生活中的挫折就会成为我们人生的财富，让我们获得成长，就像法国著名作家罗曼·罗兰说的一样。

生：在暗无天日的日子里，阿廖沙依然能发现生活中的真、善、美。正是这些，让他变得坚强、乐观，让他在饱受磨难的同时，依然保持着儿童的美好天性，让他的人生获得成长。

师：同学们，我想这就是《童年》这部小说带给我们的启示，那么在阅读成长类小说时，我们可以用哪些方法呢？

生：如果小说中的人物很多，我们可以拟定"人物圈"来梳理人物关系。

生：我们可以绘制"人物链"来分析书中的人物形象。

生：我们可以思辨主人公的成长历程，这能给我们自己的成长带来一些启发。

师：课后，请大家用这些阅读方法去阅读"快乐读书吧"中《小英雄雨来》《爱的教育》等其他成长类小说。

【评价设计】

本课的评价设计勾连学习任务，紧扣"引导学生阅读与儿童成长相关的中外经典小说，促发学生能辩证地看待成长历程，从中汲取成长的智慧与力量"这一核心目标，设计了清单式的学习评价标准，见下表。

清单式学习评价标准表

任务	学习内容	指标	评价标准 ★★★	评价标准 ★★	评价标准 ★	评价
任务四	结合自身情况，制订阅读计划，根据理解提出有价值问题。	执行阅读计划	能根据阅读计划完成整本书阅读并提出值得大家探讨的问题。	能根据阅读计划基本读完整本书。提出自己感兴趣的问题。	能根据阅读计划读整本书的部分内容。能根据阅读情况提出问题。	
任务五	结合目录和阅读情况梳理小说中的人物关系。	梳理人物关系	能结合"人物圈"，完整地梳理出与主人公关系密切的人物关系。	能结合"人物圈"，大概梳理出与主人公关系密切的人物关系。	能结合"人物圈"，简单梳理出人物关系。	
任务六	能根据阅读情况对书中的主要人物形象进行评价。	分析人物形象	能根据"人物链"，结合具体事例中的细节描写，精准评价人物形象。	能根据"人物链"，结合具体事例中的细节描写，评价人物形象。	能根据"人物链"，结合具体事例中的细节描写，了解人物形象。	
任务七	结合自己的阅读理解，辩证地看待主人公苦难的童年。	思辨成长历程	能根据书中的具体事例，辩证看待苦难童年，结合自己的生活经验，形成正确的价值观。	能根据书中的具体事例，正确看待苦难童年，结合自己的生活经验，形成正确的价值观。	能根据书中的具体事例，正确看待苦难童年，帮助自己形成正确的价值观。	

学生作业示例

> 读了《童年》这本书，我获益匪浅。书中第十二章"母亲的再婚"令我十分难忘。阿廖沙的母亲满怀期待地嫁给了一个比自己小的男人，不料对方嗜酒成性，暴戾乖张，母亲不堪其苦，经历种种磨难后撒手人寰。阿廖沙面对如此巨大的变故，没有一蹶不振，而是选择和祖母一同坚强地生活下去。我想到了五年级的那个暑假，最疼我的爷爷去世了，全家陷入无止境的悲痛中，不落泪的父亲嚎啕大哭，我更是魂不守舍，无法从失去亲人的阴影中走出来。读了阿廖沙的故事，再通过这次交流学习，我从他身上汲取到一股力量，我要像他一样，勇敢地直面挫折，乐观地生活，这样才能迎来生命的曙光！

评价说明：根据任务七评价标准，这份作业可以获得三颗星。首先，作业能够结合书中的具体事例理性辩证地看待童年生活中遇到的挫折，甚至苦难。其次，在作业中，这位同学能结合自己童年经历的坎坷，表达乐观面对苦难的人生态度，形成了正确的价值观。

【教学反思】

本课紧扣《童年》这本书所带给学生的关于童年的思考，搭建了联系个人生活经验思辨主人公成长历程的支架，学生在整本书阅读中"夯实基础""抓住关键""走向深度"，亲历拾级而上的整本书阅读进阶过程。

（一）夯实基础，学习阅读方法

六年级学生并不是第一次接触小说，但是面对小说中的众多人物，只有理清人物关系才能够更好地读懂整本书。在"拟人物圈"学习活动中，学生先是从对比《童年》和《中国民间故事》故事目录的不同入手，初步梳理小说中的人物关系，学生借助这一阅读支架，在阅读中不断地完善"人物圈"，完善的过程就是逐步读进去。在自主探究中，学生通过概括发生在"人物圈"中每个人物身上的事例，关注小说中的情节发展，借助生动的情节，品味一个个性格各异的人物形象。

（二）抓住关键，分享阅读心得

在"分享人物链"的阅读活动中，学生通过小组学习，建立起阅读共同体，通过合作探究"人物链"，分享对书中人物形象个性化的阅读赏析，进而讨论阅读中遇到的问题，分享自己阅读整本书的方法和体会，这一实践活动促进了学生的思维碰撞，也使其达成了情感共鸣。

（三）走向深度，联系阅读生活

整本书阅读要读进去，也要走出来，学生在辩证看待小说中性格各异的人物同时，也能联系自己的生活经验形成积极的人生态度。在"思辨成长历程"学习活动中，围绕"主人公阿廖沙苦难的童年对他的成长历程是否有利"这一话题展开辩论，学生在比较、质疑、讨论中有条理、有证据地表达，培养了理性思维和理性精神。而"抒写成长感悟"这一活动中，学生在充分阅读的基础上结合自己的生活经验，谈谈自己在面对生活中的挫折，甚至磨难的理解与思考，这就是在阅读中走向深度，又从阅读中走出来，走向现实和真实世界的过程。

（案例撰写者　吴永仕）

"跨学科学习"学习任务群

案例1　跟着诗词品美食
——六年级下册"古诗词诵读"教学

【任务分析】

小学语文六年级下册"古诗词诵读"旨在通过复习"古诗词诵读"十首古诗词，巩固小学阶段已学过的古诗词，进一步加深对古诗词的掌握和理解，弘扬祖国优秀传统文化，提升文化修养。

《跟着诗词品美食》将引导学生回顾梳理六年所学的诗词，熟背自己喜欢的古诗词，理解古诗词中的情与景，同时学习用切割、拼摆等方法制作美食拼盘。学生在创作"古诗词美食拼盘"中，通过展开想象，将抽象的文本转化为具体的画面，展现自己对古诗词意境的理解，更深刻地理解诗人要表达的情意，拉近与经典古诗文的距离，感受到古诗词文化的博大精深，培养感受美、理解美、鉴赏美和创造美的能力。

本内容属于"跨学科学习"学习任务群。学生在诗词鉴赏中创作美食拼盘，联动语文、美术、劳动等课程进行综合性学习。这与学习任务群第三学段"综合运用语文、道德与法治、科学、劳动等多方面的知识和技能，运用跨媒介形式分享研学成果"学习内容一致。在学习中，学生读诗句感悟诗意，做拼盘传递诗情，拓展古诗词学习的广度和深度，从而提升语文核心素养。

【学习资源】

（一）教材内容

1. 六年级下册"古诗词诵读"十首古诗词。
2. 浙美版美术第十一册第五课《蔬果造型》。
3. 浙教版劳动四年级上册项目一《甜美生活劳动创——水果拼盘我来做》。

（二）课外资源

1. 文本。

(1) 小学语文一百十四首诗词。

(2)《义务教育语文课程标准（2022 年版）》附录 1 优秀诗文背诵推荐篇目（一至六年级七十五篇）。

2. 图片：蔬果拼盘。（下厨房 App）

3. 影音：微课《傅抱石的王维〈渭城曲〉诗意图赏析》。（自制）

【实施框架】

（一）学习目标

1. 通过对古诗词的搜集、归类整理，深刻体会中华诗词的灿烂文化，感受古代诗词作品的丰富意蕴，提升自身中华优秀传统文化修养。

2. 通过跟着诗词品美食活动，感悟诗的意境，初步学会切、刻、刨、割等各种方法加工处理食材，做到美食与品读古诗的有机统一。

3. 在自主合作中设计制作诗词拼盘，获得积极实践体验，培养综合运用多学科知识解决实际问题的能力。

（二）学习情境

在中国文化的历史长河里，经典古诗词是明亮的星辰、飞舞的精灵。为了进一步加深对古诗词的掌握和理解，感受作品的丰富意蕴，让我们跟着诗词品美食，在创作"古诗词美食拼盘"学习任务中，享受诗词与美食的盛宴吧！

（三）任务框架

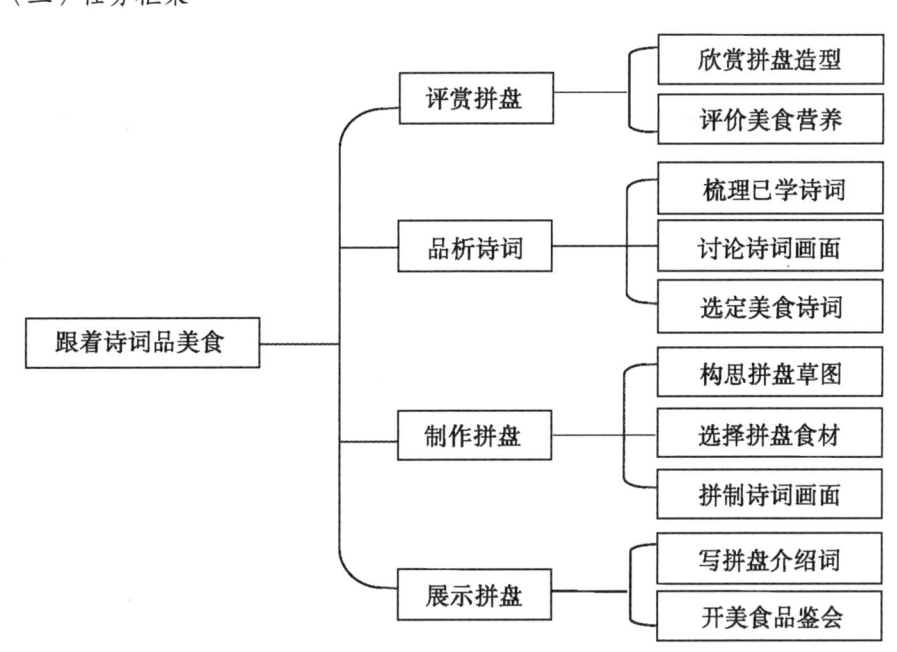

跟着诗词品美食
- 评赏拼盘
  - 欣赏拼盘造型
  - 评价美食营养
- 品析诗词
  - 梳理已学诗词
  - 讨论诗词画面
  - 选定美食诗词
- 制作拼盘
  - 构思拼盘草图
  - 选择拼盘食材
  - 拼制诗词画面
- 展示拼盘
  - 写拼盘介绍词
  - 开美食品鉴会

【任务实施】

任务一：评赏拼盘

（一）学习活动一：欣赏拼盘造型

1. 欣赏蔬果拼盘，思考自己的发现。

图1　　　　　　　　　　图2

交流明确：用食物拼成；画面很美。

2. 看图猜古诗。

这些拼盘呈现的画面都是我们刚在古诗词诵读里学过的诗词，你们能猜出是哪几首吗？

预设：

（1）图1是宋朝黄庭坚写的《清平乐》。拼盘中黄鹂立在蔷薇枝头婉转地鸣叫。

（2）图2是宋朝叶绍翁所作的《游园不值》。诗人游园想看花而进不了园门，正在轻叩柴门。

3. 明确任务。

在四年级上《甜美生活劳动创——水果拼盘我来做》的劳动课中，我们学会了做水果拼盘。六年级上册美术课上我们又学了《蔬果造型》，知道蔬果造型常用于装点菜肴，是中国菜的一大特色。这次我们的活动主题就是"跟着诗词品美食"，尝试用学过的本领把古诗词所描绘的意境用蔬果等食材拼出来。

（二）学习活动二：评价美食营养

1. 再次观察诗词拼盘，找找拼盘用了哪些食材？

交流发现，有鸡蛋、吐司、番茄、西兰花、番薯、芹菜等食物。

2. 思考诗词拼盘的营养价值。

（1）学生自主选择最有营养价值的诗词拼盘，并说明理由。

（2）读图《中国居民平衡膳食宝塔 2022》，再次思考：你认为哪个诗词拼盘很有营养价值？

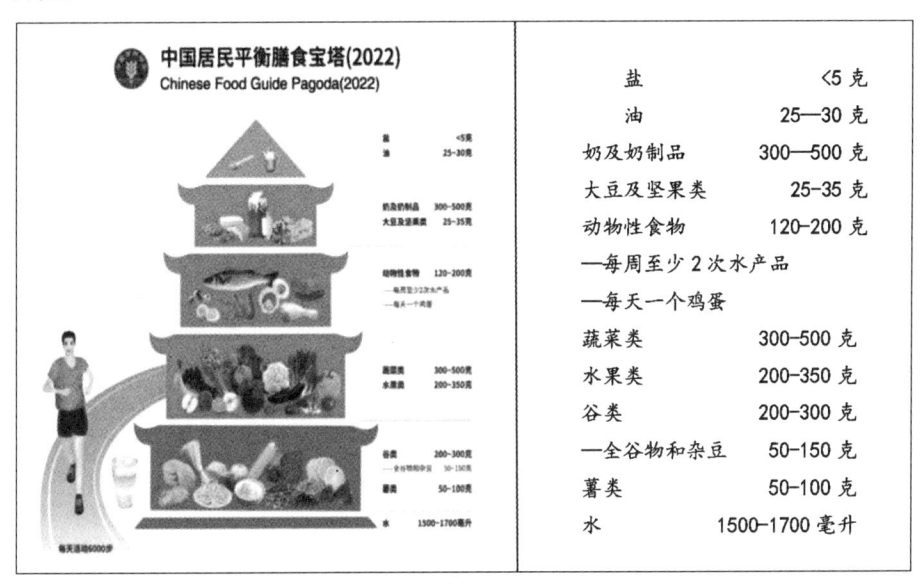

图3

交流并明确：图3有营养价值，因为这里用的食材有鸡蛋、紫菜、番茄、西兰花、牛肉、米饭、番薯等食材。

小结：《中国居民平衡膳食宝塔 2022》带给我们的启示是做诗词拼盘选食材时要尽量做到食物多样、营养均衡。

3. 思考：我们可以挑选哪些食材呢？

全班交流。

预设：在选食材时，我们要挑选主食，如，吐司、米饭、发糕、土豆等；蔬果类黄瓜、番茄、苹果、土豆、猕猴桃这些也要有；坚果类的芝麻、核桃、葡萄干适量放一点；我们最爱吃的荤菜肯定要有，鸡蛋、鸡肉、牛肉都可以挑选。

任务二：品析诗词

（一）学习活动一：梳理已学诗词

1. 开展"古诗词大搜索"活动。

（1）回顾"古诗词诵读"，梳理分类方法。

预设：

①时间——西周时期、唐朝、宋朝；冬天、早春时节；仲春；暮春时节。

②季节——早春时节；仲春；暮春时节；冬天。

③体裁——诗经，以四言为主；唐诗，以五言七言为主；宋诗，以五言七言为主；宋词，以长短句的形式呈现。

（2）交流小学阶段古诗词的其他梳理方法。

预设：主题；诗人。

（3）呈现小组合作学习要求。

学习要求

①小组讨论后确定整理古诗词分类方法。

②分工搜集一到六年级课内所学的古诗词，每位同学至少负责二至三册。

③借助小报、表格或思维导图，整理搜集的古诗词。

小组合作，搜集整理古诗词。

（4）交流分享。

预设：

①按照古诗词描写的季节分类。

②按照古诗词表现的主题进行分类。

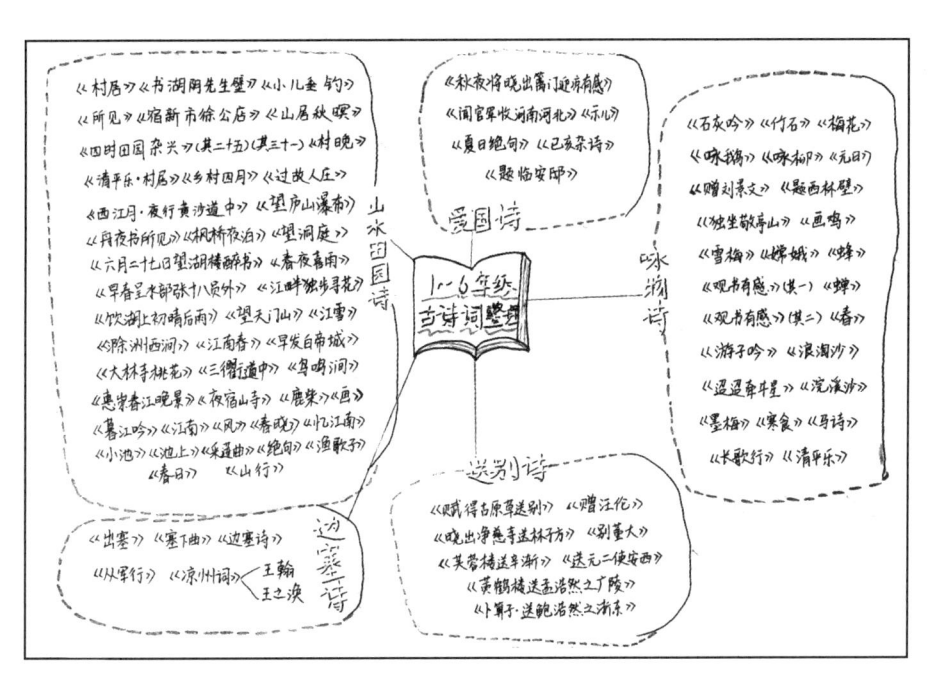

③按照诗人创作的时间分类。

古诗词搜集单（按照时间分类）			
序号	朝代	题目	作者	出处
1	周朝	采薇	《诗经·小雅》	六年级下册
2	两汉	长歌行	汉乐府	六年级下册
3	两汉	江南	汉乐府	一年级上册
4	东汉	迢迢牵牛星	不详	六年级下册
5	南北朝时期的北朝	敕勒歌	北朝民歌	二年级上册
6	唐	咏鹅	骆宾王	一年级上册
7	唐	画	王维	一年级上册
8	唐	悯农（其二）	李绅	一年级上册
9	唐	古朗月行（节选）	李白	一年级上册
10	唐	风	李峤	一年级上册
11	唐	春晓	孟浩然	一年级下册
12	唐	赠汪伦	李白	一年级下册
13	唐	静夜思	李白	一年级下册

续表

古诗词搜集单（按照时间分类）			
14	唐	寻隐者不遇	贾岛	一年级下册
15	唐	池上	白居易	一年级下册
16	唐	小儿垂钓	胡令能	二年级上册

④按照诗人创作的作品分类。

古诗词搜集单（按照作者分类）			
序号	题目	作者	出处
1	古朗月行（节选）	李白	一年级上册
2	赠汪伦	李白	一年级下册
3	静夜思	李白	一年级下册
4	望庐山瀑布	李白	二年级上册
5	夜宿山寺	李白	二年级上册
6	望天门山	李白	三年级上册
7	早发白帝城	李白	三年级上册
8	独坐敬亭山	李白	四年级下册
9	黄鹤楼送孟浩然之广陵	李白	五年级下册
10	画	王维	一年级上册
11	九月九日忆山东兄弟	王维	三年级上册
12	鹿柴	王维	四年级上册
13	山居秋暝	王维	五年级上册
14	鸟鸣涧	王维	五年级下册
15	送元二使安西	王维	六年级下册

2. 小结：经过同学们的分类整理，我们对六年来所学的一百十四首古诗词再一次进行了回顾。温故而知新，相信你们现在对这些古诗词比初学时有了更深入的体会。

（二）学习活动二：讨论诗词画面

1. 交流分享：在搜集的古诗词中，哪些给你留下了印象深刻的画面？

预设：《鸟鸣涧》是一幅充满诗情画意的水墨写意画；雷震的《村晚》是一幅很有生活情趣的农村晚景图。

小结：诗和画的关系密不可分，诗词中那些情景交融的佳句，无不令人感到诗中有画，韵味无穷。

（三）学习活动三：选定美食诗词

1. 自主思考："诗中有画，画中有诗"，这么美的一首首诗词，你会选哪首诗词来做拼盘呢？为什么？

交流分享：画面美；情感意境美。

2. 小组合作，共同填写《最喜爱的古诗词分享单》。

学习要求

（1）小组商定一首诗词准备做拼盘。
（2）推选一人填写最喜爱的古诗词分享单。

最喜爱的古诗词分享单

我们组最爱的古诗词是＿＿＿＿＿＿＿＿＿＿。

我们喜欢它的理由是：诗中描写了＿＿＿＿＿＿＿＿＿＿＿＿＿＿等景物，描绘了＿＿＿＿＿＿＿＿＿＿＿＿＿＿＿＿＿＿＿，抒发了诗人＿＿＿＿＿＿＿＿＿＿＿＿＿＿＿＿＿＿＿＿＿＿＿＿＿＿＿＿＿＿＿＿＿＿＿＿＿。

---

3. 各小组选派代表分享汇报《最喜爱的古诗词分享单》。

结合学习评价表，从内容和表达两方面进行自我评价和同伴评价。

任务三：制作拼盘

（一）学习活动一：构思拼盘草图

1. 欣赏微课《傅抱石的王维〈渭城曲〉诗意图赏析》，思考设计方法。

（微课内容）画面展示现代画家傅抱石《渭城曲》。此图是现代画家傅抱石根据唐代诗人王维的《送元二使安西》所画的《渭城曲》。

艺术都是相通的。大画家傅抱石的《渭城曲》构思绵密，布局精巧。画中，清晨蒙蒙细雨后，刚抽出嫩芽的杨柳纷披而下，随风摇曳。屋舍内，主人正向即将远行的朋友敬酒，依依惜别。尽管外面的牛车早已备好，但因朋友之间的真挚感情难以割舍，离愁别绪满涌心头，言而不尽故久久未发。如此，《渭城曲》的核心诗意通过这些景物的描绘表现出来了。画面中，牛车、屋舍、柳树互相呼应，主次分明。

图上景物皆为青翠可人的新绿所笼罩，醉人心脾。主色调突出了"绿"，巧妙地把主人为即将远行的朋友的担忧之情浓缩于其中,别具匠心。

全班交流:抓住关键诗句,描绘景象;画面构图主次分明,重点突出;色彩饱满,合理运用冷暖色调。

2. 绘制拼盘草图。

(1) 呈现学习要求。

学习要求

①根据设计方法独立绘制拼盘草图。
②组内交流各自设计的拼盘,并说说自己认为最有创意的地方。
③推荐组内最有创意的拼盘草图并进行全班交流。

自主学习;小组交流;全班交流。

(2) 修改完善拼盘草图。

(3) 结合学习评价表,从内容和构图进行自我评价和同伴评价。

(二)学习活动二:选择拼盘食材

1. 欣赏拼盘,思考:做拼盘时选择食材要注意什么?

图4 　　　　　图5 　　　　　图6

图7 　　　　　图8 　　　　　图9

2. 交流分享。

预设：利用瓜果蔬菜的天然色彩塑造形象；利用瓜果蔬菜的天然纹理、图案来塑造形象。

小结：我们做拼盘时尽量利用瓜果蔬菜的天然色彩、纹理、图案来塑造形象。同时还要注意之前我们提到的拼盘的食材选择要尽量丰富，努力做到营养全面均衡。

3. 呈现操作视频，思考：拼盘制作是用什么方法做出来的？

（微课内容）怎样使用工具将各种食材处理成拼盘所需的形状呢？我们要选择合适的工具处理食材。

（1）切。这是大家最熟悉的一种。使用刀时要一手握紧刀柄，一手扶住食材，垂直切下，均匀切割。使用过程中让刀尖和刀刃远离自己。

（2）挖。以火龙果为例，将火龙果对半切开，取其中半个，将挖球器底部小孔朝上，垂直按入火龙果里，旋转360度，拉出。

（3）削皮。以削黄瓜为例，一手握住削皮器的手柄，一手握住黄瓜，用力均匀，由内向外顺势削皮。

4. 交流并明确要点：切、削、拼接、雕刻、剪。

图10 切 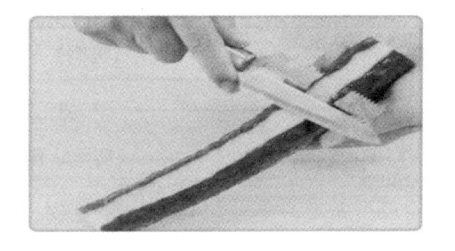   图11 削

图12 雕刻 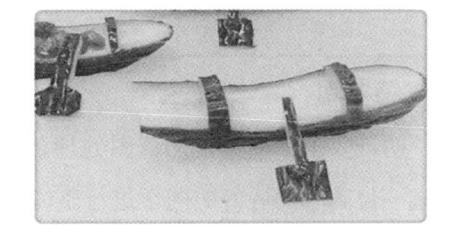   图13 拼接

（三）学习活动三：拼制诗词画面

1. 小组讨论并填写拼盘需要用到的食材。

预设：

(1)《村晚》诗词拼盘食材清单。

《村晚》诗词拼盘食材清单			
	食材	加工方式 （切丝、刨皮……）	用途（诗中的景物）
1	吐司	剪	牛头、牛身
2	鸡蛋	煎、剪	太阳
3	黄瓜	刨	山
4	海苔	手撕	牛身上的花纹
5	洋葱	掰、剪	荷花
6	番茄	切	小鱼
7	黄花菜	切	水草
8	蛋白	煎、剪	云朵
9	芝麻		小动物的眼睛

(2)《鸟鸣涧》诗词拼盘食材清单。

《鸟鸣涧》诗词拼盘食材清单			
	食材	加工方式 （切丝、刨皮……）	用途（诗中的景物）
1	黄瓜	刨皮、切片	山、水波
2	胡萝卜	切片、雕刻	月亮、小鱼
3	土豆	切片、雕刻	小岛、鸟儿
4	芹菜	手撕	小树

2. 合作摆盘。

（1）明确要求：根据设计草图处理蔬果等食材；先摆放主图食材，然后摆放次要部分；选一位美术功底好的同学进行整体调整、细节优化，完善诗词意境。

（2）分工合作摆盘。

任务四：展示拼盘

（一）学习活动一：写拼盘介绍词

1. 引导：这么美又有营养价值的古诗词拼盘，应该介绍给大家品赏。你们能介绍自己制作的拼盘吗？

> 学习要求

（1）自主学习：独立填写拼盘介绍词。

（2）合作学习：组内交流拼盘介绍词，推荐一人代表小组参加全班汇报。

```
            （    ）拼盘介绍词
  我们小组创作的是_____写的_____。我们用了_____
_____等食材。我们的拼盘呈现的画面是_____
_____，抒发了诗人_____。
```

2. 学生自主填写；小组交流。

3. 全班交流。

预设：我们小组创作的是唐代诗人王维的《鸟鸣涧》。我们以黄瓜为山峰，胡萝卜为月亮，吐司为小鸟，土豆为岩石，展现了夜间山中的宁静幽美。诗中桂花无声地飘落，明月冉冉升起，光辉照耀惊动了山中栖鸟，高飞鸣叫在这春天夜晚的溪涧中。整首诗表达了王维对山中春景以及大自然的热爱之情。

图 14 《鸟鸣涧》拼盘图

（二）学习活动二：开拼盘品鉴会

1. 小组逐个展示拼盘，全班汇报。

2. 结合诗词品美食活动评价表进行自评和组间评价。

【教学现场】

任务三之学习活动一：构思拼盘草图

师：唐代诗人王维在一个细雨绵绵的春天，送别了他的一位故友，写下了《送元二使安西》。让我们一起来吟诵。

（生诵读）

师：如果给诗配画，可以抓住古诗中哪些关键景物来表现画面？

生：我们可以画上柳树、细雨、饮酒的故人、客舍。

师：你的眼前会浮现出怎样的情境？请你闭上眼睛想一想画面。

（生想象诗歌画面）

师：你们的脑海里肯定浮现了一幅友人依依惜别的画面。现在让我们来看看现代画家傅抱石根据王维的《送元二使安西》创作的《渭城曲》。

（生观看视频）

师：欣赏了大画家傅抱石的作品后，你能不能结合他的《渭城曲》来说说我们拼盘设计的原则？

生：整幅画面呈现了浓浓的绿意，成为画面的主体，把诗中特有的惜别之情表现了出来。

生：诗中提到的"柳树、细雨、饮酒的故人、客舍、马车"画中都有。

师：所以我们拼盘设计时，首先就要抓住诗中的关键词句，再进行景物的描绘，要符合诗的意境。

生：画面构图主次分明，重点突出。

生：画面主色调突出了"绿"，运用了类似色，深深浅浅的绿色巧妙地把主人为远行的朋友担忧之情浓缩于其中，别具匠心。

师：是的，美术课学到的冷暖色知识和技法能帮助我们表达诗人不同的心情。写这首诗的时候诗人王维情绪低落，伤感，景物用上了冷色调。如果诗人心情愉悦，可以用暖色调来描绘景物，你能结合诗句来说一说吗？

生：桃花一簇开无主，可爱深红爱浅红？

生：我还想到了"接天莲叶无穷碧，映日荷花别样红"。

师：大家不仅诗词基本功扎实，诗句张口就来，美术基本功也很扎实。不过老师也要提醒大家，冷暖色调的确可以帮助大家表现诗人写诗时的心情，但并不绝对。有时冷色调也可以呈现明净高雅的精神世界，尤其是王维的诗，写景偏爱冷色调，营造清幽自然的境界。

师：好画常常洋溢着诗情，好诗也总是充满了画意。给诗配上画，发挥了两者的长处，相得益彰。今天，让我们运用美术知识，把最爱的古诗词在纸盘上用铅笔勾勒出来吧！

（生根据学习要求自主学习；组内交流；全班交流）

师：拼盘草图大家基本都画好了，也在小组里交流欣赏过了，能不能和大家说说你们小组的心得？

生：拼盘草图设计时细节不用画得太多，比如人物的眼睛等，因为我们等会儿要用食材来造型。

生：应该抓住诗句的关键语句，要分清楚景物的主次。

生：画面要有适当的留白，不能画得太满了，否则没有诗的韵味。

师：听了大家的宝贵意见后，请小组里美术功底好的同学对拼盘草图进行最后的修改完善。

（生修改完善拼盘草图）

师：请大家结合学习评价表，从拼盘内容和构图两个维度进行自我评价和同伴评价。

（生完成学习评价）

任务三之学习活动二：选择拼盘食材

师：用食材做拼盘的时候，食材除了做到尽量丰富、营养均衡，还要注意什么？请同学们再来欣赏一组拼盘，看看能不能给你带来启发。

（呈现拼盘作品图片）

生：图4红色的红毛丹远看就像一朵朵盛开的菊花。

师：我们可以利用瓜果蔬菜的天然纹理来完成拼盘，效果好。

生：图6西兰花这样一摆，远看就是一棵松树，也利用了瓜果蔬菜自然的形状。

生：我发现图7的牵牛花是利用猕猴桃黄色的果肉和棕色的籽组成的。

师：哈哈，你火眼金睛，太会观察了。图7就是利用瓜果蔬菜的天然色彩塑造形象的。其实只要开动脑筋，展开丰富的想象，身边很多随处可见的瓜果蔬菜都可以是我们创作诗词拼盘的好材料。

师：拼盘要用的食材选择好了，用什么方法把它们做出来呢？请大家看制作视频。

（欣赏视频）

师：谁能来说一说？

生：切。我们可以把食材根据需要切丁、切片、切丝。

生：挖小球也很方便。

生：刨皮。

生：是的，黄瓜直接刨皮的话两边的颜色会深点，用来做山的造型特别好，刚才的图片里就有。

生：我看见厨师把黄瓜中间雕空，做成竹子。

生：还可以刻成小舟，剪成船桨。

生：黄瓜是一种特别好处理的食材，好吃又好玩。"切一切、摆一摆、拼一拼"就能成为一幅画。

师：是啊，这些生活中常见的蔬菜、水果，经过我们丰富的想象，精心设计制作以后，就能再现古诗词的画面美、意境美。做菜也可以充满诗情画意，期待你们最终完成的作品。

【评价设计】

任务二：选一首自己熟悉并喜欢的诗，描绘诗的意境。

表1　最喜爱的古诗词分享评价表

项目	评价要求	星级	自评	互评
诗词内容	1. 古诗词内容理解正确。	★		
	2. 表述具有画面感。	★		
	3. 体会到诗人的情感表达。	★		
语言表达	4. 声音响亮，口齿清晰。	★		

任务三：品析诗词，设计构思拼盘草图。

表2　拼盘设计评价表

评价项目	评价标准	星级
最佳创意设计	构图合理、色彩饱满、设计有创意。	★★★★★
最美意境设计	拼盘呈现诗词内容、符合意境。	★★★★★

任务四：展示小组设计的拼盘，组间互相交流学习、评价。

表3　"跟着诗词品美食"展示评价表

评价标准	星级	自评	互评
拼盘呈现诗词内容、符合意境。	★		
拼盘构图合理、色彩饱满。	★		

续表

评价标准	星级	自评	互评
拼盘食材丰富，营养全面均衡。	★		
介绍时语速适中、大方得体。	★		

学生作业示例

评价说明：这份作品可以获得四颗星。一是，拼盘展现了宋朝雷震所描绘的《村晚》的画面——夕阳西下，牧童骑着老牛回家。他拿着短笛随意地吹奏，悠扬的乐曲声回荡在空中。这幅具有生活情趣的农村晚景图，表达了诗人对乡村晚景的喜爱和赞美之情。二是，拼盘的设计做到了色彩搭配和谐。三是，学生选择拼盘食材时用了鸡蛋、黄瓜、小番茄、洋葱、切片吐司等，做到了荤素搭配合理，营养丰富。四是，学生介绍时做到了落落大方，口齿清楚，声音响亮。

【教学反思】

《跟着诗词品美食》是义务教育教科书小学语文"古诗词"跨学科主题学习活动。古诗词经过孩子们的创意设计，在果蔬拼盘中得到精彩演绎，盘中有诗情，也有画意，真是"盘中小天地，诗词大世界"。此次创意实践，学生对古诗词进行深度学习，从色、形、意等多方位感受古典诗词之美，领略中华文化魅力，提升了孩子们的思维想象能力的同时，也提高了自己的审美能力和动手能力。

（一）诗词与绘画，交融互映

在古诗词教学中，将美术和劳动学科融进语文课堂，以制作果蔬拼盘的方式，帮助学生理解诗意，感悟诗情，体会诗的意境，既有助于学生对于古诗词的全面理解，又增强了古诗词教学的有效性、生动性、多样性。三者相辅相成，编织了一张张彼此联系、相互勾连的知识网络，从而使学生徜徉于多姿多彩、百花齐放的艺术殿堂中，从跨学科的视角中窥见古诗的魅力。

（二）课堂与生活，相得益彰

跨学科学习强调"引导学生在语文实践活动中联结课堂内外、学校内外，拓宽语文学习和运用领域"。"盘中画"将古诗词教学从课内延伸到孩子的生活，果蔬拼盘的制作好吃好玩又好看。食中有画，画中有食。当学生用鲜红嫩绿的果蔬创造出一幅幅妙趣横生的图景时，经典古诗的魅力与生命力也在他们心中潜滋暗长。本次跨学科学习有助于培养学生养成时时、处处、事事用语文的良好习惯。

（三）传统与创意，有机融合

古诗词被视为传统文化的精髓，它作为联结传统文化和学生生活的一种媒介和工具，具有强盛的生命力。为古诗词配画选材的过程中，学生既要理解诗意、渗透诗境，又要思考如何借助色彩和图形把这些诗意诗境更好地、更贴切地表现出来，他们会加入自己的一些奇思妙想，从而使这幅画更具有画面感。古诗词教学给了学生一个发挥想象的空间，以古诗词作为一个起点，去联想、补充和创造。

把握以上三点，将"跨学科学习"学习任务群的理念落实在古诗词诵读单元的教学中时，充分利用多样的表现形式，促进跨学科教学高品质地进行。学生在积极的语文实践活动中积累、建构，不断开阔文化视野、丰厚文化底蕴，提升了语言运用的能力。

（案例撰写者　王卓茜）

案例2　选编《中华经典古诗词读本》
——六年级下册"古诗词诵读"教学

【任务分析】

古诗词作为中华优秀传统文化中的重要组成部分，具有独特的审美价值和育人功能。小学语文六年级下册在第六单元之后编排的"古诗词诵读"板块，集中呈现了十首古诗词。学习和积累古诗词能弘扬祖国优秀传统文化，提升学生文化修养，增强学生学语文用语文的能力。

"古诗词诵读"选取了西周、唐代、宋代这三个诗词发展鼎盛时期的代表作品共十首。旨在引导学生通过学习新诗词，巩固小学阶段已学过的古诗词积累，同时试着迁移运用之前掌握的学习方法疏通诗词大意，体悟诗人独特的感受，为更高年级的古诗文学习奠基。

"古诗词诵读"板块主要属于"跨学科学习"学习任务群。学生在选编和讲解读本的语文实践活动中，联结课堂内外、学校内外，并运用跨媒介形式分享研学成果，拓宽了语文学习和运用领域，这与学习任务群第三学段"综合运用语文、道德与法治、科学、劳动等多方面的知识和技能，通过小组研讨、集体策划、设计参观考察活动方案，运用跨媒介形式分享研学成果"的学习内容一致。

"古诗词诵读"板块还兼具"语言文字积累与梳理""文学阅读与创意表达"学习任务群的特点：通过梳理、探究，学生了解中华诗歌发展的四个重要时期，在品味《诗经》、唐诗（宋诗）、宋词独特艺术表现形式的过程中，提高了语言文字运用能力；在深入体会十首古诗词所描述的情境中，学生理解诗歌内容，领悟诗人的情感，多角度感受诗词之美，获得个性化的审美体验。

【学习资源】

（一）教材内容

《采薇（节选）》《送元二使安西》《春夜喜雨》《早春呈水部张十八员外》《江上渔者》《泊船瓜洲》《游园不值》《卜算子·送鲍浩然之浙东》《浣溪沙》《清平乐》。

（二）课外资源

1. 文本。

（1）《诗经》。（吴广平、彭安湘、何桂芬导读注译：《诗经》，湖南岳麓书社有限责任公司，2021年）

（2）《唐诗》。（海豚传媒作：《唐诗》，广东新世纪出版社，2021年）

（3）《宋诗一百首》（周啸天注评：《宋诗一百首》，商务印书馆国际有限公司，2021年）

（4）《宋词》。（冯慧娟：《宋词》，吉林出版集团有限责任公司，2015年）

2. 影音。

微课《走进宋词——婉约派》《走进宋词——豪放派》。（自制）

【实施框架】

（一）学习目标

1. 通过梳理交流，了解中华诗歌发展的三个重要时期，品味《诗经》、唐诗、宋词独特的艺术表现形式，感受中华传统文化的源远流长、丰富多彩。

2. 通过自读赏读，深入体会十首古诗词所描述的情境，理解诗歌内容，领悟诗人的情感，感受诗词之美，进一步激发学习古诗词的兴趣和热情。

3. 学以致用，运用跨媒介形式分享研学成果，多角度地展现诗词之美，弘扬祖国优秀传统文化，提升文化修养，增强学语文、用语文的能力和团队协作精神。

（二）学习情境

中国古典诗词意蕴丰富，字字珠玑，是我国文化宝库中一颗璀璨的明珠。为了弘扬中国传统文化，让更多的人了解、诵读古诗词，让我们在"绘制《诗经》画本页""选编最妙唐诗（宋诗）页""制作最美宋词页"等学习任务中，一起编写《中华经典古诗词读本》吧！

（三）内容建构

任务	学习内容
一 启动编写任务	走进"古诗词诵读"，确定编写任务；梳理十首古诗词，发现编排特点，明确编写要求，讨论设计要点。
二 绘制《诗经》画本页	走进《采薇（节选）》，品味语言特色，探究对比写作手法，体会从军将士情感；结合搜集的资料，开展《诗经》选篇交流；学写推荐词，绘制《诗经》画本页。
三 选编最妙唐诗（宋诗）页	小组合作学习《春夜喜雨》《送元二使安西》《早春呈水部张十八员外》，了解唐诗特点；比较《江上渔者》《泊船瓜洲》《游园不值》，感受宋诗特点；选编最妙唐诗（宋诗）页。
四 制作最美宋词页	学习《卜算子·送鲍浩然之浙东》《清平乐》，了解"小序"，感受宋词婉约派特点；学习《浣溪沙》，感受宋词豪放派特点；制作最美宋词页。
五 举办读本展览	小组讨论汇编读本方法，分工合作汇编读本；学习讲解方法，开展成果汇报会，多角度讲解读本。

（四）任务框架

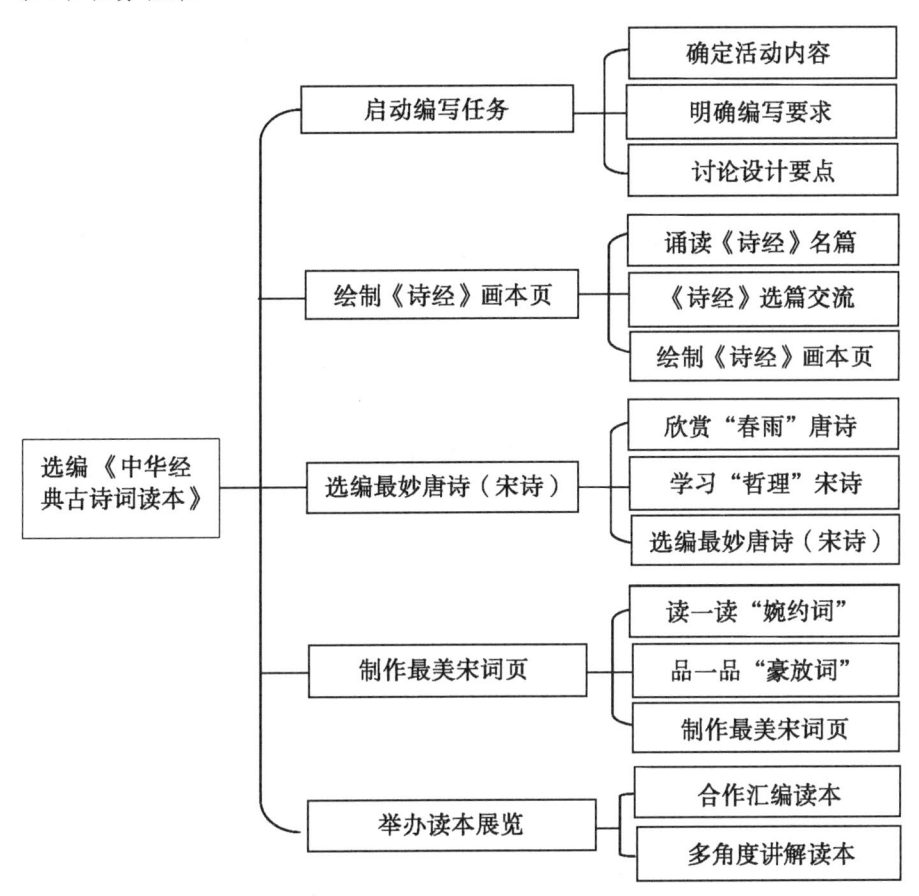

```
                                    ┌─ 确定活动内容
                   ┌─ 启动编写任务 ──┼─ 明确编写要求
                   │                └─ 讨论设计要点
                   │
                   │                ┌─ 诵读《诗经》名篇
                   ├─ 绘制《诗经》画本页 ──┼─ 《诗经》选篇交流
                   │                └─ 绘制《诗经》画本页
                   │
选编《中华经        │                ┌─ 欣赏"春雨"唐诗
典古诗词读本》──┼─ 选编最妙唐诗（宋诗）──┼─ 学习"哲理"宋诗
                   │                └─ 选编最妙唐诗（宋诗）
                   │
                   │                ┌─ 读一读"婉约词"
                   ├─ 制作最美宋词页 ──┼─ 品一品"豪放词"
                   │                └─ 制作最美宋词页
                   │
                   └─ 举办读本展览 ──┬─ 合作汇编读本
                                    └─ 多角度讲解读本
```

【任务实施】

任务一：启动编写任务（1课时）

（一）学习活动一：确定活动内容

1. 走进"古诗词诵读"。

明确内容：在中国文学史上，最为源远流长，而又得到长足发展的文学样式，便是诗歌。今天开始，我们走进"古诗词诵读"单元，继续品读古诗词，积累古诗词。

2. 回顾古诗词及特点。

全班交流最喜欢的古诗词，读一读并说说喜欢的理由。

小结：中华经典古诗词具备音韵美、语言美、画面美、情感美等特征。

3. 确定学习任务。

自主思考：怎样可以让更多的人了解古诗词，诵读古诗词？

交流并确定任务：制作一册古诗词读本，让更多的人诵读学习，弘扬中国传统文化。

（二）学习活动二：明确编写要求

1. 头脑风暴，明确编写内容。

（1）同桌讨论：编写《中华经典古诗词读本》需要包含哪些内容？

（2）交流分享，明确包含内容：历史背景、诗词意思、诗人情感及表达特色、自己的理解和体会。

2. 梳理古诗词，发现编排特点。

（1）自主梳理，完成作业单。

古诗词梳理		
诗词	时间线	体裁线
《采薇》(节选)		四言为主
《送元二使安西》	唐朝	
《春夜喜雨》		
《早春呈水部张十八员外》		
《江上渔者》		宋诗
《泊船瓜洲》		
《游园不值》		
《卜算子·送鲍浩然之浙东》	暮春	
《浣溪沙》		
《清平乐》		

（2）交流分享。

预设：

①时间——西周时期，冬天；唐朝，早春时节；宋朝，仲春；宋朝，暮春时节。

②体裁——诗经，以四言为主；唐诗，以五言七言为主；宋诗，以五言七言为主；宋词，以长短句的形式呈现。

（3）结合评价表，进行自我评价。

3. 明确编写要求。

（1）欣赏作品示例。

（2）全班交流。

预设：可以分为"诗的内容、诗的大意、诗的背景、我的赏析"；认为难读的字可以注上拼音；"我的赏析"要融入自己的理解和体会。

（三）学习活动三：讨论设计要点

1. 设计版面，明确要求。

（1）同桌讨论：设计怎样的版面展现自己的学习成果？可以从纸张、模板、美化的角度来思考。

（2）全班交流。

预设：

①纸张：普通 A4 纸，彩色卡纸，全麻熟宣。

②模板：上下分割、左右交错、圆形设计、图文交融。

③美化：结构简练，有留白；线条排列整齐，轮廓线流畅；用色雅致，上色均匀。

2. 结合要求，尝试设计。

挑选纸张，尝试简单设计读本页版面，标注文字和配图。

任务二：绘制《诗经》画本页（2 课时）

（一）学习活动一：诵读《诗经》名篇

1. 了解《诗经》，走进名篇。

（1）呈现学生课前搜集的资料，谈谈自己的理解。

《诗经》是中国最早的诗歌总集。原称《诗》或《诗三百》。它收录了从西周初年到春秋中叶大约 500 年间的作品 305 篇。《诗经》分为风、雅、颂三部分。风是各地的乐曲，绝大多数是民歌。雅是京都及附近地区的乐曲，大部分是贵族的作品。颂是宗教祭祀歌曲。

（2）交流并小结：课文诵读的是"小雅"中的一首《采薇》，《采薇》这首诗很长，课文只选取了最后一章，所以课题是《采薇》节选。

2. 初读比照，体会诗韵。

（1）布置自读要求：读准字音，读通句子，这首诗与以前学过的诗相比较有什么特别之处？

（2）学生自读；全班交流。

预设：是一首四言诗，每一句都只有四个字；诗中有三个叠词，使诗歌具有一种音韵美。

（3）男女生配合读，读出诗歌的节奏感。

3. 品读诗句，感悟诗情。

(1) 呈现学习要求，自读前四句诗。

> **学习要求**

①圈一圈诗中描写了哪两种不同的景象。
②说一说：从_____这个景象中，我仿佛看到了_____，听到了_____。
③作者在描写时用到了_____的方法，并在文中画出相关词句。

预设："杨柳依依""雨雪霏霏"的景象；从"杨柳依依"中，仿佛看到了杨柳下，听到亲人们与诗人温暖的对话；春光与严冬形成了鲜明的对比，时间上是昔与今的对比，人物上是往与来的对比。

小结：通过时间、动作、景色的对比，我们读出了人物不同的情感。

(2) 呈现学习要求，合作读后四句诗。

> **学习要求**

①从_____这句话中，我仿佛看到了一个_____的战士？（写板贴上）
②小组选择喜欢的方式读一读后四句，体会诗人的心情。

全班交流。

预设：从"行道迟迟"中仿佛看到一个步履蹒跚的战士；从"载渴载饥"中看到了一个饥饿潦倒的战士；从"我心伤悲"中仿佛看到一个伤心悲苦的战士；战士回乡，迎接他的只有雨雪霏霏，他此时的心情是——我心伤悲，莫知我哀。

师生配乐诵读，体会从军将士的艰辛生活和思归怀亲的情感。

（二）学习活动二：《诗经》选篇交流

1. 结合课前搜集的资料，明确《诗经》的类型：古代劳动人民的生活场景；贵族们奢华的生活；劳动人民艰辛的生活和悲惨的命运；战争的残酷和战士的思乡之情。

2. 交流自己了解到的《诗经》。

预设：

(1) 战争篇《无衣》。

疫情期间，海外侨胞寄来物资，上面写道："山川异域，风月同天。岂曰无衣，与子同裳。"后两句出自诗经的《秦风》。

(2) 宴客篇《鹿鸣》。

《鹿鸣》是款待嘉宾的宴会乐歌。《鹿鸣》非常有名，只要读过诗经的人都知道这一首。"呦呦鹿鸣，食野之苹"，中国女科学家屠呦呦的名字来源于《诗经》。

（3）修身篇《小雅·伐木》。

"嘤其鸣矣，求其友声。"劝诫君子寻求志向高远、品德高尚、拥有崇高理想信念和价值追求的贤人作为自己的朋友。

（三）学习活动三：绘制《诗经》画本页

1. 了解绘制内容。

（1）自主回顾：《诗经》画本页可以绘制哪些内容？

（2）全班交流：有诗文大意、创作背景、诗句赏析等；配图要与诗经选篇匹配，做到图文并茂。

2. 学写推荐词。

（1）呈现《诗经》画本页推荐词示例，思考：怎样写好推荐词？

《采薇》（节选）

推荐词

"我心伤悲，莫知我哀。"每次读起这首《采薇》（节选），总能被返乡士兵的复杂情绪所感染，情真意切，感人至深。正如清代学者方玉润所言："此诗之佳，全在末章。"

（2）全班交流并小结：理解意思；紧扣选篇内容和含义写推荐词。

（3）试写推荐词。

呈现学习要求。

学习要求

①结合自己收集的《诗经》选篇，边读边体会含义。

②在理解诗的基础上试写推荐词，字数在50字左右。

试写推荐词。

全班交流。

预设：蜉蝣是一种渺小的昆虫，朝生暮亡，古人以它来感叹韶光易逝，人生虽然美好却又短暂。读起《诗经·曹风·蜉蝣》，希望以此开启我们新的一年对时间和人生的思考。

正月初一，标志着新的一年开始。在古代，汉族和很多少数民族都要举行以祭祀神仙、祭奠祖先、除旧布新、迎禧接福、祈求丰年为主要内容的各种庆祝活动。《诗经·周颂·丰年》正是古时遇上好年成举行庆祝祭祀所唱的颂歌。

3. 从《诗经》中选择一首最喜欢的诗绘制一页画本。

(1) 明确要求，尝试绘制。

绘制要求

①内容。

呈现四个部分：古诗词选篇、推荐词、历史背景、大意及赏析。

关注诗人的情感和表达特色，并融入自己的理解和体会。

②版面。

纸张选择：普通 A4 纸，彩色卡纸，全麻熟宣。

模板参考：上下分割、左右交错、圆形设计、图文交融。

美化要点：结构简练，有留白；线条整齐，轮廓流畅；用色雅致，上色均匀。

(2) 自主完成一页画本页。

(3) 结合评价表，进行自评和同伴评价；修改完善。

任务三：选编最妙唐诗（宋诗）页（4 课时）

（一）学习活动一：欣赏"春雨"唐诗

1. 诵读知情感。

(1) 呈现学习要求，小组合作诵读唐诗《春夜喜雨》《送元二使安西》《早春呈水部张十八员外》。

学习要求

①根据评价表要求，相互指导进行诵读练习，完成评价。

②选择小组中最有潜力的同学代表本小组进行展示。

小组合作；完成自评与同伴评价；代表诵读。

小结：这位同学的朗诵声情并茂、情真意切，在她的声音中，你听出了三首诗在情感上有什么不同呢？请找出点明情感的关键词句。

(2) 自主学习：找出点明雨中情感的关键词句，并说一说。

(3) 全班交流。

预设：

①《春夜喜雨》中，"好雨知时节，当春乃发生"表达了诗人激动、喜悦的情感。

②《送元二使安西》中，"渭城朝雨浥轻尘，客舍青青柳色新"表达了诗人对雨的

赞赏和热爱。

③《早春呈水部张十八员外》中,"天街小雨润如酥,草色遥看近却无"表达了诗人对春色初露的欣喜之情。

(4) 齐读古诗,体会诗人对这场春雨的绵绵情意。

2. 对比知特点。

(1) 默读诗歌,小组合作完成表格,结合句式,选取一名代表发言。

诗题	地点	观雨时间	诗中春雨
《春夜喜雨》			无声好雨
《送元二使安西》	渭城(咸阳)		
《早春呈水部张十八员外》		白天	

根据表格,我可以说出诗中春雨的特点:_____(地名)的春雨是_____雨,_____。

(2) 交流并小结:锦官夜雨润花,渭城朝雨浥尘,天街小雨润柳……同是一场春雨,在不同的诗人眼中便有了千般风景。

3. 发现唐诗共性。

(1) 自主思考:结合这三首古诗,你能说说唐诗在创作方面的一些共性吗?

(2) 全班交流。

预设:

①多景物描写——渭城朝雨浥轻尘,客舍青青柳色新;野径云俱黑,江船火独明;天街小雨润如酥,草色遥看近却无。

②重情感抒发——劝君更尽一杯酒,西出阳关无故人;随风潜入夜,润物细无声。最是一年春好处,绝胜烟柳满皇都。

(3) 全班齐读,感受唐诗特点:质朴自然,寄情于景。

(二) 学习活动二:学习"哲理"宋诗

1. 小组合作学习宋诗《江上渔者》《泊船瓜洲》《游园不值》。

(1) 呈现小组合作学习要求。

学习要求

①根据课前搜集资料,交流诗人与创作背景,各用一二句话来介绍。
②诵读三首宋诗,交流字音与停顿上的疑惑,相互指导。
③结合注释,交流诗的意思,不懂的地方做上记号。

"跨学科学习"学习任务群 329

（2）全班交流。

预设：

①"创作背景"交流。

范仲淹在饮酒品鱼、观赏风景时，看到风浪中起伏的小船，由此联想到渔民打鱼的艰辛和危险，创作出《江上渔者》。

王安石乘船行在京口瓜洲的长江上，看着草长莺飞、杂花生树的江南，开始怀念金陵故居，写下《泊船瓜洲》。

《游园不值》是宋代诗人叶绍翁的名篇，这首小诗写诗人春日游园的所见所感。

②"字音停顿"交流。

"一水间"的"间"读"jiān"；《泊船瓜洲》《游园不值》用"二/二/三"节奏读。

③"诗句理解"交流。

全班交流理解方法并小结：知道了字词意思后，当我们说诗句意思时，有时还需要把字词位置换一换，这样才能使诗句的意思更加通顺。

2. 比较中发现宋诗特点。

（1）小组合作，比较唐诗和宋诗的异同点，完成图表。

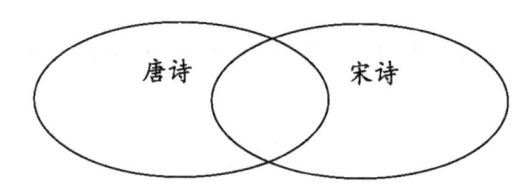

（2）全班交流。

预设：

①"共同点"：都有景物描写，寄情于景。

②"不同点"：从内容上看，唐诗写景居多，宋诗内容更广，写人、写景、叙事……往往和日常生活联系比较多。

（3）深入比较，了解宋诗特点。

①自主诵读《江上渔者》，思考：诗人想表达什么？

全班交流，明确：表面上写风浪中起伏的小船，实际上是写渔民劳作的艰苦，体现对劳动人民的同情。

②同桌交流"言外之意，发人深省"的宋诗。

预设：春色满园关不住，一枝红杏出墙来。表示新生事物一定会冲破重重困难，脱颖而出，蓬蓬勃勃地发展起来。

3. 拓展积累宋诗。

（1）同桌交流课前搜集的宋诗，说说诗中的道理。

（2）全班交流。

预设：

①"问渠哪得清如许，为有源头活水来"告诉我们要不断补充新知识，才能到达一种新的境界。

②"不识庐山真面目，只缘身在此山中"告诉我们"当局者迷，旁观者清"的道理。

（3）小结：宋朝诗的数量惊人，超过全唐诗，很多诗中蕴含深刻的道理，有些诗句还成为千古名句。课外大家可以再找找类似的诗句，获得更多的感悟。

（三）学习活动三：选编最妙唐诗（宋诗）页

1. 交流并选择"最妙唐诗（宋诗）"。

（1）同桌交流：回顾唐诗宋诗，交流各自的特点。

全班交流并明确：唐诗善于言情，以情韵取胜；而宋诗则喜说理，以理趣见长。

（2）根据自己的阅读感受，从自己积累的唐诗宋诗中各选出最妙的一首。

2. 设计"最妙唐诗（宋诗）页"。

（1）完成"最妙"推荐词。

①呈现"最妙"推荐词示例，了解推荐人的感悟。

"最妙"唐诗《鹿柴》推荐词

不需繁复的描写，没有俗尘的干扰，读着《鹿柴》，就有身在世外桃源，悠然自得之感。每一句，每一词，甚至每一字，都能带给人永久的安宁和幽深的体悟。

---

②任务要求：吟诵唐诗（宋诗），边读边体会，读有所悟后，编写好"最妙"推荐词。

③完成"最妙"推荐词。

（2）对照选编要求，完成"最妙唐诗（宋诗）页"的制作。

进行自评和同伴评价；修改完善。

任务四：制作最美宋词页（3课时）

（一）学习活动一：读一读"婉约词"

1. 学习《卜算子·送鲍浩然之浙东》。

（1）诵读感知词韵。

比照释题：从题目、结构上发现《卜算子·送鲍浩然之浙东》是一首送别词。

自主诵读，读准字音，读好节奏。

（2）比照体会情感。

①结合书中的注释和插图，尝试着说一说这首词的内容。

预设：这首词上阕写的是送别时的美景，下阕是对好朋友的祝福。

②自主学习：这首送别词，与之前学过的送别诗相比，除了体裁不同外，还有哪些独特之处？

③交流汇报。

上阕——比喻新奇；设问之妙。

下阕——两个"春"字，强烈地表达了王观送别友人时依依不舍的心情。

全班配乐诵读。

（3）拓展比较情感。

①布置任务：在不同的送别诗词中，作者选取的景物都传递着怎样的情感呢？完成作业单。

诗词	描摹景物	表达情感
《别董大》		
《芙蓉楼送辛渐》		
《送元二使安西》		
《卜算子·送鲍浩然之浙东》		

②全班交流。

预设：《别董大》——黄云、白日、北风、雪，赞美友人；《芙蓉楼送辛渐》——寒雨、楚山，惆怅孤寂；《送元二使安西》——雨、柳，劝勉友人；《卜算子·送鲍浩然之浙东》——水、山，不舍与祝福。

③小结：这些送别诗词景物典型、情感丰富，表达了作者不同的离别之情，这种寓情于景的写法值得我学习与借鉴。

2. 自主学习《清平乐》。

（1）观看视频，了解"婉约派"。

寓情于景、委婉含蓄，王观的这首词是"婉约派"的又一力作。让我们一起来了解宋词的婉约派。

（微课内容）宋词是宋代盛行的一种文学体裁。宋词有长有短，便于歌唱。由于词最初主要是供宴饮娱乐之需，这样的词多写离别相思，格调上多是委婉、柔媚的。后来的词人在创作上或多或少沿袭了这种风格，写出不少偏于阴柔之美的作品，这类风格的作品称"婉约派"。

宋朝初期，柳永大力创制慢词，扩大了词的体制，增加了词的容量，提高了词的表现能力，他擅长以纤细婉约之笔写离别相思，《雨霖铃》是送别词之冠，千年过去，无人能及。

南宋李清照是我国文学史上少有的才学卓越的女作家，她作词善于创意出新，造语奇妙，化俗为雅。如写于十多岁的《如梦令》就集中地表现了她热爱生活、热爱自然的情怀：争渡，争渡，惊起一滩鸥鹭。又如《声声慢》开头14个叠字，也生动而有层次地传达出词人独居时怅然若失的心态。有兴趣的同学，可以去读读他们的词作。

（2）比较学习"婉约派"词作。
①自主学习：读读《清平乐》，结合注释理解意思。
②同桌交流。

作业单

比较《清平乐》《卜算子·送鲍浩然之浙东》在内容上的相同点。
再读《清平乐》，到词中找找黄庭坚的情感线索，填一填。
春归无行路（　　）——若有人知（　　　　）——春无踪迹（　　　　）
——无人能解（　　　　）

---

③全班交流。
预设：内容上的相同点都是写春景，寓情于景；根据婉约派特点，《清平乐》也属于婉约派词作；情感线索是"寂寞—希望—焦急—无奈"。

诵读体会，感受词人情感变化。
（3）阅读创作背景，思考：《清平乐》表面的内容是"惜春"，实际在表达什么？

《清平乐》创作背景

《清平乐》这首词作于黄庭坚被贬宜州的第二年。黄庭坚才华横溢，但他率性耿直的性格，使得他一生坎坷，多次被贬。元丰七年，因直言反对一些变法主张，被贬为监镇官。他始终不承认有错，也不请求赦免宽大，再次被贬到涪州、黔州和戎州，最后羁管在宜州，靠朋友接济度日。尽管这样，他从未叹息命运不公，而是读书怡情、练字不辍，自得其乐，还为破败不堪、风雨无遮的戍楼取了个十分雅致的名字："喧寂斋"。一身傲骨，不坠名节，这就是黄庭坚流放生涯的精神状态，其凛然正气令人叹服！

交流并小结：此词还在映射时局，象征蓬勃与美好，是黄庭坚一生的追求。

（二）学习活动二：品一品"豪放词"

1. 了解"小序"，整体感知。

（1）认识"小序"。

认识词前"小序"：小序也叫序言、前言或者引言，有助于了解创作背景。

交流并明确《浣溪沙》创作背景：地点——蕲水清泉寺；清泉寺位置——面对兰溪；溪水流向——向西流去。

（2）读好节奏。

自主诵读，全班交流："浸"是前鼻音，"净"是后鼻音。

读好节奏，读出音韵之美。

（3）再读词作，思考：这首词的上阕和下阕分别写了什么？

交流并小结：上阕写景，下阕抒情，词人运用了借景抒情的手法。

2. 反复研读，悟情明理。

（1）精读上阕，感受画面。

呈现学习要求。

> **学习要求**

①自主学习。

自由读一读上阕，边读边圈出看到的景物。

如果把上阕的内容变成三幅画，你会想到哪些画面？

②合作交流。

交流看到的景物与想到的画面。

结合书上注释，选择一个画面来具体说一说，并读一读。

自主学习；小组交流。

全班交流。

预设："看到的景物"是兰芽、溪、沙路、雨、子规；"想象到的画面"有溪边兰草图、松间沙路图、暮雨子规图。

（2）链接苏轼背景资料，体会诗人心情。

苏轼背景资料

由于奸臣陷害，苏轼因言获罪，被关押在乌台，度过黑暗的一百三十天。幸得众人相救，苏轼被释放保住性命，被贬黄州。曾经的盛名与荣华，化为如今的仕途受阻、生活困苦、孤独寂寞……

交流诗人当时的心情：愁苦、烦闷、哀怨。

带着这样的心情，再读词的上阕。

（3）体悟词境，对话情感。

自主学习词的下阕，并结合内容说一说苏轼的心境。

全班交流。

预设："谁道人生无再少？"这一反问中有坚定的人生态度；"流水尚能西"加上一个"！"强调要活得乐观；"休将白发唱黄鸡"反用白居易的诗，表达了不同的情感。

（4）拓展资料，了解背景

阅读《浣溪沙》创作背景，谈谈自己的体会。

《浣溪沙》创作背景

据《东坡志林》记载：黄州东南三十里为沙湖，苏轼在那里买了一块田，但因为来回看地而生病了，便去找一位叫庞安常的聋人医生看病。这位庞医生虽然身有残疾，但却聪慧过人，被苏轼赞为异人。

两个同样失意的人漫步于兰溪和清泉寺，倾心长谈，苏轼有感而发，顺手写下了这首《浣溪沙》。

交流体会：这首词除了表达词人的乐观，还有对友人的安抚和激励——谁道人生无再少？门前流水尚能西！休将白发唱黄鸡。

感情诵读《浣溪沙》。

3. 借助微课，了解"豪放派"。

（微课内容）到了北宋中叶，各种社会矛盾开始显露。在纷繁的政治斗争中，社会文化开始关注社会民情，宋词风格也由婉约派分化出另一派别——豪放派。豪放派作品气势豪放，意境雄浑，充满豪情壮志，多给人一种积极向上的力量。

苏轼是豪放词的开派者。他"以诗为词"解放词体，开拓词境，提高了词的品格，使词摆脱附庸地位，成为一种独立的抒情诗体，开创了宋词的新纪元。《江城子》（老夫聊发少年狂）写报国立功、刚强壮武的英雄事业；《念奴娇·赤壁怀古》从长江的滚滚东流感到时光的流逝和历史的演变，境界最为雄奇阔大。这首《定风波》，也是当时被贬黄州时所作，"一蓑烟雨任平生""也无风雨也无晴"表达了自己豁达乐观的人生态度。

南宋辛弃疾在词中大量表现报国之志、勃勃雄心和报国无门、壮志难酬的深沉忧愤，词作中充满了"英雄主义"的基调。其中《永遇乐》（千古江山）、《菩萨蛮》（郁孤台下）等最为脍炙人口。

（三）学习活动三：制作最美宋词页

1. 结合课前搜集资料，交流婉约派、豪放派词作。

（1）组内交流。

（2）全班交流。

预设：

①婉约派词作《浣溪沙·一曲新词酒一杯》也是一首伤春惜时的作品，饱含人生的哲理——美好的事物在不断消逝，但新的美好又在不断诞生，人生虽有限，但时光却永恒。

②豪放派《水调歌头·明月几时有》是排名第一的中秋词。读这首词，我们能感受到苏东坡对人生的深刻领悟，对人间的深情眷恋和看待事物的那份洒脱。

2. 按要求制作最美宋词页。

3. 进行自评和同伴评价；修改完善。

任务五：举办读本展览（1课时）

（一）学习活动一：合作汇编读本

1. 讨论汇编读本方法。

思考：同学们编写的读本页，最后要编成一本书册，怎么整合呢？

预设：按时间——西周、唐朝、宋朝；按体裁——诗经、唐诗、宋诗、宋词；设计封面和目录。

2. 分工合作汇编读本。

（1）呈现范例，思考编制方法。

全班交流。

预设：搜集小组的诗词，进行分门别类；可以分成三个篇章（诗经、唐诗宋诗、宋词）；宋词可以分婉约派和豪放派。

（2）小组合作汇编读本。

（二）学习活动二：多角度讲解读本

1. 学习讲解方法。

（1）呈现讲解稿范例，思考：讲解稿分几个部分？哪些地方值得学习？

预设：

①由三部分组成——自我介绍、介绍诗歌、结束语。

②介绍诗歌时，加入诗歌朗诵，再结合读本页编写内容，把"推荐词""大意""背景与赏析"进行整合，并融入自己的理解。也可以简要介绍插图的设计用意。

③讲解要做到清晰完整、凸显特色、饱含情感。

小结：一份完整的打动人心的讲解稿，就要这样带着情感，带着感悟，多角度地凸显诗歌特色，才能展现诗词之美。

（2）撰写讲解稿。

作业单

明确要求：选择一张自己编写的读本页，写写讲解稿。可以仿照同学的写法，也可以有自己独特的表达。

_____读本页讲解稿

_____

_____

_____

学生自主完成讲解稿；同桌练习讲解，边讲解边完善。

2. 开展成果汇报会。

（1）小组讨论：选编《中华经典古诗词读本》的成果汇报，需要怎样来介绍？

交流明确：有开场白，介绍《中华经典古诗词读本》的总体情况，每人选一首诗词进行介绍，有结语。做到熟练、自信、声音响亮、充满感情。

（2）组内汇报，进行讲解分工。

（3）全班汇报。收集听众的意见和建议，改进汇报。

完成"选编《中华经典古诗词读本》"学习成果评价，从编写、讲解、合作三个方面进行小组自评和组间互评。

总结：《诗经》、唐诗（宋诗）、宋词亘古千年，学习古诗词就如同欣赏一幅幅历史的画卷，越学越有味。今天的成果汇报会上，我们讲解古诗词，汇编古诗词读本，可谓收获满满。希望大家对《中华经典古诗词读本》再进行完善，分享给更多的人。

【教学现场】

任务一：启动编写任务

师：中国古典诗词意蕴丰富，字字珠玑，是我国文化宝库中的一颗璀璨的明珠。今天开始，我们一起走进古诗词诵读单元，继续品读、积累古诗词。

师：请大家交流最喜欢的古诗词，读一读并说说喜欢的理由。

生：我喜欢《静夜思》，读起来朗朗上口，非常有节奏。

生：我最喜欢苏轼的《惠崇春江晚景》，读着这首诗我的眼前仿佛出现了这幅画。

生："风一更，雪一更，聒碎乡心梦不成，故园无此声。"纳兰性德这首《长相思》的思乡情打动人心。

师：中华经典古诗词具备音韵美、语言美、画面美、情感美等特征，是祖国五千年的文化瑰宝，值得我们一代代人品味、传承和发扬。怎样可以让更多的人了解古诗词，诵读古诗词？

（自主思考；全班交流）

生：我们可以多多诵读古诗词。

生：我觉得要人人参与，可以像做小报一样，每人宣传一首古诗词。

生：这种方式操作性强，我赞同。我们全班可以分工合作，做成一本宣传古诗词的册子。

师：大家很会思考。为了弘扬中国传统文化，让更多的人诵读学习古诗词，接下来的学习，就让我们一起编写《中华经典古诗词读本》吧。

师：编写《中华经典古诗词读本》需要包含哪些内容？

（同桌讨论；全班交流）

生：要誊抄古诗词。

生：要写历史背景、诗词意思。

生：还要写出诗人情感和表达特色。

生：我觉得不能简单摘抄资料，还要有自己的理解和体会。

师：说得真好，这十首古诗词在编排上有什么特点呢？请结合作业单进行梳理。

（生自主梳理；全班交流）

生：从时间上看，《采薇》（节选）属于西周时期，时间为冬天；《送元二使安西》《春夜喜雨》《早春呈水部张十八员外》创作于唐朝，都是早春时节；《江上渔者》《泊船瓜洲》《游园不值》是宋朝时期仲春的古诗，《卜算子·送鲍浩然之浙东》《浣溪沙》《清平乐》的创作时间是宋朝的暮春时节。

生：从体裁上看，《采薇》（节选）是诗经，以四言为主；《送元二使安西》《春夜喜雨》《早春呈水部张十八员外》是唐诗，以五言七言为主；《江上渔者》《泊船瓜洲》《游园不值》是宋诗，也是以五言七言为主；《卜算子·送鲍浩然之浙东》《浣溪沙》《清平乐》是宋词，以长短句的形式呈现。

师：请大家结合评价表，进行自我评价。

（生完成自我评价）

师：《中华经典古诗词读本》的编写有哪些部分组成呢？请大家结合编写作品思考。

（呈现作品；全班交流）

生：编写可以分成四个部分——诗的内容、诗的大意、诗的背景、我的赏析。

生：有些古诗词的字很生僻，可以在难读的字上注音。

生："我的赏析"是重点，要融入自己的理解和体会。

师：大家很会观察！设计怎样的版面展现自己的学习成果呢？建议大家从纸张、模板、美化的角度来思考。

（同桌讨论；全班交流）

生：在纸张选择上，可以选用普通 A4 纸，彩色卡纸，全麻熟宣。

生：模板上，可以采用上下分割、左右交错、圆形设计等形式，要做到图文交融。

生：美化版面时，要做到结构简练，有留白；线条排列整齐，轮廓线流畅；用色雅致，上色均匀。

师：大家从三个方面进行了分析，真好！我们在设计时要做到图文并茂，布局合理，具有美感，能体现诗词之美。

师：接下来，请大家自主挑选纸张，简单设计读本页版面，标注"文字"和"配图"。

（生自主设计）

任务四：制作最美宋词页

师：小学毕业的我们即将告别朝夕相处的老师和同学，大家正在编写的《中华经典古诗词读本》是给母校最好的礼物。今天这节课，我们将继续学习跟送别有关的作品，题目叫《卜算子·送鲍浩然之浙东》。这一首和我们学过的送别诗有什么不一样？

生：我们学过的是诗，而这一首一看题目就知道是词，"卜算子"是词牌名，"送鲍浩然之浙东"是词的题目。

生：根据书上的注释，我知道题目的意思是送鲍浩然去浙东，所以与送别有关。

生：诗每行的字数都相同，而《卜算子·送鲍浩然之浙东》是长短句，分为上阕和下阕，根据中间的空格我就能找到。

师：大家很会观察，从题目、字数、结构上发现了《卜算子·送鲍浩然之浙东》是一首送别词。词起于隋唐，兴盛于宋代，每一首词都有固定的调子，每个调子都有固定的句子，而每个句子都有固定的字数，每个字都有固定的声韵。

师：首先请大家自由读一读这首词，结合书中的注释和插图，尝试着说一说这首词的内容。开始吧！

生：这首词写的是春末时节，词人送好友鲍浩然回家乡浙东。上阕写的是送别时的美景，下阕是对好朋友的祝福"希望能与春光同住"。

师：从字面上看，这首词的理解并不难。这首送别词，与我们之前学过的送别诗相比，除了体裁不同外，还有哪些独特之处呢？请默读词句，抓住关键字词，想象画面，从内容选择、修辞手法、表达方式等方面，细细思考上面的问题。

(生自读思考；全班交流)

生：这首词的开始，没有直接写离别的场面，而是用"水是眼波横，山是眉峰聚"，意思是水像美人流动的眼波，山如美人蹙起的眉毛，给人眼前一亮的感觉。

师：我也发现了，第一句的比喻很是新奇。在王观之前，古人习惯用"眼如秋水""眉似远山"来比喻，形容女子容颜之美。在这首词中王观却把秀丽的浙东山水比作人的眉眼，真是别出心裁。

生：读到"欲问行人去那边？眉眼盈盈处"这个设问句，我知道了这是诗人在写鲍浩然家乡山山水水的美景。

师：真不错！让我们带着对浙东美好山水的向往和赞美，读一读词的上阕。

(生齐读上阕)

师：在词的下阕中，你还发现了什么独特之处呢？

生：春末时节，王观才送走春天，又要送朋友回家乡。两个"送"字强烈地表达了王观送别朋友时依依不舍的心情。可临别之际，王观的千言万语却都化为了祝福：若到江南赶上春，千万和春住。

师：这是个怎样的江南之春啊？谁能用上诗句来说说。

生：江南之春是"好雨知时节，当春乃发生"。

生：江南之春是"日出江花红胜火，春来江水绿如蓝"。

生：江南之春是"春色满园关不住，一枝红杏出墙来"。

生：江南之春是"千里莺啼绿映红，水村山郭酒旗风"。

师：若到江南赶上春，千万和春住。这就是王观对朋友的祝福，祝福朋友与春同住，尽享春色。"千万和春住"的"春"还有没有什么特别的含义呢？

生：因为鲍浩然是回家乡浙东，我觉得这个春天不仅仅是季节上的春天，还是和家人团圆的春天。

师：离愁别绪是送别诗词的主旋律，可王观这首词运用灵动的比喻，把自己的愁绪寄情于山水美景之中，还巧妙运用了一语双关，把不舍化为祝福，在送别诗词中独树一帜。让我们一起和着音乐与王观一起送送朋友。

(生配乐诵读)

师：老师发现，在不同的送别诗词中，很多都写到了景。作者选取的景物都传递着怎样的情感呢？请同学们回顾诗词，完成作业单。

（生完成作业单；校对作业单）

师：这些送别诗词景物典型、情感丰富，表达了作者不同的离别之情，有不舍，有劝勉，有惆怅孤寂，还有真诚赞美。"一样离别，多少离情"，这种寓情于景的写法值得我们学习与借鉴。

师：寓情于景、委婉含蓄，王观的这首《卜算子·送鲍浩然之浙东》，是宋词中"婉约派"的又一力作。让我们一起走进短片，了解婉约派宋词。

（观看短视频《走进宋词——婉约派》）

师：接下来，请同学们根据要求学习《清平乐》。

（生自主学习；同桌交流；全班交流）

生：结合注释，我知道了《清平乐》的大意——春天回到了哪里？找不到它的踪迹，只觉得苦闷寂寞。若是有人知道春天归去之处，请叫它回来与我同住。有谁知道春天的踪迹呢？只好去问一问黄鹂。然而黄鹂的婉转鸣声，又有谁能懂呢？一阵风起，它就随风飞过了盛开的蔷薇。

生：《清平乐》《卜算子·送鲍浩然之浙东》都是写春景，寓情于景。根据婉约派特点，我认为《清平乐》也属于婉约派词作。

生：黄庭坚的情感线索是"寂寞—希望—焦急—无奈"。

师：作者的惜春之情、寻春之意，通过一连串美好的想象，曲折委婉地表达出来，典雅柔美，令人读之难忘。让我们一起诵读这首词，感受词人情感的变化。

（生诵读体会）

师：请大家阅读创作背景，思考——此词内容是"惜春"，实际在表达什么？

生：黄庭坚流放生涯的精神状态，其凛然正气令人叹服。

生：一生坎坷，多次被贬，但他从未叹息命运不公，而是读书怡情，练字不辍，自得其乐，珍惜当下所有的一切。

师：此词的内容是惜春，实际还在映射如春天般蓬勃与美好的时局，这正是一身傲骨不坠名节的黄庭坚一生的追求。

（二）学习活动二：品一品"豪放词"

师：古诗词是浸润在每一个中国人血脉里的文化基因，也是唤醒我们内心情感的一份温暖的记忆，欢迎大家继续走进六年级下册"古诗词诵读"。

师：关于宋朝诗人苏轼，想必大家都非常熟悉。今天我们将再次走近苏轼，领略他作为词人的风采。我们要学的这首词是——《浣溪沙》。

师："浣溪沙"是词牌名。这首词和之前我们学过的词有什么不同？

生：我发现这首词除了上阕和下阕，还多了"游蕲水清泉寺，寺临兰溪，溪水西流"这个部分。

师：这是词前小序，也叫序言、前言或者引言。词的小序有助于我们了解作者的创作背景。通过小序，你了解到什么？

生：小序向我们介绍了地点是——蕲水清泉寺，通过注释，我们知道蕲水是指湖北浠水一带。还向我们介绍了清泉寺的位置——面对兰溪，还有溪水的流向——向西流去。

师：了解了创作背景，现在请同学们打开书本翻到第一百十五页，读一读这首词，注意读正确、读流利。读完后，我们来交流。

（生自主读词；全班交流）

生：这首词读音并不难，我要提醒大家的是——"浸"是前鼻音，"净"是后鼻音。

生：词不仅要读正确，还要读出节奏，读出音韵之美。这是我标的停顿线，请大家校对。

（生校对、补充）

师：请大家再读这首词，思考：这首词的上阕和下阕分别写了什么？

生：上阕写了游清泉寺时发现的美景，下阕表达了自己的想法：难道人生无再少？门前流水尚能西！休将白发唱黄鸡。

师：是的，上阕写景，下阕抒情，苏轼运用了借景抒情的手法来写这首词。

师：这首词的上阕写了哪些景物？让你想到了怎样的画面？接下来，请根据学习要求进行合作探究，分两个步骤进行。

（生自主学习；合作交流）

生：我们圈出的景物是——兰芽、溪、沙路、雨、子规；我们想象到了三个画面——溪边兰草图、松间沙路图、暮雨子规图。

生：山下小溪潺潺，岸边的兰草长出娇嫩的幼芽，浸泡在溪水中，构成了溪边兰草图。松间沙路图是这样的：松柏下的沙石小路，洁净无泥。联系后面的"萧萧暮雨"，我知道沙石小路是经过春雨的冲刷才变得那么干净的——"山下兰芽短浸溪，松间沙路净无泥"。

生：已经是傍晚了，天上细雨萧萧，松林间的子规发出啼叫声，这是暮雨子规图——"萧萧暮雨子规啼"。

师："子规"又叫杜鹃、布谷。"萧萧暮雨子规啼"，大家想，春雨萧萧，到傍晚还在不停地下着，杜鹃在松林间一直发出凄惨的叫声，会有怎样的心情？不着急，我们先来看看苏轼当时的境况。

（生阅读苏轼背景资料；全班交流）

生：我觉得此时苏轼的心情是愁苦的。

生：我觉得当时苏轼的心情是烦闷和哀怨的。

（生诵读上阕，体会诗人心情）

师：生活给予苏轼如此多的苦难，他是否就此沉浸于悲伤之中了呢？请大家读读词的下阕，你又读出了苏轼怎样的心境？请你结合词的内容说一说。

生：时光不能倒转，但是我豁达的人生态度可以永远不变，照样可以活出自己的春天——谁道人生无再少？

生：流水一般是从西往东流的，比如《长歌行》中就写道：百川东到海。而苏轼笔下的流水是：门前流水尚能西。苏轼认为，只要心态好，就可以活得年轻、活得乐观。

生：在人生非常灰暗的那段时光里，他有过心灰意冷，但是他仍然告诉自己不要总是感叹时光的流逝，要活在当下。"休将白发唱黄鸡"活用了白居易的诗，表达了相反的情感。

师：说得真好！其实当时的苏轼并不是一个人游历清泉寺，还有一位好友庞安常。

（阅读《浣溪沙》创作背景；全班交流）

生：这首词除了表达词人的乐观，还有对友人的安抚和激励。那就是——谁道人生无再少？门前流水尚能西！休将白发唱黄鸡。

师：苏轼的这首词从写景到抒情，运笔流畅自如，既描绘出清新淡雅的景致，又悟出"在逆境中保持一种豁达乐观的态度"这一人生的哲理。让我们再来读一读。

（生诵读《浣溪沙》）

师：细心的你有没有发现，同样是宋词，《卜算子·送鲍浩然之浙东》《清平乐》委婉含蓄，属于婉约派。而苏轼的《浣溪沙》豁达乐观，这就是宋词另一风格"豪放派"，让我们一起走进短片，了解宋词的豪放派。

（观看短视频《走进宋词——豪放派》）

（三）学习活动三：制作最美宋词页

师：课前大家搜集了宋词，请大家交流婉约派和豪放派词作。

（小组交流；全班交流）

生：欧阳修笔下的婉约派词作《生查子·元夕》语言浅显，情调哀婉，相同的元宵节里表达不同的情思，将两个不同时空的场景贯穿起来。

生：苏轼的豪放派词作《念奴娇·赤壁怀古》是一首脍炙人口的怀古之作。词中有他对人生的深度思考，也流露出一些伤感之情，但他依然饱含着英雄的豪迈之情。

师：宋词是一个群芳竞艳，姹紫嫣红的百花园。有多姿多彩、千娇百媚的婉约派，也有治愈无数人的心灵又激励人们奋发向上的豪放派。我们赏析的只是宋词的一小部分，以后要多多学习我国这一古代文学经典，深入感受它们的艺术魅力！

师：接下来，请同学们在婉约派和豪放派自主选择一首宋词，根据制作要求完成一页最美宋词页。

（生自主制作最美宋词页）

师：请同学们进行自我评价和同伴评价。评价完成后，进行修改、完善。

（生完成评价；修改完善）

【评价设计】

任务一：自主完成"古诗词诵读"梳理，完成填空，并完成自我评价。

表1 古诗词梳理评价表

评价项目	评价标准			评价
	梳理高手	梳理能手	梳理新手	
时间线	能正确梳理六个时间点。	能正确梳理四至五个时间点。	能正确梳理一至三个时间点。	
体裁线	能正确梳理五至六个体裁知识点。	能正确梳理三至四个体裁知识点。	能正确梳理一至二个体裁知识点。	
梳理正确十一至十二个为高手，七至九个作品为能手，二至五个为新手。				

学生作业示例

古诗词梳理

诗词	时间线		体裁线	
《采薇》（节选）	西周	冬天	诗经	四言为主
《送元二使安西》 《春夜喜雨》 《早春呈水部张十八员外》	唐朝	早春	唐诗	五言七言
《江上渔者》 《泊船瓜洲》 《游园不值》	宋朝	仲春	宋诗	五言七言
《卜算子·送鲍浩然之浙东》 《浣溪沙》 《清平乐》	宋朝	暮春	宋词	长短句

评价说明：结合评价表，这份作业可以获得"梳理高手"称号。时间线上，这位同学能根据作业单提示，从两个维度梳理（朝代和季节），并能填写出全部的时间点。体裁线上，能从诗歌体裁和字数两个角度来填写，写出了全部知识点。

任务二：小组合作诵读唐诗《春夜喜雨》《送元二使安西》《早春呈水部张十八员外》，并完成自评和同伴评价。

表2 唐诗诵读评价表

指标	评价标准			评价	
	诵读大师	诵读达人	诵读新秀	自评	互评
熟练程度与声音	诵读熟练度高，声音响亮。	诵读熟练度较高，声音响亮。	能认真诵读，比较熟练。		
节奏正确	停顿正确，节奏感强。	停顿正确，有节奏感。	停顿基本正确，有一定节奏。		
情感表达	情感表达准确、充分，诵读有韵味。	情感表达正确，诵读有一定韵味。	能表达一定的情感。		

任务二至任务四：根据要求，自主制作《诗经》画本页、最妙唐诗（宋诗）页、最美宋词页，并完成自评和同伴评价。

表3 《诗经》画本页、最妙唐诗（宋诗）页、最美宋词页评价表

指标	评价标准 ★★★	★★	★	评价 自评	互评
内容	呈现诗歌、推荐词、历史背景、大意及赏析，并能融入自己的理解和体会。	呈现诗歌、推荐词、历史背景、大意及赏析，能关注诗人的情感和表达特色。	呈现诗歌、推荐词、历史背景、《诗经》大意及赏析。		
版面	选择合适的纸张，设计美观，图文并茂。美化时做到轮廓流畅，用色雅致。	选择合适的纸张，设计合理，图文并茂。美化时做到上色均匀。	选择合适的纸张，有一定的设计。		

学生作业示例

评价说明：结合评价表，这位学生制作的"最美宋词页"可获得六颗星。从内容上看，作业呈现了《如梦令》、推荐词、大意、背景及赏析。在赏析时，能结合"绿肥红瘦"一句，融入自己的理解和体会，可以得三颗星。从版面来看，该学生选择了全麻熟宣，设计上有海棠花瓣的飘落，词人与卷帘人的场景再现，整体用色雅致，布局巧妙，具有美感，可以得三颗星。

任务五："选编《中华经典古诗词读本》"活动已进入尾声，请从编写、讲解、合作三个方面进行小组自评和组间互评。

表4　选编《中华经典古诗词读本》评价表

指标	评价标准 ★★★	★★	★	评价 自评	互评
编写	能完成诗经、唐诗（宋诗）、宋词的选编，组员每页评价均得五至六星。	完成诗经、唐诗（宋诗）、宋词的选编，组员每页评价均得三至四星。	完成诗经、唐诗（宋诗）、宋词的选编，组员每页评价均得一至两星。		
讲解	能多角度讲解读本内容。每位组员讲解时声音响亮、充满感情，且自信大方。	能有条理地讲解读本内容。每位组员讲解时努力做到声音响亮，自信大方。	能讲解读本内容。能做到人人参与。		
合作	小组能主动合作设计封面和目录，汇编读本；人人参与成果汇报会。	小组能合作设计封面和目录，汇编读本；三分之二成员参与成果汇报会。	小组能合作汇编读本；二分之一成员参与成果汇报会。		

【教学反思】

"古诗词诵读"板块编排在六年级下册的最后。这个阶段的学生已经积累了很多古诗词，也积累了许多学习古诗词的经验，基于"古诗词诵读"板块的功能定位，教师可以引导学生开展系列活动，运用跨媒介形式分享研学成果。

（一）开展古诗词主题跨学科学习

创设"选编《中华经典古诗词读本》"这一真实学习情境，开展古诗词阅读、梳理、探究、交流等活动，综合运用语文、美术、音乐等学科知识，运用跨媒介等形式分享自己的经验和感受，从而传承中华优秀传统文化。

（二）根据梳理开展主题统整联读

"古诗词诵读"板块编选的十首诗词，或在内容、情感上具有一定关联性，或在年代、体式上存在共性。教师引导学生梳理古诗词，并按时间和体裁进行组诗统整联读，从诗经到唐诗（宋诗），再到宋词，学生发现不同体式、不同时期诗词的不同美学特质。以唐诗、宋诗为例，唐诗语言质朴自然，寄情于景。在比较研读时，学生又发现了宋诗"言外之意，发人深省"的特点。

（三）课内赏读与课外自读相结合

基于"跨学科学习"学习任务群特点，在进行诗词学习时，采用课内赏读和课外自读的方式，学生交流自己搜集的感受最深、最喜欢的诗词，谈谈对某一首诗、某一词句的理解，以及在搜集过程中查阅到的趣闻逸事、创作背景等知识，扩大了诗词学习的外延，以丰富、深化对诗词的理解。

当然，在"跨学科学习"学习任务群的实施中，还要努力体现"语言文字积累与梳理""文学阅读与创意表达"学习任务群的特点，使学生充分在积累和梳理活动中，感受到古诗词的魅力，从而爱上古诗词，爱上我国的古典诗词文化。

（案例撰写者　许志娟　蔡红燕）